新刑事诉讼法适用指导丛书

总主编 | 孙 谦　童建明

# 新刑事诉讼法
# 适用疑难问题解答

刘 方／编著

中国检察出版社

图书在版编目（CIP）数据

新刑事诉讼法适用疑难问题解答/刘方编著．—北京：中国检察出版社，2012.4
（新刑事诉讼法适用指导丛书/孙谦，童建明总主编）
ISBN 978-7-5102-0641-2

Ⅰ．①新… Ⅱ．①刘… Ⅲ．①刑事诉讼法-法律适用-中国-问题解答 Ⅳ．①D925．205

中国版本图书馆 CIP 数据核字（2012）第 050187 号

## 新刑事诉讼法适用疑难问题解答
### 刘 方/编著

| | |
|---|---|
| 出版发行： | 中国检察出版社 |
| 社　　址： | 北京市石景山区鲁谷东街 5 号（100040） |
| 网　　址： | 中国检察出版社（www.zgjccbs.com） |
| 电　　话： | （010）68630385（编辑）　68650015（发行）　68636518（门市） |
| 经　　销： | 新华书店 |
| 印　　刷： | 保定市中画美凯印刷有限公司 |
| 开　　本： | 720mm×960mm　16 开 |
| 印　　张： | 25 印张　插页 4 |
| 字　　数： | 462 千字 |
| 版　　次： | 2012 年 4 月第一版　2012 年 4 月第一次印刷 |
| 书　　号： | ISBN 978-7-5102-0641-2 |
| 定　　价： | 55.00 元 |

检察版图书，版权所有，侵权必究
如遇图书印装质量问题本社负责调换

# 序　言

## 孙　谦[*]

2012年3月14日，十一届全国人大五次会议审议通过了《全国人民代表大会关于修改〈中华人民共和国刑事诉讼法〉的决定》。这是刑事诉讼法继1996年之后的又一次重大修订，以国家立法的形式体现了近十几年来司法改革的成果，在更高层次和水平上实现了控制犯罪与保障人权的平衡、司法公正与司法效率的统一，在前所未有的深度和广度上完善和创新了我国刑事诉讼制度，对于建设公正高效权威的刑事司法制度具有重要而深远的意义。全国检察机关要准确理解、全面贯彻新刑事诉讼法，忠实履行法律监督职责，保证新刑事诉讼法的统一正确实施。

准确理解和全面把握新刑事诉讼法的内容和意义。首先，要从我国社会主义民主法治进程上把握新刑事诉讼法的历史方位。这次修改是我国刑事诉讼制度发展的重大成果，也是充分反映我国国情和刑事司法实践要求的一个阶段性成果。随着我国经济社会发展和民主法治的推进，刑事司法制度必将进一步发展和完善。其次，要从立法原则上把握新刑事诉讼法的精神，自觉地更新执法理念。这次修改工作，秉持中国特色社会主义法治理念，坚持实事求是，从国情出发，总结司法实践经验，循序渐进地推进我国刑事诉讼制度的完善；坚持分工负责、互相配合、互相制约的原则，完善刑事诉讼中各司法机关的权力配置，以适应诉讼活动的需要；坚持贯彻宽严相济的刑事政策，惩罚犯罪与保障人权并重，既注意及时、准确地惩罚犯罪，维护公民、社会和国家利益，又注意对刑事诉讼参与人包括犯罪嫌疑人、被告人合法权利的保护。把握这些原则，是我们全面理解新刑事诉讼法立法精神的基本点。最后，要从"改了什么"、"为什么改"、"为

---

[*] 最高人民检察院副检察长，法学博士、教授、博士生导师。

什么这样改"三个方面理解和把握新刑事诉讼法各条款的内涵和要求。新刑事诉讼法内容丰富,涉及面广,不仅有大量条款的修改,而且有许多新条款,特别是增设了一些新程序、新制度。我们既要理解和把握各条款的内涵和要求,又要了解各条款的前因和后果,还要从程序和制度的整体上把握各条款的定位和意义。检察职能贯穿刑事诉讼始终,每个条款都与检察工作直接或者间接相关,不仅要熟悉并严格执行直接规范检察活动的条款,而且要熟悉规范其他执法和司法机关活动的条款,全面履行法律监督职责。

首先,要把贯彻落实好新刑事诉讼法作为当前的一项重要任务。新刑事诉讼法与检察工作关系密切,能否贯彻落实好新刑事诉讼法直接关系到检察工作的全局。我们一定要高度重视,结合实际,认真谋划,扎实做好准备。其次,要按照新刑事诉讼法的要求,尽快建立健全检察工作机制和执法规范,譬如,证人的保护制度和强制出庭制度,侦查程序中的技术侦查和秘密侦查措施,以及逮捕、监视居住和取保候审条件的细化和完善,犯罪嫌疑人、被告人辩护权的扩大和强化,简易程序适用范围的扩大和完善等。最后,要组织好新刑事诉讼法的培训和学习,把自学与培训、交流结合起来,以高度的责任感、使命感把新刑事诉讼法贯彻好、执行好。

为了配合广大检察人员全面深入地学习贯彻新刑事诉讼法,最高人民检察院组织编写了《新刑事诉讼法适用指导丛书》。这套丛书共有8本,即《新刑事诉讼法理解与适用》、《检察机关贯彻新刑事诉讼法学习纲要》、《新刑事诉讼法与诉讼监督》、《新刑事诉讼法与职务犯罪侦查适用》、《新刑事诉讼法强制措施解读》、《新刑事诉讼法证据制度解读与适用》、《新刑事诉讼法适用疑难问题解答》、《中华人民共和国刑事诉讼法·中华人民共和国刑法》。这套丛书的内容基本能够满足广大检察人员学习掌握新刑事诉讼法内容的需要。

贯彻落实新刑事诉讼法是提高检察工作水平的重要契机。广大检察人员要以深化社会矛盾化解、社会管理创新、公正廉洁执法三项重点工作为着力点,以开展"忠诚、为民、公正、廉洁"政法干警核心价值观教育实践活动为动力,深入学习掌握新刑事诉讼法,全面提升检察工作水平,为促进经济平稳较快发展、维护国家安全和社会和谐稳定作出新贡献。

2012 年 3 月 16 日

# 前　言

　　撰写本书的愿望是为了解决司法实践中的具体问题，为在百忙之中的办案人员提供快捷的查询线索。但问题是，作为专业性读物，全篇都是言之无物的官语衙文，毫无学术价值可言，除了作为办案工具使用外，似乎再也找不到什么更大的用途。这本来是著书人所不希望看到的结果。另一方面，既然是为了给司法工作谋求一条捷径，就必须吻合司法实践的需要，努力去追寻那些长年工作在第一线的人所希望解决的问题，过多的华丽辞藻和繁文缛节将会与他们的要求背道而驰。于是，我不得不在两难的境地中竭尽全力地加以阐说。

　　1996年修改后的刑事诉讼法已经历了十多年的司法实践。尽管中途有无数的司法解释来不断化解适用中产生的矛盾，但其作用和权限仍不足以消化那些只有依靠立法才能解决的问题。这次刑事诉讼法的修改虽然不及1996年刑事诉讼法修改产生的影响那么深刻，但也称得上是对十多年刑事诉讼实践的一个全方位归纳和反思。在很多具体运行程序和操作层面上，立法义无反顾地作了大面积的修改和补充，而且其中有的内容可能与之前十多年司法实践中的做法完全不同。例如，新刑事诉讼法实施后，公诉机关在起诉时只移交主要证据的做法将为移交整个案卷所取代；一种全新的刑事诉讼解决方式——公诉案件和解程序开始运行；过去只有到了审查起诉阶段或审判阶段才享有的律师辩护权限，现在却提前到了侦查阶段或者审查起诉阶段；律师在公诉阶段就可以查阅整个案卷了，而且，律师办案再也不会像过去那样随意地受到监控。这一切，都将给刑事追诉工作带来一系列挑战，而人权保障问题也越来越受到立法机关的重视。

　　出版本书的目的主要是适应新刑事诉讼法颁行的需要。为了促成法律与司法实践的尽快结合，本书作者竭尽全力地收集了司法实践中所需要解决的问题。由于在法律颁行后的较短时间内拙成此书，尽显了作者临渴掘井的功利主义杂念。尽管其中免不了许多穿凿附会之词，却囊括了多达四百余条实践中需要解决的问题，这些问题均按照刑事诉讼法条文的先后顺序排列。对于这些问题的解答，全部以新刑事诉讼法和目前仍然有效的司法解释为依据，对适用问题有针对性地进行解释。但任何人都避免不了会在写作中犯错误，所以衷心地恳请读者批评纠正。同时，为了转变执法思维，力图使人们尽快从旧法的概念中走出来，努力适应新法，在解答的同时也将新法与旧法的许多差异性问题进行了比较性阐释。其最终目的，是帮助人们尽可能准确地执行新的法律。

作　者

2012 年 3 月 18 日

# 目 录

## 第一章　总则 …………………………………………………………（1）

### 第一节　任务和基本原则 …………………………………………（1）
一、我国新刑事诉讼法规定的基本原则有哪些 ………………（1）
二、司法机关与党的纪检部门如何在案件查处中配合与
　　协作 ………………………………………………………（4）
三、公安机关异地办案如何配合与协作 ………………………（5）
四、司法机关和有关部门办理保密案件应当如何配合与
　　协作 ………………………………………………………（6）
五、检察机关查办渎职犯罪案件中如何与其他部门协作 ……（8）
六、侦查机关查处外国人犯罪案件如何确定其身份 …………（8）
七、刑事司法协助的主要内容和范围包括哪些 ………………（10）
八、人民法院审理涉外刑事案件怎样送达法律文书 …………（12）
九、人民检察院怎样提供刑事司法协助 ………………………（14）
十、公安机关怎样开展警务合作 ………………………………（15）
十一、享有外交特权和豁免权的外国人的范围有哪些 ………（16）

### 第二节　管辖 ………………………………………………………（17）
一、人民检察院立案侦查的案件有哪些 ………………………（17）
二、人民法院直接受理的刑事案件有哪些 ……………………（19）
三、国家安全机关立案侦查的案件有哪些 ……………………（21）
四、军队保卫部门立案侦查的案件有哪些 ……………………（21）
五、办理军地互涉案件应遵循哪些基本规则 …………………（22）
六、现役军人在地方作案怎样管辖 ……………………………（24）
七、现役军人和地方人员共同作案的案件怎样管辖 …………（25）
八、军地两地互涉案件的刑罚执行问题 ………………………（26）

九、妨害国（边）境管理犯罪案件的管辖应依照什么
原则 …………………………………………………………（26）
十、海关侦查机构对案件有哪些管辖权限和范围 ……………（27）
十一、海上刑事犯罪案件的管辖问题 …………………………（28）
十二、人民检察院监所部门的办案范围 ………………………（29）
十三、人民法院的指定管辖范围 ………………………………（30）
十四、人民法院的特别地域管辖和专属管辖 …………………（30）
十五、怎样对重婚案件进行管辖 ………………………………（31）
十六、怎样确定流窜犯罪案件的管辖 …………………………（32）
十七、罪犯服刑期间又犯罪的管辖问题 ………………………（33）
十八、香港驻军人员犯罪案件的管辖问题 ……………………（33）
十九、发生在旅客列车上的犯罪案件的管辖问题 ……………（34）
二十、怎样理解共同犯罪案件各犯罪嫌疑人的管辖问题 ……（35）
二十一、怎样理解"有证据证明的轻微刑事案件"的管
辖问题 …………………………………………………（36）
二十二、如何解决公诉机关和审判机关对一审刑事案件
管辖的争议问题 ………………………………………（37）
二十三、人民法院应当怎样处理合并管辖问题 ………………（38）
二十四、公诉案件与自诉案件的合并审理问题 ………………（39）

## 第三节 回避 …………………………………………………（40）

一、公安机关工作人员的回避 …………………………………（40）
二、检察机关工作人员的回避 …………………………………（41）
三、法院审判人员的回避 ………………………………………（42）
四、审判人员离任后可否担任诉讼代理人或者辩护人 ………（43）
五、审判人员的近亲属可否担任其所在法院审理案件的
诉讼代理人或者辩护人 ……………………………………（43）
六、审判人员、检察人员、侦查人员是本案证人、鉴定
人、翻译人员的近亲属是否应当回避 ……………………（44）
七、怎样理解回避申请由辩护人或者诉讼代理人提出 ………（45）
八、犯罪嫌疑人在诉讼过程中当场提出要司法工作人员
回避如何处理 ………………………………………………（46）

九、侦查人员没有自行回避所进行的侦查活动是否有效 ……… (47)
十、司法工作人员与当事人是朋友、同学、同事、战友
　　等关系是否应当自行回避 ……………………………… (48)

### 第四节　辩护与代理 ……………………………………… (49)
一、新刑事诉讼法对辩护和代理制度作了哪些修改 ……… (49)
二、新刑事诉讼法对律师参与诉讼增加了哪些内容 ……… (52)
三、受聘律师在侦查阶段主要有哪些权利和义务 ………… (55)
四、辩护律师在审查起诉阶段主要有哪些新的权利和义务 … (56)
五、辩护律师在审判阶段主要有哪些权利和义务 ………… (58)
六、哪些人在审查起诉阶段不能充当辩护人 ……………… (59)
七、哪些人在审判阶段不能充当委托辩护人 ……………… (60)
八、怎样理解"缓刑考验期限内"和"刑罚尚未执行
　　完毕" ……………………………………………………… (62)
九、哪些属于被依法剥夺、限制人身自由的情况 ………… (63)
十、怎样认定无行为能力人和限制行为能力人 …………… (64)
十一、哪些人属于"与本案有直接利害关系的人" ……… (64)
十二、刑事诉讼过程中司法工作人员应当怎样履行告知义务 … (66)
十三、在诉讼的什么阶段可以为犯罪嫌疑人指派辩护律师 … (67)
十四、律师在侦查阶段会见犯罪嫌疑人是否应当限制时间
　　　和次数 ………………………………………………… (69)
十五、指派辩护应当注意哪些问题 ………………………… (70)
十六、被剥夺政治权利尚未完全恢复的人能否为其近亲
　　　属充当辩护人 ………………………………………… (73)
十七、人大常委会主要成员能否担任辩护人、诉讼代理人 … (73)
十八、辩护律师应当如何正确行使调查取证权 …………… (74)
十九、如何正确认识和处理律师的法律责任问题 ………… (77)

### 第五节　证据 ………………………………………………… (78)
一、新刑事诉讼法对证据制度作了哪些修改 ……………… (78)
二、如何理解证据在刑事诉讼各阶段的证明标准 ………… (82)
三、怎样采信缺乏作证行为能力人提供的证明 …………… (85)
四、与案件有利害关系的人能否作为证人 ………………… (86)

五、由有关单位或者当事人提供的证据材料是否具有法
    律效力 ……………………………………………………（87）
六、不按照法律程序获取的证据是否一律应当加以排除 ………（88）
七、当事人自行提供的鉴定书或者"医疗证明"能否作
    为鉴定意见使用 …………………………………………（90）
八、被关押的犯罪嫌疑人、被告人能否出庭作证 ………………（92）
九、视听资料、电子数据作为证据需要具备哪些基本要件 ……（92）
十、共同犯罪中的同案被告人能否互为证人 ……………………（93）
十一、测谎检查的运用及其证据效力问题 ………………………（95）
十二、刑事诉讼中的"证据不足"如何认定 ……………………（96）

第六节　强制措施 ……………………………………………………（98）
一、新刑事诉讼法对拘传措施作了哪些修改 ……………………（98）
二、合法拘传有哪些必经程序 ……………………………………（99）
三、拘传的对象主要包括哪些人 …………………………………（100）
四、拘传是否必须在传唤的基础上进行 …………………………（100）
五、如何理解不到案的"正当理由" ……………………………（101）
六、怎样计算拘传持续的时间 ……………………………………（103）
七、怎样掌握两次拘传之间的间隔时间 …………………………（103）
八、被拘传的犯罪嫌疑人、被告人在法定时间内不能讯
    问完毕应怎样处理 ………………………………………（105）
九、新刑事诉讼法对取保候审作了哪些修改 ……………………（106）
十、哪些情况下的犯罪嫌疑人、被告人不能取保候审 …………（109）
十一、对同案犯可否同时分别使用人保和财保两种方式
    担保 ………………………………………………………（111）
十二、对被取保候审人可否在不同时间里分别使用人保
    和财保两种方式担保 ……………………………………（112）
十三、对既无保证人又无力缴纳保证金的犯罪嫌疑人、
    被告人怎样处理 …………………………………………（113）
十四、怎样办理取保候审保证金的收取 …………………………（114）
十五、案件移交时重新取保候审是否可以变更或重新收
    取保证金 …………………………………………………（115）

十六、如何确定取保候审保证金交纳数量的上限与下限 ……… (116)
十七、取保候审的保证人必须符合哪些条件 ………………… (117)
十八、取保候审的保证人应当履行哪些担保责任 …………… (118)
十九、保证人未履行保证义务应承担怎样的法律后果 ……… (119)
二十、对原保证人不继续担保的情况如何处理 ……………… (121)
二十一、保证人违反担保规定应当由哪个机关处罚 ………… (122)
二十二、保证人对罚款决定不服能否提起行政诉讼 ………… (123)
二十三、对犯罪嫌疑人、被告人重新决定取保候审如何
　　　　计算期限 ……………………………………………… (124)
二十四、对哪些犯罪嫌疑人、被告人应当解除取保候审 …… (125)
二十五、解除取保候审的手续如何办理 ……………………… (126)
二十六、犯罪嫌疑人、被告人在取保候审期间又犯罪的
　　　　如何处理 ……………………………………………… (127)
二十七、新刑事诉讼法对监视居住措施作了哪些修改 ……… (128)
二十八、对哪些犯罪嫌疑人、被告人可以采取监视居住 …… (130)
二十九、犯罪嫌疑人、被告人在监视居住期间应当遵守
　　　　哪些规定 ……………………………………………… (132)
三十、被监视居住的犯罪嫌疑人会见哪些人应当经过批准 …… (134)
三十一、如何确定被监视居住人的活动范围 ………………… (135)
三十二、病因消除后的被监视居住人应如何处理 …………… (137)
三十三、被监视居住的犯罪嫌疑人在哪些情况下应当逮捕 …… (138)
三十四、对已判决或不追究刑事责任的原被监视居住人
　　　　是否还需要作出解除监视居住的决定 …………… (140)
三十五、按照新刑事诉讼法，监视居住与取保候审有哪
　　　　些不同 ………………………………………………… (141)
三十六、新刑事诉讼法对拘留措施作了哪些修改 …………… (143)
三十七、对哪些情形的犯罪嫌疑人应当刑事拘留 …………… (144)
三十八、刑事拘留应当注意哪些问题 ………………………… (146)
三十九、如何正确适用"先行拘留" ………………………… (148)
四十、拘留人大代表、政协委员应当遵守哪些特殊规定 …… (149)
四十一、对采取行政拘留的对象能否接续采取刑事拘留 …… (151)
四十二、最长的刑事拘留期限应当是多少天 ………………… (152)

四十三、对被拘留的犯罪嫌疑人应当怎样处理 …………… (153)

四十四、新刑事诉讼法对逮捕措施作了哪些修改 ………… (154)

四十五、逮捕犯罪嫌疑人应当注意哪些主要问题 ………… (156)

四十六、如何理解逮捕犯罪嫌疑人的基本条件 …………… (157)

四十七、如何理解"有证据证明有犯罪事实"的含义 …… (159)

四十八、对人大代表采取逮捕、拘留以外的其他强制措
　　　　施是否应报请许可 …………………………………… (160)

四十九、对正在怀孕或哺乳婴儿的妇女是否一律不应逮捕 …… (160)

五十、应当变更逮捕措施的情形有哪些 ………………………… (161)

五十一、被取保候审、监视居住的犯罪嫌疑人在哪些情
　　　　况下应予逮捕 ………………………………………… (162)

五十二、侦查机关对原不批捕的案件如何重新处理 ……… (163)

五十三、侦查机关变更强制措施后又需要逮捕的是否还
　　　　应重新报捕 …………………………………………… (164)

五十四、对投案自首的犯罪嫌疑人可否不执行逮捕 ……… (164)

五十五、军队保卫部门、军事检察院能否对地方人员采
　　　　取强制措施 …………………………………………… (165)

五十六、侦查机关对外国犯罪嫌疑人采取强制措施应当
　　　　注意哪些问题 ………………………………………… (166)

五十七、怎样理解附条件逮捕措施 ………………………… (168)

## 第七节　附带民事诉讼 …………………………………… (168)

一、新刑事诉讼法对附带民事诉讼作了哪些修改 ………… (168)

二、哪些人可以提起附带民事诉讼 …………………………… (169)

三、提起附带民事诉讼应当符合哪些程序要求 ……………… (171)

四、可以提起附带民事诉讼的刑事案件有哪些 ……………… (171)

五、已死亡被害人的继承人是否有权提起附带民事诉讼 …… (172)

六、附带民事诉讼中依法负有赔偿责任的人有哪些 ………… (174)

七、只对刑事附带民事诉讼部分提出上诉应当如何审查 …… (175)

八、可否在侦查、起诉阶段对附带民事诉讼案件实行财
　　产保全 …………………………………………………… (176)

九、单位作为被害人的主要特点有哪些 ……………………… (177)

### 第八节　期间、送达及其他 ……………………………………（177）
一、执行期间、送达应当注意哪些事项 …………………………（177）
二、怎样计算刑事诉讼期间 ………………………………………（178）
三、因不能抗拒的原因而耽误的期间属于何种性质 ……………（179）
四、恢复期间的申请是否只能向人民法院提出 …………………（180）
五、哪些情况下应当重新计算期间 ………………………………（181）

## 第二章　立案、侦查和提起公诉 …………………………（183）

### 第一节　立案 …………………………………………………（183）
一、新刑事诉讼法对立案程序作了哪些修改 ……………………（183）
二、刑事案件立案应当注意哪些事项 ……………………………（184）
三、人民检察院怎样对立案进行监督 ……………………………（185）
四、审查案件线索要注意哪些问题 ………………………………（186）
五、控告、举报、报案的区别是什么 ……………………………（187）
六、在立案审查时应当注意哪些主要问题 ………………………（188）
七、如何进行职务犯罪案件初查 …………………………………（190）
八、怎样对职务犯罪要案进行备案和初查 ………………………（191）
九、如何处理检察机关在立案监督中与侦查机关的分歧 ………（192）

### 第二节　侦查 …………………………………………………（193）
一、新刑事诉讼法对侦查程序作了哪些修改 ……………………（193）
二、如何确定传唤的指定地点 ……………………………………（196）
三、侦查阶段讯问犯罪嫌疑人应当注意哪些事项 ………………（197）
四、犯罪嫌疑人在被讯问时主要享有哪些诉讼权利和义务 ……（199）
五、讯问聋、哑犯罪嫌疑人应当注意哪些问题 …………………（201）
六、询问证人、被害人应当注意哪些问题 ………………………（201）
七、哪些人不能充当证人 …………………………………………（202）
八、证人在侦查阶段应享有并承担哪些诉讼权利和义务 ………（203）
九、对拒绝作证的证人应当怎样处理 ……………………………（204）
十、单位出具的证明材料能否作为证据使用 ……………………（205）
十一、侦查实验应当遵循哪些步骤和原则 ………………………（206）

十二、现场勘验的基本要求有哪些 …………………………（208）
十三、现场勘验、检查应当遵守哪些程序 …………………（208）
十四、怎样做好现场勘验、检查工作记录 …………………（210）
十五、怎样提取和扣押现场痕迹、物品与文件 ……………（211）
十六、勘验、检查杀人、伤害案件应当注意哪些问题 ……（212）
十七、侦查阶段办理死刑案件应当注意哪些事项 …………（213）
十八、如何理解紧急情况下的"不另用搜查证搜查" ………（214）
十九、搜查应当注意哪些事项 ………………………………（215）
二十、怎样正确行使秘密监听手段 …………………………（216）
二十一、侦查机关扣押物证、书证应当注意哪些事项 ……（217）
二十二、侦查机关查询、冻结、扣押存款、汇款时要注
　　　　意哪些事项 ……………………………………（219）
二十三、对扣押、冻结的款物怎样进行保管和处理 ………（220）
二十四、执法机关查询、冻结、扣划证券和证券交易结
　　　　算资金应当注意哪些事项 ……………………（222）
二十五、司法机关对哪些证券和证券交易结算资金不得
　　　　冻结、扣划 ……………………………………（223）
二十六、不同执法机关对同一账户进行冻结、扣划应注
　　　　意哪些事项 ……………………………………（224）
二十七、什么是"整体冻结"和"轮候冻结" ……………（224）
二十八、刑事诉讼程序中被害人要求返还合法财产如何
　　　　处理 ……………………………………………（225）
二十九、办案过程中发现赃款赃物私了如何处理 …………（226）
三十、刑事鉴定的鉴定人具有哪些权利和义务 ……………（226）
三十一、怎样审查鉴定意见的准确度 ………………………（227）
三十二、犯罪嫌疑人在诉讼过程中患了精神疾病如何处理 …（228）
三十三、骨龄鉴定能否作为确定刑事责任年龄的依据 ……（229）
三十四、怎样进行辨认 ………………………………………（229）
三十五、哪些物品、文件在案件侦查终结后不宜随案移送 …（230）
三十六、通缉的对象有哪些 …………………………………（231）
三十七、怎样办理刑事案件侦查羁押期限的延长 …………（232）
三十八、重新计算侦查羁押期限应当符合什么条件 ………（233）

三十九、重新计算侦查羁押期限应当注意哪些问题 …………… (233)
四十、怎样撤销案件 ……………………………………………… (234)
四十一、什么是侦查中止 ………………………………………… (235)
四十二、侦查终结应当具备哪些条件 …………………………… (235)
四十三、案件侦查完毕后应当履行哪些程序 …………………… (237)
四十四、职务犯罪审查批准逮捕权上提一级制度的含义
　　　　及内容是什么 ………………………………………… (238)

## 第三节　起诉 ……………………………………………………… (239)

一、新刑事诉讼法对刑事起诉制度作了哪些修改 ……………… (239)
二、补充侦查主要有哪些种类 …………………………………… (241)
三、补充侦查应当注意哪些事项 ………………………………… (242)
四、能否对共同犯罪案件中部分犯罪嫌疑人先行移送起诉 …… (243)
五、暂予监外执行犯在异地又犯罪应由何地检察机关受
　　理审查起诉 ……………………………………………………… (244)
六、进入审判程序的公诉案件能否退回公安机关补充侦查 …… (244)
七、作为证据使用的扣押物品应否一律移送 …………………… (245)
八、对犯罪嫌疑人身份不明的案件能否提起公诉 ……………… (246)
九、在审查起诉中应否认真听取被害人及其诉讼代理人
　　的意见 …………………………………………………………… (246)
十、处理不起诉案件应注意哪些事项 …………………………… (247)
十一、什么是法定不起诉，其适用范围是什么 ………………… (249)
十二、什么是微罪不起诉，其适用于什么情形 ………………… (250)
十三、什么是证据不足不起诉，其适用范围如何 ……………… (251)
十四、什么是附条件不起诉，其适用范围是什么 ……………… (252)
十五、新刑事诉讼法对附条件不起诉制度作了哪些规定 ……… (253)
十六、对公安机关要求复议、被害人也提出申诉的不起
　　　诉案件如何处理 ………………………………………………… (254)
十七、不起诉决定作出后哪些情况下可以再行提起公诉 ……… (255)
十八、新刑事诉讼法规定的不起诉救济程序有哪些 …………… (256)
十九、公诉阶段办理死刑案件应当注意哪些事项 ……………… (257)
二十、在押的外国籍犯罪嫌疑人或人犯与外界会见和通
　　　信如何处理 ……………………………………………………… (258)

二十一、驱逐出境如何适用 …………………………………… (259)

二十二、在押外籍犯要求保外就医如何处理 …………………… (260)

二十三、检察机关怎样依法快速办理轻微刑事案件 …………… (261)

## 第三章 审判 ……………………………………………………… (263)

### 第一节 审判组织及第一审程序 ……………………………… (263)

一、新刑事诉讼法对一审程序作了哪些修改 ………………… (263)

二、新刑事诉讼法对简易审理程序作了哪些修改 …………… (266)

三、怎样理解合议庭审判案件的决定权 ……………………… (267)

四、哪些案件属于应当提交审判委员会讨论的案件 ………… (268)

五、怎样追加、变更和撤回起诉 ……………………………… (268)

六、人民法院开庭前审查案件的具体范围有哪些 …………… (269)

七、法院开庭前审查应对哪些情况分别作出处理 …………… (270)

八、对没有被起诉的同案共犯人认为需要追究刑事责任
如何处理 ……………………………………………………… (272)

九、对被告人在法庭审理中突然翻供如何处理 ……………… (273)

十、法庭审理时发问应当注意哪些事项 ……………………… (274)

十一、对违反法庭审理秩序的行为怎样处理 ………………… (275)

十二、审判人员应当对法庭审理中的哪些行为加以制止 …… (276)

十三、检察机关怎样向法院移送案卷材料 …………………… (276)

十四、"被害人有证据证明的轻微刑事案件"的范围怎
样确定 ……………………………………………………… (278)

十五、人民检察院对审判活动进行监督的范围和方法有
哪些 ………………………………………………………… (278)

十六、检察机关向法院提出违法纠正意见应当是在什么
时候 ………………………………………………………… (280)

十七、遇到哪些情况审判人员可以宣布休庭 ………………… (280)

十八、遇到哪些情况时法庭可以延期审理 …………………… (281)

十九、法院能否受理不服治安管理处罚提起的自诉案件 …… (282)

二十、人民法院审理单位犯罪案件要注意哪些事项 ………… (283)

二十一、哪些案件人民检察院不予建议或者不予同意适
用简易程序 ………………………………………………… (283)

二十二、哪些案件在人民法院审理过程中可以变更审理程序 …… （285）

二十三、法院处理查封、扣押、冻结的在案财物应当注
意哪些事项 ………………………………………………（286）

二十四、人民法院审理涉外刑事案件应当注意哪些一般
性问题 ……………………………………………………（287）

二十五、人民法院审理涉外刑事案件中的限制出境问题 ……（288）

### 第二节　第二审程序 ……………………………………（289）

一、新刑事诉讼法对第二审程序作了哪些修改 ……………（289）

二、人民法院审理哪些第二审案件应当组成合议庭 ………（290）

三、人民检察院可以对哪些一审裁定提起抗诉 ……………（290）

四、对上诉的共同犯罪案件中部分被告人的羁押期可能
超刑期如何处理 …………………………………………（291）

五、刑事案件的被告人提出上诉在期满后能否撤回上诉 …（292）

六、被告人在判决未生效期间死亡如何处理 ………………（293）

七、检察机关对哪些情形的案件可以提起刑事抗诉 ………（293）

八、检察机关不宜提起抗诉的情形有哪些 …………………（295）

九、法院对既有抗诉又有上诉的刑事案件怎样审理 ………（296）

十、对上诉、抗诉案件的审查主要包括哪些内容 …………（297）

十一、哪些第二审案件可以不开庭审理 ……………………（298）

十二、哪些第二审死刑案件法庭应当开庭审理 ……………（298）

十三、人民法院开庭审理死刑第二审案件应注意哪些事项 ……（299）

十四、第二审法庭审理上诉、抗诉死刑案件应重点查明
哪些内容 …………………………………………………（301）

十五、人民检察院参与第二审法庭审理死刑案件应当注意
哪些事项 …………………………………………………（302）

十六、一审、二审程序办理死刑案件应当注意哪些问题 ……（302）

### 第三节　死刑复核程序和审判监督程序 …………………（304）

一、新刑事诉讼法对死刑复核程序作了哪些修改 …………（304）

二、新刑事诉讼法对审判监督程序作了哪些修改 …………（304）

三、怎样正确适用死刑复核程序 ……………………………（305）

四、共同犯罪案件部分被告人被判处死刑，对其他同案
　　犯是否一并进行复核 …………………………………………（307）
五、死刑复核时对数罪并罚中数个死刑认定不一致怎么办 ……（307）
六、减刑后发现原判决确有错误予以改判，原减刑裁定
　　应否撤销 ………………………………………………………（309）
七、一审判处死缓检察院抗诉的案件，二审能否直接改
　　判死刑 …………………………………………………………（309）
八、对审判时患上精神病的人能否适用死刑 …………………（310）
九、法院处理再审案件应当注意哪些事项 ……………………（311）
十、刑事申诉有无时间和受理机关方面的限制 ………………（312）
十一、什么是判决、裁定在认定事实上确有错误 ……………（313）
十二、什么是判决、裁定在适用法律上确有错误 ……………（314）
十三、对自诉案件的生效判决、裁定人民检察院能否提出抗诉 ……（315）
十四、哪些再审案件可以由上级人民法院提审 ………………（315）
十五、按照审判监督程序重审的案件有哪些条件和程序 ……（316）
十六、再审的刑事案件应当作出哪些处理 ……………………（317）
十七、案件再审时原判决、裁定能否暂停执行 ………………（318）

## 第四章　执行程序 ……………………………………………（319）

一、新刑事诉讼法对刑事执行程序作了哪些修改 ……………（319）
二、发生法律效力的判决、裁定有哪些 ………………………（320）
三、罪犯服刑期间又犯罪按照什么程序处理 …………………（321）
四、对没有逮捕的罪犯是否应当收监执行 ……………………（322）
五、对外国人犯罪案件怎样执行刑罚 …………………………（322）
六、人民检察院怎样对监狱进行执法监督 ……………………（323）
七、执行死刑案件应当注意哪些事项 …………………………（325）
八、对判处死缓的罪犯变更执行死刑应当具备哪些条件
　　和程序 …………………………………………………………（325）
九、死缓期满后裁定减刑前故意犯罪如何处理 ………………（327）
十、已签发执行死刑命令的案件又发现原审判决有错误
　　如何处理 ………………………………………………………（328）
十一、执行死刑后如何处理死刑犯的遗物 ……………………（328）

十二、刑罚执行中剥夺政治权利的期限如何计算 ………… (329)

十三、被剥夺政治权利的罪犯不能享有哪些权利 ………… (330)

十四、什么是法定减刑和酌定减刑 …………………………… (330)

十五、适用减刑应当具备哪些程序 …………………………… (331)

十六、适用假释应当具备哪些程序 …………………………… (332)

十七、假释应当具备哪些条件 ………………………………… (333)

十八、"减刑、假释的裁定不当"包括哪些情况 …………… (334)

十九、人民法院处理减刑、假释案件应当注意哪些事项 …… (335)

二十、人民检察院处理减刑、假释案件应当注意哪些事项 … (336)

二十一、"确有悔改和立功表现"主要是指哪些情形 ……… (337)

二十二、在法定刑以下判处刑罚和适用特殊情况假释的

   核准程序有哪些 ……………………………………… (337)

二十三、如何理解"暂予监外执行不当" …………………… (338)

二十四、暂予监外执行罪犯能否离开居住地外出经商 ……… (339)

二十五、罪犯减刑、假释案件的管辖和处理程序 …………… (340)

二十六、保外就医应当具备哪些条件 ………………………… (341)

二十七、患有哪些疾病的留所已决犯可以保外就医 ………… (342)

二十八、看守所怎样办理留所已决犯保外就医手续 ………… (343)

二十九、涉及财产的刑罚执行应当注意哪些事项 …………… (344)

三十、能否用罚款折抵罚金 …………………………………… (345)

三十一、对判处的罚金刑难以执行应当怎样处理 …………… (345)

三十二、哪些属于国家刑事赔偿的受案范围 ………………… (346)

三十三、再审改判无罪的案件如何确定赔偿机关 …………… (347)

三十四、国家赔偿的方式和计算标准是如何规定的 ………… (347)

三十五、要求国家赔偿的时效规定有哪些 …………………… (348)

三十六、申请核拨赔偿费应当提交哪些文件 ………………… (349)

## 第五章 特别程序 ……………………………………………… (350)

### 第一节 未成年人刑事案件诉讼程序 ……………………… (350)

  一、新刑事诉讼法对未成年人刑事案件诉讼程序作了

   哪些规定 ……………………………………………… (350)

二、审查批捕和起诉未成年人犯罪案件应当注意哪些问题 …… (351)

三、讯问未成年犯罪嫌疑人应当注意哪些问题 …………… (354)

四、对哪些情况下的未成年人犯罪案件应当不起诉 ……… (355)

五、检察机关可以对哪些未成年人犯罪建议法院适用缓刑 … (357)

六、检察机关怎样对办理未成年人犯罪案件进行监督 …… (357)

七、哪些情况下在押的未成年犯罪嫌疑人可以会见其近
亲属 …………………………………………………… (358)

八、审理未成年人犯罪案件应当注意哪些事项 …………… (359)

九、对未成年人犯执行刑罚应当注意哪些事项 …………… (360)

十、检察机关怎样对未成年人犯罪案件的执行进行监督 … (361)

十一、附条件不起诉程序与其他不起诉程序存在哪些区别 … (362)

十二、附条件不起诉程序是否与缓刑制度相冲突 ………… (363)

十三、未成年人犯罪附条件不起诉程序的适用前提 ……… (364)

十四、附条件不起诉案件中所附条件的内容包括哪些 …… (364)

第二节 当事人和解的公诉案件诉讼程序 ………………… (365)

一、新刑事诉讼法对当事人和解的公诉案件诉讼程序作
了哪些规定 …………………………………………… (365)

二、刑事公诉案件和解程序的基本含义是什么 …………… (366)

三、怎样理解刑事公诉案件和解程序的适用范围 ………… (368)

四、刑事公诉案件和解程序的具体应用 …………………… (369)

第三节 犯罪嫌疑人、被告人逃匿、死亡案件违法所得的
没收程序 ……………………………………………… (370)

一、新刑事诉讼法对刑事案件中违法所得没收程序作了
哪些规定 ……………………………………………… (370)

二、刑事违法所得特别没收程序的适用范围有哪些 ……… (372)

三、怎样理解法院在违法所得特别没收程序中的不告不
理原则 ………………………………………………… (373)

四、怎样理解刑事违法所得特别没收程序中的民事处理
原则 …………………………………………………… (374)

第四节　依法不负刑事责任的精神病人的强制医疗程序 …………（375）
　　一、新刑事诉讼法对依法不负刑事责任的精神病人的强
　　　　制医疗程序作了哪些规定 ……………………………（375）
　　二、怎样理解精神病人强制医疗程序的性质和对象 ………（376）
　　三、提起精神病人强制医疗程序的主体是谁 ………………（377）
　　四、怎样对精神病人强制医疗程序实施救济和监督 ………（378）

# 第一章 总　　则

## 第一节　任务和基本原则

### 一、我国新刑事诉讼法规定的基本原则有哪些

所谓刑事诉讼的基本原则，是指贯穿于整个刑事诉讼程序，对全部刑事诉讼活动以及相应的各个诉讼环节具有普遍指导意义的基本准则。各国刑事诉讼中都包含有应当遵守的一般性规则。但国外的刑事诉讼立法很少像我国刑事诉讼法那样设立专章来进行规定，而是作为一般性原理贯穿在具体的诉讼环节中，例如无罪推定原则、司法独立原则、程序正义原则、控辩平等原则、禁止重复追究原则等。我国刑事诉讼立法还处于不断修改和完善的过程中，传统和历史的影响不可能在很短的时间内从法制中消除，对于不适宜现代社会发展需要的一些过时的原则，将随着时间的推移逐步为新的适宜社会需要的原则所取代。

我国刑事诉讼法在总则编的第一章中，采取罗列的形式规定了刑事诉讼中的一些基本原则。这些原则，有的是指导性的，有的是规范性的，有的是命令性的，还有的是禁止性的。总的来看，这些原则主要反映的是我国刑事诉讼中所要求解决的问题，与我国社会的政治、经济结构和社会发展状况密切相关。而相对于西方法治国家的刑事诉讼原则来说，其强调的重点和表明的立场是存在区别的。特别是在如司法独立、控辩平等、程序正义等原则方面，体现得并不突出。新《刑事诉讼法》第3条至第17条，以单列方式表达了刑事诉讼中的基本原则。这些原则按照条文的先后顺序是：

1. 侦查权、检察权、审判权由公安机关、人民检察院和人民法院分别行使的原则。新《刑事诉讼法》第3条第1款、第4条规定：对刑事案件的侦查、拘留、执行逮捕、预审，由公安机关负责；检察、批准逮捕、检察机关直接受理的案件的侦查、提起公诉，由人民检察院负责；审判由人民法院负责。除法律特别规定的以外，其他任何机关、团体和个人都无权行使这些权力。危害国家安全刑事案件的调查，由国家安全机关负责。

2. 依法进行刑事诉讼的原则。新《刑事诉讼法》第3条第2款规定，人民法院、人民检察院和公安机关进行刑事诉讼，必须严格遵守本法和其他法律的有关规定。该条原则实际上相当于西方国家刑事诉讼中的所谓程序正义或者程序公正原则。这是一条具有高度概括性的原则，在具体刑事诉讼过程要得以贯彻实施是相当复杂的。

3. 依法独立行使职权的原则。新《刑事诉讼法》第5条规定，人民法院依照法律规定独立行使审判权，人民检察院依照法律规定独立行使检察权，不受行政机关、社会团体和个人的干涉。这里，刑事诉讼法规定的独立行使司法权，指的是人民法院和人民检察院独立行使职权，而不包括公安机关在内。同时，这里的"独立行使"审判权、检察权，也是相对的，不是绝对的，即在具体办案过程中要讲独立，而在接受执政党和国家权力机关领导时则必须讲服从与配合。

4. 依靠群众的原则。新《刑事诉讼法》第6条规定，人民法院、人民检察院和公安机关进行刑事诉讼，必须依靠群众。依靠群众来源于中国共产党所领导的新民主主义革命和社会主义建设的传统经验，将这一原则上升为法律，体现了执政党对司法工作的影响和指导作用。同时，它也的确是从事司法工作，特别是侦查破案中所必须遵循的规则。

5. 以事实为根据，以法律为准绳的原则。新《刑事诉讼法》第6条规定，人民法院、人民检察院和公安机关进行刑事诉讼，必须以事实为根据，以法律为准绳。以事实为根据，以法律为准绳，主要是要求执法、司法要客观和公正。这一原则也是贯穿于整个刑事诉讼过程的基本业务指导性规则。

6. 公民在法律适用上一律平等的原则。新《刑事诉讼法》第6条规定，对于一切公民，在适用法律上一律平等，在法律面前，不允许有任何特权。这一原则要求在刑事诉讼中，应不论身份、地位、出身、种族、宗教信仰、教育程度、财产状况等因素，一律平等地适用法律。其根本点和落脚点，就是要避免像封建司法那样"刑不上大夫"，并有利于加强对犯罪嫌疑人、被告人的人权保障。

7. 公、检、法三机关分工负责、互相配合、互相制约的原则。新《刑事诉讼法》第7条规定，人民法院、人民检察院和公安机关进行刑事诉讼，应当分工负责，互相配合，互相制约，以保证准确有效地执行法律。这一原则是我国刑事诉讼法的特色之一，体现了法律规定由公、检、法之间的相互配合与制约以及监督来保证刑事诉讼的顺利完成的立法旨意。

8. 人民检察院行使刑事诉讼监督的原则。新《刑事诉讼法》第8条规定，人民检察院依法对刑事诉讼实行法律监督。人民检察院是我国宪法明确规定的专门法律监督机关，当然有权对刑事法律的实施进行监督。但从具体实践状况来看，检察机关的法律监督作用主要集中在诉讼领域，且以刑事诉讼领域为主。这一原则充分体现了我国检察机关的基本职能和作用。

9. 使用民族语言文字进行刑事诉讼的原则。新《刑事诉讼法》第9条规定，各民族公民都有用本民族语言文字进行诉讼的权利；人民法院、人民检察院和公安机关对于不通晓当地通用的语言文字的诉讼参与人，应当为他们翻译；在少数民族聚居或者多民族杂居的地区，应当用当地通用的语言进行审讯，用当地通用的文字发布判决书、布告和其他文件。

10. 两审终审制的原则。新《刑事诉讼法》第10条规定，人民法院审判案件，实行两审终审制。即一审法院判决的案件，当事人或检察机关可以上诉、控诉到二审法院；二审法院的判决为终审判决，不能再对此提起上诉或者抗诉。

11. 审判公开的原则。新《刑事诉讼法》第11条规定，人民法院审判案件，除本法另有规定的以外，一律公开进行。审判公开，包括审判的程序公开、审判的内容公开以及进行公开宣判等。公开审判是与秘密审判相对存在的，目的是要把司法活动置于社会监督之下，促进人权保障，避免像法西斯秘密审判那样践踏和漠视人权的现象发生。

12. 有权获得辩护的原则。辩护权是被调查人或被审判人应当享有的一项最基本的诉讼权利，也是刑事诉讼史上最古老的诉讼权利。新《刑事诉讼法》第11条规定，被告人有权获得辩护，人民法院有义务保证被告人获得辩护。对犯罪嫌疑人、被告人享有的辩护权，公安、司法机关不能加以阻拦；对应当获得辩护权的未成年犯罪人、生理有缺陷的犯罪人、可能判处无期徒刑和死刑的犯罪人、因经济困难无力聘请辩护人的犯罪人等，法律援助机构有义务为他们指定辩护人，公安、司法机关也有向法律援助机构通知的义务。

13. 无罪推定的原则。新《刑事诉讼法》第12条规定，未经人民法院依法判决，对任何人都不得确定有罪。所以，在法院判决未下达之前的整个刑事诉讼过程中，对犯罪嫌疑人、被告人从法律程序上都应当以"无罪"人对待。非经法律程序，不能剥夺其合法权利。

14. 实行人民陪审制度的原则。新《刑事诉讼法》第13条规定，人民法院审判案件，依照本法实行人民陪审员陪审的制度。这是借鉴西方陪审制度而建立起来的具有中国特色的刑事审判陪审制度，目的是扩大司法民主，同时也可以发挥民众对司法进行监督的作用。

15. 保障诉讼参与人合法权利的原则。新《刑事诉讼法》第14条规定，人民法院、人民检察院和公安机关应当保障犯罪嫌疑人、被告人和其他诉讼参与人依法享有的辩护权和其他诉讼权利;诉讼参与人对于审判人员、检察人员和侦查人员侵犯公民诉讼权利和人身侮辱的行为,有权提出控告。

16. 外国人犯罪与本国公民犯罪适用相同法律的原则。新《刑事诉讼法》第 16 条规定,对于外国人犯罪应当追究刑事责任的,适用本法的规定;对于享有外交特权和豁免权的外国人犯罪应当追究刑事责任的,通过外交途径解决。

17. 刑事司法协助的原则。新《刑事诉讼法》第 17 条规定,根据中华人民共和国缔结或者参加的国际条约,或者按照互惠原则,我国司法机关和外国司法机关可以相互请求刑事司法协助。

## 二、司法机关与党的纪检部门如何在案件查处中配合与协作

根据 1989 年 9 月 17 日中央纪律检查委员会、最高人民法院、最高人民检察院、公安部联合发出《关于纪律检查机关与法院、检察院、公安机关在查处案件过程中互相提供有关案件材料的通知》的规定,司法机关与党的纪检部门在查处案件时,应当按照以下方式和原则进行配合与协作:

1. 由县级以上纪律检查机关或党委(党组)立案检查的案件,在检查过程中,发现需由法院、检察院、公安机关依法查处的违法犯罪案件,或在党纪处理之后,还需追究刑事责任的,应按照公、检、法之间案件管辖的分工,与所在地的公、检、法机关取得联系,把立案材料(正在检查的案件,提供主要证据;已处理的案件,提供处分决定、调查报告、主要证据和本人交代材料)移送法院、检察院、公安机关。

2. 法院、检察院、公安机关在接到纪律检查机关或党委(党组)的案件材料和建议后,应及时进行审查。对应立案侦查的,应及时立案,并通知原送案单位;经过审查,不予立案的,应说明不予立案的理由,并将材料退回原送案单位。法院、检察院、公安机关查处的党员违法犯罪案件,在依法处理前,有关纪律检查机关或党委决定要作党纪处分,需要法院、检察院、公安机关提供有关材料的,法院、检察院、公安机关应积极配合。

3. 法院对犯罪的党员依法判决后,应将判决书(或裁定书)副本送有关纪律检查机关或党委(党组)。有关纪律检查机关或党委认为对犯罪的党员需要作出党纪处分的,可以到作出判决的法院摘抄或复制主要证据和本人交代等材料。党员在外省或外地犯罪被依法判决的,党员组织关系所在地的县以上纪律检查机关可以函请作出判决的法院代为摘抄或复制主要证据和本人交代等材料,或者发函委托当地纪检机关到法院摘抄、复制有关材料。法院应予协助、支持。摘抄、复制材料所需的费用,由发函单位承担。

检察院对违法犯罪党员的不起诉决定副本应送有关纪律检查机关或党委（党组）。需要作出党纪处分的，有关纪律检查机关或党委可以到检察院摘抄或复制主要证据和本人交代等材料。检察院应予协助、支持。

4. 公安机关在办理治安管理处罚案件，法院在办理民事、经济和行政案件的过程中，发现共产党员严重违反共产主义道德、工作失职或其他严重错误，亦应向纪律检查机关及时通报情况，提供有关材料，以便纪检机关查处。

纪律检查机关与法院、检察院、公安机关互相交接案件的有关材料时，必须正式办理手续。

### 三、公安机关异地办案如何配合与协作

根据1998年5月14日公安部发布的《公安机关办理刑事案件程序规定》和1997年1月9日公安部发布的《关于办理利用经济合同诈骗案件有关问题的通知》的规定，公安机关异地办案的协作应当依照以下规则进行：

1. 对异地公安机关提出协助调查、执行强制措施等协作请求，只要法律手续完备，协作地公安机关就应当及时无条件予以配合，不得收取任何形式的费用。县级以上公安机关办理刑事案件需要异地公安机关协作的，应当制作办案协作函件。负责协作的县级以上公安机关接到异地公安机关请求协作的函件后，应当指定主管业务部门办理。对于获取的犯罪线索，不属于自己管辖的，应当及时转递有管辖权的公安机关。

2. 对异地公安机关请求查询犯罪信息、资料的，协助查询的公安机关应当认真查办，并及时反馈。异地执行传唤、拘传，执行人员应当持《传唤通知书》、《拘传证》、办案协作函件和工作证件，与协作地县级以上公安机关联系。协作地公安机关应当协助将犯罪嫌疑人传唤、拘传到本市、县内的指定地点或者到犯罪嫌疑人的住处进行讯问。

3. 异地执行拘留、逮捕的，执行人员应当持《拘留证》、《逮捕证》、办案协作函件和工作证件，与协作地县级以上公安机关联系，协作地公安机关应当派员协助执行。委托异地公安机关代为执行拘留、逮捕的，应当将《拘留证》、《逮捕证》、办案协作函件送达协作地公安机关。协作地公安机关抓获犯罪嫌疑人后，应当立即通知委托地公安机关。委托地公安机关应当立即携带法律文书及时提解，提解的侦查人员不得少于二人。

4. 异地公安机关请求协查犯罪嫌疑人的身份、年龄、违法犯罪经历等情况的，协查地公安机关接到通知后应当在7日内将协查结果通知请求协查的公安机关；交通十分不便的边远地区，应当在15日内将协查结果通知请求协查

的公安机关。

5. 需要异地办理查询、扣押或者冻结与犯罪有关的财物、文件的，执行人员应当持办案协作函件和相关的法律文书，与协作地县级以上公安机关联系，协作地公安机关应当指定主管业务部门协助执行。在紧急情况下，可以将办案协作函件和相关的法律文书电传至协作地县级以上公安机关，协作地公安机关应当及时采取措施。委托地公安机关应当立即派员携带法律文书前往协作地办理。

6. 对不履行办案协作职责造成严重后果的，对直接负责的主管人员和其他直接责任人员，应当给予行政处分；构成犯罪的，依法追究刑事责任。协作地公安机关依照请求协作的公安机关的要求，履行办案协作职责所产生的法律责任，由请求协作的公安机关承担。

7. 公安机关办理利用经济合同诈骗案件，在尚未立案前，不得采取任何强制措施。在办案中需要到外地对犯罪嫌疑人采取强制措施的，应当严格依照刑事诉讼法和公安部等有关规定，通知当地公安机关，不得自行执行拘留、逮捕，更不得以传唤、拘传为名将被传唤人或者被拘传人带离当地。凡没有法律手续擅自到外地抓人或者虽有法律手续但未通知当地公安机关的，当地公安机关一经发现，应当立即予以扣留，通知其所属的公安厅、局派人带回予以处理。没有法律手续，擅自到外地抓人情节严重的，依法追究刑事责任。当地公安机关接到外地公安机关执行拘留、逮捕的通知后应当无条件地积极予以配合，不得以任何借口进行刁难或阻挠。故意刁难或阻挠的，给予纪律处分，情节严重构成犯罪的，依法追究刑事责任。执行中遇到问题可请上级公安机关协调解决。

## 四、司法机关和有关部门办理保密案件应当如何配合与协作

根据 1989 年 5 月 29 日国家保密局、最高人民检察院、国家安全部、公安部、监察部、中央纪律检查委员会联合发布的《保密工作部门同检察、国家安全、公安、监察、党的纪检机关查处泄密案件协调配合的办法》的规定，司法机关和有关部门在保密案件查处过程中应当遵循以下规则：

1. 保密工作部门发现或经初步调查，认为属于触犯保密法的有关规定，需要追究刑事责任的泄密案件，应将有关材料和查处建议移送相应的检察机关。检察机关对保密工作部门移送的案件应及时审查，决定立案侦查的，应将查办情况及结果通知保密工作部门；决定不予立案的，应将不立案的决定及理由通知保密工作部门。

保密工作部门发现并认为属于触犯《刑法》第 110 条、第 111 条、第 112

条或保密法有关规定的，需要追究刑事责任的泄密案件，应立即将有关材料和查处意见移送相应的国家安全机关；未设置国家安全机关的地方，应移送相应的公安机关。国家安全机关或公安机关对保密工作部门移送的案件应及时审查，决定立案侦查的，应将查办情况及结果通知保密工作部门；决定不予立案的，应将不立案的决定及理由通知保密工作部门。

保密工作部门发现属于国家秘密的文件、资料和其他物品丢失、被盗窃、抢劫或可能被非法携带出境等情况，应及时通报并协助相应的公安机关或国家安全机关追查和采取措施。公安机关或国家安全机关应将查办情况及结果通知保密工作部门。

2. 检察机关、国家安全机关和公安机关查处的泄露国家秘密案件，证实不够追究刑事责任，须作违纪处理的，应移送相应的保密工作部门查办。保密工作部门应予受理，并将查办结果通知移交案件的机关。检察机关依法对泄露国家秘密的责任者作出提起公诉、不起诉的决定后，应在将有关法律文书和检察建议送达其所在单位的同时，抄送当地保密工作部门。

监察机关和党的纪检机关发现属于泄露国家秘密的违纪案件，可以会同相应的保密工作部门调查处理，保密工作部门应会同查办并提出处理意见。

3. 保密工作部门对应作违纪处理的泄密案件，按照保密法规和有关处分规定，向有关责任者的所在单位或其上级主管部门提出处理意见。对应作政纪处理的属于监察机关管辖范围的案件，可以移送相应的监察机关处理；对应作党纪处理的属于党的纪检机关管辖范围的案件，可以移送相应的党的纪检机关处理。监察机关和党的纪检机关应按管辖范围受理，并将处理结果通知保密工作部门。

保密工作部门对检察、国家安全、公安、监察、党的纪检机关要求协助调查的泄密案件，应根据职权范围，积极予以协助。对其中需要请示报告上级保密工作部门的事项，应及时逐级请示报告。检察、国家安全、公安、监察、党的纪检机关查处涉及泄露国家秘密的案件，应将有关情况通知相应的保密工作部门，由保密工作部门对已经泄露或可能泄露的国家秘密及时采取补救措施，并依法监督发案单位采取和加强保密防范措施。

4. 在查处泄露国家秘密案件中，对是否属于国家秘密和属于何种密级不明确或有争议的，有确定权的保密工作部门应根据检察、国家安全、公安、监察、党的纪检机关的要求，依照保密法的有关规定作出鉴定。保密工作部门与检察、国家安全、公安、监察、党的纪检机关在查处泄露国家秘密案件中发生意见分歧，需要协调的，应逐级报告各自的上级机关协调解决。

## 五、检察机关查办渎职犯罪案件中如何与其他部门协作

根据1999年12月30日最高人民检察院、公安部、国土资源部、海关总署、国家税务总局、国家环境保护总局、国家工商行政管理局、国家林业局、国家质量技术监督局、国家保密局发布的《关于在查办渎职案件中加强协调配合建立案件移送制度的意见》的规定，检察机关在查办渎职案件过程中与其他部门协作应当按照以下要求进行：

1. 公安、国土资源等部门发现或经调查，认为本部门工作人员触犯刑法有关条款的规定，涉嫌渎职犯罪，需要追究刑事责任的案件，应将有关材料移送相应的检察机关，发现其他国家机关工作人员的渎职犯罪案件线索，也应将有关材料移送相应的检察机关。

检察机关对公安、国土资源等部门移送的材料要及时审查，决定是否立案。对决定立案的案件，检察机关应及时将立案情况通知移送单位。对决定不予立案的，应制作不予立案通知书，写明不予立案的原因和法律依据，送达移送单位，并退还有关材料。移送单位对不予立案决定有异议的，可以在收到不予立案通知书的10日以内向检察机关申请复议，检察机关应当在收到复议申请的30日以内作出复议决定，并将复议决定书送达申请复议的单位。

2. 检察机关接受群众举报或侦查中自行发现的公安、国土资源等部门工作人员的渎职案件，经查认为涉嫌渎职犯罪的，应向有关单位通报，并请求提供相关材料和协助侦查，有关单位应当协助。检察机关对经过初查或侦查，认为不需要追究刑事责任，未予立案或在立案后作出撤销或不起诉决定的案件，可与相关单位交换意见。对认为应当追究党纪政纪责任的，应提出检察建议连同有关材料一起移送相应单位的纪检监察部门处理。对其中涉及领导干部的渎职案件，应按干部管理权限的规定，将检察建议和有关材料移送相应主管机关处理。对需要给予行政处罚、行政处分或者需要没收其违法所得的，应提出检察意见，移送有关主管机关处理。移送情况应向发案单位通报。

3. 检察机关在查办公安、国土资源等部门工作人员的渎职犯罪案件中，如发现发案单位和相关部门在管理和制度等方面存在漏洞，需要进行整改的，应提出检察建议。发案单位和相关部门在接到检察机关提出的检察意见或检察建议后，应认真处理或整改，并将处理和整改情况向检察机关反馈。

## 六、侦查机关查处外国人犯罪案件如何确定其身份

随着我国社会的全面开放和经济发展全球化趋势的不断升温，经由我国边境出入的外国人越来越多。但是，复杂的国际形势和国家恐怖势力时刻都威胁

着社会的稳定和人民群众的人身财产安全,因此必须对来自国外的恐怖分子和其他不法犯罪分子保持高度的警惕,加强对边境进出人员的管理和审查。根据我国有关法律、法规和司法解释的规定,侦查人员在查处外国人犯罪案件确定其身份时,应当注意以下几个方面:

1. 根据我国制定的《外国人入境出境管理法》规定,外国人入境、出境、过境,必须从对外国人开放的或者指定的口岸通行,接受边防检查机关的检查。外国人入境,应当向中国的外交代表机关、领事机关或者外交部授权的其他驻外机关申请办理签证。在特定情况下,依照国务院规定,外国人也可以向中国政府主管机关指定口岸的签证机关申请办理签证。同中国政府订有签证协议的国家的人员入境,按照协议执行。外国人申请各项签证,应当提供有效护照,必要时提供有关证明。应聘或者受雇来中国工作的外国人,申请签证时,应当持有应聘或者受雇证明。

2. 外国人在中国居留,必须持有中国政府主管机关签发的身份证件或者居留证件。在中国居留的外国人,应当在规定的时间内到当地公安机关缴验证件。外国人在中国境内临时住宿,应当依照规定,办理住宿登记。持居留证件的外国人在中国变更居留地点,必须依照规定办理迁移手续。未取得居留证件的外国人和来中国留学的外国人,未经中国政府主管机关允许,不得在中国就业。对因为政治原因要求避难的外国人,经中国政府主管机关批准,准许在中国居留。外国人持有效的签证或者居留证件,可以前往中国政府规定的对外国人开放的地区旅行。外国人前往不对外国人开放的地区旅行,必须向当地公安机关申请旅行证件。对不遵守中国法律的外国人,中国政府主管机关可以缩短其在中国停留的期限或者取消其在中国居留的资格。

3. 外国人出境,凭本人有效护照或者其他有效证件。有下列情形之一的外国人,不准出境:(1)刑事案件的被告人和公安机关或者人民检察院或者人民法院认定的犯罪嫌疑人;(2)人民法院通知有未了结民事案件不能离境的;(3)有其他违反中国法律的行为尚未处理,经有关主管机关认定需要追究的。有下列情形之一的外国人,边防检查机关有权阻止其出境,并依法处理:(1)持用无效出境证件的;(2)持用他人出境证件的;(3)持用伪造或者涂改的出境证件的。

在上述《外国人入境出境管理法》规定的前提下,根据 1998 年 5 月 14 日公安部发布的《公安机关办理刑事案件程序规定》的规定,侦查部门办理外国人犯罪案件时确定其身份应当注意以下问题:(1)外国人的国籍,以其在入境时的有效证件予以确认;国籍不明的,由出入境管理部门协助予以查明。(2)犯罪嫌疑人为享有外交特权和豁免权的外国人的,应当层报公安部,由公安部移交外交部通过外交途径解决其刑事责任问题。

**七、刑事司法协助的主要内容和范围包括哪些**

刑事司法协助有广义和狭义之分。广义的刑事司法协助包括送达法律文书、调查取证、搜查、扣押、物品的移交、提供法律资料、刑事诉讼移管、引渡、被判刑人移交以及外国刑事判决的承认与执行等；狭义的刑事司法协助仅指送达刑事诉讼司法文书、询问证人和鉴定人、搜查、扣押、物品的移交以及提供法律资料等。根据我国有关立法以及刑事司法解释的规定，我国司法机关和外国司法机关的刑事司法协助主要包括以下内容：

1. 代为送达法律文书和调查取证。我国与外国缔结的关于刑事司法协助的条约中，主要是缔约双方根据请求，在刑事方面相互代为送达司法文书和司法外文书，询问当事人或犯罪嫌疑人、询问证人、被害人和鉴定人，进行鉴定和司法勘验、检查以及收集其他证据等。刑事诉讼中，文书送达的范围包括司法文书和司法外文书。司法文书是指在刑事诉讼过程中由司法机关制作或签发的各种法律文件或文书，如出庭通知书、判决书或裁定书。司法外文书则是指除上述司法文书以外的与特定的刑事诉讼程序有关的各种书面或文字记录，如身份证明、各种公证文书等。

调查取证中还涉及证人、鉴定人出庭作证问题。刑事司法协助中的证人、鉴定人出庭作证是指在一国境内的证人或鉴定人根据要求和需要到另一国司法机关作证。证人、鉴定人出庭作证应当具备以下条件：（1）有关国家就具体的出庭作证或鉴定事项达成协议，必须由请求国提出书面请求，并说明被请求的证人、鉴定人对于特定诉讼的关系和需要、案件的性质和案由等；（2）尊重证人、鉴定人的意愿，请求证人、鉴定人到缔约另一方作证，必须事先征得被请求证人、鉴定人的同意，请求一方不得或通过被请求一方对证人、鉴定人采取强制手段或施加压力；（3）提出请求的缔约方应当支付证人、鉴定人赴请求方作证的费用，一般情况下费用的标准应当按照请求方国家有关法律规定的标准予以确定；（4）证人、鉴定人出庭作证享受刑事豁免权，即由被请求国赴请求国履行司法协助义务的证人、鉴定人，不论他们的国籍如何，在为作证目的在请求国逗留期间，请求国不得因他们在入境前所犯罪行或与该刑事诉讼有关，或因履行作证及鉴定义务的行为违反请求国的法律，而被该国追究刑事责任，或剥夺其人身自由。

履行刑事法律文书的送达和调查取证等司法协助时，必须按照我国与外国缔结的司法协助条约规定的特定方式进行，一般应当通过中央级相关部门进行联系。在我国，主要的对外司法联系部门是司法部，但在特定情况下，有可能也是另行指定的其他司法机关,如最高人民检察院、最高人民法院等中央司法机关作为缔约双方的联系途径。

2. 强制措施和赃款赃物的处理。在刑事司法协助中适用强制性措施应当严格依照条约进行,条约没有规定,而且请求方也没有明确要求的,只要是采用其他方式能够达到司法协助目的的,一般不使用强制性措施。

刑事司法协助中的另一个重要内容是如何处理因犯罪所取得的赃款赃物的移交问题。刑事司法协助中赃款赃物的移交要遵守的规定有:(1)赃款赃物的移交,不得妨碍被请求国正在进行的刑事诉讼程序;(2)赃款赃物的移交,不得违反被请求国关于物品和金融方面的进出口的法律规定。对于赃款赃物的处理主要有两种情况:一种是以协助追缴并归还财物为目的的移交,即移交财物的国家一般不要求接收的国家予以返还;另一种是为特定的刑事诉讼目的而进行的赃款赃物的移交,这种移交与证据移交有相同的性质,被请求国一般要求接收国在刑事诉讼结束时返还移交物。

3. 外国刑事判决的承认和执行。对外国刑事判决的承认与执行的对象和范围主要包括判处剥夺自由刑、财产刑(罚金或没收财产)以及取消资格的判决。请求承认与执行这种判决,目的在于实现国家对罪犯的制裁,因而这种请求只能由国家提出,并且规定了十分严格的条件和程序。一般来说,被要求承认与执行的刑事判决除所涉及的犯罪必须符合刑事司法协助中的所谓"双重犯罪"条件外,还必须符合以下条件:(1)被判刑人是被请求国的常住居民。(2)在被请求国执行判决更有利于被判刑人恢复社会生活。(3)在涉及剥夺自由刑的情况下,可以在另一国对该判刑人执行剥夺自由刑后执行上述刑罚。(4)被请求国是被判刑人的国籍国,并愿意承担执行该项判决的责任。随着惩治国际性犯罪的需要,一些国际公约已开始引入承认与执行外国刑事判决的制度。我国从加强与有关国家开展这方面合作的实际情况出发,已批准相关公约。

4. 引渡。引渡是指一国把在其境内而被他国指控为犯罪或已被定罪判刑的人,根据有管辖权的国家的请求,在条约或互惠的基础之上,移交给请求国,以便追究其刑事责任或执行刑罚的一项司法协助制度。引渡应当具备的一般原则是:(1)双重犯罪原则,即被引渡者的行为根据请求国和被请求国法律都构成犯罪,并且应当判处一定的刑罚。(2)罪刑待定原则,即请求国只能按照所提引渡理由的罪行对被引渡人进行审判或处罚,不得对该人引渡前所犯的其他罪行进行审判或处罚,或再引渡给第三国,除非征得了被请求国的同意。同时在附条件引渡时,引渡后请求国在审判或处罚被引渡人时不应违背事先设定的条件。(3)政治犯罪不引渡原则,即不能把引渡作为国家间政治协作的手段。(4) 本国国民不引渡原则,即被请求国对其国民在国外的犯罪享有管辖权,为了维护本国的管辖权,并保护其本国国民的合法权益而拒绝引渡本国国民,我国在引渡实践中实行本国国民不引渡的原则。

引渡的一般程序是:(1) 提出引渡请求。引渡请求一般都要求必须通过外交途径以正式照会的形式提出,有的国家在条约中规定可由请求国专门设立的中央机关向被请求国中央机关提出。(2) 临时逮捕。在紧急情况下为防止罪犯逃脱,请求国可以在提出正式引渡请求前请求被请求国对被要求引渡人执行临时逮捕。(3) 引渡请求的审查。对于外国提出的引渡请求,应当由被请求国的司法或行政机关进行审查。(4) 引渡的执行。被请求国作出准予引渡的决定后,应将移交被引渡人的时间、地点通知请求国,在移交被引渡人时通常应一并移交该人所持物品及其犯罪所得或可作为其犯罪证据的物品。(5) "或者引渡,或者起诉"。在惩治劫机、贩毒等国际性犯罪时,依照有关国际公约的规定,各缔约国有义务予以严惩,或者将罪犯引渡到对其有管辖权并提出引渡请求的国家,或者在不引渡情况下将罪犯交给其本国主管当局以提起公诉。

5. 刑事诉讼和被判刑人的移管。刑事诉讼移管是指一国将其正在进行的刑事诉讼移交给他国管辖。刑事诉讼移管是在刑事管辖权发生冲突时对刑事管辖权的协调与解决办法,同时也可以作为不引渡本国国民的一种替代措施。刑事诉讼移管应当具备"双重犯罪"条件,对于被请求追诉的犯罪,具有政治、军事目的的犯罪或者犯罪在请求国境外实施的等,不适用刑事诉讼移管。

被判刑人移管是指将罪犯从一国(即判刑国或移交国)移交给该罪犯本国,使对该罪犯所判的刑罚在其本国予以执行的一种形式,被判刑人移管实质上是承认和执行外国法院刑事判决。被判刑人的移管,须在被移交人同意移交的前提下才有可能进行。被判刑人移管制度,对于判刑国而言,让外籍犯回其本国服刑,在加强对罪犯改造方面,能够避免语言、生活习惯和物质待遇等方面所产生的不利因素,同时也有利于维护本国的司法管辖权;对于执行国而言,将在外国犯罪的本国国民移入本国服刑,有利于对本国国民的保护。我国从加强司法行政管理和对罪犯的改造出发,已逐步开展对被判刑人移管的司法协助。

## 八、人民法院审理涉外刑事案件怎样送达法律文书

根据1998年9月2日最高人民法院发布的《关于执行〈中华人民共和国刑事诉讼法〉若干问题的解释》的规定,人民法院审理涉外刑事案件与境外机构进行司法协助应当按照以下要求办理:

1. 送达涉外法律文书的原则。根据中华人民共和国缔结或者参加的国际条约，或者按照对等互惠原则，我国法院和外国法院可以互相请求，代为一定的诉讼行为。请求与我国签订司法协助协定的国家的法院代为一定诉讼行为的，必须由所在省、自治区、直辖市高级人民法院报经最高人民法院审查同意。与我国签订司法协助协定的国家的法院请求我国法院代为一定诉讼行为的，应当由最高人民法院审查后转达。外国法院请求的事项同中华人民共和国的主权、安全或者社会公共利益不相容以及违反中国法律的，应当予以驳回；不属于我国法院职权范围的，应当予以退回，并说明理由。

2. 对领域外当事人送达法律文书的程序。向在中华人民共和国领域外居住的当事人送达诉讼文书，采用下列方式：（1）通过外交途径送达；（2）对中国籍当事人，可以委托我国使、领馆代为送达；（3）当事人所在国的法律允许邮寄送达的，可以邮寄送达；（4）当事人所在国与我国有刑事司法协助协定的，按照协定规定的方式送达；（5）当事人是自诉案件的自诉人或者是附带民事诉讼的原告人，有诉讼代理人的，可以由诉讼代理人送达。人民法院与同我国建交国家的法院通过外交途径相互请求送达法律文书的，除该国同我国已有司法协助协定的依协定外，根据互惠原则办理。

人民法院通过外交途径向国外当事人送达法律文书，按照下列程序处理：（1）请求送达的法律文书必须经高级人民法院审查，由高级人民法院交外交部领事司转递；（2）必须准确注明受送达当事人的外文姓名、性别、年龄、国籍及详细地址，并将该案的基本情况函告外交部领事司；（3）必须附有注明被请求方法院名称的送达请求书。被请求方法院名称不明的，可以请求该当事人所在地区主管法院送达。所送法律文书必须附有被请求方官方通用文字或者该国同意使用的第三国文字译本。如果被请求方对请求书及法律文书有公证、认证等特殊要求，由外交部领事司通知高级人民法院。

人民法院委托我使、领馆向在外国的中国籍当事人送达法律文书，按照下列程序处理：（1）委托送达的法律文书必须经高级人民法院审查，由高级人民法院交外交部领事司转递；（2）必须准确注明受送达当事人的外文姓名、性别、年龄及详细地址，并将该案的基本情况函告外交部领事司。

3. 对领域内当事人送达法律文书的程序。外国法院通过外交途径请求我国法院向我国公民以及在华的第三国当事人送达有关刑事法律文书，除有司法协助协定的外，按照下列程序处理：（1）由该国驻华使、领馆将法律文书交外交部领事司转递有关高级人民法院。该高级人民法院经审查后，认为可以代为送达的，应当指定有关中级人民法院送达当事人。请求方附有送达回证的，当事人应当在送达回证上签字；未附送达回证的，由负责送达的中级人民法院出具送达证明。送达回证或者送达证明由高级人民法院通过外交部领事司转递请求方。（2）受送达的当事人享有外交特权与豁免权的，不予送达；不属于人民法院职权范围或者因地址不明及其他原因不能送达的，有关高级人民法院应当注明不能送达的原因，由外交部领事司向请求方说明，予以退回。外国驻华使、领馆通过外交途径请求我国法院向在华的该国国民送达法律文书，适用本解释第329条的规定。

4. 送达法律文书的收费。我国法院和外国法院通过外交途径相互请求送达法律文书的收费，参照最高人民法院、外交部、司法部《关于我国法院和外国法院通过外交途径相互委托送达法律文书和调查取证费用收支办法的通知》办理。外国法院请求我国法院提供司法协助的请求书及所附文件，应当附有中文译本或者国际条约规定的其他文字文本。

### 九、人民检察院怎样提供刑事司法协助

在国外，司法协助主要通过司法行政机关或者法院进行，检察机关单独或直接进行的相对较少。这是因为检察机关在国外一般都属于行政机关，不是国家体制中的司法机关。而我国不同，检察机关作为国家法律监督机关，是被宪法所确认的司法机关之一。既然是司法机关，就理所当然地可以与其他任何国家的司法机关或者司法组织进行刑事司法协助。自改革开放以来，最高人民检察院以及东南沿海一带检察机关，已经通过各种方式与国（境）外司法机关或司法组织进行了大量司法协助工作，保证了检察机关刑事侦查和起诉工作的顺利进行。根据1999年1月18日最高人民检察院修正发布的《人民检察院刑事诉讼规则》的规定，人民检察院提供刑事司法协助应当遵循以下规则：

1. 最高人民检察院通过有关国际条约规定的联系途径或外交途径，接收外国提出的司法协助请求。最高人民检察院收到缔约的外国一方提出的司法协助请求后，应当依据我国法律和有关司法协助条约进行审查。对符合条约规定并且所附材料齐全的，交由有关省、自治区、直辖市人民检察院办理或者指定有关人民检察院办理，或者交由其他有关最高主管机关指定有关机关办理。对不符合条约或者有关法律规定的，应当通过接收请求的途径退回请求方不予执行；对所附材料不齐全的，应当要求请求方予以补充。有关省、自治区、直辖市人民检察院收到最高人民检察院转交的司法协助请求书和所附材料后，可以直接办理，也可以指定有关的人民检察院予以执行。负责执行司法协助请求的人民检察院收到司法协助请求书和所附材料后，应即安排执行，并按条约规定的格式和语言文字将执行结果及有关材料经省、自治区、直辖市人民检察院审查后，报送最高人民检察院。

2. 外国有关机关请求人民检察院提供司法协助的请求及所附文件，应当附有中文译本或者国际条约规定的其他文字文本。缔约的外国一方通过其他中方中央机关请求检察机关提供司法协助的，由其他中方中央机关将请求书及所附文件转递最高人民检察院，按相关规定办理。人民检察院因请求书提供的地址不详或材料不齐全难以执行该项请求的，应当立即通过最高人民检察院要求请求方补充提供材料。对于不能执行的，应当将司法协助请求和所附材料，连同不能执行的理由通过各省、自治区、直辖市人民检察院报送最高人民检察院。最高人民检察院应当对执行结果进行审查。凡符合请求要求的，由最高人民检察院转递请求协助的缔约外国一方。

### 十、公安机关怎样开展警务合作

根据 1998 年 5 月 14 日公安部发布的《公安机关办理刑事案件程序规定》的规定，公安机关开展刑事司法协助和警务合作应当遵守以下规定：

1. 开展警务合作的原则。公安机关应当在相互尊重国家主权和平等互惠的基础上，与有关国家的警察机关相互进行刑事司法协助和警务合作。公安机关进行刑事司法协助和警务合作，我国缔结或者参加的国际条约和公安部签订的合作协议有规定的，按照条约和协议的规定办理，但是我国声明保留的条款除外，无相应条约和协议规定的，按照互惠原则通过外交途径或国际刑事警察组织进行。

公安部是公安机关进行刑事司法协助、警务合作的中央主管机关。公安部通过有关国际条约或者协议规定的联系途径或者外交途径，接收或者向外国提出刑事司法协助或者警务合作请求。地方各级公安机关依照职责分工办理刑事司法协助事务和警务合作事务。其他司法机关在办理刑事案件中，需要外国警方协助的，应当通过其中央主管机关与公安部联系办理。我国边境地区公安机关与相邻国家的警察机关相互进行警务合作，在不违背有关国际条约、协议和我国法律的前提下，可以按照惯例进行，但应当报公安部备案。

2. 警务合作的主要范围。公安机关进行刑事司法协助和警务合作的范围，主要包括犯罪情报信息的交流与合作、调查取证、送达刑事诉讼文书、移交物证、书证和视听资料、引渡以及国际条约规定的其他刑事司法协助、警务合作事宜。公安部收到外国的刑事司法协助或者警务合作请求后，应当依据我国法律和有关司法协助条约、警务合作协议的规定进行审查。对符合条约、协议规定的，交有关省、自治区、直辖市公安机关办理，或者移交其他有关中央主管机关；对不符合条约或者协议规定的，不予执行，并通过接收请求的途径退回请求方。

3. 警务合作的基本程序。负责执行刑事司法协助或者警务合作的公安机关收到刑事司法协助或者警务合作请求书和所附材料后,应当立即安排执行。执行后,应当按照条约或者协议规定的格式和语言,将执行结果及其有关材料报经省、自治区、直辖市公安机关审核后报送公安部。

地方公安机关提供刑事司法协助和警务合作,请求书中附有办理期限的,应当按期完成。未附办理期限的,调查取证应当在 3 个月以内完成;送达刑事诉讼文书,应当在 10 日以内完成。不能按期完成的,应当说明情况和理由,层报公安部。公安机关因请求书提供的地址不详或者材料不齐全难以执行的,应当立即通过省、自治区、直辖市公安机关报送公安部要求请求方补充材料。对于因犯罪嫌疑人死亡或者具有应当拒绝协助、合作的情形等不能执行的,应当将刑事司法协助、警务合作请求和所附材料,连同不能执行的理由通过省、自治区、直辖市公安机关报送公安部。

地方公安机关需要请求外国警方提供刑事司法协助或者警务合作的,应当按照有关条约或者合作协议的规定提出刑事司法协助或者警务合作请求书,所附文件及相应译文,经省、自治区、直辖市公安机关审核后报送公安部审批。地方公安机关需要通过国际刑警组织缉捕罪犯或者犯罪嫌疑人、查询资料、调查取证的,应当提出申请层报公安部批准。

公安机关提供或者请求外国提供刑事司法协助或者警务合作,应当收取或者支付费用的,根据有关国际条约或者合作协议的规定办理。办理引渡案件,依照国家关于引渡的法律和规定执行。

### 十一、享有外交特权和豁免权的外国人的范围有哪些

所谓外交特权和豁免权,是指根据法律或者依照国际惯例,驻在某国的外交代表机构及其工作人员能够正常履行职责所享有的某些特殊权利和待遇。我国新《刑事诉讼法》第 16 条第 2 款规定:"对于享有外交特权和豁免权的外国人犯罪应当追究刑事责任的,通过外交途径解决。"根据国际条约和国际惯例,在我国享有外交特权和豁免权的外国人包括:(1) 外国驻本国的外交代表、大使、公使、代办和外交职员(一、二、三等秘书,随员,陆海空武官,商务、文化、新闻参赞或专员)以及他们的家属〔配偶、未成年之子、未婚之女(非中国公民)〕等;(2) 外国派来参加在我国召开的国际会议的代表;(3) 来本国访问的外国国家元首(国王、君主、皇帝、国家主席、总统等)、政府首脑(总理、首相、部长会议主席等)以及其他外国高级官员;(4) 途经或暂时留在我国的各国驻第三国的外交官等。《中华人民共和国外交特权与豁免条例》、《中华人民共和国领事特权与豁免条例》中,还对"使馆馆长"、"使

馆人员"、"使馆工作人员"、"外交代表"、"领馆馆长"、"领馆官员、成员"作了明确规定,对其享有的外交特权与豁免权的具体内容亦作了规定。

上述人员享有外交特权和豁免权,仅仅是说明他们具有在特定条件下排除某国刑事法律的适用,并不代表他们不受任何道德和法律的拘束。《维也纳外交关系公约》第41条第(一)项规定:"在不妨碍外交特权与豁免之情形下,凡享有此项特权与豁免之人员,均负有尊重接受国法律规章之义务。此等人员并负有不干涉该国内政之义务。"一般来说,享有外交特权和豁免权的外国人在一国境内犯罪,尽管不能直接适用刑事法律,不能依照通常的司法程序对他们进行搜查、拘留、逮捕、起诉以及定罪、判刑和执行刑罚,但仍然可以通过外交途径加以解决。《维也纳外交关系公约》第9条规定:"一、接受国得随时不具解释通知派遣国宣告使馆馆长或使馆任何外交职员为不受欢迎人员或使馆任何其他职员为不能接受。遇有此情形,派遣国应斟酌情况召回该员或终止其在使馆中之职务。任何人员得于其到达接受国国境前,被宣告为不受欢迎或不能接受。二、如派遣国拒绝或不在相当期间内履行其依本条第一项规定所负义务,接受国得拒绝承认该员为使馆人员。"外交人员一旦被宣布为不受欢迎的人,须立即停止在接受国执行职务,并且必须离开该国。如果他拒绝离开,接受国政府则可以设法强制执行其决定。

# 第二节 管 辖

## 一、人民检察院立案侦查的案件有哪些

新《刑事诉讼法》第18条第2款规定,贪污贿赂犯罪,国家工作人员的渎职犯罪,国家机关工作人员利用职权实施的非法拘禁、刑讯逼供、报复陷害、非法搜查的侵犯公民人身权利的犯罪以及侵犯公民民主权利的犯罪,由人民检察院立案侦查。对于国家机关工作人员利用职权实施的其他重大的犯罪案件,需要由人民检察院直接受理的时候,经省级以上人民检察院决定,可以由人民检察院立案侦查。

1. 国家机关工作人员利用职权实施的侵犯公民人身权利和民主权利犯罪案件

(1) 国家机关工作人员利用职权实施的非法拘禁案(《刑法》第238条)

(2) 国家机关工作人员利用职权实施的非法搜查案(《刑法》第245条)

(3) 刑讯逼供案(《刑法》第247条)

(4) 暴力取证案（《刑法》第 247 条）

(5) 虐待被监管人案（《刑法》第 248 条）

(6) 报复陷害案（《刑法》第 254 条）

(7) 国家机关工作人员利用职权实施的破坏选举案（《刑法》第 256 条）

2. 贪污贿赂犯罪案件

(1) 贪污案（《刑法》第 382 条、第 394 条、第 183 条第 2 款、第 271 条第 2 款）

(2) 挪用公款案（《刑法》第 384 条、第 185 条第 2 款、第 272 条第 2 款）

(3) 受贿案（《刑法》第 385 条、第 388 条、第 163 条第 3 款、第 184 条第 2 款）

(4) 单位受贿案（《刑法》第 387 条）

(5) 利用影响力受贿案（《刑法》第 388 条之一）

(6) 行贿案（《刑法》第 389 条）

(7) 对单位行贿案（《刑法》第 391 条）

(8) 介绍贿赂案（《刑法》第 392 条）

(9) 单位行贿案（《刑法》第 393 条）

(10) 巨额财产来源不明案（《刑法》第 395 条第 1 款）

(11) 隐瞒境外存款案（《刑法》第 395 条第 2 款）

(12) 私分国有资产案（《刑法》第 396 条第 1 款）

(13) 私分罚没财物案（《刑法》第 396 条第 2 款）

3. 渎职犯罪案件

(1) 滥用职权案（《刑法》第 397 条第 1 款）

(2) 玩忽职守案（《刑法》第 397 条第 1 款）

(3) 故意泄露国家秘密案（《刑法》第 398 条）

(4) 过失泄露国家秘密案（《刑法》第 398 条）

(5) 徇私枉法案（《刑法》第 399 条第 1 款）

(6) 民事、行政枉法裁判案（《刑法》第 399 条第 2 款）

(7) 执行判决、裁定失职案（《刑法》第 399 条第 3 款）

(8) 执行判决、裁定滥用职权案（《刑法》第 399 条第 3 款）

(9) 枉法仲裁案（《刑法》第 399 条之一）

(10) 私放在押人员案（《刑法》第 400 条第 1 款）

(11) 失职致使在押人员脱逃案（《刑法》第 400 条第 2 款）

(12) 徇私舞弊减刑、假释、暂予监外执行案（《刑法》第 401 条）

(13) 徇私舞弊不移交刑事案件案（《刑法》第402条）

(14) 滥用管理公司、证券职权案（《刑法》第403条）

(15) 徇私舞弊不征、少征税款案（《刑法》第404条）

(16) 徇私舞弊发售发票、抵扣税款、出口退税案（《刑法》第405条第1款）

(17) 违法提供出口退税凭证案（《刑法》第405条第2款）

(18) 国家机关工作人员签订、履行合同失职被骗案（《刑法》第406条）

(19) 违法发放林木采伐许可证案（《刑法》第407条）

(20) 环境监管失职案（《刑法》第408条）

(21) 食品监管渎职案（《刑法》第408条之一）

(22) 传染病防治失职案（《刑法》第409条）

(23) 非法批准征用、占用土地案（《刑法》第410条）

(24) 非法低价出让国有土地使用权案（《刑法》第410条）

(25) 放纵走私案（《刑法》第411条）

(26) 商检徇私舞弊案（《刑法》第412条第1款）

(27) 商检失职案（《刑法》第412条第2款）

(28) 动植物检疫徇私舞弊案（《刑法》第413条第1款）

(29) 动植物检疫失职案（《刑法》第413条第2款）

(30) 放纵制售伪劣商品犯罪行为案（《刑法》第414条）

(31) 办理偷越国（边）境人员出入境证件案（《刑法》第415条）

(32) 放行偷越国（边）境人员案（《刑法》第415条）

(33) 不解救被拐卖、绑架妇女、儿童案（《刑法》第416条第1款）

(34) 阻碍解救被拐卖、绑架妇女、儿童案（《刑法》第416条第2款）

(35) 帮助犯罪分子逃避处罚案（《刑法》第417条）

(36) 招收公务员、学生徇私舞弊案（《刑法》第418条）

(37) 失职造成珍贵文物损毁、流失案（《刑法》第419条）

4. 国家机关工作人员利用职权实施的其他重大的犯罪案件，需要由人民检察院直接受理的时候，经省级以上人民检察院决定，可以由人民检察院立案侦查

## 二、人民法院直接受理的刑事案件有哪些

新《刑事诉讼法》第18条第3款规定，自诉案件，由人民法院直接受理。第204条规定，自诉案件包括：告诉才处理的案件；被害人有证据证明的轻微刑事案件；被害人有证据证明对被告人侵犯自己人身、财产权利的行为应

当依法追究刑事责任,而公安机关或者人民检察院不予追究被告人刑事责任的案件。最高人民法院《关于执行〈中华人民共和国刑事诉讼法〉若干问题的解释》对上述刑事诉讼法规定的由人民法院直接受理的案件范围作了如下解释:

1. 告诉才处理的案件

(1) 侮辱、诽谤案(《刑法》第246条,严重危害社会秩序和国家利益的除外)

(2) 暴力干涉婚姻自由案(《刑法》第257条第1款)

(3) 虐待案(《刑法》第260条第1款)

(4) 侵占案(《刑法》第270条)

2. 人民检察院没有提起公诉,被害人有证据证明的轻微刑事案件

(1) 故意伤害案(轻伤)(《刑法》第234条第1款)

(2) 非法入侵住宅案(《刑法》第245条)

(3) 侵犯通信自由案(《刑法》第252条)

(4) 重婚案(《刑法》第258条)

(5) 遗弃案(《刑法》第261条)

(6) 生产、销售伪劣商品案(《刑法》分则第三章第一节规定的犯罪案件,严重危害社会秩序和国家利益的除外)

(7) 侵犯知识产权案(《刑法》分则第三章第七节规定的犯罪案件,严重危害社会秩序和国家利益的除外)

(8) 属于《刑法》分则第四章(侵犯公民人身权利、民主权利罪)、第五章(侵犯财产罪)规定的,对被告人可能判处3年有期徒刑以下刑罚的其他轻微刑事案件

对上列8项案件,被害人直接向人民法院起诉的,人民法院应当依法受理。对于其中证据不足、可由公安机关受理的,或者认为对被告人可能判处3年有期徒刑以上刑罚的,应当移送公安机关立案侦查。

3. 被害人有证据证明对被告人侵犯自己人身、财产权利的行为应当依法追究刑事责任,而公安机关或者人民检察院已经作出不予追究的书面决定的案件

此类案件需要受到下列条件的限制:(1) 被害人能提供证据证明被告人的行为构成犯罪;(2) 对被告人的行为应当依法追究刑事责任;(3) 被告人的行为侵犯的是被害人的人身权利或财产权利;(4) 公安机关或者人民检察院作出了不予追究被告人刑事责任的书面决定。

### 三、国家安全机关立案侦查的案件有哪些

新《刑事诉讼法》第 4 条规定，国家安全机关依照法律规定，办理危害国家安全的刑事案件，行使与公安机关相同的职权。由国家安全机关立案侦查的刑事案件如下：

（1）背叛国家案（《刑法》第 102 条）
（2）分裂国家案（《刑法》第 103 条第 1 款）
（3）煽动分裂国家案（《刑法》第 103 条第 2 款）
（4）武装叛乱、暴乱案（《刑法》第 104 条）
（5）颠覆国家政权案（《刑法》第 105 条第 1 款）
（6）煽动颠覆国家政权案（《刑法》第 105 条第 2 款）
（7）资助危害国家安全犯罪活动案（《刑法》第 107 条）
（8）投敌叛变案（《刑法》第 108 条）
（9）叛逃案（《刑法》第 109 条）
（10）间谍案（《刑法》第 110 条）
（11）为境外窃取、刺探、收买、非法提供国家秘密、情报案（《刑法》第 111 条）
（12）资敌案（《刑法》第 112 条）

以上刑事案件，未设国家安全机关的地方，由公安机关立案侦查。

### 四、军队保卫部门立案侦查的案件有哪些

根据刑事诉讼法、刑法的有关规定，由军队保卫部门立案侦查的案件如下：

（1）战时违抗命令案（《刑法》第 421 条）
（2）隐瞒、谎报军情案（《刑法》第 422 条）
（3）拒传、假传军令案（《刑法》第 422 条）
（4）投降案（《刑法》第 423 条）
（5）战时临阵脱逃案（《刑法》第 424 条）
（6）擅离、玩忽军事职守案（《刑法》第 425 条）
（7）阻碍执行军事职务案（《刑法》第 426 条）
（8）指使部属违反职责案（《刑法》第 427 条）
（9）违令作战消极案（《刑法》第 428 条）
（10）拒不救援友邻部队案（《刑法》第 429 条）
（11）军人叛逃案（《刑法》第 430 条）

（12）非法获取军事秘密案（《刑法》第431条第1款）

（13）为境外窃取、刺探、收买、非法提供军事秘密案（《刑法》第431条第2款）

（14）故意泄露军事秘密案（《刑法》第432条）

（15）过失泄露军事秘密案（《刑法》第432条）

（16）战时造谣惑众案（《刑法》第433条）

（17）战时自伤案（《刑法》第434条）

（18）逃离部队案（《刑法》第435条）

（19）武器装备肇事案（《刑法》第436条）

（20）擅自改变武器装备编配用途案（《刑法》第437条）

（21）盗窃、抢夺武器装备、军用物资案（《刑法》第438条）

（22）非法出卖、转让武器装备案（《刑法》第439条）

（23）遗弃武器装备案（《刑法》第440条）

（24）遗失武器装备案（《刑法》第441条）

（25）擅自出卖、转让军队房地产案（《刑法》第442条）

（26）虐待部属案（《刑法》第443条）

（27）遗弃伤病军人案（《刑法》第444条）

（28）战时拒不救治伤病军人案（《刑法》第445条）

（29）战时残害居民、掠夺居民财物案（《刑法》第446条）

（30）私放俘虏案（《刑法》第447条）

（31）虐待俘虏案（《刑法》第448条）

除《刑法》第十章规定的上述犯罪案件外，在军队内部所发生的其他刑事案件，也应当由军队保卫部门立案侦查。

### 五、办理军地互涉案件应遵循哪些基本规则

根据2009年5月1日最高人民法院、最高人民检察院、公安部、国家安全部、司法部、解放军总政治部联合下发的《办理军队和地方互涉刑事案件规定》的规定，办理军地互涉案件应当遵循以下基本规则：

1. 办理军地互涉案件，应当坚持分工负责、相互配合、及时规范、依法处理的原则。对军人的侦查、起诉、审判，由军队保卫部门、军事检察院、军事法院管辖。军队文职人员、非现役公勤人员、在编职工、由军队管理的离退休人员，以及执行军事任务的预备役人员和其他人员，按照军人确定管辖。对地方人员的侦查、起诉、审判，由地方公安机关、国家安全机关、人民检察院、人民法院管辖。列入中国人民武装警察部队序列的公安边防、消防、警卫

部队人员,按照地方人员确定管辖。

军队保卫部门、军事检察院、军事法院和地方公安机关、国家安全机关、人民检察院、人民法院对于军地互涉案件的报案、控告、举报或者犯罪嫌疑人自首的,都应当接受。对于不属于自己管辖的,应当移送主管机关处理,并通知报案人、控告人、举报人;对于不属于自己管辖而又必须采取紧急措施的,应当先采取紧急措施,然后移送主管机关处理。

2. 发生在营区的案件,由军队保卫部门或者军事检察院立案侦查;其中犯罪嫌疑人不明确且侵害非军事利益的,由军队保卫部门或者军事检察院与地方公安机关或者国家安全机关、人民检察院,按照管辖分工共同组织侦查,查明犯罪嫌疑人属于地方管辖的,移交地方公安机关或者国家安全机关、人民检察院处理。军队和地方共同使用的营房、营院、机场、码头等区域发生的案件,发生在军队管理区域的,按照发生在营区的案件的管辖办理;发生在地方管理区域的,按照发生在营区外的案件的管辖办理。管理区域划分不明确的,由军队和地方主管机关协商办理。军队在地方国家机关和单位设立的办公场所、对外提供服务的场所、实行物业化管理的住宅小区,以及在地方执行警戒勤务任务的部位、住处发生的案件,由地方相关部门办理。

3. 军地互涉案件管辖不明确的,由军队军区级以上单位保卫部门、军事检察院、军事法院与地方省级公安机关、国家安全机关、人民检察院、人民法院协商确定管辖;管辖有争议或者情况特殊的案件,由总政治部保卫部与公安部、国家安全部协商确定,或者由解放军军事检察院、解放军军事法院报请最高人民检察院、最高人民法院指定管辖。

地方人员涉嫌非法生产、买卖军队制式服装,伪造、盗窃、买卖或者非法提供、使用军队车辆号牌等专用标志,伪造、变造、买卖或者盗窃、抢夺军队公文、证件、印章,非法持有属于军队绝密、机密的文件、资料或者其他物品,冒充军队单位和人员犯罪等被军队当场查获的,军队保卫部门可以对其采取紧急措施,核实身份后24小时内移交地方公安机关处理。

4. 军队保卫部门、军事检察院办理案件,需要在营区外采取侦查措施的,应当通报地方公安机关、国家安全机关、人民检察院,地方公安机关、国家安全机关、人民检察院应当协助实施。地方公安机关、国家安全机关、人民检察院办理案件,需要在营区采取侦查措施的,应当通报军队保卫部门、军事检察院,军队保卫部门、军事检察院应当协助实施。

军队保卫部门、军事检察院、军事法院和地方公安机关、国家安全机关、人民检察院、人民法院办理案件,经军队军区级以上单位保卫部门、军事检察院、军事法院与地方省级以上公安机关、国家安全机关、人民检察院、人民法院协商同意后，可以凭相关法律手续相互代为羁押犯罪嫌疑人、被告人。

战时发生的侵害军事利益或者危害军事行动安全的军地互涉案件，军队保卫部门、军事检察院可先行对涉嫌犯罪的地方人员进行必要的调查和采取相应的强制措施。查清主要犯罪事实后，移交地方公安机关、国家安全机关、人民检察院处理。

军队保卫部门、军事检察院、军事法院和地方公安机关、国家安全机关、人民检察院、人民法院相互移交案件时，应当将有关证据材料和赃款赃物等随案移交。军队保卫部门、军事检察院、军事法院和地方公安机关、国家安全机关、人民检察院、人民法院依法获取的证据材料、制作的法律文书等，具有同等法律效力。

### 六、现役军人在地方作案怎样管辖

根据最高人民法院、最高人民检察院、公安部、国家安全部、司法部、解放军总政治部联合下发的《办理军队和地方互涉刑事案件规定》的规定，现役军人涉及地方作案的案件应当依照以下原则进行管辖：

1. "军人"和"营区"的概念。所谓"军人"，是指中国人民解放军的现役军官、文职干部、士兵及具有军籍的学员和中国人民武装警察部队的现役警官、文职干部、士兵及具有军籍的学员；军人身份自批准入伍之日获取，批准退出现役之日终止。所谓"营区"，是指由军队管理使用的区域，包括军事禁区、军事管理区，以及军队设立的临时驻地等。

2. 管辖的总体原则。军队保卫部门、军事检察院、军事法院和地方公安机关、国家安全机关、人民检察院、人民法院对于军地互涉案件的报案、控告、举报或者犯罪嫌疑人自首的，都应当接受。对于不属于自己管辖的，应当移送主管机关处理，并通知报案人、控告人、举报人；对于不属于自己管辖而又必须采取紧急措施的，应当先采取紧急措施，然后移送主管机关处理。

3. 发生在营区外的案件，由地方公安机关或者国家安全机关、人民检察院立案侦查；查明犯罪嫌疑人按照规定应当由军队管辖的，移交军队保卫部门或者军事检察院处理。军人在营区外作案被当场抓获或者有重大犯罪嫌疑的，地方公安机关、国家安全机关、人民检察院可以对其采取紧急措施，24小时内通知军队有关部门，及时移交军队保卫部门、军事检察院处理。

4. 军人入伍前、退役后犯罪案件的管辖。军人入伍前涉嫌犯罪需要依法追究刑事责任的，由地方公安机关、国家安全机关、人民检察院提供证据材料，送交军队军级以上单位保卫部门、军事检察院审查后，移交地方公安机关、国家安全机关、人民检察院处理。军人退出现役后，发现其在服役期内涉嫌犯罪的，由地方公安机关、国家安全机关、人民检察院处理；但涉嫌军人违反职责罪的，由军队保卫部门、军事检察院处理。

一般来说，对于已经办理转业或者退伍手续的县（市）人民武装部的人员，已经办理转业、复员、退伍手续，离开军队营区到地方单位报到途中的人员，已经批准入伍尚未与部队办理交接手续的新兵等人员犯罪，由行为地公安机关、人民检察院按照案件管辖范围的分工立案侦查。

**七、现役军人和地方人员共同作案的案件怎样管辖**

现役军人是相对于预备役军人而言的，指正在服现役，具有现行军籍的军人。在我国，现役军人是指正在中国人民解放军部队服役、具有现行军籍，尚未退伍、转业、复员的军人。现役军人由现役士兵（现役义务兵和现役士官）和现役军官组成。军事院校的在校学员也属于现役军人之列，从进校开始按义务兵待遇算入军龄。军队对现役军人进行严格的管理，从编制、军籍、纪律、待遇等方面都与地方实行完全分离的、单一的军事化管理方式。军队从中央到地方都有自己独立的军事法院、军事检察院和侦查部门。军人犯罪后必须由军队的执法、司法机关处理；而地方人员犯罪后则必须按照一般管辖原则，由地方公、检、法机关处理。但犯罪的形成是不分行业界限的，当军队人员与地方人员共同实施某一犯罪时，就涉及是由地方管辖，还是由军队管辖的问题。

根据刑事诉讼法以及2009年5月1日最高人民法院、最高人民检察院、公安部、国家安全部、司法部、解放军总政治部联合下发的《办理军队和地方互涉刑事案件规定》的规定，结合司法实践，我们认为，现役军人和地方人员共同作案的案件应当依照以下原则进行管辖：

现役军人和地方人员共同在部队营区作案的，以军队保卫部门为主组织侦查，地方公安机关配合；现役军人和地方人员共同在地方作案的，以地方公安机关为主组织侦查，军队保卫部门配合。对犯罪嫌疑人，由地方和军队共同研究，通盘考虑，在取得一致意见后，分别由地方公安机关、军队保卫部门、人民检察院、人民法院依法处理。

1. 对于军队营区发生的案件，判断有可能是地方人员作案或者与现役军人（含在军队编制序列内的其他人员，下同）共同作案的，地方公安机关、人民检察院应当按照案件管辖范围的分工，协助军队保卫部门、军事检察院进行侦查。查清犯罪事实后，是地方人员作案的，由军队保卫部门、军事检察院分别移交有管辖权的地方公安机关、人民检察院处理。

2. 对于非军队营区发生的案件，判断有可能是现役军人作案或者与地方人员共同作案的，军队保卫部门、军事检察院应按照案件管辖范围的分工，协助地方公安机关、人民检察院进行侦查。查清犯罪事实后,是现役军人作案的,由地方公安机关、人民检察院分别移交其所在部队保卫部门、军事检察院处理。

## 八、军地两地互涉案件的刑罚执行问题

刑罚的执行与犯罪后通过刑事诉讼程序进行处理的过程是有区别的。一般来说,对于普通人犯罪,应当由地方公安、司法机关负责侦查、起诉和审判;对于军人犯罪的案件,由军队专门侦查部门和军事检察院、军事法院负责处理。两者在处理刑事诉讼案件时具有严格的管辖划分。但刑罚的执行并非按照刑事诉讼中的案件管辖来划分,有的案件虽然是由军事法院判决的,但判决后交给地方刑罚执行机关执行;而有的地方人员因犯涉军事秘密罪被军事法院判决后,却不能交地方刑罚执行机构执行。由于涉军事案件处理和执行的特殊性,不能完全按照一般法律规定的原则,必须通过特殊的规定来确定刑罚执行原则。

根据刑事诉讼法以及 2009 年 5 月 1 日最高人民法院、最高人民检察院、公安部、国家安全部、司法部、解放军总政治部联合下发的《办理军队和地方互涉刑事案件规定》的规定,军地两地互涉案件的刑罚执行应遵照下列原则:

1. 军人因犯罪被判处刑罚并开除军籍的,除按照有关规定在军队执行刑罚的以外,移送地方执行刑罚。地方人员被军事法院判处刑罚的,除掌握重要军事秘密的以外,移送地方执行刑罚。

2. 军队和地方需要相互代为对罪犯执行刑罚、调整罪犯关押场所的,由总政治部保卫部与司法部监狱管理部门或者公安部、国家安全部监所管理部门协商同意后,凭相关法律手续办理。

从上述规定中可以看出,对军事法院判决的刑事犯罪案件的执行,在多数情况下,都是交地方刑罚执行机构执行,只是那些涉及掌握军事秘密的罪犯,才由军队专门设置的执行场所或监狱执行。当然,军人犯罪后交地方执行刑罚的,一般都是被开除军籍的犯罪分子。而保留军籍的罪行较为轻微的犯罪军人,仍应当由军队刑罚执行机构负责执行。

## 九、妨害国(边)境管理犯罪案件的管辖应依照什么原则

所谓妨害国(边)境管理犯罪案件,是指那些涉及危害国(边)境管理秩序,依照法律规定应当受到刑事制裁行为的案件。妨害国(边)境案件包括两个方面:一是涉及国与国之间的分界问题;二是涉及一国主权范围内不同

管辖区域之间的分界问题。妨害国（边）境管理犯罪案件的管辖是一个相对比较复杂的问题，因为它涉及不同国家、不同地域、区域之间，以及不同执法、司法机关对案件的办理权问题。根据2000年3月31日公安部《关于妨害国（边）境管理犯罪案件立案标准及有关问题的通知》的规定，对妨害国（边）境管理犯罪案件应当依照以下原则管辖：

1. 公安机关的其他部门在边境管理区和沿海地区发现边防部门管辖的妨害国（边）境管理犯罪案件线索或接到公民报案、举报、控告的，应当先接受，然后及时移送所在地公安机关边防部门办理；边防部门发现在边境管理区和沿海地区以外发生的妨害国（边）境管理犯罪案件线索或接到公民对这类案件的报案、举报、控告的，也应先接受，然后及时移送所在地公安机关刑事侦查部门。

2. 侦查跨省、自治区、直辖市妨害国（边）境管理犯罪案件，要从有利于查清全案、深挖组织者、扩大战果出发，由省、自治区、直辖市公安机关边防部门或刑事侦查部门进行协调，特别重大的妨害国（边）境管理犯罪案件，应在公安部边防管理局和刑事侦查局的组织、协调下进行侦查。主办单位已依法立案侦查的，协作单位要从大局出发，无条件地予以配合；通报的犯罪线索经查证符合立案条件的，要依法立案侦查，并及时将结果反馈提供线索一方。

此外，2002年2月4日公安部作出的《关于调整部分妨害国（边）境管理犯罪案件管辖分工的通知》，将部分妨害国（边）境管理秩序犯罪案件的管辖分工进行了调整，其中规定：由公安部刑事侦查局管辖的刑法规定的骗取出境证件案、出售出入境证件案、边境地区和沿海地区（限于地、市行政辖区）以外发生的组织他人偷越国（边）境案、运送他人偷越国（边）境案，调整为公安部刑事侦查局和出入境管理局共同管辖。出入境管理工作任务和非法移民问题突出的省、自治区、直辖市公安机关应当在省、地级公安机关出入境管理部门组建办案机构，充实办案质量。在出入境管理部门组建办案机构前，上述案件仍由刑事侦查部门负责侦办；出入境管理部门组建专门办案机构后，上述案件由出入境管理部门负责侦办。对上述案件的侦办，应当按照"谁立案，谁负责"的原则，一查到底。重大案件由省级公安机关统一组织侦办。

**十、海关侦查机构对案件有哪些管辖权限和范围**

根据刑事诉讼法和海关法的有关规定，海关侦查部门对下列刑事犯罪案件均享有管辖权：（1）走私应税货物、物品偷逃税额5万元以上的；（2）在监管区内发现的走私武器、弹药、核材料、伪造的货币、毒品及制毒物品的；走私国家禁止进出口的珍贵动物及其制品、珍稀植物及其制品和国家禁止出口的文物及其他贵重金属的；（3）以牟利或传播为目的，走私淫秽影片、录像带、光盘、录音带、图片、书刊或其他淫秽物品的；（4）未经海关许可并补缴应缴税款，擅自出售保税、特定减免税货物、物品，偷逃税额5万元以上的；（5）直接向走私人非法收购国家禁止进口物品的，或者直接向走私人非法收购走私进口的其他货物、物品，数额较大的；（6）在内海、领海、界河、界湖运输、收购、贩卖国家禁止进出口物品的，或者运输、收购、贩卖国家限制进出口的货物、物品，数额较大、没有合法证明的；（7）逃避海关监管将境外固体废物、液态废物和气态废物运输进境的；（8）与走私犯罪分子通谋，为其提供贷款、资金、账号、发票、证明或为其提供运输、保管、邮寄或者其他方便的；（9）武装掩护走私及用暴力、威胁方法抗拒缉私的。

同时，1998年12月3日最高人民法院、最高人民检察院、公安部、司法部、海关总署发布的《关于走私犯罪侦查机关办理走私犯罪案件适用刑事诉讼程序若干问题的通知》中还规定：（1）走私犯罪侦查机关在中华人民共和国海关关境内，依法查缉涉税走私犯罪案件和发生在海关监管区内的走私武器、弹药、核材料、伪造的货币、文物、贵重金属、珍贵动物及其制品、珍稀植物及其制品、淫秽物品、固体废物和毒品等非涉税走私犯罪案件，接受海关调查部门、地方公安机关（包括公安边防部门）和工商行政等执法部门查获移送的走私犯罪案件。（2）海关调查部门、地方公安机关（包括公安边防部门）和工商行政等执法部门对于查获的需移送走私犯罪侦查机关的案件，应当就近移送。走私犯罪侦查机关应及时接受，出具有关手续，并将案件处理结果书面通报移送部门。

根据2000年7月8日全国人大常委会修改通过的《海关法》第4条的规定，国家在海关总署设立专门侦查走私犯罪的公安机构，配备专职缉私警察，负责对其管辖的走私犯罪案件的侦查、拘留、执行逮捕、预审；海关侦查走私犯罪公安机构履行侦查、拘留、执行逮捕、预审职责，应当按照刑事诉讼法的规定办理；海关侦查走私犯罪公安机构根据国家有关规定，可以设立分支机构，各分支机构办理其管辖的走私犯罪案件，应当依法向有管辖权的人民检察院移送起诉；地方各级公安机关应当配合海关侦查走私犯罪公安机构依法履行职责。

## 十一、海上刑事犯罪案件的管辖问题

根据2007年9月17日最高人民法院、最高人民检察院、公安部发布的《关于办理海上发生的违法犯罪案件有关问题的通知》规定，对海上发生的违法犯罪案件，应当按照下列原则进行管辖：

1. 海上发生的刑事案件，由犯罪行为发生海域海警支队管辖；如果由犯罪嫌疑人居住地或者主要犯罪行为发生地公安机关管辖更为适宜的，可以由犯罪嫌疑人居住地或者主要犯罪行为发生地的公安机关管辖；对管辖有争议或者情况特殊的刑事案件，可报请上级公安机关指定管辖。同一省、自治区、直辖市内跨海警支队管辖海域的刑事案件，由犯罪行为发生海域海警支队协商确定管辖；协商不成的，由省、自治区、直辖市公安边防总队指定管辖。跨省、自治区、直辖市管辖海域的刑事案件，由犯罪行为发生海域省、自治区、直辖市公安边防总队协商确定管辖；协商不成的，由公安部边防管理局指定管辖。

2. 海警支队办理刑事案件，需要提请批准逮捕或者移送审查起诉的，依法向所在地人民检察院提请或者移送，人民检察院应当依法进行审查并作出决定。人民检察院提起公诉的海上犯罪案件，同级人民法院依法审判。人民法院判处管制、剥夺政治权利以及决定暂予监外执行、缓刑、假释的，由罪犯居住地公安机关执行。

3. 公民、法人或者其他组织认为公安边防海警违法行使职权侵犯其合法权益造成损害而向公安机关申请国家赔偿的，由作出决定的公安边防海警依法办理。对公安边防海警作出的有关刑事赔偿决定不服的，可以向其上一级机关申请复议。对复议决定不服的，可以向人民法院赔偿委员会提出赔偿申请。对公安边防海警作出的有关行政赔偿决定不服的，可以向人民法院提起行政赔偿诉讼。对具体的行政行为不服的，可以在申请行政复议和提起行政诉讼时，一并提出行政赔偿请求。

对海上刑事犯罪案件的调查处理、侦查、提起公诉和审判，依照刑事诉讼法等相关法律、法规、规章和司法解释的规定办理。

### 十二、人民检察院监所部门的办案范围

根据1998年6月12日最高人民检察院发布的《关于重新明确监所检察部门办案范围的通知》的规定，人民检察院监所检察部门承办案件的范围如下：

1. 承办直接侦查案件的范围：各级人民检察院监所检察部门负责刑罚执行和监管改造活动中发生的虐待被监管人案，私放在押人员案，失职致使在押人员脱逃案，徇私舞弊减刑、假释、暂予监外执行案的侦查工作。

2. 承办批捕、起诉案件的范围：监狱、公安机关立案侦查，移送检察机关审查批捕、审查起诉的服刑罪犯又犯罪案件、劳教人员犯罪案件，由监所检察部门负责审查批捕、审查起诉、出庭公诉工作。

3. 受理申诉案件的范围：服刑罪犯及其法定代理人、近亲属不服已发生法律效力的刑事判决、裁定，劳教人员及其家属不服劳教决定，向检察机关提

出的申诉，由监所检察部门负责受理。经立案复查，判决、裁定确有错误需要向人民法院提出抗诉的，移送公诉部门审查，提出抗诉。

4. 派驻监管改造场所检察院在一般情况下行使县级人民检察院的职权，其办理案件范围继续按原规定办理。

## 十三、人民法院的指定管辖范围

所谓指定管辖，是指上级人民法院根据法律规定，针对办理某一案件的特定需要，以裁定的方式指定下级人民法院对该案件行使管辖权。指定管辖是法律赋予上级人民法院对案件管辖的机动决定权，目的在于适应司法实践的需要，保证案件及时正确地处理。人民法院的刑事指定管辖，是指根据新《刑事诉讼法》第23条的规定，上级人民法院在必要的时候，可以审判下级人民法院管辖的第一审刑事案件；下级人民法院认为案情重大、复杂需要由上级人民法院审判的第一审刑事案件，可以请求移送上一级人民法院审判。

根据最高人民法院发布的《关于执行〈中华人民共和国刑事诉讼法〉若干问题的解释》的规定，人民法院的指定管辖依照下列原则划分：

1. 两个以上同级人民法院都有权管辖的案件，由最初受理的人民法院管辖。尚未开庭审判的，在必要的时候，可以移送被告人主要犯罪地的人民法院审判。对管辖权发生争议的，应当在审限内协商解决；协商不成的，由争议的人民法院分别逐级报请共同的上一级人民法院指定管辖。

原受理案件的人民法院，在收到上级人民法院指定其他人民法院管辖决定书后，不再行使管辖权。对于公诉案件，应当书面通知提起公诉的人民检察院，并将全部案卷材料退回，同时书面通知当事人；对于自诉案件，应当将全部案卷材料移送被指定管辖的人民法院，并书面通知当事人。

2. 上级人民法院在必要的时候，可以将下级人民法院管辖的案件指定其他下级人民法院管辖。上级人民法院指定管辖的，应当将指定管辖决定书分别送达被指定管辖的人民法院和其他有关的人民法院。

有管辖权的人民法院因案件涉及本院院长需要回避等原因，不宜行使管辖权的，可以请求上一级人民法院管辖；上一级人民法院也可以指定与提出请求的人民法院同级的其他人民法院管辖。

## 十四、人民法院的特别地域管辖和专属管辖

地域管辖，是指同级人民法院之间受理第一审案件在区域上的分工和权限。刑事地域管辖一般根据犯罪发生地和犯罪嫌疑人、被告人居住地来确定。根据新《刑事诉讼法》第24条的规定，刑事案件由犯罪地的人民法院管辖；

如果由被告人居住地的人民法院审判更为适宜的，可以由被告人居住地的人民法院管辖。特别地域管辖是在一般地域管辖基础上，根据刑事审判的特殊需要，由相关法律和有权解释作出另行的明确规定。所谓专属管辖，是指法律强制规定某类案件只能由特定的法院管辖，其他法院无权管辖。与其他管辖权相比较，专属管辖具有优先性、排他性与强制性。刑事诉讼法没有对专属管辖问题作出明确规定，而主要是由其他相关法律或者有权解释来具体规定。根据1998年9月2日最高人民法院发布的《关于执行〈中华人民共和国刑事诉讼法〉若干问题的解释》的规定，人民法院的特别地域管辖和专属管辖依照下列原则划分：

1. 在中华人民共和国领域外的中国船舶内的犯罪，由犯罪发生后该船舶最初停泊的中国口岸所在地的人民法院管辖；在中华人民共和国领域外的中国航空器内的犯罪，由犯罪发生后该航空器在中国最初降落地的人民法院管辖；在国际列车上的犯罪，按照我国与相关国家签订的有关管辖协定确定管辖。没有协定的，由犯罪发生后该列车最初停靠的中国车站所在地或者目的地的铁路运输法院管辖。

2. 中国公民在驻外的中国使领馆内的犯罪，由该公民主管单位所在地或者他的原户籍所在地的人民法院管辖。中国公民在中华人民共和国领域外的犯罪，由该公民离境前的居住地或者原户籍所在地的人民法院管辖。

外国人在中华人民共和国领域外对中华人民共和国国家或者公民犯罪，依照《中华人民共和国刑法》应受处罚的，由该外国人入境地的中级人民法院管辖。

3. 发现正在服刑的罪犯在判决宣告前还有其他犯罪没有受到审判的，由原审人民法院管辖；如果罪犯服刑地或者新发现罪的主要犯罪地的人民法院管辖更为适宜的，可以由服刑地或者新发现罪的主要犯罪地的人民法院管辖。正在服刑的罪犯在服刑期间又犯罪的，由服刑地的人民法院管辖。正在服刑的罪犯在脱逃期间的犯罪，如果是在犯罪地捕获并发现的，由犯罪地的人民法院管辖；如果是被缉捕押解回监狱后发现的，由罪犯服刑地的人民法院管辖。

## 十五、怎样对重婚案件进行管辖

刑事诉讼法曾将重婚案件列为不需要进行侦查的轻微的刑事案件，规定由人民法院直接受理。但是，随着近些年改革开放的不断扩大，农村人口大量涌入城市，人口流动的加快也给家庭婚姻造成了不同程度的影响。一些已婚的农村男子或女子外出打工后，又在外地与他人结婚，形成重婚，很多情况下按照我国刑法规定都构成了重婚犯罪。但重婚案件的被害人（一般是指犯重婚罪人的配偶)对于流浪在外的被告人不知道应当向什么地方司法机关控告。目前司法实践中对这类案件的受理和管辖也存在混乱的现象,需要进行必要的规范。我们认为,应当根据过去的司法实践,分别以下情况作出处理:

1. 对于由被害人提出控告的重婚案件,在绝大多数情况下,仍然应当按照过去司法实践中的一般做法,由人民法院直接受理。因为大多数重婚案件都涉及夫妻之间的感情恶化问题,只要双方能够达成谅解,对方不愿意起诉,没有给社会造成恶劣影响,人民检察院也不应当主动干预。但对于那些造成恶劣社会影响,或者因为自己重婚而丧失伦理道德,给被害人和子女造成严重后果的情形,只要被害人向人民检察院提出起诉要求,人民检察院就应当主动干预,以公诉案件向法院起诉。

2. 对于被害人不控告,而由人民群众、社会团体或有关单位提出控告的重婚案件,由人民检察院审查决定应否对该案件提起公诉或者不起诉。对不起诉的重婚案件,可以建议被告人所在单位给予被告人行政处分,并责令其立即解除非法的婚姻关系。

3. 公安机关发现有配偶的人与他人非法姘居的,应责令其立即结束非法姘居,并具结悔过;屡教不改的,可交由其所在单位给予行政处分,或者由公安机关酌情予以治安处罚;情节恶劣的,交由劳动教养机关实行劳动教养。

4. 对于被害人或者人民群众、社会团体和有关单位就重婚案件提出的控告或检举,公安机关、人民检察院、人民法院都应当接受,不属于自己管辖的,应当移送主管机关处理。

### 十六、怎样确定流窜犯罪案件的管辖

关于流窜犯罪案件的管辖问题,公安部、最高人民法院、最高人民检察院、司法部在1989年12月13日联合发布的《关于办理流窜犯罪案件中一些问题的意见的通知》,对此作了较为具体的规定。根据刑事诉讼法和有关司法解释的规定,流窜犯罪案件,应由最初受理的公安机关管辖;在办案过程中,如果由主要犯罪地公安机关办理更为适宜的,经过协调,可转交主要犯罪地公安机关办理。对于某些特殊的流窜犯罪案件,符合以下情形的,可以按照以下原则处理:

1. 对罪该逮捕、判刑的流窜犯罪嫌疑人,原则上由抓获地处理。流出地和其他犯罪地公安机关应负责向抓获地公安机关提供有关违法犯罪证据材料。但由抓获地处理并不等于必须由抓获地公安、司法机关来侦查、起诉和审判。抓获地公安、司法机关在处理过程中发现不属于自己管辖的案件,应当依法将案件移交犯罪地公安、司法机关办理。

2. 在逃劳改犯、劳教人员流窜多处进行犯罪被抓获后，可由主要犯罪地公安、司法机关处理，处理后原则上仍送回原劳改、劳教单位执行。抓获的在逃未决犯、通缉案犯，已批准逮捕、刑事拘留潜逃的案犯，除重新犯罪罪行特别严重者由抓获地处理外，原则上由原办案公安机关处理。

3. 案件管辖不明的，由最先发现的公安机关或上级指定的公安机关办理。公安部发布的《公安机关办理刑事案件程序规定》规定，几个公安机关都有权管辖的刑事案件，由最初受理的公安机关管辖；必要时，可以由主要犯罪地的公安机关管辖。

### 十七、罪犯服刑期间又犯罪的管辖问题

这里所说罪犯在服刑期间又犯罪，是指被法院依法判处徒刑、拘役或者徒刑以上刑罚，犯罪人被关押于监狱或者其他劳动改造场所期间，又实施了触犯刑法的犯罪行为。如果犯罪人虽然是在刑罚执行期间犯罪，但是没有被羁押，而是被判处管制、独立适用剥夺政治权利、罚金等刑罚，其执行期间又犯罪的，按照一般刑事管辖办理。刑事诉讼法对罪犯在服刑期间又犯罪的管辖未作明文规定，根据相关司法解释的规定，罪犯在服刑期间又犯罪的案件应当依照下列原则进行管辖：

对罪犯在服刑期间又犯罪，应当追究刑事责任的案件，属于基层人民法院管辖的第一审刑事案件，由罪犯所在的监管改造场所（监狱、看守所等）所在地的县级公安机关立案侦查，并移送当地同级人民检察院向当地同级人民法院起诉；驻场（厂）巡回检察组（员）对需要提起公诉的案件，应当向当地县（市辖区）人民法院起诉。凡属中级人民法院管辖的第一审刑事案件，应由当地的人民检察院分院向中级人民法院起诉。

正在服刑的罪犯在脱逃期间重新犯罪的，如果是在犯罪地捕获并发现的，由犯罪地的人民法院管辖；如果所犯新罪是捕回后发现的，由罪犯服刑地的人民法院管辖。罪犯在服刑期间脱逃，需要按刑法规定的脱逃罪定罪加刑的，也应当由罪犯服刑地的人民法院管辖。

### 十八、香港驻军人员犯罪案件的管辖问题

由于内地与香港在司法制度方面实行的是"一国两制"，内地法律和司法机关对于发生在香港的犯罪案件不具有适用性和管辖权。对于普通刑事犯罪，一般贯彻香港司法管辖原则，但是涉及香港驻军人员犯罪时，则属于例外。因为按照专属管辖原则，特殊案件可以实行专属管辖。在内地，军人违反职责罪地方司法机关没有管辖权，在香港也应当一样，只能由军事法院进行管辖。而

香港与内地在军事司法制度上是一体的,香港范围内不存在军事司法机关。所以,香港驻军人员犯罪应当依照有关法律规定,由国家军事司法机关管辖。根据 1996 年 12 月 30 日第八届全国人大常委会第 23 次会议通过的《香港特别行政区驻军法》的规定,香港驻军人员犯罪案件的管辖依照以下原则进行:

1. 香港驻军人员犯罪的案件由军事司法机关管辖;但是,香港驻军人员非执行职务的行为,侵犯香港居民、香港驻军以外的其他人的人身权、财产权以及其他违反香港特别行政区法律构成犯罪的案件,由香港特别行政区法院以及有关的执法机关管辖。

军事司法机关管辖的香港驻军人员犯罪的案件中,涉及被告人中的香港居民、香港驻军人员以外的其他人,由香港特别行政区法院审判。军事司法机关和香港特别行政区法院以及有关的执法机关对各自管辖的香港驻军人员犯罪的案件,如果认为由对方管辖更为适宜,经双方协商一致后,可以移交对方管辖。

2. 香港特别行政区执法人员依法拘捕的涉嫌犯罪的人员,查明是香港驻军人员的,应当移交香港驻军羁押。被羁押的人员所涉及的案件,依照《香港特别行政区驻军法》第 20 条的规定确定管辖。香港驻军人员被香港特别行政区法院判处剥夺或者限制人身自由的刑罚的,依照香港特别行政区的法律规定送交执行;但是,香港特别行政区有关执法机关与军事司法机关对执行的地点另行协商确定的除外。

## 十九、发生在旅客列车上的犯罪案件的管辖问题

在我国,有一般司法机关和专门司法机关之分。就我国目前的司法体制看,较为明显的专门司法机关有军事司法机关和铁路运输司法机关。铁路运输司法机关主要管辖发生在铁路运输过程中的刑事犯罪案件。但由于铁路运输活动与一般社会活动又是紧密相关的,并且是一个动态的管辖范围,所以需要对其作出明确划分和规定。根据 2001 年 8 月 23 日最高人民法院、最高人民检察院、公安部联合发布的《关于旅客列车上发生的刑事案件管辖问题的通知》的规定,旅客列车上发生的刑事案件的管辖依照以下原则进行:

旅客列车上发生的刑事案件,由负责该车乘务的乘警所属的铁路公安机关负责侦查。案件立案后,列车乘警应立即收集案件证据,填写有关法律文书。对于已经查获犯罪嫌疑人的,列车乘警应对犯罪嫌疑人认真盘查,制作盘查笔录。对被害人、证人要进行询问,制作询问笔录,或者由被害人、证人书写被害经过、证言。取证结束后,列车乘警应当将犯罪嫌疑人及盘查笔录、被害人、证人的证明材料以及其他与案件有关证据一并移交前方停车站铁路公安机

关。对于未查获犯罪嫌疑人的案件，列车乘警应当及时收集案件线索及证据，并由负责该车乘务的乘警队所属的铁路公安机关继续侦查。

车站铁路公安机关对于法律手续齐全并附有相关证据材料的交站处理案件应当受理。经审查和进一步侦查，认为需要逮捕犯罪嫌疑人或者移送审查起诉的，应当依法向同级铁路运输检察院提请批准逮捕或者移送审查起诉。铁路运输检察院对同级公安机关提请批准逮捕或者移送审查起诉的交站处理案件应当受理。经审查符合逮捕条件的，应当依法批准逮捕；符合起诉条件的，应当依法提起公诉或者将案件移送有管辖权的铁路运输检察院审查起诉。铁路运输法院对铁路运输检察院提起公诉的交站处理案件，经审查认为符合受理条件的，应当受理并依法审判。

### 二十、怎样理解共同犯罪案件各犯罪嫌疑人的管辖问题

在共同犯罪案件中，由于犯罪性质和犯罪嫌疑人的主体身份不同，往往出现各犯罪嫌疑人分别触犯公安机关和人民检察院管辖的罪名。实践中出现的这类案件，应当由哪个机关立案管辖？我们认为，应当依照刑事诉讼法和相关司法解释有关管辖的规定，根据犯罪性质、犯罪嫌疑人的主体身份以及结合案件的实际情况，按照下列原则来确定：

1. 在共同犯罪案件中，如果犯罪嫌疑人实施了数个犯罪行为，分别涉嫌公安机关、人民检察院管辖的罪名，应当按照共同犯罪中的主要罪行和次要罪行先后确定立案管辖机关。如果主要罪行是属于公安机关管辖的犯罪，应先由公安机关为主立案侦查，然后将属于检察机关管辖的次要罪行移送检察机关立案，由检察机关配合公安机关共同对案件进行侦查，待主要罪行与次要罪行均侦查终结后，共同移送检察机关起诉部门审查起诉；如果主要罪行是属于人民检察院管辖的犯罪，应先由检察机关为主立案侦查，然后将属于公安机关管辖的次要罪行交与公安机关立案，由公安机关配合检察机关共同对案件进行侦查，待全部案件侦查终结后，移送检察机关起诉部门审查起诉；对于难以分清犯罪行为主次的案件，可以由两家协商解决或者由最先受理的机关立案侦查，然后将属于其他机关管辖的罪行移送有管辖权的机关立案，各有管辖权的机关共同配合对全案进行侦查，待整个案件侦查终结后，移送检察机关起诉部门审查起诉。

2. 在共同犯罪案件中，如果嫌疑人实施的是同一犯罪行为，涉嫌的也是同一类型的罪名，但公安、检察机关均有管辖权的，应当以最主要的犯罪嫌疑人来确定管辖权。例如，国家机关工作人员与非国家工作人员共同涉嫌非法拘禁罪，如果首犯或主犯是国家机关工作人员，则以人民检察院为主立案侦查；

如果首犯或主犯是非国家工作人员，则以公安机关为主立案侦查。

3. 在共同犯罪案件中，如果嫌疑人实施的是同一犯罪行为，但涉嫌的罪名不同，分别触犯了公安、检察机关管辖的罪名，应当按照主要罪行确定管辖机关，如果主要犯罪行为属于公安机关管辖的，由公安机关为主立案侦查，检察机关配合；如果主要犯罪行为属于检察机关管辖的，由检察机关为主立案侦查，公安机关予以配合。例如，国家机关工作人员与公司、企业的工作人员共同利用职务上的便利，索取他人财物，分别触犯了受贿罪和公司、企业人员受贿罪，如果主罪是受贿罪，则以检察机关为主立案侦查，公安机关配合；如果主罪是公司、企业人员受贿罪，则以公安机关为主立案侦查，检察机关予以配合。

## 二十一、怎样理解"有证据证明的轻微刑事案件"的管辖问题

1998年1月19日最高人民法院、最高人民检察院、公安部、国家安全部、司法部、全国人大常委会法制工作委员会发布的《关于刑事诉讼法实施中若干问题的规定》第4条第1款、第2款规定："刑事诉讼法第一百七十条第二项规定由人民法院直接受理的'被害人有证据证明的轻微刑事案件'是指下列被害人有证据证明的刑事案件：（一）故意伤害案件（轻伤）；（二）重婚案；（三）遗弃案；（四）妨害通信自由案；（五）非法侵入他人住宅案；（六）生产、销售伪劣商品案件（严重危害社会秩序和国家利益的除外）；（七）侵犯知识产权案件（严重危害社会秩序和国家利益的除外）；（八）属于刑法分则第四章、第五章规定的，对被告人可以判处三年有期徒刑以下刑罚的其他轻微刑事案件。上述所列八项案件中，被害人直接向人民法院起诉的，人民法院应当依法受理，对于其中证据不足、可由公安机关受理的，应当移送公安机关立案侦查。被害人向公安机关控告的，公安机关应当受理。"

上述规定对轻微刑事案件的诉讼程序问题作了两点主要规定：（1）在规定的轻微刑事案件范围内，被害人可以选择决定走公诉程序还是走自诉程序；（2）对于证据不足的轻微刑事案件，还可以由自诉程序转为公诉程序，即被害人直接向人民法院起诉的轻微刑事案件，如果证据不足，法院还可以移交公安机关立案侦查。但是，法院移送的证据不足的轻微刑事案件，应当属于公安机关的刑事管辖范围，且不违反刑事诉讼法有关自诉案件管辖的一般规定，公安机关方可受理。而在司法实践中，往往出现对被害人有证据证明的轻微刑事案件的受理采取"踢皮球"的方式，使许多类似案件不能得到及时有效的处理。公安部发布的《公安机关办理刑事案件程序规定》第160条对此作了如下规定："经过审查，对于告诉才处理的案件和被害人有证据证明的轻微刑事案件，应当将案件材料和有关证据送交有管辖权的人民法院，并告知当事人向

人民法院起诉。"实际工作中有时则将这一规定片面化，认为只要是告诉才处理的案件和被害人有证据证明的轻微刑事案件，公安机关都不应当受理，如果这样理解的话，被害人对轻微刑事案件的控告权则会因为没有取得充分的证据而无法实现。这样就不利于加强对被害人的法律保护。

所以，我们认为，被害人因没有证据证明而向公安机关提出控告的（包括因证据不足被法院驳回自诉或撤回自诉后提出控告的），公安机关应当受理，并作为公诉案件立案侦查；被害人在有证据证明而且明知可以提起自诉的（包括经公安机关告知后知道有起诉权的）情况下，仍然坚持向公安机关控告而不向人民法院提起诉讼的，公安机关也应立案侦查。刑事诉讼法规定自诉案件应当具备"被害人有证据证明"和"轻微"两个条件，但并没有规定这些案件只能作为自诉案件提起诉讼。应当说，既然刑事自诉案件被告人的行为构成了犯罪，即使没有提起自诉，只要有人控告，司法机关也应当依法追究刑事责任。所以，刑事案件即使同时具备了"被害人有证据证明"和"轻微"两个条件，也不能说就只能作为自诉案件处理，它仍然具有公诉案件性质。只有当被害人将此案件向法院提起诉讼，它才成为自诉案件，依自诉程序处理。当被害人不愿提起自诉而坚持控告时，只要符合刑事案件的立案条件，公安机关就应当受理立案。

## 二十二、如何解决公诉机关和审判机关对一审刑事案件管辖的争议问题

在公诉过程中，由于人民法院和人民检察院对案件的性质、证据和事实的认定上往往出现分歧，使第一审刑事案件的级别管辖常常出现争议。人民检察院认为某一案件应当由基层人民法院审理，而基层人民法院经审查认为该案被告人可能被判处无期徒刑、死刑，应当由中级人民法院审理；或者人民检察院认为某案被告人可能被判处无期徒刑、死刑，应当向中级人民法院提起公诉，而中级人民法院则认为该案被告人不属于判处无期徒刑、死刑的范围，应当由基层人民法院管辖。

如何解决上述问题，实践中的做法不统一，有人认为，基层人民法院或者中级人民法院，接到同级人民检察院提起公诉的案件，经审查认为不属于自己管辖的案件，依照刑事诉讼法关于管辖的规定，主动移送给有管辖权的人民法院审理，由被移送的人民法院通知同级人民检察院出庭支持公诉，而不需要退回人民检察院重新提起公诉，这样有利于解决人民法院和人民检察院在管辖问题上的分歧；也有人认为，人民法院在接到同级人民检察院提起公诉的案件，经审查认为应当由上级（下级）人民法院管辖的，应当严格按照刑事诉讼法

关于刑事案件级别管辖的规定，退回提起公诉的人民检察院，并告知其向有管辖权的人民检察院再行提起公诉。我们认为，人民法院和人民检察院在刑事案件级别管辖问题上意见不一致时，应当根据案件实际情况按照如下原则处理：

（1）基层人民检察院向基层人民法院提起公诉的案件，基层人民法院经审查认为可能判处无期徒刑、死刑，应由中级人民法院受理的，应当由合议庭报请院长决定后，采用"提请移送管辖意见书"法律文书的形式报请中级人民法院审理，而不需要再将案件退回检察机关重新起诉。中级人民法院对于基层人民法院报请移送的案件，经审查决定是否同意移送。中级人民法院作出同意移送的决定后，基层人民法院应及时将此决定通知同级人民检察院以及被告人和其他诉讼参与人。同时，中级人民法院应通知其同级人民检察院准备出庭支持公诉。

（2）人民检察院认为可能判处无期徒刑、死刑而向中级人民法院提起公诉的普通刑事案件，中级人民法院受理后，认为不需要判处无期徒刑以上刑罚的，既可以自己进行审理，也可以直接交由基层人民法院审理。也不需要将案件退回检察机关重新起诉。

当然，上述两点是建立在案件事实清楚、证据确实充分的基础之上的，仅仅是因为在对刑罚处罚轻重上产生不同的看法而已。如果审判机关认为起诉书指控事实不清，坚持要将案件退回检察机关重新起诉，检察机关也应当重新制作起诉书提起诉讼。

## 二十三、人民法院应当怎样处理合并管辖问题

合并管辖是司法实践中经常遇到的情况，对于共同犯罪、一人犯数罪的案件，人民法院在刑事审判过程中，为了保证适用法律的一致性和准确性，同时也有利于对案件的审理与判决，通常情况下都是实行合并管辖的方式审理。根据刑事诉讼法的有关规定和最高人民法院的有关司法解释，结合司法实践的实际操作看，合并管辖主要按照以下原则进行：

1. 一人犯数罪的合并管辖问题。一人犯数罪的案件，其中涉及合并管辖的情况主要有：所犯数罪中，有的罪行属于基层人民法院管辖，有的罪行属于中级法院管辖；所犯数罪的行为在不同地区实施，犯罪结果发生在不同地区；所犯数罪中，有的属于自诉案件，有的属于公诉案件。上述三种情况都属于一人犯数罪应否实行合并管辖的问题。对于一人犯数罪的案件，司法实践中一般都实行合并审理。合并审理分为两种情况：（1）一人犯数罪的案件属于几个同级法院管辖，对于这种情况，可以由最初受理的人民法院优先受理合并管辖；（2）一人犯数罪的案件属于几个不同级别的法院管辖，例如，某共同犯

罪案件中一罪或多罪属于中级人民法院管辖,其他各罪属于基层人民法院管辖,对于这种情况,只要其中一人或者一罪属于上级人民法院管辖的,全案应由上级人民法院合并管辖。

2. 两人以上共同犯罪案件的管辖问题。两人以上共同犯罪的案件的管辖较为复杂。例如,李某与黄某共同实施犯罪、李某又与丁某共同犯罪、黄某又与陈某共同犯罪,其中有的犯罪人出现在几个案件中,而有的犯罪人与其他犯罪人之间又没有什么联系。这里就涉及对多个犯罪人的犯罪行为是否可以合并管辖的问题。对此,一种意见主张分开审理,认为这些案件虽然有相同的因素即被告人中有同一人,但案情是独立不相联系的,况且其他被告人之间没有什么联系,合并一案审理,实质上仍是一案一案地审理,不如分开审理。但考虑到被告人中有同一人,为避免重复审理,在审理各个案件时,法院之间应相互配合,对数个被告人分别划归有管辖权的法院审理,每个审理法院只负责判决由其负责审理的被告人。在判决前,各法院应共同研究,达到一致意见后再分别就各自负责审理的被告人作出判决。另一种意见主张合并审理,认为尽管这类共同犯罪案件中有的被告人或者犯罪行为之间都是不相干的,但只要其中有一个被告人同是各个案件的被告人,就不能把此类案件与一般单个的犯罪案件同样对待。如果把这些案件分开审理,则各个被告人所犯之罪分别属于不同级别的法院管辖,或属于不同地区的法院管辖,就不便划分各自审理的对象,在审理时也难以互通情报、共同研究。而将这种案件合并一案审理,有利于提高效率,减少矛盾。我们认为,前一种意见从严格刑事管辖原则的意义上说是有一定道理的,但其确实不利于对案件准确一致地适用刑罚,保证案件得到迅速有效的审理和判决。因此,我们认为司法实践中采用后一种办法较妥。

### 二十四、公诉案件与自诉案件的合并审理问题

现行刑事诉讼法没有明确规定对自诉案件与公诉案件的合并审理问题。如果公诉案件与自诉案件相互牵连,是否可以合并审理,过去在司法实践中采用不同的做法。最高人民法院发布的《关于执行〈中华人民共和国刑事诉讼法〉若干问题的解释》第194条规定:"被告人实施的两个以上的犯罪行为,分别属于公诉案件和自诉案件的,人民法院就可以在审理公诉案件时,对自诉案件一并审理。"从这一规定可以看出,自诉案件与公诉案件只要是属于同一犯罪人实施,人民法院就可以合并审理。具体处理办法,可以区分以下不同情形:

1. 人民法院在审理自诉案件时,对属于刑事诉讼法规定的被害人有证据证明的轻微刑事案件,如果其案情与公诉案件相牵连,人民法院可以合并审理。具体做法是,人民法院首先裁定终止正在审理的自诉程序,然后将全案移

送人民检察院按照公诉程序处理。如果人民检察院提起公诉，在公诉过程中，自诉人仍然享有自诉人的权利，参加诉讼；如果没有提起公诉，自诉人同样享有自诉权，可以继续向法院提起自诉。

2. 对于刑事诉讼法规定的被害人有证据证明对被告人侵犯自己人身、财产权利的行为应当依法追究刑事责任，而公安机关或者人民检察院不予追究被告人刑事责任的案件，由于公安、检察机关认为不予追究被告人的刑事责任，则不宜与牵连的公诉案件合并审理，而应当由法院分别审理。

3. 最高人民法院上述司法解释规定的是"可以"合并审理，而不是"必须"合并审理。对于告诉才处理的自诉案件与公诉案件相互牵连的情况，一般不应合并审理，因为这类自诉案件与被害人有证据证明的轻微刑事案件的性质不同，法律明文规定了告诉才处理，在受理过程中，被害人可以撤回告诉，如果与公诉案件合并审理，在程序法的适用上就难以统一。

## 第三节 回 避

### 一、公安机关工作人员的回避

根据刑事诉讼法和公安部发布的《公安机关办理刑事案件程序规定》的规定，公安机关工作人员的回避应当依照以下程序办理：

1. 回避事由。公安机关负责人、侦查人员有下列情形之一的，应当自行回避，当事人及其法定代理人、辩护人、诉讼代理人也有权要求他们回避：（1）是本案的当事人或者是当事人的近亲属的；（2）本人或者他的近亲属和本案有利害关系的；（3）担任过本案的证人、鉴定人、辩护人、诉讼代理人以及翻译人员的；（4）与本案当事人有其他关系，可能影响公正处理案件的。

公安机关负责人、侦查人员不得接受当事人及其委托人的请客送礼，不得违反规定会见当事人及其委托人。违反规定的，应当依法追究法律责任。当事人及其法定代理人、辩护人、诉讼代理人有权要求他们回避。

2. 回避要求的提出。公安机关负责人、侦查人员自行提出回避申请的，应当说明回避的理由；口头提出申请的，应当记录在案。当事人及其法定代理人、辩护人、诉讼代理人要求公安机关负责人、侦查人员回避，应当提出申请，并说明理由；口头提出申请的，公安机关应当记录在案。公安机关负责人、侦查人员具有应当回避的情形之一，本人没有自行回避，当事人及其法定代理人、辩护人、诉讼代理人也没有申请他们回避的，应当由同级人民检察院检察委员会或者县级以上公安机关负责人决定他们回避。

3. 回避决定的作出。侦查人员的回避,由县级以上公安机关负责人决定;县级以上公安机关负责人的回避,由同级人民检察院检察委员会决定。公安机关作出驳回申请回避的决定后,应当告知当事人及其法定代理人、辩护人、诉讼代理人,如不服本决定,可以在收到《驳回申请回避决定书》后5日内向原决定机关申请复议一次。当事人及其法定代理人、辩护人、诉讼代理人对驳回申请回避的决定不服申请复议的,决定机关应当在3日以内作出复议决定并书面通知申请人。

## 二、检察机关工作人员的回避

根据刑事诉讼法和最高人民检察院发布的《人民检察院刑事诉讼规则》的规定,检察人员的回避应当按照以下程序办理:

1. 回避的事由及提出。检察人员在受理举报和办理案件过程中,发现有刑事诉讼法规定的情形之一的,或者参加过本案侦查的侦查人员,调至人民检察院工作的,应当自行提出回避;没有自行提出回避的,人民检察院应当按照有关规定决定其回避,当事人及其法定代理人、辩护人、诉讼代理人有权要求其回避。当事人及其法定代理人、辩护人、诉讼代理人的回避要求,应当书面或者口头向人民检察院提出,并说明理由。根据刑事诉讼法的有关规定提出回避申请的,应当提供有关证明材料。检察人员回避的规定,适用于书记员、司法警察和人民检察院聘请或者指派的翻译人员、鉴定人。

2. 回避决定的作出。人民检察院对需要回避的案件经过审查或者调查,符合回避条件的,应当作出回避决定;不符合回避条件的,应当驳回申请。人民检察院作出驳回申请回避的决定后,应当告知当事人及其法定代理人、辩护人、诉讼代理人,如不服本决定,有权在收到驳回申请回避的决定书后5日内向原决定机关申请复议一次。当事人及其法定代理人、辩护人、诉讼代理人对驳回申请回避的决定不服申请复议的,决定机关应当在3日内作出复议决定并书面通知申请人。检察长的回避,由检察委员会讨论决定。检察委员会讨论检察长回避问题时,由副检察长主持,检察长不得参加。其他检察人员的回避,由检察长决定。

3. 回避的效力问题。人民检察院直接受理案件的侦查人员或者进行补充侦查的人员在回避决定作出前,不能停止对案件的侦查。因符合刑事诉讼法有关规定的情形之一而回避的人员,在回避决定作出以前所取得的证据和进行的诉讼行为是否有效,由检察委员会或者检察长根据案件具体情况决定。

### 三、法院审判人员的回避

根据刑事诉讼法、最高人民法院发布的《关于执行〈中华人民共和国刑事诉讼法〉若干问题的解释》、2000年1月31日最高人民法院发布的《关于审判人员严格执行回避制度的若干规定》的规定，审判人员的回避依照下列程序办理：

1. 回避的事由。审判人员应当回避的事由包括：（1）是本案的当事人或者与当事人有直系血亲、三代以内旁系血亲及姻亲关系的；（2）本人或者其近亲属与本案有利害关系的；（3）担任过本案的证人、鉴定人、翻译人员、勘验人、辩护人、诉讼代理人的；（4）与本案的诉讼代理人、辩护人有夫妻、父母、子女或者同胞兄弟姐妹关系的；（5）本人与本案当事人之间存在其他利害关系，可能影响案件公正处理的。参加过本案侦查、起诉的侦查、检察人员，调至人民法院工作的，不得担任本案的审判人员。

2. 回避要求的提出。审判委员会委员、合议庭组成人员及独任审判员有新《刑事诉讼法》第28条、第29条所列情形之一的，应当自行回避；当事人和他们的法定代理人、辩护人、诉讼代理人也有权申请上列人员回避。除了上述法定回避事由外，当事人及其法定代理人、辩护人、诉讼代理人要求审判人员回避应当提供相关证据材料，这些材料包括：（1）未经批准，私下会见本案一方当事人及其代理人、辩护人的；（2）为本案当事人推荐、介绍代理人、辩护人，或者为律师、其他人员介绍办理该案件的；（3）接受本案当事人及其委托的人的财物、其他利益，或者要求当事人及其委托的人报销费用的；（4）接受本案当事人及其委托人的宴请，或者参加由其支付费用的各项活动的；（5）向本案当事人及其委托的人借款、借用交通工具、通讯工具或者其他物品，或者接受当事人及其委托的人在购买商品、装修住房以及其他方面给予的好处的。当事人和他们的法定代理人、辩护人、诉讼代理人申请审判人员回避的，可以口头或者书面提出。

3. 回避决定的作出。当事人和他们的法定代理人、辩护人、诉讼代理人申请人民法院院长回避或者院长自行回避的，应当由审判委员会讨论决定，并将决定告知申请人。应当回避的人员，本人没有自行回避，当事人和他们的法定代理人、辩护人、诉讼代理人也没有申请其回避的，院长或者审判委员会应当决定其回避。审判委员会讨论院长回避问题时，由副院长主持，院长不得参加。

4. 对违反回避规定的处理及救济措施。对审判人员的回避决定不服应当按照以下要求处理：被决定回避的人员对决定有异议的，可以在恢复庭审前申请复议一次;被驳回回避申请的当事人及其法定代理人、辩护人、诉讼代理人对决定有异议的,可以当庭申请复议一次。不属于新《刑事诉讼法》第28条、第29条所列情形的回避申请,由法庭当庭驳回,并不得申请复议。

第二审人民法院发现或者根据当事人、诉讼代理人、辩护人的举报,认为第一审人民法院的审理有违反相关规定情形之一的,经核查属实,应当裁定撤销原判,发回原审人民法院重新审判。审判人员明知自己具有违反相关规定情形之一,故意不依法自行回避或者对符合回避条件的申请故意不作出回避决定的,依照《人民法院审判纪律处分办法(试行)》的规定予以处分。

### 四、审判人员离任后可否担任诉讼代理人或者辩护人

新《刑事诉讼法》第28条规定:"审判人员、检察人员、侦查人员有下列情形之一的,应当自行回避,当事人及其法定代理人也有权要求他们回避:……(三)担任过本案的证人、鉴定人、辩护人、诉讼代理人的……"从刑事诉讼法关于回避的要求中可以看出,辩护人和审判人员在同一诉讼过程中是不能以同一人的身份同时存在的。这是法律为了保证司法公正性作出的必然选择。新刑事诉讼法没有对法官、检察官和警察离任后可否担任辩护人作出规定。但根据《法官法》第17条的规定,法官从人民法院离任后2年内,不得以律师身份担任诉讼代理人或者辩护人;法官从人民法院离任后,不得担任原任职法院办理案件的诉讼代理人或者辩护人;法官的配偶、子女不得担任该法官所任职法院办理案件的诉讼代理人或者辩护人。可见,法官法对这一问题作出了明确规定。

根据最高人民法院发布的《关于审判人员严格执行回避制度的若干规定》的规定,审判人员离任后可否担任辩护人应当遵循以下要求:审判人员及法院其他工作人员离任2年内,担任诉讼代理人或者辩护人的,人民法院不予准许;审判人员及法院其他工作人员离任2年后,担任原任职法院审理案件的诉讼代理人或者辩护人,对方当事人认为可能影响公正审判而提出异议的,人民法院应当支持,不予准许本院离任人员担任诉讼代理人或者辩护人。但是,作为当事人的近亲属或者监护人代理诉讼或者进行辩护的除外。审判人员明知诉讼代理人、辩护人具有违反相关规定情形之一,故意不作出正确决定的,参照《人民法院审判纪律处分办法(试行)》的有关规定予以处分。

### 五、审判人员的近亲属可否担任其所在法院审理案件的诉讼代理人或者辩护人

审判人员是指在法院审判工作中执行一定职务的工作人员。根据最高人民

法院的有关规定，这些人员包括：各级人民法院院长、副院长、审判委员会委员、庭长、副庭长、审判员、助理审判员；在法院从事审判性工作或者辅助性审判工作的人民陪审员、书记员、翻译人员、司法鉴定人员、勘验人员、处于执行过程中的执行人员等，也应参照审判人员回避的有关内容执行。

在刑事诉讼中，作为诉讼代理人和辩护人，无论在案件的处理程序上，还是在利益关系上，都与委托人有着一定的利害关系。由于考虑到案件代理或者辩护的成功性，诉讼代理人和辩护人可能会想尽各种办法去争取最佳的诉讼效果，以取得委托方的满意。这是一个方面。另一方面，在刑事案件的诉讼代理和辩护领域，委托方和被委托方的诉讼关系一般都是建立在经济利益基础之上的，无论辩护律师水平多么高，多么具有职业道德，对于没有任何经济利益的案件，他们都不可能有多大兴趣。而相反，只要委托方愿意支付足够的代理费或者律师辩护费，他们一般都会竭尽全力去争取更好的、有利于委托方的诉讼结果。在经济利益的驱动下，一些诉讼代理人或辩护人采取各种不正当手段去争取有利于委托方的诉讼结果的情况是难以避免的。如果不对具有类似利害关系的人担任诉讼代理人或辩护人设置必要的障碍，司法公正就可能受到冲击，同时还会产生不良的社会影响。其实，新《刑事诉讼法》第28条第（二）项规定的内容，即"本人或者他的近亲属和本案有利害关系的"，就原则性地包括了这种情况。所以，最高人民法院《关于审判人员严格执行回避制度的若干规定》规定，审判人员及法院其他工作人员的配偶、子女或者父母，担任其所在法院审理案件的诉讼代理人或者辩护人的，人民法院不予准许。这样的规定既符合刑事诉讼法的立法精神，也有利于依法公正审判。

## 六、审判人员、检察人员、侦查人员是本案证人、鉴定人、翻译人员的近亲属是否应当回避

新《刑事诉讼法》第28条第（三）项规定，审判人员、检察人员、侦查人员担任过本案的证人、鉴定人、辩护人、诉讼代理人的，应当回避。新《刑事诉讼法》第31条还规定，本法第28条、第29条、第30条关于回避的规定也适用于书记员、翻译人员和鉴定人。因此，审判人员、检察人员、侦查人员是本案证人、鉴定人、翻译人员的，应当依法回避。但对于审判人员、检察人员、侦查人员是本案证人、鉴定人、翻译人员的近亲属，是否也应当回避，法律没有作出明确规定。有人认为，刑事诉讼法没有规定审判人员、检察人员、侦查人员是本案证人、鉴定人、翻译人员的近亲属应当回避，即使他们是本案证人、鉴定人、翻译人员的近亲属，也不属于法律规定应当回避的情形，可以不予回避。

司法实践中，有的也没有将审判人员、检察人员、侦查人员是本案证人、鉴定人、翻译人员的近亲属的情况作为回避理由而实行回避。那么，这种情况是否就属于不需要回避的情形呢？我们认为，这种情况应当属于新《刑事诉讼法》第28条第（二）项规定的情形。该项明确规定：审判人员、检察人员、侦查人员本人或者他的近亲属和本案有利害关系的，应当回避。证人、鉴定人、翻译人员都是与案件有直接利害关系的人员，这些人对案件的审理和判决都起着直接或间接的作用，有的甚至起到影响认定事实和裁量刑罚的关键作用，如果审判人员、检察人员、侦查人员是本案证人、鉴定人、翻译人员的近亲属，就可能在执法中产生主观上的偏信或者先入为主，难以客观、准确地对案件进行审查和判断，从而造成对案件不能公正处理的后果。刑事诉讼法设置回避制度的根本目的在于保障当事人在刑事诉讼中能够正常行使自己的权利，防止审判人员、检察人员、侦查人员由于种种因素影响对案件的公正审判；同时，也是为了避免群众对司法机关的公正执法产生不信任感，降低司法机关的威信。所以，我们认为，审判人员、检察人员、侦查人员作为证人、鉴定人、翻译人员的近亲属，涉及案件定性的关键问题时，仍然属于新《刑事诉讼法》第28条第（二）项规定的情形，应当予以回避，这样才有利于保证司法机关办案的公正性。

**七、怎样理解回避申请由辩护人或者诉讼代理人提出**

新《刑事诉讼法》第31条第2款规定："辩护人、诉讼代理人可以依照本章的规定要求回避、申请复议。"第十一届全国人民代表大会第五次会议通过的《关于修改〈中华人民共和国刑事诉讼法〉的决定》（以下简称《修改决定》）将1996年刑事诉讼法规定的回避要求只能由当事人及其法定代理人提出，扩展到了辩护人、诉讼代理人也可以提出。应当说，刑事诉讼法的这一修改适应了司法实践的需要。由于1996年刑事诉讼法没有对辩护人和诉讼代理人的回避问题作出规定，实践中的看法也是多种多样。有人认为，辩护人的责任是维护被告人的合法权益，诉讼代理人是受当事人或其法定代理人的委托代为进行诉讼的人。当他们在法庭上发现公诉人、审判人员、书记员、鉴定人、翻译人有新《刑事诉讼法》第28条所列的回避情形时，如果不及时提出回避要求，就不能真正达到维护或保障被告人合法权益的目的和作用。所以，辩护人、诉讼代理人可以提出回避申请。也有人认为，赋予辩护人、诉讼代理人申请回避的权利，有利于维护被告人的合法权益，有利于审判活动的顺利进行。例如，日本、英国等国的刑事诉讼法都规定辩护人可以为被告人提出审判官的回避申请。

我们认为，新刑事诉讼法的规定契合了刑事诉讼中辩护制度的基本精神和原则，它的意义不仅仅是加强了辩护人和诉讼代理人的诉讼职能，更重要的是加强了对犯罪嫌疑人、被告人的诉讼权利和辩护权利的保护，这才是立法所要达到的真正目的。我们知道，辩护人的责任是维护被告人的合法权益，诉讼代理人是受当事人或其法定代理人的委托代为进行诉讼的人，他们的一个共同目的和作用都是为了使被告人的合法权益依法受到保护。就一些特定的犯罪嫌疑人或者被告人来说，辩护人或者诉讼代理人对于诉讼情况的了解远远超过了他们；在一些特定的场合，辩护人或者诉讼代理人所处的环境和位置也可能远远胜过了犯罪嫌疑人或者被告人。因此，由辩护人或者诉讼代理人提出这些原本法律因素就十分浓厚的问题，比当事人自己提出来还更为恰当。所以，应当肯定他们可以提出回避申请。但是，如果法律没有作出明确规定，其不属于法律规定的享受权利和承担义务的主体，就不具有法律赋予的独立的决定权。只有得到法律的明确授权，并且是授予独立行使请求回避的权利，他们才可能在当事人或者其法定代理人没有授权，而根据当时当地的紧急情况又必须提出回避要求的时候，以辩护人、诉讼代理人的特殊身份提出回避要求。

从"本章关于要求、申请复议的规定适用于辩护人、诉讼代理人"的规定中可以看出，法律明确地授予了辩护人、诉讼代理人独立行使请求回避的权利。辩护人、诉讼代理人提出请求回避，既可以通过委托的当事人及其法定代理人授权，也可以在委托的当事人及其法定代理人没有授权的情况下提出。但是，辩护人、诉讼代理人要求回避的请求，仍然应当建立在维护委托人诉讼权利和其他合法权利的基础上，而不是为了自身权利或者其他人的权利和利益，因为作为回避的事由是与案件直接相关联的，而案件的主体就是委托人，即相关的犯罪嫌疑人、被告人。

## 八、犯罪嫌疑人在诉讼过程中当场提出要司法工作人员回避如何处理

在司法实践中，犯罪嫌疑人当场提出要求司法工作人员回避的情况经常发生，对此，有的办案人感到不知所措。如何处理犯罪嫌疑人在诉讼过程中当场提出要司法工作人员回避的问题，我们认为，首先应当明确，在刑事诉讼过程中，要求回避是法律赋予犯罪嫌疑人的一项诉讼权利，必须依法给予保护。根据上述有关规定，我们认为，对于犯罪嫌疑人当场提出要司法工作人员回避的情况应当分别处理：

1. 案件处于侦查阶段时，新《刑事诉讼法》第30条第2款明确规定，对侦查人员的回避作出决定前，侦查人员不能停止对案件的侦查。法律这样规

定,主要是为了保证侦查工作的连续性、及时性,不致贻误战机,防止可能造成侦查工作不及时、罪证被毁灭、现场被破坏和同案犯罪嫌疑人逃跑等不利因素的产生。因此,侦查人员在对犯罪嫌疑人进行讯问时,犯罪嫌疑人当场提出要求回避,侦查人员不得就此停止对犯罪嫌疑人的讯问,有关的侦查讯问工作应当继续进行,但侦查人员应当将犯罪嫌疑人要求回避的请求和理由准确记录在案,待讯问完毕后,向公安机关负责人或检察长汇报,由公安机关负责人或检察长作出是否回避的决定。在没有作出决定前,不能停止对案件的侦查活动,侦查工作不应中断。只有在回避决定作出后,应当回避人员的侦查讯问工作才能停止。侦查人员在回避决定作出前所进行的侦查活动是法律允许的,其进行的侦查活动只要不违法,就是有效的。但如果本案的当事人或者其法定代理人对侦查人员在作出回避决定前所进行的侦查活动提出异议,则由作出决定的机关根据法律和案件事实情况作出决定,确认侦查人员在作出回避决定前所进行的侦查活动是否有效。

2. 案件处于起诉或审判阶段时,刑事诉讼法没有规定公诉人、审判人员不得停止公诉或审判活动。因此,在公诉阶段或者审判阶段,犯罪嫌疑人当场提出要求司法工作人员回避的,检察人员或审判人员应当立即停止公诉或者审判活动。案件如果处于公诉讯问阶段,应暂时停止讯问;案件如果属于法庭开庭阶段,应暂时休庭。同时将犯罪嫌疑人要求回避的请求和理由记录在案,及时向检察长或法院院长汇报,由检察长或法院院长作出是否回避的决定。但实践中要注意有的犯罪嫌疑人提出回避的理由是虚假的,或者借口要求回避来拖延办案时间等情况,司法工作人员应当将有关情况向检察长或法院院长如实汇报,以便于正确地作出是否回避的决定。

### 九、侦查人员没有自行回避所进行的侦查活动是否有效

新《刑事诉讼法》第28条规定,审判人员、检察人员、侦查人员遇到法律规定应回避的情形时应当自行回避。同时,根据刑事诉讼法和公安部发布的《公安机关办理刑事案件程序规定》的有关规定,公安机关负责人、侦查人员具有应当回避的情形之一,本人没有自行回避,当事人及其法定代理人、辩护人、诉讼代理人也没有申请他们回避的,应当由同级人民检察院检察委员会或者县级以上公安机关负责人决定他们回避。

司法实践中有这样的情况,侦查人员应当自行回避而没有回避,当事人及其法定代理人、辩护人、诉讼代理人也没有要求侦查人员回避,具有决定回避权的机关也没有作出是否回避的决定,该侦查人员所进行的侦查活动是否合法有效?有人认为,侦查人员应当自行回避而没有自行提出回避,虽然其办案活

动是违反法定程序的,但如果当事人及其法定代理人、辩护人、诉讼代理人没有要求侦查人员回避,说明当事人及其法定代理人、辩护人、诉讼代理人放弃了这一诉讼权利,其进行的侦查活动应当区分具体情况来对待,可能有效,也可能无效。我们认为,这种观点值得商榷,因为侦查人员应当回避而没有回避,其办案活动本身就违反了法定诉讼程序,不应当视为合法有效的行为。无论有权作出回避决定的机关是否作出关于回避的决定,这种不回避的行为本身都是违法的。因此,应当自行回避而没有自行回避的侦查人员所进行的侦查活动原则上是违法的。一旦当事人及其法定代理人、辩护人、诉讼代理人提出要求回避的请求,就应当立即予以纠正。对其所进行的侦查活动,也不能一概而论地予以肯定。当然,考虑到侦查活动的特殊性,如果其所进行的侦查过程中取得的有关证据,经过审查判断是真实可靠的,还是可以作为有效证据使用的。

## 十、司法工作人员与当事人是朋友、同学、同事、战友等关系是否应当自行回避

根据刑事诉讼法的相关规定,与本案当事人有其他关系,可能影响公正处理案件的,审判人员、检察人员、侦查人员应当自行回避,当事人及其法定代理人、辩护人、诉讼代理人也有权要求他们回避。那么,审判人员、检察人员、侦查人员与案件当事人是朋友、同学、同事、战友等关系,是否属于新《刑事诉讼法》第28条第(四)项规定的"与当事人有其他关系"的范围?由于刑事诉讼法对此没有作出明确具体的规定,必须在司法实践中根据实际情况掌握。我们认为,法律之所以没有规定得那么明确、具体,是考虑到这里既包括了应当回避的情况,也包括了不需要回避的情况,不能一概而论,对于这类情况应当区别对待:

1. 如果审判人员、检察人员、侦查人员虽然与当事人是朋友、同学、同事、战友等关系,但属于一般的正常关系,按照一般情况,不会影响对案件的公正处理,则不必自行回避。因为朋友、同学、同事、战友关系的概念较为广泛,一般的关系不应列入回避范围。如果把朋友、同学、同事、战友关系泛泛扩大,也可能影响到审判组织的建立,不利于正常开展法庭审判。

2. 如果审判人员、检察人员、侦查人员与当事人是朋友、同学、同事、战友等关系,而且在工作或生活中表现出来的关系非常密切,超出了一般的关系,参与办案可能会影响对案件的公正处理,就应当自行回避。对于本人没有自行回避的,当事人及其法定代理人、辩护人、诉讼代理人也有权要求其回避。但是提出回避事由时,应当提供与回避理由相关的事实证明材料,不能只

是依靠口头言语来判断。决定回避的机关也应当对这些证明材料进行判断,并据此来判断提出回避理由的合理性。办案人员所属机关应当根据实际情况作出是否回避的决定。当事人及其法定代理人、辩护人、诉讼代理人对有关机关驳回申请回避的决定不服的,还可以申请复议。

3. 审判人员、检察人员、侦查人员与本案当事人虽然是一般的朋友、同学、同事、战友等关系,也可能不会影响对案件的公正处理,但该案的当事人或者法定代理人、辩护人、诉讼代理人明确提出要求回避,并且具有相当的理由和事实证据的,并且可能影响到案件的公正处理,在这种情况下,办案人员所属机关也应当进行必要的调查和了解,根据实际情况进行恰当的判断,作出是否同意其回避的决定。

## 第四节 辩护与代理

### 一、新刑事诉讼法对辩护和代理制度作了哪些修改

在刑事诉讼中,辩护和代理制度对于保障犯罪嫌疑人、被告人的合法权利,促进执法、司法公正,维持刑事诉讼中的平衡与合理关系,都具有十分重要的意义。改革开放30多年来,我国刑事诉讼领域一直在努力致力于改革和发展刑事辩护制度,积极向着现代刑事诉讼辩护制度迈进。但由于我国辩护制度生长的土壤极其贫乏,辩护制度是在人为前提下建立起来的,而不是像西方法治国家那些具有一个自然的成长过程,特别是有罪推定和历史上"阶级斗争"观念的影响颇深,人们传统地认为凡是触犯了刑法构成犯罪的人就是所谓的"阶级敌人",而为这些人辩护就是立场不坚定。尽管这些陈旧的观念正在逐步消失,但在政治领域里的看法并没有得到根本的改变。无论是在立法、执法、司法方面,都难以把律师从事刑事辩护的执业与国家机关工作人员的执法、司法工作放在同等的层面去对待。《修改决定》主要从完善辩护制度、保障律师执业权利、强化法律援助等几个方面对1996年刑事诉讼法进行了修改。

1. 完善辩护制度和保证律师正当执业方面

《修改决定》主要从以下几个方面来完善辩护制度和保障律师的正当执业:

(1)提前了律师介入刑事辩护的时间。《修改决定》将1996年《刑事诉讼法》第33条"公诉案件自案件移送审查起诉之日起,犯罪嫌疑人有权委托辩护人"的规定,修改为"犯罪嫌疑人自被侦查机关第一次讯问或者采取强

制措施之日起，有权委托辩护人"，即将律师作为辩护人参与刑事诉讼的时间由过去的审查起诉阶段提前到了侦查阶段。

（2）明确规定了律师会见在押犯罪嫌疑人、被告人的时间保证。新《刑事诉讼法》第37条第2款规定，辩护律师要求会见在押的犯罪嫌疑人、被告人的，"看守所应当及时安排会见，至迟不得超过四十八小时"。这样规定可以避免过去一些地方执法、司法机关和羁押场所拖延、阻挠律师会见犯罪嫌疑人、被告人情况的发生。

（3）将辩护人依照1996年刑事诉讼法规定只能在审判阶段查阅犯罪案卷材料，提前到了审查起诉阶段。新《刑事诉讼法》第38条规定："辩护律师自人民检察院对案件审查起诉之日起，可以查阅、摘抄、复制本案的案卷材料。其他辩护人经人民法院、人民检察院许可，也可以查阅、摘抄、复制上述材料。"这样规定有利于辩护人更好地维护犯罪嫌疑人、被告人的合法权利。

（4）进一步疏通了犯罪嫌疑人、被告人享有辩护权的渠道。一是规定公、检、法机关应当及时转达被关押人的意愿。新《刑事诉讼法》第33条规定，"犯罪嫌疑人、被告人在押期间要求委托辩护人的，人民法院、人民检察院和公安机关应当及时转达其要求"。二是规定，犯罪嫌疑人、被告人在押的，也可以由其监护人、近亲属代为委托辩护人。

（5）明确规定了辩护律师与委托人之间的正当工作关系。新《刑事诉讼法》第36条规定，辩护律师在侦查期间，可以"向侦查机关了解犯罪嫌疑人涉嫌的罪名和案件有关情况，提出意见"。新《刑事诉讼法》第37条第4款规定："辩护律师会见在押的犯罪嫌疑人、被告人，可以了解案件有关情况，提供法律咨询等；自案件移送审查起诉之日起，可以向犯罪嫌疑人、被告人核实有关证据……"这样规定，有利于辩护律师更好地行使辩护职能。《修改决定》删除了1996年《刑事诉讼法》第38条规定的辩护人"引诱证人改变证言"的规定，这不仅有利于保证犯罪嫌疑人、被告人自己依法行使辩护权，同时也有利于辩护人依法履行辩护职责。

（6）加强了对律师执业的法律保障。一是规定了辩护律师会见犯罪嫌疑人、被告人时的人身自由保障。新刑事诉讼法规定，辩护律师在会见犯罪嫌疑人、被告人时，享有"不被监听"的权利。这一规定排除了侦查机关、公诉机关或者审判机关在律师会见犯罪嫌疑人、被告人时安置监听设备的可能，有利于辩护律师依法履行职务。二是规定负责案件侦查的机关不得处理同一案件中辩护律师的违法犯罪问题。新《刑事诉讼法》第42条规定，对于辩护律师在办理案件过程中触犯刑法涉嫌追究刑事责任的案件，"应当由办理辩护人所承办案件的侦查机关以外的侦查机关办理"。该规定有利于排除侦查机关违法干预执业律师的正当辩护活动。三是赋予了辩护人、诉讼代理人对行使权利的自我救济权。新《刑事诉讼法》第47条规定:"辩护人、诉讼代理人认为公安机关、人民检察院、人民法院及其工作人员阻碍其依法行使诉讼权利的,有权向同级或者上一级人民检察院申诉或者控告。人民检察院对申诉或者控告应当及时进行审查,情况属实的,通知有关机关予以纠正。"该规定不仅赋予了辩护人、诉讼代理人维护自身参与诉讼的权利,有利于更好地保障犯罪嫌疑人、被害人的合法权利,而且也有利加强检察机关的诉讼监督职能,维护执法、司法公正。

(7) 加强了对律师执业和其他辩护人、代理人责任和义务的约束。一是规定了辩护人的告知义务。新《刑事诉讼法》第33条第4款规定,辩护人接受犯罪嫌疑人、被告人委托后,应当及时告知办理案件的机关;第40条规定,辩护人收集的有关犯罪嫌疑人不在犯罪现场、未达到刑事责任年龄、属于依法不负刑事责任的精神病人的证据,应当及时告知公安机关、人民检察院;第46条规定,辩护律师在执业活动中知悉委托人或者其他人,准备或者正在实施危害国家安全、公共安全以及严重危害他人人身安全的犯罪的,应当及时告知司法机关。二是强调了律师的诉讼职能。新《刑事诉讼法》第35条强调,辩护人的主要职责,是维护犯罪嫌疑人、被告人的"诉讼权利"和其他合法权利。该条在1996年刑事诉讼法的基础上增加了"诉讼权利"的内容,这一规定凸显了辩护人在刑事诉讼中维护委托人"诉讼权利"的基本职能。三是规定了律师会见特殊人犯的限制性条件。新《刑事诉讼法》第37条第3款规定,危害国家安全犯罪、恐怖活动犯罪、特别重大贿赂犯罪案件,在侦查期间辩护律师会见在押的犯罪嫌疑人,应当经侦查机关许可。四是规定辩护律师同被监视居住的犯罪嫌疑人、被告人会见和通信,适用新《刑事诉讼法》第37条第1款、第3款、第4款的规定。

2. 法律援助制度的完善

司法实践中反映出来的情况表明,我国律师制度改革后,公办律师成为了自营律师。律师事务所自负盈亏的性质,决定了律师执业首要考虑的是经济效益问题。这就使过去那种由国家提供经费、律师行业能够免费承担辩护责任的现象几乎不复存在。同时,社会贫富分化的加剧,使弱势群体更加难以得到需要付出高额律师费用的刑事辩护的保护。为了使那些难以得到刑事辩护而其合法权利又缺乏有效保障的群体在诉讼程序中获得应有的辩护权利,《修改决定》对我国法律援助制度作了补充和完善。

(1) 规定了有特定理由的犯罪嫌疑人、被告人申请法律援助的权利。新《刑事诉讼法》第34条第1款规定:"犯罪嫌疑人、被告人因经济困难或者其他原因没有委托辩护人的,本人及其近亲属可以向法律援助机构提出申请。对符合法律援助条件的,法律援助机构应当指派律师为其提供辩护。"依照该款规定,不仅犯罪嫌疑人、被告人本人可以要求法律援助,在犯罪嫌疑人、被告人本人没有提出这些要求的情况下,他们的近亲属也可以向法律援助机构提出申请。

(2)扩大了法律援助在刑事诉讼中的适用。新《刑事诉讼法》第34条第2款、第3款规定:"犯罪嫌疑人、被告人是盲、聋、哑人,或者是尚未完全丧失辨认或者控制自己行为能力的精神病人,没有委托辩护人的,人民法院、人民检察院和公安机关应当通知法律援助机构指派律师为其提供辩护。""犯罪嫌疑人、被告人可能被判处无期徒刑、死刑,没有委托辩护人的,人民法院、人民检察院和公安机关应当通知法律援助机构指派律师为其提供辩护。"上述规定将1996年刑事诉讼法规定的由人民法院指定,改为由人民法院、人民检察院、公安机关通知负有法律援助责任的法律援助机构指派,使这种法律援助方式更加具有可行性和必然性,而且也可以避免司法人员滥用司法权力来为律师行业承揽诉讼业务。同时,规定中增加了"尚未完全丧失辨认或者控制自己行为能力的精神病人"和"可能被判处无期徒刑、死刑"的犯罪嫌疑人、被告人,没有委托辩护人的,作为现有法律援助的对象,表明了法律援助对象的范围正在扩大,也体现了刑事诉讼中人权保障的加强。

## 二、新刑事诉讼法对律师参与诉讼增加了哪些内容

与1996年刑事诉讼法相比,《修改决定》对律师介入刑事诉讼的限制相对放宽,具体内容主要包括以下几个方面:

1. 提前了律师参加刑事诉讼的时间。1996年《刑事诉讼法》第33条规定,公诉案件自案件移送审查起诉之日起,犯罪嫌疑人有权委托辩护人;人民检察院自收到移送审查起诉的案件材料之日起3日以内,应当告知犯罪嫌疑人有权委托辩护人;人民法院自受理自诉案件之日起3日以内,应当告知被告人有权委托辩护人。此外还规定,犯罪嫌疑人自被侦查机关第一次讯问后或者采取强制措施之日起,可以聘请律师为其提供法律咨询、代理申诉、控告等。

《修改决定》提前了律师参与刑事诉讼的时间。新《刑事诉讼法》第33条规定:"犯罪嫌疑人自被侦查机关第一次讯问或者采取强制措施之日起,有权委托辩护人;在侦查期间,只能委托律师作为辩护人。被告人有权随时委托辩护人。""侦查机关在第一次讯问犯罪嫌疑人或者对犯罪嫌疑人采取强制措施的时候,应当告知犯罪嫌疑人有权委托辩护人。人民检察院自收到移送审查起诉的案件材料之日起三日以内,应当告知犯罪嫌疑人有权委托辩护人。人民

法院自受理案件之日起三日以内,应当告知被告人有权委托辩护人……"《修改决定》将律师参与刑事诉讼的时间由原来的"案件移送审查起诉"阶段,提前到"犯罪嫌疑人自被侦查机关第一次讯问或者采取强制措施"阶段,是我国辩护制度发展和完善的一个进步。

2. 加强了律师参与刑事诉讼的法律保障。1996年刑事诉讼法较1979年刑事诉讼法已经有了很大进步,大幅度地扩大了律师参与刑事诉讼的权力和范围,其中规定:在侦查阶段,受委托的律师可以为犯罪嫌疑人提供法律咨询,代理申诉、控告,申请变更强制措施(如果犯罪嫌疑人被捕);有权向侦查机关了解犯罪嫌疑人涉嫌的罪名,可以会见在押的犯罪嫌疑人,向其了解案件情况。自人民检察院对案件审查起诉之日起,辩护律师可以查阅、摘抄、复制本案的诉讼文书、技术性鉴定材料,可以同在押的犯罪嫌疑人会见和通信。辩护律师经证人或者其他有关单位的个人同意,可以向他们收集与本案有关的材料,也可以申请人民检察院、人民法院收集、调取证据,或者申请人民法院通知证人出庭作证;经人民检察院或者人民法院许可,并且经被害人或者其近亲属、被害人提供的证人同意,可以向他们收集与本案有关的材料。辩护律师在法庭审判中与公诉人有同等的提证、问证的权利等。从刑事代理的角度看,受委托律师可以享有当事人委托范围内的诉讼权利,在法庭审判中可以向被告人、证人等发问,参加法庭辩论等。

在经过十多年的司法实践后,反映出律师的一些执业权利并没有得到真正落实,如会见犯罪嫌疑人、被告人的时间保障问题,律师工作期间的人身自由是否受到限制问题,查阅案卷材料问题,等等。针对这些问题,《修改决定》着重从六个方面加强了对律师执业的立法保障。一是明确规定了羁押看守单位安排律师会见犯罪嫌疑人、被告人的时间。新《刑事诉讼法》第37条第2款规定:"辩护律师持律师执业证书、律师事务所证明和委托书或者法律援助公函要求会见在押的犯罪嫌疑人、被告人的,看守所应当及时安排会见,至迟不得超过四十八小时。"二是增加了辩护律师在审查起诉阶段查阅、摘抄、复制案件材料的范围,即将1996年刑事诉讼法规定的"诉讼文书、技术性鉴定材料"扩大到了"本案的案卷材料"。事实上是将原规定只能在审判阶段才能查阅、摘抄、复制的案件材料范围扩大到了审查起诉阶段。三是增加了律师在诉讼中依法调取证据的权利。新《刑事诉讼法》第39条规定:"辩护人认为在侦查、审查起诉期间公安机关、人民检察院收集的证明犯罪嫌疑人、被告人无罪或者罪轻的证据材料未提交的,有权申请人民检察院、人民法院调取。"四是规定了律师会见犯罪嫌疑人、被告人时的权利自由保障。新《刑事诉讼法》第37条第4款规定:"辩护律师会见在押的犯罪嫌疑人、被告人,可以了解案件有关情况，提供法律咨询等；自案件移送审查起诉之日起，可以向犯罪嫌疑人、被告人核实有关证据。辩护律师会见犯罪嫌疑人、被告人时不被监听。"五是规定了在同一案件中辩护律师不受办理该案件侦查机关查处的权利。新《刑事诉讼法》第42条第2款规定，"辩护人涉嫌犯罪的，应当由办理辩护人所承办案件的侦查机关以外的侦查机关办理"。六是赋予了辩护律师对公安、司法机关的违法干预行为进行申诉、控告的权利。新《刑事诉讼法》第47条规定："辩护人、诉讼代理人认为公安机关、人民检察院、人民法院及其工作人员阻碍其依法行使诉讼权利的，有权向同级或者上一级人民检察院申诉或者控告。人民检察院对申诉或者控告应当及时进行审查，情况属实的，通知有关机关予以纠正。"

3. 强化了律师介入刑事诉讼的责任和义务。1996年刑事诉讼法对律师参与刑事诉讼应当履行的法律责任和义务也作了很多规定。例如，1996年《刑事诉讼法》第35条规定，辩护人的责任是根据事实和法律，提出证明犯罪嫌疑人、被告人无罪、罪轻或者减轻、免除其刑事责任的材料和意见，维护犯罪嫌疑人、被告人的合法权益；第42条规定，辩护律师和其他辩护人，不得帮助犯罪嫌疑人、被告人隐匿、毁灭、伪造证据或者串供，不得威胁、引诱证人改变证言或者作伪证以及进行其他干扰司法机关诉讼活动的行为，违反该规定的，依法追究法律责任。实践中也暴露出来很多辩护律师为了在诉讼中取胜于公诉方，采取一些不正当甚至违法的方法和手段进行刑事诉讼，而这些行为又能够在一定程度上规避刑事诉讼法的有关规定。如有的辩护律师将自己调查获取的影响定罪量刑的关键性证据不预先出示，而在法庭中突然展示，造成公诉方措手不及，从而给刑事诉讼造成不必要的麻烦。

为了加强辩护律师的执业道德和责任义务，《修改决定》也对实践中出现的问题作了必要补充。一是规定律师调查获取的有关重要证明材料，应当及时向公安、检察机关提交。新《刑事诉讼法》第40条规定："辩护人收集的有关犯罪嫌疑人不在犯罪现场、未达到刑事责任年龄、属于依法不负刑事责任的精神病人的证据，应当及时告知公安机关、人民检察院。"二是限定了律师为委托人保守秘密的范围，即对于不利于国家和社会利益的犯罪事实，律师不得以保密为由拒绝提供犯罪信息。新《刑事诉讼法》第46条规定："辩护律师对在执业活动中知悉的委托人的有关情况和信息，有权予以保密。但是，辩护律师在执业活动中知悉委托人或者其他人，准备或者正在实施危害国家安全、公共安全以及严重危害他人人身安全的犯罪的，应当及时告知司法机关。"三是加强了律师在刑事诉讼中的诉讼责任感，规定律师不是一般地维护犯罪嫌疑人、被告人的合法权益，而主要是维护他们的"诉讼权利"。《修改决定》将

1996年《刑事诉讼法》规定的"维护犯罪嫌疑人、被告人的合法权益"修改为"维护犯罪嫌疑人、被告人的诉讼权利和其他合法权益"。四是《修改决定》删除了1996年《刑事诉讼法》第96条,取消了律师可以为犯罪嫌疑人、被告人申请取保候审的规定,但又规定,犯罪嫌疑人、被告人的辩护律师可以为其申请变更强制措施。这样的修改说明,辩护律师为犯罪嫌疑人、被告人申请取保候审,只能是在其被羁押之后才能进行。

### 三、受聘律师在侦查阶段主要有哪些权利和义务

在侦查阶段,犯罪嫌疑人由于人身自由受到不同程度的限制,无法及时与他人接触,因此要注意保证犯罪嫌疑人在侦查阶段及时聘请律师提供辩护。从司法实践看,侦查阶段犯罪嫌疑人聘请律师的途径和方式主要是:对于犯罪嫌疑人未在押的,包括拘传后未采取其他限制人身自由的强制措施或取保候审的,犯罪嫌疑人可自行决定通过何种合法途径和方式聘请律师提供辩护。对于犯罪嫌疑人被采取监视居住强制措施的,根据新《刑事诉讼法》第75条的规定,被监视居住的犯罪嫌疑人未经执行机关批准不得离开执行监视居住的处所,未经执行机关批准不得会见他人或者通信,其活动范围受到很大限制,难以直接进行聘请律师的活动,一般应当委托其亲友代为聘请律师。对于犯罪嫌疑人在押的,侦查人员在第一次讯问犯罪嫌疑人后或者对其采取强制措施之日起,应当告知犯罪嫌疑人可以聘请律师为自己提供辩护。在押犯罪嫌疑人提出聘请律师要求的,如果其提出明确的律师姓名、律师事务所名称,侦查机关应当将犯罪嫌疑人的聘请意见及时转递该律师事务所;如果犯罪嫌疑人提出由其亲友代为聘请律师的,侦查机关应当及时将聘请意见转递到该亲友;如果在押犯罪嫌疑人提出聘请律师,但没有具体聘请对象或者代为聘请的人的,侦查机关应当及时通知当地律师协会或有关机构为其推荐律师提供法律帮助。

刑事诉讼法对被聘请的律师在侦查阶段的权利作了明确规定,受聘请的律师在侦查阶段可以从事下列业务:(1)向侦查机关了解犯罪嫌疑人所涉嫌的罪名,即了解犯罪嫌疑人有何种犯罪嫌疑,侦查机关应当告知;(2)会见犯罪嫌疑人,向犯罪嫌疑人了解有关案件的情况,依法为犯罪嫌疑人提供法律咨询;(3)为犯罪嫌疑人代理申诉、控告;(4)为被逮捕的犯罪嫌疑人申请变更强制措施。同时,根据《修改决定》,律师在侦查阶段还应当享有以下重要权利:(1)会见犯罪嫌疑人、被告人时不受监听的权利;(2)对公安机关、人民法院、人民检察院及其工作人员阻碍其依法行使诉讼权利的,向人民检察院提出申诉或者控告的权利;(3)公安机关在将案卷材料、证据移送人民检察院审查决定时,应当将案件移送情况告知犯罪嫌疑人及其辩护律师。

律师在侦查阶段也应当履行必要的诉讼义务。律师在侦查阶段的主要职责是为犯罪嫌疑人提供法律帮助，维护犯罪嫌疑人的诉讼权利和其他合法权益。在侦查阶段，由于犯罪嫌疑人所涉嫌的犯罪行为尚未查清，证据也未收集充分，为了保证侦查活动的顺利进行，刑事诉讼法对律师介入诉讼活动作了必要的限制。主要包括以下几个方面：(1) 在会见犯罪嫌疑人时，应当告知其应有的诉讼权利，并听取其陈述案件事实、发案及被捕等情况；(2) 律师在侦查阶段不能查阅、摘抄、复制案卷材料；(3) 律师在侦查阶段无权进行调查取证；(4) 律师在侦查阶段不得帮助犯罪嫌疑人隐匿、毁灭、伪造证据、转移财物或者进行规避法律行为，不得唆使、帮助犯罪嫌疑人翻供，不得唆使证人作虚假陈述；(5) 律师向犯罪嫌疑人了解案件情况，不得采取引诱、欺骗的方法；(6) 律师在侦查阶段会见犯罪嫌疑人，涉及危害国家安全犯罪、恐怖活动犯罪、特别重大贿赂犯罪案件，应当经侦查机关许可；(7) 律师在侦查阶段不得泄露与案件有关的情况。

## 四、辩护律师在审查起诉阶段主要有哪些新的权利和义务

根据新刑事诉讼法的规定，当案件处于侦查阶段过程时，犯罪嫌疑人可以聘请律师作为自己的辩护人，为自己提供法律服务，但律师提供法律服务的范围在1996年刑事诉讼法规定的基础上变化并不大，只限于向侦查机关了解犯罪嫌疑人所涉嫌的罪名、会见犯罪嫌疑人、为犯罪嫌疑人代理申诉、控告以及为被逮捕的犯罪嫌疑人申请取保候审等方面，而更多的法律服务行为在这一阶段是不能行使的。而且，能够在侦查阶段为犯罪嫌疑人提供辩护的人只限于律师。刑事诉讼法之所以作出这样的规定，主要原因在于案件处于侦查阶段时，许多犯罪事实尚处于朦胧阶段，犯罪证据正处在收集过程中，犯罪嫌疑人是否构成犯罪还无法得到确定。如果在这一阶段允许更多的人参与诉讼，特别是与案件当事人有关的其他人和对法律知识没有更多了解的人参与到侦查阶段，就可能对收集犯罪证据和确认犯罪事实带来不利的影响。而到了审查起诉阶段，随着案件的进一步侦破，犯罪的基本事实已经得到了初步固定，主要犯罪证据已经收集完毕，罪与非罪的界限已经有了基本的轮廓，所以，在这一阶段，为了维护犯罪嫌疑人的合法权利，适当地扩大其享有法律帮助的范围是可行的。

辩护律师在审查起诉阶段依法为犯罪嫌疑人提供法律帮助，主要是根据新刑事诉讼法、《人民检察院刑事诉讼规则》、《公安机关办理刑事案件程序规定》中对辩护人的权利和义务所作出的明文规定。结合《修改决定》的规定，主要从修改的角度来对律师在审查起诉阶段的主要权利和义务作如下归纳。

1. 自案件移送审查起诉开始，辩护律师可以向犯罪嫌疑人、被告人核实

有关证据；可以查阅、摘抄、复制本案的案卷材料。但律师以外的辩护人向人民检察院申请查阅、摘抄、复制本案的案卷材料，或者同在押的犯罪嫌疑人会见和通信的，应当经过人民检察院许可。律师以外的辩护人同在押的犯罪嫌疑人通信，人民检察院可以要求羁押机关将书信送交人民检察院进行检查。

2. 辩护律师或者经过许可的其他辩护人查阅、摘抄和复制本案的案卷材料，应当向审查起诉部门提出要求或申请，审查起诉部门应当要求辩护律师或者其他辩护人提供表明自己身份和诉讼委托关系的证明材料。审查起诉部门应当及时安排办理，不能当日办理的，应当向辩护律师或者其他辩护人说明理由，并在3日内择定办理日期，告知辩护律师或者其他辩护人。查阅、摘抄和复制本案的案卷材料应当在文书室内进行。

3. 辩护律师申请人民检察院向被告人提供的证人，或者其他有关单位和个人收集、调取证据的，人民检察院认为需要调查取证时，可以收集、调取。人民检察院根据辩护律师的申请收集、调取证据时，申请人可以在场。辩护律师向人民检察院提出申请要求向被害人或者其近亲属、被害人提供的证人收集与本案有关的材料的，人民检察院应当在接到申请后7日内作出是否许可的决定，通知申请人。

辩护律师认为在侦查、审查起诉期间公安机关、人民检察院收集的证明犯罪嫌疑人、被告人无罪或者罪轻的证据材料未提交的，有权申请人民检察院、人民法院调取有关证据。

4. 在审查起诉阶段，辩护律师会见在押的犯罪嫌疑人、被告人时，不受到羁押场所和侦查、公诉机关的监听。侦查、公诉机关不能在律师会见在押犯罪嫌疑人、被告人的场所设置各种电子监听器。羁押场所应当及时安排律师会见，时间最迟不得超过48小时。

辩护律师对公安机关、人民法院、人民检察院及其工作人员阻碍其依法行使诉讼权利的，有向人民检察院提出申诉或者控告的权利。人民检察院应当对申诉及时进行审查，情况属实的，通知有关机关予以纠正。

5. 辩护律师不得帮助犯罪嫌疑人、被告人隐匿、毁灭、伪造证据或者串供，不得威胁、引诱证人作伪证以及进行其他干扰司法机关诉讼活动的行为。对于涉及辩护律师违法行使辩护权，涉嫌犯罪的，不得由同一案件中的侦查机关进行处理。这样有利于避免侦查机关肆意干预辩护律师正当履行辩护职能。

6. 辩护律师在审查起诉阶段收集的有关犯罪嫌疑人不在犯罪现场、未达到刑事责任年龄、属于依法不负刑事责任的精神病人的证据，应当及时告知公安机关、人民检察院。

7. 律师对在执业过程中为委托人保守秘密时，如果知悉委托人或者其他人，准备或者正在实施危害国家安全、公共安全以及严重危害他人人身安全的犯罪的，应当及时向司法机关通报。

**五、辩护律师在审判阶段主要有哪些权利和义务**

根据刑事诉讼法和 1998 年 1 月 19 日最高人民法院、最高人民检察院、公安部、国家安全部、司法部、全国人大常委会法制工作委员会联合发布的《关于刑事诉讼法实施中若干问题的规定》、最高人民法院发布的《关于执行〈中华人民共和国刑事诉讼法〉若干问题的解释》的规定，辩护律师在审判阶段主要享有以下权利和承担以下义务：

1. 辩护律师依照刑事诉讼法规定的程序可以到人民法院查阅、摘抄、复制本案的案卷材料。人民法院应当为辩护律师查阅、摘抄、复制本案的案卷材料提供方便，并保证必要的时间。但审判委员会和合议庭的讨论记录及有关其他案件的线索材料不应当查阅、摘抄、复制。律师阅卷可以摘录。律师对于阅卷中接触到的国家机密和个人隐私，应当严格保守秘密。

在法庭审理过程中，辩护律师在提供被告人无罪或者罪轻的证据时，认为在侦查、审查起诉过程中侦查机关、人民检察院收集的证明被告人无罪或者罪轻的证据材料需要在法庭上出示的，可以申请人民法院向人民检察院调取该证据材料，并可以到人民法院查阅、摘抄、复制该证据材料。

对于律师查阅、摘抄、复制本案的案卷材料，只能收取复制材料所必要的工本费用，不得收取各种其他名目的费用。工本费收取的标准应当全国统一，由最高人民法院、最高人民检察院报国家价格主管部门核定。

2. 依照刑事诉讼法的有关规定，辩护律师可以向证人或者其他有关单位和个人收集与本案有关的材料，申请人民检察院、人民法院收集、调取证据，申请人民法院通知证人出庭作证。辩护律师向证人或者其他有关单位和个人收集、调取与本案有关的材料，因证人、有关单位和个人不同意，而向人民法院申请收集、调取，人民法院认为有必要的，应当同意。

辩护律师经人民检察院、人民法院许可，并且经被害人或者其近亲属、被害人提供的证人同意，可以向他们收集与本案有关的材料。人民法院认为确有必要的，应当准许，并签发准许调查书。辩护律师可以持律师执业证书、律师事务证明和委托书或者法律援助公函向有关单位和个人进行访问，调查本案情况，有关单位、个人应当给予支持。

辩护律师认为办案机关尚有证据材料未提交的，有权申请人民法院、人民检察院调取。辩护律师直接申请人民法院收集、调取证据，人民法院认为辩护律师不宜或者不能向证人或者其他有关单位和个人收集、调取，并确有必要的，应当同意。人民法院根据辩护律师的申请收集、调取证据时，申请人可以在场。人民法院根据辩护律师的申请收集、调取的证据，应当及时复制移送申请人。

3. 辩护律师可以同在押的被告人会见和通信。律师凭律师执业证书、律师事务证明和委托书或者法律援助公函在看管场所会见被告人。会见时要提高警惕，严防被告人逃跑、自杀、行凶。羁押场所应当及时安排律师会见，安排会见的时间至迟不得超过48小时。辩护律师会见被告人时，享有不被司法机关监听的权利。

辩护律师如果因为案情复杂、开庭日期过急，可以申请法庭延期审理，法院应在不影响法定结案的时间内予以考虑。人民法院应当采用口头或书面通知的方式通知辩护律师到庭履行职务，不得使用传票传唤律师；律师也不得借故妨碍诉讼的正常进行。

辩护律师在履行辩护职责的过程中，对司法机关及其工作人员采用违法方法干预、阻碍自己依法行使辩护职能的，可以向检察机关提出申诉或者控告，要求有关机关给予公正处理。

4. 律师依法出庭履行职务，应严格遵守法庭的规则和秩序，严格遵守和执行法律规定的诉讼程序。审判人员应尊重和保障律师出庭时依法履行职务的权利，不准随意责令律师退庭。

辩护律师不得帮助被告人隐匿、毁灭、伪造证据或者串供，不得威胁、引诱证人作伪证以及进行其他干扰司法机关诉讼活动的行为。辩护律师不能以为委托人保守秘密为由，对有关危害国家安全、公共安全以及严重危害他人人身安全的犯罪事实隐瞒不报。违反上述规定的，应当依法追究法律责任。

### 六、哪些人在审查起诉阶段不能充当辩护人

新《刑事诉讼法》第32条第2款规定："正在被执行刑罚或者依法被剥夺、限制人身自由的人，不得担任辩护人。"其中，正在被执行刑罚的人，是指经人民法院判决并已生效的被判处死刑缓期执行的和被判处无期徒刑、有期徒刑、拘役、管制、剥夺政治权利的人以及判处罚金未缴纳的人；依法被剥夺、限制人身自由的人，是指依照法律对其采取拘留、逮捕、监视居住、取保候审的刑事强制措施和依照法律被治安拘留、劳动教养等人身自由被剥夺或者受到限制的人。需要指出的是，这里规定的是"正在"被执行刑罚或者被剥夺、限制人身自由的人，曾经被判处刑罚或者治安拘留等处罚已执行完毕，或者采取刑事强制措施已被解除的，不在此限。之所以规定上述人员不得担任辩护人，主要是考虑聘请正在执行刑罚的人和依法被剥夺、限制人身自由的人担

任辩护人会影响判决、决定的严格执行,而且本人已被依法剥夺、限制人身自由也难以行使辩护人的权利,不能为委托人进行充分辩护。根据刑事诉讼法的上述规定,最高人民检察院发布的《人民检察院刑事诉讼规则》第 316 条对该款又作出了具体解释。以下几类人,不得充当辩护人:

（1）在缓刑考验期限内或者刑罚尚未执行完毕的人;

（2）依法被剥夺、限制人身自由的人;

（3）无行为能力或者限制行为能力的人;

（4）与本案有直接利害关系的人;

（5）人民法院、人民检察院、公安机关、国家安全机关、监狱的现职工作人员;

（6）外国人或者无国籍人。

上述第（4）、（5）、（6）项的人员,如果是犯罪嫌疑人的近亲属或者监护人,并且不属于上述第（1）、（2）、（3）项情形,犯罪嫌疑人委托其担任辩护人的,人民检察院可以准许。

律师、人民团体或者犯罪嫌疑人所在单位推荐的公民,以及犯罪嫌疑人的监护人、亲友被委托担任辩护人的,人民检察院应当分别核实辩护人身份证明和辩护委托书。

同时,另一部分人虽然能够充当辩护人,但其行使辩护的权利要受到一定程度的限制。即根据《人民检察院刑事诉讼规则》第 320 条规定,具有下列情形之一的,人民检察院可以不予许可律师以外的辩护人向人民检察院申请查阅、摘抄、复制本案的案卷材料,或者同在押的犯罪嫌疑人会见和通信:

（1）同案犯罪嫌疑人在逃的;

（2）案件事实不清,证据不足,或者遗漏罪行、遗漏同案犯罪嫌疑人需要补充侦查的;

（3）涉及国家秘密的;

（4）有事实表明存在串供、毁灭、伪造证据或者危害证人人身安全可能的。

## 七、哪些人在审判阶段不能充当委托辩护人

根据最高人民法院发布的《关于执行〈中华人民共和国刑事诉讼法〉若干问题的解释》第 33 条的规定,下列人员不得被委托担任辩护人:

1. 被宣告缓刑和刑罚尚未执行完毕的人。被宣告缓刑的人,是指人民法院依法宣告被告人缓刑后,正处于缓刑考验期内的人。在缓刑考验期内,被宣告缓刑的人在法律上是有罪的人,只是暂缓执行,所以不能担任辩护人。刑罚

尚未执行完毕的人，包括被人民法院判处各种类型刑罚的人，其中也包括被判处管制、独立适用剥夺政治权利、罚金、没收财产刑的人。只要其被判处的刑罚尚未执行完毕，都不得担任辩护人。判处罚金刑和没收财产刑的人在没有交完罚金和没收款或者免除应缴纳款之前，也不能担任辩护人。

2. 依法被剥夺、限制人身自由的人。依法被剥夺人身自由的人，主要是指被依法监禁或羁押的人，包括已决犯和未决犯。依法被限制人身自由的人，是指虽然其人身自由没有被完全剥夺，亦即没有被关押在监狱或看守所等专门场所，但公安、司法机关也相应地对其采取了一定的强制措施，如取保候审、监视居住等，他们的行动都要受到公安、司法机关一定程度的监控，不像完全自由的公民那样享有人身权利。这些人不能充当辩护人。

3. 无行为能力或者限制行为能力的人。这里的无行为能力，主要是指法律意义上的无行为能力人，即其行为与其所担当的工作不相当，没有能力完成应当承担的职责，包括年幼不具备行为能力的人和成年后因患精神病等原因丧失行为能力的人。限制行为能力的人，是指行为人虽然具有一定的行为能力，但其行为的能力不能满足工作或劳动的需要，智力或体力都不完全适应应当作出行为的要求，如未成年人、又聋又哑的人、盲人等。刑事辩护是一种责任重大的智力性工作，无论是无行为能力人还是限制行为能力人，都不能担当。

4. 人民法院、人民检察院、公安机关、国家安全机关、监狱的现职人员。这些人都是直接从事执法、司法工作的人员，他们在工作关系上与刑事辩护具有天然的亲缘关系，如果由他们来担任辩护人，不仅不利于他的同伴们公正执法，同时，处于刑事诉讼中的当事人也会感到不安，不利于刑事诉讼的顺利进行。所以，应当把这部分人排除在刑事辩护主体之外。

5. 本院的人民陪审员。人民陪审员本来是人民群众的组成部分，但他们一旦成为法院审理案件的陪审员，就必须履行法律上的审判义务，对案件进行公正处理。所以，当他们踏进法院大门成为人民陪审员之时起，他们就事实上成了法院审判者。把他们担任审判任务期间排除在刑事辩护主体之外是应该的。这里之所以规定了"本院"二字，就是说，在没有担任陪审员时，他们可以到本院以外的其他法院进行刑事辩护。

6. 与本案审理结果有利害关系的人。"有利害关系的人"是一个相对抽象的概念，在司法实践中相对难以把握。例如，犯罪嫌疑人、被告人的老同学，如果在正常情况下，就不属于刑事诉讼中"有利害关系的人"，因为他们没有共同实施违法犯罪行为，他们之间不可能存在利害关系。但是，一旦他们之间具有利益上的相互依赖和联结关系，特别是涉及本案中的某些事实时，其相互关系就可能上升为利害关系。所以，司法实践中应当根据案件的具体情况和当

7. 外国人或者无国籍人。这里是指在中国境内参与刑事诉讼活动的人中，不具有中华人民共和国国籍的人，无论他是其他哪个国家的人，也无论他是否属于具有双重国籍的人。我国不承认双重国籍，所以，只要不具有我国国籍，就无法在我国境内履行刑事辩护职责。

上述第4、5、6、7项规定的人员，如果是被告人的近亲属或者监护人，由被告人委托担任辩护人的，人民法院可以准许。

## 八、怎样理解"缓刑考验期限内"和"刑罚尚未执行完毕"

在缓刑考验期限内或者刑罚尚未执行完毕期间，犯罪分子的政治权利或者人身自由都可能面临被限制或剥夺，但司法实践中又存在如何来对待他们的问题。所以，应当正确理解什么是"缓刑考验期限内"和"刑罚尚未执行完毕"的问题。

所谓缓刑，即暂缓裁量刑罚，是指对触犯刑法已构成犯罪、应受刑罚处罚的人，在宣告有罪的前提下，暂不执行所判处的刑罚，由特定的考察机构在一定的考验期限内对罪犯接受改造的情况进行考察，根据罪犯在考验期间内的表现好坏，最后决定是否适用刑罚的一种制度。我国刑法规定的缓刑考验期分为两种：一是被判拘役的缓刑考验期：最长为原判刑期以上1年以下，最短不得少于两个月；二是被判3年以下有期徒刑的缓刑考验期：最长为原判刑期以上5年以下，最短不能少于1年。判决确定之日是指判决发生法律效力之日。如果提出上诉或者抗诉后，经二审维持原判的，就应当从二审判决确定之日起计算。判决前先行羁押的日期，不能折抵缓刑考验期。如果一审宣判后，被宣告缓刑的犯罪分子仍在押的，可先作出变更强制措施的决定，改为监视居住或者取保候审，待判决生效后再依法交付考察。对缓刑设置考验期，说明对判缓刑的犯罪分子并非免除刑事处罚，而是根据犯罪分子在考验期的表现来确定是否最终执行刑罚。

所谓刑罚尚未执行完毕，是指经人民法院判决并已生效后，被判处死刑缓期执行的和被判处无期徒刑、有期徒刑、拘役、管制、剥夺政治权利等刑罚还处于执行过程中以及判处罚金未缴纳完毕等情形。所以，刑罚尚未执行完毕既包括主刑尚未执行完毕，也包括附加刑尚未执行完毕。如果犯罪人被判处主刑同时又被判处附加刑，刑罚执行完毕不仅指主刑执行完毕，也包括附加刑执行完毕。因为像被剥夺政治权利这样的附加刑如果没有执行完毕，被判刑人是不享有政治权利的，让其担任刑事辩护人肯定是不合适的。而财产方面的附加刑在执行过程中可能会出现一些预料不及的情况，如被判刑人没有执行能力，在司法机关没有免除尚未执行的刑罚前,也不能担任辩护人。

## 九、哪些属于被依法剥夺、限制人身自由的情况

依法被剥夺、限制人身自由的人不能担任辩护人,这应当是常情。但依法剥夺、限制人身自由的人并不仅仅限于被羁押的犯罪嫌疑人、被告人或者服刑犯,这些人只是依法剥夺、限制人身自由的人中具有代表性的人群。其实社会管理中还存在很多虽然没有构成犯罪,但其人身自由和享有的社会权利仍然受到了不同程度限制的情形。而且这一规定在实践中理解常常出现偏差,主要是对哪些属于"被依法剥夺、限制人身自由的人"的范围,认识上的不明确。我们认为,根据法律规定和司法实践中的具体做法,以下几种情况都应属于被依法剥夺、限制人身自由的人:

一是因行政违法被行政机关依法拘留的人,或者因为涉嫌刑事犯罪被公安、司法机关刑事拘留的人。这些被拘留的人都处于被暂时羁押的状态,事实上也不能从事辩护事宜。

二是因触犯了刑法被依法逮捕的犯罪嫌疑人,与被拘留的行政违法或者刑事犯罪嫌疑人一样,被逮捕的人同样处于被羁押状态,而且从犯罪性质和人身危险性上讲更为严厉,所以更不应当充当辩护人。

三是被公安、司法机关采取了拘留、逮捕以外的其他强制措施的人,包括被拘传、取保候审、监视居住的犯罪嫌疑人或者被告人。这三种情况也属于被限制了人身自由,尽管取保候审、监视居住的犯罪嫌疑人或者被告人在一定程度上享有一些人身自由,但仍然受到公安、司法机关的很多限制,不具有完全的人身自由权利。被拘传的一般时间很短,可以忽略不计,但被取保候审、监视居住的则往往时间较长,而且实践中往往忽略对这部分人的看法。

四是被公安机关劳动教养的人。这些人虽然不属于刑事犯罪主体,但本身也实施了危害社会的行为或者具有较大的人身危险性,为了维护良好社会治安秩序和正常的经济秩序,必须限制或剥夺他们的一定的自由权利。所以这类人也属于被依法剥夺、限制人身自由的情况。

五是被采取了强制医疗措施或者强制戒毒的人。强制医疗主要是针对精神病患者或者其他严重疾病患者,这部分人中的精神病患者实际上也是属于无行为能力人或者限制行为能力人的范围。但处于医疗期间的精神病人与纯粹的无行为能力人或者限制行为能力人不同的是,他们在强制医疗期间可能存在间歇性行为能力或者精神已基本康复。这类人由于处于公安机关的强制管制之中,不能充当辩护人。

## 十、怎样认定无行为能力人和限制行为能力人

无行为能力人，是指完全不能以自己的行为行使权利、履行义务的公民。无行为能力人包括两种情况：一是因为年龄幼小，不具有实施某一特定行为的能力；二是因为精神支配方面的不足，不具有实施某一特定行为的能力，即通常所指的丧失行为能力的精神病患者。前者主要以年龄大小界限来划分；后者主要根据患者所患疾病的严重程度，通过医学鉴定来决定。在法律上，无行为能力事实上分为无民事行为能力和无刑事行为能力两种。由于世界各国人种的发育程度和法律文化传统的不同，不同国家法律对于无行为能力划分的年龄界限也存在较大差异。在我国，从民事责任方面讲，不满10周岁的未成年人和完全的精神病人是无行为能力人；而从刑事责任方面讲，不满14周岁的未成年人和精神病人被视为无行为能力人。我们所讲的一般意义上的无行为能力，主要是指的民法上的无行为能力，而不是刑法上的无行为能力。因为刑法上的无行为能力主要是从犯罪的角度考虑，即行为人是否具备犯罪的行为能力。

那么，作为刑事诉讼法中的无行为能力人，到底是指上述哪种情况呢？很显然，我们认为应当以民法上的无行为能力人为标准划分。因为作为诉讼参与者的辩护人与作为行使民事权利的人基本是一致的，而与作为犯罪的行为主体相去较远。正如在民事活动中，无行为能力人对自己行为的性质和后果都无法判断，只能由其法定代理人代为进行各种民事活动，所以，他们也同样没有资格和理由来充当辩护人。

所谓限制行为能力人，是指介于无行为能力人和完全行为能力人之间的情况，即这些人虽然不是无行为能力人，但在很多场合下他们也无法具备像完全行为能力人那样对自己行为负责的能力。他们可以进行与他的年龄、智力相适应的一些民事活动，但大多数情况下需要来自具有完全行为能力人的代理或帮助。从民法的意义上讲，限制行为能力人是指10周岁以上18周岁以下的未成年人，但年满16周岁未满18周岁以自己的劳动作为主要收入来源的除外。身体有缺陷（又聋又哑的人或者盲人，心理有缺陷的人除外）以及患有间歇性精神病的人也属于限制行为能力人。而从刑法的意义上讲，年满14周岁未满16周岁的人、又聋又哑的人或者盲人、患有间歇性精神病的人等，都属于限制行为能力人。刑事诉讼中所指的限制行为能力人也和无行为能力人一样，应当以民事上的无行为能力为标准来界定。

## 十一、哪些人属于"与本案有直接利害关系的人"

所谓"与本案有直接利害关系的人"，是指相对人的权益因为案件的处理

而受到直接影响的人。一般认为，法律上的"利害关系"，是指能够给某一特定公民、法人或其他组织的合法权益带来好处或者坏处的结果都与相关人的利益密切攸关的关系。在理论上，要构成法律上的利害关系，相关人之间必须存在特定的因果关系。有果必有因，有因必有果，这种法律上的利害关系就是由特定的因果关系构成的。那么，什么是法律上直接利害关系所指的因果关系呢？人们通常认为，因果关系是事物之间的普遍联系现象，是一种引起与被引起的关系，是事物的自然表现形式。但作为法律上的因果关系则不能与事物的自然现象画等号，它必须建立在法律认可和允许的范围内，其实质是立法者或者法官根据社会一般行为规则或者普遍法则进行虚拟确认和价值判断的结果。法律上的因果关系分为两种：一种是法律上明确规定的因果关系，另一种则是法律上没有明确规定的因果关系。法律上明确规定的因果关系，是立法者通过立法程序予以确认的因果关系；法律上没有明确规定的因果关系，是指尚未被立法者通过立法程序予以确认，但又因具有普遍性的法制意义往往为司法实践所确认的因果关系。所以，在确认由因果关系所形成的直接利害关系时，不仅要依据法律来确认，也要根据社会现实和司法实践现状来认可。

那么，哪些人属于"与本案有直接利害关系的人"呢？根据诉讼实践并参照民事审判中的一些实践经验，我们认为，凡是与本案诉讼法律关系存在直接牵连的无独立诉讼请求权的第三人，都属于"与本案有直接利害关系的人"。但由于社会关系的复杂多变性，直接利害关系也可以从社会的各个方面，从因果关系的各个角度来表现。从诉讼的角度看，其对诉讼的进程会产生直接的影响，或者诉讼的过程和结果直接影响到关系人的名誉或利益。例如，犯罪嫌疑人将盗窃所得汽车出售后，购买该汽车的人，在汽车盗窃销赃案件中就属于与本案具有直接利害关系的人。"与本案有直接利害关系的人"具有广义和狭义的区分，广义上的直接利害关系人，包括当事人的近亲属和其他诉讼参与人、涉及案件处理的直接相关人等；而狭义上的直接利害关系人则将本人、近亲属、证人、鉴定人、辩护人、诉讼代理人、与本案有其他关系可能影响公正处理案件的人等排除在外，而仅仅是指与案件具有直接利害关系的人。一个案件的处理常常会涉及各个方面的利害关系，如经济利害关系、人事利害关系、权力利害关系、亲属利害关系等。例如，在侦查起诉一个贪污贿赂官员的诉讼进程中，从这个贪官那里获得工程承包的工程老板，就应当属于"与本案有直接利害关系的人"；对于一个渎职侵权案件来说，在那些犯有渎职罪官员指挥下从事各项违法工作的人，他们在案件的诉讼中也理当属于"与本案有直接利害关系的人"。还有如人事关系、权力关系，有时容易被人们忽视。例如，一个官员犯罪后，曾经因他行使职权而提拔起来的那些官员，就不能不说是与他有直接利害关系的人。一个渎职的官员在接受调查时，他的下属中与他关系十分密切的那些人，当这个官员尚处于是否追究法律责任的不清晰状态时，在一般情况下，他的下级都会对他保持拥护或者袒护的态度，其也不能不说应当属于"与本案有直接利害关系的人"。总之，凡是因为案件的处理会使其利益受到直接影响的人，都属于与案件具有直接利害关系的人。但这种关系的轻重程度，以及是否真正妨碍到对案件的正确处理，还得根据实际情况来确定。

### 十二、刑事诉讼过程中司法工作人员应当怎样履行告知义务

新《刑事诉讼法》第33条第1款、第2款规定："犯罪嫌疑人自被侦查机关第一次讯问或者采取强制措施之日起，有权委托辩护人；在侦查期间，只能委托律师作为辩护人。被告人有权随时委托辩护人。""侦查机关在第一次讯问犯罪嫌疑人或者对犯罪嫌疑人采取强制措施的时候，应当告知犯罪嫌疑人有权委托辩护人。人民检察院自收到移送审查起诉的案件材料之日起三日以内，应当告知犯罪嫌疑人有权委托辩护人。人民法院自受理案件之日起三日以内，应当告知被告人有权委托辩护人……"最高人民检察院修正发布的《人民检察院刑事诉讼规则》对案件侦查、起诉阶段的告知问题作了具体规定。该规则第147条规定：在押的犯罪嫌疑人聘请律师，如果提出明确的律师事务所名称或者律师姓名直接委托的，人民检察院应当将犯罪嫌疑人的委托意见及时转递到该律师事务所；如果提出由亲友代为聘请的，人民检察院应当将聘请意见及时转递到该亲友；如果犯罪嫌疑人提出聘请律师，但没有具体聘请对象和代为聘请的人的，人民检察院应当通知当地律师协会或者司法行政机关为其推荐律师。该规则第315条规定：人民检察院自收到移送审查起诉的案件材料之日起3日内，应当告知犯罪嫌疑人有权委托辩护人。告知可以采取口头或者书面方式。口头告知的，应当记明笔录，由被告知人签名；书面告知的，应当将送达回执入卷。在押的犯罪嫌疑人要求委托辩护人的，应当由犯罪嫌疑人指定的人办理委托事宜，人民检察院应当通知犯罪嫌疑人指定的人办理。该规则第318条规定：人民检察院自收到移送审查起诉的案件材料之日起3日内，应当告知被害人及其法定代理人或者其近亲属、附带民事诉讼的当事人及其法定代理人有权委托诉讼代理人。告知可以采取口头或者书面方式。口头告知的，应当记明笔录，由被告知人签名；书面告知的，应当将送达回执入卷；无法告知的，应当记明笔录。被害人有法定代理人的，应当告知其法定代理人；没有法定代理人的，应当告知其近亲属。法定代理人或者近亲属为二人以上的，可以只告知其中一人，告知时应当按照新《刑事诉讼法》第106条第（三）、

(六）项列举的顺序择先进行。公安部对侦查阶段侦查人员的告知义务也作了上述类似的规定。

上述有关法律和司法解释的规定，明确规定了在侦查阶段侦查人员应当履行的告知义务。有责任履行告知义务的公安、司法机关是否依法履行告知义务，关系到犯罪嫌疑人能否有效享有法律给予的权利。按照刑事诉讼法及有关规定，犯罪嫌疑人被侦查机关采取强制措施或者第一次讯问后，就有权委托律师作为辩护人。但在司法实践中，由于犯罪嫌疑人的人身自由受到一定限制，加上我国公民法律意识薄弱，如果司法工作人员不主动告知犯罪嫌疑人应当享有的权利和义务，很多犯罪嫌疑人就难以有效行使法律规定的权利。由于受传统司法习惯思想的影响，有的基层办案机关不重视告知的法律义务，有些犯罪嫌疑人由于缺乏法律知识，本来有权依法聘请辩护律师，却没能正常行使法律所赋予的权利。这种有法不依的问题，不仅仅是一个简单的认识问题，而是严格执法与违法的问题，应当通过强化执法纪律、加强执法的宣传和教育予以彻底纠正。

根据刑事诉讼法及有关司法解释的规定，侦查人员应当在第一次讯问犯罪嫌疑人或者对犯罪嫌疑人采取强制措施之日起，告知犯罪嫌疑人有权委托辩护人，为自己提供法律帮助，代理申诉、控告，向侦查机关了解其涉嫌的罪名和案件有关情况，为其申请变更强制措施，并将告知情况记明笔录。对于采取强制措施的人，究竟是在侦查人员讯问犯罪嫌疑人之前还是在讯问之后或在讯问中告知犯罪嫌疑人这一权利，刑事诉讼法未作明确规定。我们认为，侦查人员可以根据案件的情况确定告知的时间，对于采取拘留、逮捕等强制措施的，也应当在拘留、逮捕后的讯问中或者讯问后，告知犯罪嫌疑人有权委托辩护律师。

## 十三、在诉讼的什么阶段可以为犯罪嫌疑人指派辩护律师

新《刑事诉讼法》第34条规定："犯罪嫌疑人、被告人因经济困难或者其他原因没有委托辩护人的，本人及其近亲属可以向法律援助机构提出申请。对符合法律援助条件的，法律援助机构应当指派律师为其提供辩护。""犯罪嫌疑人、被告人是盲、聋、哑人，或者是尚未完全丧失辨认或者控制自己行为能力的精神病人，没有委托辩护人的，人民法院、人民检察院和公安机关应当通知法律援助机构指派律师为其提供辩护。""犯罪嫌疑人、被告人可能被判处无期徒刑、死刑，没有委托辩护人的，人民法院、人民检察院和公安机关应当通知法律援助机构指派律师为其提供辩护。"在"未成年人刑事案件诉讼程序"一章中还规定："未成年犯罪嫌疑人、被告人没有委托辩护人的，人民法

院、人民检察院、公安机关应当通知法律援助机构指派律师为其提供辩护。"与1996年《刑事诉讼法》第34条规定相比较,新刑事诉讼法将原先由公诉机关或者法院为犯罪嫌疑人、被告人指定律师提供法律帮助或者辩护的形式,改为了由检察机关、法院或者公安机关进行通知,由收到通知的法律援助机构来指派辩护律师的方式。这样,原有公安、司法机关为犯罪嫌疑人、被告人指定辩护律师的行为自然消失,代之而起的是由具有法律援助责任的机构来指派。根据这一规定,指派辩护律师必须符合以下条件:(1)指派辩护人的时间可以在犯罪嫌疑人被侦查机关第一次讯问或者采取强制措施之日起,但只限于律师;(2)辩护律师的指派主体只能是享有法律援助义务的法律援助机构,检察机关和法院只有通知的义务,而不再享有指定的权利;(3)具有刑事诉讼法规定特定条件的犯罪嫌疑人、被告人才享有指派辩护的资格。从上述条件可以看出,从侦查阶段开始,凡是符合刑事诉讼法规定的上述四种应当获得辩护的对象,负有法律援助职责的法律援助机构,都应当为其指派律师辩护。但作为公、检、法三机关必须予以通知法律援助机构为犯罪嫌疑人、被告人指派律师辩护的,主要是后三种情况,即犯罪嫌疑人、被告人是无行为能力人或者限制行为能力人而没有委托辩护人,犯罪嫌疑人、被告人是未成年人而没有委托辩护人,或者犯罪嫌疑人、被告人可能属于被判处无期徒刑、死刑而没有委托辩护人。

最高人民检察院修正发布的《人民检察院刑事诉讼规则》第147条作了这样的规定:在押的犯罪嫌疑人聘请律师,如果提出明确的律师事务所名称或者律师姓名直接委托的,人民检察院应当将犯罪嫌疑人的委托意见及时转递到该律师事务所;如果提出由亲友代为聘请的,人民检察院应当将聘请意见及时转递到该亲友;如果犯罪嫌疑人提出聘请律师,但没有具体聘请对象和代为聘请的人的,人民检察院应当通知当地律师协会或者司法行政机关为其推荐律师。上述规定中似乎具有指定辩护的成分,但认真分析,其也不是法律所规定的指定辩护的完整含义。因为指定辩护必须是在犯罪嫌疑人或被告人没有委托辩护人的情况下,才由具有指定责任的机构根据案件具体情况为其指定辩护人,这主要是由案件的诉讼性质所决定的。而《人民检察院刑事诉讼规则》中规定"如果犯罪嫌疑人提出聘请律师,但没有具体聘请对象和代为聘请的人的,人民检察院应当通知当地律师协会或者司法行政机关为其推荐律师"的本来含义,应当是指犯罪嫌疑人已经提出了聘请或者委托律师的要求,只是没有具体的对象和人选,而由检察机关负责为其提供信息。这不应当视为履行指定义务的规定。

所以我们认为,根据新刑事诉讼法的立法原意,指派辩护是限于诉讼阶段由侦查机关、公诉机关和法院来履行通知职责,而由被通知的法律援助机构来履行指定职责。公安机关、检察机关和法院都不能超越自己的权限范围,不能再像过去那样直接指定某某法律服务机构的律师为某犯罪嫌疑人、被告人辩护,更不能直接把要求律师提供辩护的通知越过法律援助机构直接发送到具体的律师那里。而根据《修改决定》的规定,在侦查阶段,犯罪嫌疑人虽然有权委托辩护人,但仅仅限于从事专门法律服务、具有律师执业资格的律师,其他人在侦查阶段仍然不能充当辩护人。而且侦查阶段的律师也仍然限于为委托人提供法律规定的必要的法律帮助,不享有全部委托辩护权利。只有到了审查起诉阶段,辩护律师才基本享有全部委托辩护权利。

## 十四、律师在侦查阶段会见犯罪嫌疑人是否应当限制时间和次数

1996年刑事诉讼法没有对律师在侦查阶段会见犯罪嫌疑人的时间问题作出具体规定,但最高人民法院、最高人民检察院、公安部、国家安全部、全国人大常委会法制工作委员会联合发布的《关于刑事诉讼法实施中若干问题的规定》规定:"对于不涉及国家秘密的案件,律师会见犯罪嫌疑人不需要经过批准。不能以侦查过程需要保密作为涉及国家秘密的案件不予批准。律师提出会见犯罪嫌疑人的,应当在四十八小时内安排会见,对于组织、领导、参加黑社会性质组织罪,组织、领导、参加恐怖活动组织罪或者走私犯罪、毒品犯罪、贪污贿赂犯罪等重大复杂的两人以上的共同犯罪案件,律师提出会见犯罪嫌疑人的,应当在五日内安排会见。"此外,《公安机关办理刑事案件程序规定》规定,律师提出会见犯罪嫌疑人的,公安机关应当在48小时内安排会见;对于组织、领导、参加黑社会性质组织罪,组织、领导、参加恐怖活动组织罪或者走私犯罪、毒品犯罪、贪污贿赂犯罪等重大复杂的共同犯罪案件,律师提出会见犯罪嫌疑人的,应当在5日内安排会见。《人民检察院刑事诉讼规则》规定,对于不涉及国家秘密的案件,律师提出会见犯罪嫌疑人的,人民检察院应当在48小时以内安排会见的具体时间;对于贪污贿赂犯罪等重大复杂的两人以上的共同犯罪案件,可以在5日内安排会见的具体时间。上述各规定均要求侦查机关在48小时或在5日内安排会见。此次刑事诉讼法的修改对此作了规定:"辩护律师持律师执业证书、律师事务所证明和委托书或者法律援助公函要求会见在押的犯罪嫌疑人、被告人的,看守所应当及时安排会见,至迟不得超过四十八小时。"尽管上述法律和司法解释对会见的时间作了规定,但会见时间的长短和地点并没有具体规定,仍需由侦查机关决定。法律和有关司法解释没有作出具体规定的原因可能主要是考虑到给予侦查机关一定的灵活机动权,以便于侦查活动的顺利进行。

在司法实践中，侦查机关往往都对律师会见犯罪嫌疑人的次数和时间作出限制，有的规定一个案件会见不得超过两次，每次会见不得超过特定的时间限制等。据此，有人认为，侦查机关对律师会见犯罪嫌疑人作出诸多的限制性规定，使律师难以在较短的时间里充分了解案情，无法保证律师在侦查阶段切实履行提供法律咨询或其他法律帮助的职责。我们认为，刑事诉讼法没有作出时间的限制性规定，当然是难以断定某一具体案件所需要的会见时间，因此，会见的时间长短应当由司法机关根据具体案情确定。从保障侦查活动来说，不能认为法律和司法解释没有限定时间就可以无限延长时间，对会见的时间也应当有一个限定；而对辩护方来说，会见的时间太短又无法达到会见所要解决的问题。所以，这个时间应当从案件的实际情况出发，由控方与律师进行合理的协商，既不应当由侦查机关单方武断规定时间，也不能由律师随心所欲。我们认为，辩护律师一般每次会见犯罪嫌疑人、被告人的时间应当控制在4个小时以内。对于会见的次数，由于犯罪嫌疑人逮捕后一般可以羁押两个月，特定案件还可以延长羁押期限。为在较长羁押期限内保证律师为犯罪嫌疑人提供法律帮助，根据司法实践，对于延长羁押期限的案件，司法机关可以适当增加律师会见犯罪嫌疑人的次数。如果一个案件在较短时间内屡次会见，也应当适当加以限制。一般正常羁押期间的案件，律师会见的次数以不超过5次为宜。对于羁押时间长的、案情复杂的共同犯罪案件，可以增加1~3次。

### 十五、指派辩护应当注意哪些问题

新《刑事诉讼法》第34条规定，犯罪嫌疑人、被告人因经济困难或者其他原因没有委托辩护人的，本人及其近亲属可以向法律援助机构提出申请，对符合法律援助条件的，法律援助机构应当指派律师为其提供辩护；犯罪嫌疑人、被告人是盲、聋、哑人，或者是尚未完全丧失辨认或者控制自己行为能力的精神病人，没有委托辩护人的，人民法院、人民检察院和公安机关应当通知法律援助机构指派律师为其提供辩护；犯罪嫌疑人、被告人可能被判处无期徒刑、死刑，没有委托辩护人的，人民法院、人民检察院和公安机关应当通知法律援助机构指派律师为其提供辩护。新刑事诉讼法还规定，未成年犯罪嫌疑人、被告人没有委托辩护人的，人民法院、人民检察院、公安机关应当通知法律援助机构指派律师为其提供辩护。

根据最高人民法院发布的《关于执行〈中华人民共和国刑事诉讼法〉若干问题的解释》第36条、第37条、第38条、第39条的有关规定，应当指派辩护的情形包括：（1）盲、聋、哑人或者限制行为能力的人；（2）开庭审理时不满18周岁的未成年人；（3）可能被判处死刑的人。可以指派辩护的情形包括：(1)符合当地政府规定的经济困难标准的；(2)本人确无经济来源，其家庭经济状况无法查明的；(3)本人确无经济来源，其家属经多次劝说仍不愿为其承担辩护律师费用的；(4)共同犯罪案件中，其他被告人已委托辩护人的；(5)具有外国国籍的；(6)案件有重大社会影响的；(7)人民法院认为起诉意见和移送的案件证据材料可能影响正确定罪量刑的。但如果被告人坚持自己行使辩护权，拒绝指派的辩护人为其辩护的，人民法院应当准许，并记录在案。被告人具有符合指派辩护的情形之一，而又拒绝指派的辩护人为其辩护，有正当理由的，人民法院应当准许，但被告人需另行委托辩护人，或者人民法院应当通知有关法律援助机构为其另行指派辩护人。

根据新刑事诉讼法和现行仍然有效的司法解释的规定，侦查机关、公诉机关和法院在通知有关法律援助机构指派辩护时应当注意以下几个问题：

1. 法律已经删除了1996年刑事诉讼法关于公诉人出庭公诉案件应指定辩护的规定。1996年《刑事诉讼法》第34条规定，公诉人出庭支持公诉的案件，被告人未委托辩护人的，人民法院可以为他指定辩护人。《修改决定》将该内容删除后，司法实践中就不应再考虑对于公诉人出庭公诉的案件，通知法律援助机构指派辩护律师的问题。

2. 新《刑事诉讼法》第34条第1款规定："犯罪嫌疑人、被告人因经济困难或者其他原因没有委托辩护人的，本人及其近亲属可以向法律援助机构提出申请。对符合法律援助条件的，法律援助机构应当指派律师为其提供辩护。"这一规定必须同时具备以下几个条件，人民法院才能通知有关法律援助机构为其指派辩护律师：(1)"因经济困难或者其他原因"，主要是指犯罪嫌疑人、被告人由于经济困难或者其他原因，无法支付律师费用，而被告人主观上是希望有人为其辩护，不是拒绝或不希望他人为其辩护。也就是说，律师为被告人提供辩护是符合被告人主观愿望的，而不是违背被告人的主观愿望的。可以委托辩护律师而自动放弃这一权利的，不属于可以指派辩护律师的范围。(2)"因经济困难或者其他原因"而指派辩护律师的主体，1996年刑事诉讼法规定由司法机关承担，而在新刑事诉讼法中，司法机关已经退出了这个角色，代之由本人或其近亲属向法律援助机构申请。特别应当注意的是，犯罪嫌疑人、被告人的近亲属可以作为要求为犯罪嫌疑人、被告人聘请律师提供法律援助的主体。(3)1996年刑事诉讼法规定"因经济困难或者其他原因"而指定辩护是从"可以"的角度考虑。"可以"，既包括可能指派，也包括可能不指派。而新刑事诉讼法则是"应当"。也就是说，只要犯罪嫌疑人、被告人或其近亲属向有关法律援助机构提出申请，负有法律援助职责的机构都应当依法提供法律援助。

3. 新《刑事诉讼法》第 34 条第 2 款规定:"犯罪嫌疑人、被告人是盲、聋、哑人,或者是尚未完全丧失辨认或者控制自己行为能力的精神病人,没有委托辩护人的,人民法院、人民检察院和公安机关应当通知法律援助机构指派律师为其提供辩护。"这一款规定与前款规定不同的是,它应当以公安机关、检察机关和法院通知为前提。换句话说,公、检、法三机关对于没有委托辩护律师的盲、聋、哑人或者尚未完全丧失辨认或者控制自己行为能力的精神病犯罪嫌疑人、被告人,负有通知法律援助机构指派律师为其提供辩护的责任。如果法院、检察机关或者公安机关没有履行通知义务,就是工作中的失职。而且法律在规定法律援助机构履行义务时,也没有添加任何随意性的词句,这意味着法律规定其必须履行这项义务。

4. 新《刑事诉讼法》第 34 条第 3 款规定:"犯罪嫌疑人、被告人可能被判处无期徒刑、死刑,没有委托辩护人的,人民法院、人民检察院和公安机关应当通知法律援助机构指派律师为其提供辩护。"其中"可能被判处死刑"既包括可能被判处死刑立即执行,也包括可能被判处死刑缓期执行的情况。所谓"可能被判处无期徒刑、死刑",是指审判人员根据起诉书提供的情况和主要证据得出的一种可能性的判断,但这种判断必须是建立在案件基本事实和法律依据的基础之上,而不是凭空判断。这种判断不是确定性结论,还需要最终通过审理和判决最后确定。因为审判人员在开庭审判前不可能对案件情况有详尽的了解和对处刑有已确定的判断,而侦查阶段和审查起诉阶段就更不可能得出确定不疑的准确判断。对于犯罪嫌疑人、被告人可能被判处无期徒刑、死刑而又没有委托辩护律师的,人民法院、人民检察院和公安机关应当依法及时通知法律援助机构,法律援助机构应当指派适合辩护的律师为其提供法律援助。

5. 在审判阶段,如果属于死刑上诉案件,其案件的被告人没有委托辩护人的,人民法院亦应当通知法律援助机构指派律师为其提供辩护。1997 年 11 月 6 日,最高人民法院在对江西省高级人民法院"关于第二审死刑案件是否需要全部指定辩护人的请示"所发布的《关于第二审人民法院审理死刑上诉案件被告人没有委托辩护人的是否应为其指定辩护人问题的批复》对此作了如下规定:被告人可能被判处死刑而没有委托辩护人的,人民法院应当指定承担法律援助义务的律师为其提供辩护的规定,也应当适用于第二审死刑案件。即第一审人民法院已判处死刑的被告人提出上诉而没有委托辩护人的,第二审人民法院应当通知法律援助机构指派律师为其提供辩护。

## 十六、被剥夺政治权利尚未完全恢复的人能否为其近亲属充当辩护人

新《刑事诉讼法》第32条第1款规定,犯罪嫌疑人、被告人的监护人、亲友,可以被委托充当辩护人;但该条第2款又同时规定,正在被执行刑罚或者依法被剥夺、限制人身自由的人,不得担任辩护人。

被剥夺政治权利是刑罚的一个种类,被剥夺政治权利的人在被剥夺政治权利期间不得为他人充当辩护人。但对于被剥夺政治权利的人能否为其近亲属充当辩护人,理论界和实践中都存在不同的看法。有人认为,被剥夺政治权利的人能否为其近亲属充当辩护人,应当视具体情况而定,只要其人身自由具有承担辩护的可能,也可以为其亲属充当辩护人。如果仅仅考虑到新《刑事诉讼法》第32条第1款的规定,被剥夺政治权利的犯罪嫌疑人、被告人的监护人、亲友,似乎也可以为其提供辩护。从新《刑事诉讼法》第32条第2款的规定看,该款已明确规定正在被执行刑罚或者依法被剥夺、限制人身自由的人,不得担任辩护人。被剥夺政治权利也是一种刑罚,尽管其没有像被羁押的犯罪分子那样被完全限制了人身自由,但被剥夺政治权利期间就是刑罚尚未执行完毕,属于正在被执行刑罚的人,因此,被剥夺政治权利的人不得为他人充当辩护人。而刑事诉讼法的规定是针对一般情况而言的,是否也包括属于犯罪嫌疑人、被告人近亲属的情况在内呢?这一点在有关司法解释中可以得到印证。最高人民法院发布的《关于执行〈中华人民共和国刑事诉讼法〉若干问题的解释》第33条在对辩护人资格作限定时也明确规定:"前款第(四)、(五)、(六)、(七)项规定的人员,如果是被告人的近亲属或者监护人,由被告人委托担任辩护人的,人民法院可以准许。"这里就没有包括"被宣告缓刑和刑罚尚未执行完毕的人"和"依法被剥夺、限制人身自由的人"等情况,说明最高人民法院的司法解释对被剥夺政治权利的人在刑罚(包括主刑和附加刑)尚未执行完毕之前为其亲属充当辩护人也是持否定态度的。所以,我们认为,被剥夺政治权利的人在刑罚尚未执行完毕之前不能为其亲属充当辩护人。

## 十七、人大常委会主要成员能否担任辩护人、诉讼代理人

根据新《刑事诉讼法》第32条的规定,除了正在被执行刑罚或者依法被剥夺、限制人身自由的人不得担任辩护人外,犯罪嫌疑人、被告人可以委托:(1)律师;(2)人民团体或者犯罪嫌疑人、被告人所在单位推荐的人;(3)犯罪嫌疑人、被告人的监护人、亲友等,作为自己的辩护人。从刑事诉讼法的上述限制性和许可性条件中可以看出,限制性条件规定得比较明确,在理解上一

般不会出现多大偏差。但许可性条款规定的界限并不是十分清楚，特别是第（3）项中规定的辩护人资格，容易产生多种理解。假如行政部门的首长、人大的主要领导是犯罪嫌疑人、被告人的监护人、亲友或者犯罪前所在单位领导，那么他们能否担任犯罪嫌疑人、被告人的辩护人或者诉讼代理人呢？

我们认为，尽管立法和司法解释上没有对此问题作出明确规定，但从国家权力机关与司法机关的关系以及保障司法公正的角度看，人大常委会的主要成员是不适合担任犯罪嫌疑人、被告人的辩护人、诉讼代理人的。理由是，人民代表大会是国家的权力机关，人大常委会除选举产生本级人民政府、人民法院和人民检察院的领导机构外，还负责行使监督本级人民政府、人民法院和人民检察院工作的权力。同时，还履行联系本级人民代表大会代表、受理人民群众对上述机关和国家工作人员的申诉和意见的职权。人大常委会主要成员既是同级司法机关的领导机构成员，又对同级司法机关负有监督职责。如果人大常委会的主要成员担任辩护人、诉讼代理人，有可能导致造成侦查机关、公诉机关和审判机关考虑到工作中的利害关系以及领导与被领导关系，在涉及被辩护的犯罪嫌疑人、被告人犯罪事实认定以及定罪量刑时，就可能导致考虑到各种利害关系而出现偏袒一方当事人的现象发生。即使在执法、司法时没有明显的偏袒行为发生，但基于人大领导机关的特殊地位，具体办案人员包括公、检、法的负责人，也会从司法机关与人大的领导关系方面考虑，从而可能影响到对案件的公正处理。我们认为，宪法和有关法律虽然没有明确规定各级人大常委会的组成人员在任职期间不能担任辩护人、诉讼代理人，但是，人民代表大会行使国家权力的性质和作用决定了各级人大常委会主要成员一般不应担任刑事案件的辩护人和诉讼代理人。如果有关人大常委会主要成员是被告人、被害人的近亲属或者监护人，因为特殊情况需要由其担任辩护人，可以经过同级人大常委会批准并经案件所在地侦查机关、公诉机关或者人民法院同意后才能担任。

## 十八、辩护律师应当如何正确行使调查取证权

辩护律师调查取证难是司法实践中的一个老问题，1979年刑事诉讼法对律师调查取证问题未作过多明确规定，1996年刑事诉讼法规定了辩护律师的调查取证权，但同时也作了必要的限制。新《刑事诉讼法》第41条规定：辩护律师经证人或者其他有关单位和个人同意，可以向他们收集与本案有关的材料，也可以申请人民检察院、人民法院收集、调取证据，或者申请人民法院通知证人出庭作证；辩护律师经人民检察院或者人民法院许可，并且经被害人或者其近亲属、被害人提供的证人同意，可以向他们收集与本案有关的材料。律师法也相应地规定，律师"可以向有关单位或者个人调查与承办法律事务有

关的情况"。尽管上述法律对律师的调查取证工作作出了一些规定，但从中可以看出，律师调查取证仍然受到两个条件的限制：一是必须以被调查人同意为前提；二是对某些证据的收集须经人民检察院或人民法院许可。

根据新刑事诉讼法和有关司法解释的规定，辩护律师正确行使调查取证权应当掌握以下几个要点：

1. 辩护律师经证人或者其他有关单位和个人同意，可以向他们收集与本案有关的材料。辩护律师在接受犯罪嫌疑人、被告人委托后，为做好辩护进行必要的准备，经证人或者其他有关单位、个人同意，可以向他们收集证实犯罪嫌疑人、被告人是否犯罪、罪重还是罪轻的物证、书证、视听资料和证人证言。但是，这些权利的行使仅仅限于由律师担任的辩护人，其他辩护人不享有这项权利。

2. 辩护律师的调查取证权，主要是在案件移送检察机关审查起诉后才享有，在侦查阶段，辩护律师的辩护权仍然受到一定的限制。在案件侦查阶段，根据新《刑事诉讼法》第36条、第37条的规定，辩护律师只能为犯罪嫌疑人提供法律帮助；代理申诉、控告；为其申请变更强制措施；向侦查机关了解犯罪嫌疑人涉嫌的罪名和案件有关情况，提出意见；同在押的犯罪嫌疑人会见和通信等。除此之外，刑事诉讼法并没有在侦查阶段赋予律师更多的辩护权。我们认为，法律以列举的方式明确规定了辩护律师在侦查阶段应当享有的辩护权利，其中没有包括辩护律师的调查取证权，所以，在侦查阶段辩护律师不应当针对具体案件进行广泛的调查取证。

3. 辩护律师可以申请人民检察院、人民法院收集、调取证据。由于辩护律师的地位和职责的局限，在调查取证过程中，有的证人或者相关单位可能会拒绝为其提供物证、书证、证言、视听资料等证据材料或拒绝出庭作证，而有关法律也没有规定律师可以采取某些司法机关所具有的侦查手段收集证据，因此，刑事诉讼法规定，辩护律师可以根据案件的具体情况，申请人民检察院、人民法院依法收集、调取必要的证据材料。同时，辩护律师在要求了解案件情况的人提供证言而受到拒绝时，可以申请人民法院向其发出出庭作证通知。人民法院收到辩护律师的申请后，经审查认为有必要出庭作证的，应当通知证人出庭作证，被通知的证人必须出庭作证。

4. 辩护律师可以向被害人、被害人的近亲属、被害人提供的证人收集证据。辩护律师向被害人、被害人的近亲属、被害人提供的证人收集证据，与新《刑事诉讼法》第41条第1款规定的情况有所不同，它必须受两个条件的限制：一是必须经被害人、被害人近亲属、被害人提供的证人同意，这样规定主要是为了保障被害人的合法权利，同时也可以防止被害人一方证人迫于威胁或者受到引诱而作虚假陈述和证词,影响对案件的公正审理;二是要经人民检察院或者人民法院许可,即在审查起诉阶段须经人民检察院许可,在审判阶段须经人民法院许可。人民检察院和人民法院是否许可,主要是根据辩护律师的调查取证是否会给被害人造成伤害,是否会影响案件的公正审理来决定。

5. 辩护律师必须依法行使辩护权,遵守执业道德。根据新《刑事诉讼法》的规定,接受委托的辩护律师在履行职责过程必须注意以下几点:其一,不得帮助犯罪嫌疑人、被告人隐匿、毁灭、伪造证据或者串供,不得威胁、引诱证人作伪证以及进行其他干扰司法机关诉讼活动的行为;其二,在审查起诉阶段收集的有关犯罪嫌疑人不在犯罪现场、未达到刑事责任年龄、属于不负刑事责任的精神病人的证据,应当及时告知公安机关、人民检察院;其三,在执业过程中为委托人保守秘密时,如果知悉委托人或者其他人,准备或者正在实施危害国家安全、公共安全以及严重危害他人人身安全的犯罪的,应当及时告知司法机关。

最高人民法院和最高人民检察院在相关的司法解释中对辩护律师的调查取证问题作了一些规定,如辩护律师向人民检察院提出申请要求向被害人及其近亲属、被害人提供的证人收集与本案有关的材料的,人民检察院"应当在接到申请后 7 日内作出是否许可的决定,通知申请人";人民检察院、人民法院根据辩护律师的申请收集、调取证据时,"申请人可以在场";人民法院根据辩护律师的申请收集、调取的证据,"应当及时复制移送申请人"。1998 年 4 月 27 日由最高人民法院、最高人民检察院、公安部、司法部发布的《关于律师参加诉讼的几项具体规定的联合通知》第 4 条第 6 项规定,律师参加诉讼(包括参加调解或仲裁活动),可以持法律顾问处介绍信向有关单位、个人进行访问,调查本案案情,有关单位、个人应当给予支持。这些规定从某种程度上弥补了原刑事诉讼立法上的一些缺陷。此次刑事诉讼法的修改进一步完善了律师办理刑事案件调查取证过程中的权利和义务。但由于我国传统的司法观念以及立法仍需不断完善,更重要的是在司法实践中有关律师调查取证存在的问题还相当普遍,律师调查取证往往有其名无其实,或者律师调查取证得来的证据证明力不强,从客观上降低了律师调查取证的作用和意义。当前,面对律师调查取证应当注意解决的问题,检察机关和法院在许可律师调查取证的问题上,应当严格依法办事。如果被害人愿意向律师提供有关证据,只要符合条件,检察机关和法院应当为律师调查取证提供方便,依法保障辩护律师调查取证的权利。当辩护律师申请检察机关和法院收集、调取证据时,检察机关和法院应当依法及时予以办理。对于律师向公安、工商、税务、交通等部门查询某些资料、收集有关证据时,有关单位应当从维护国家法律公正实施的角度考虑，对律师的工作给予支持和配合。

**十九、如何正确认识和处理律师的法律责任问题**

《刑法》第 306 条第 1 款规定，在刑事诉讼中，辩护人、诉讼代理人毁灭、伪造证据，帮助当事人毁灭、伪造证据，威胁、引诱证人违背事实改变证言或者作伪证的，处 3 年以下有期徒刑或者拘役；情节严重的，处 3 年以上 7 年以下有期徒刑。在刑法规定的该条中，又可分为辩护人、诉讼代理人毁灭证据罪，辩护人、诉讼代理人伪造证据罪，辩护人、诉讼代理人妨害作证罪 3 个罪名。为了保证刑事诉讼程序的顺利进行，新刑事诉讼法还规定，辩护人或者其他任何人，不得帮助犯罪嫌疑人、被告人隐匿、毁灭、伪造证据或者串供，不得威胁、引诱证人作伪证以及进行其他干扰司法机关诉讼活动的行为；违反该规定的，应当依法追究法律责任。刑法和刑事诉讼法的规定主要是为了防止律师故意妨碍公安、司法机关查明案件事实真相，从而干扰刑事诉讼的顺利进行。

自 1996 年刑事诉讼法实施以来，律师因涉嫌上述罪名被司法机关拘捕和追究刑事责任的案件时有发生。其中有的是因为少数律师受经济利益驱动，法制观念不强，知法犯法，执业中故意帮助犯罪嫌疑人伪造证据或诱导证人作虚假证言。但也有的是因为公安、司法机关滥用 1996 年《刑事诉讼法》第 38 条和《刑法》第 306 条的规定，违法追究律师的法律责任。后者的产生的原因主要有两个方面：一是律师会见犯罪嫌疑人、被告人后，犯罪嫌疑人、被告人改变供述，律师被怀疑为帮助犯罪嫌疑人、被告人隐匿、毁灭、伪造证据或者串供；二是律师调查取证过程中，如果律师收集的证据与侦查机关、检察机关收集的证据不一致，律师就有可能被怀疑为威胁、引诱证人作伪证。例如，司法实践中发生的有的检察机关以"妨碍作证"、"涉嫌伪证"为由，直接对辩护律师采取强制措施的现象。检察机关自侦案件的范围主要限于贪污贿赂犯罪、渎职犯罪等，律师不是国家工作人员，对于律师违反执业纪律的行为，应由司法行政机关对其进行行政处分；对于律师有犯罪行为的，也应由公安机关立案侦查，检察机关不得直接立案侦查并采取强制措施。追究律师的法律责任，不仅关系到律师的合法权益问题，同时也关系到对犯罪嫌疑人、被告人权利的保障。不能把辩护律师的一般违法行为或工作中的过失行为视为对犯罪嫌疑人、被告人的帮助。不能简单地把某些证人改变证言的问题归咎于律师在实施妨害作证行为。证人改变证言的原因是多方面的，其中大多数都是因证人自己主观认识方面发生变化或者心理不稳定因素造成，并非是因为律师在其中起作用。《修改决定》取消了 1996 年《刑事诉讼法》第 38 条中"引诱证人改变证言"的规定,这对于完善辩护制度和保证律师正常行使辩护职能具有重要作用。

对于诉讼过程出现辩护律师或其他辩护人违纪、违法或犯罪现象后如何进行妥善处理,有人提出建议,针对目前我国律师队伍的现状,可考虑由发现辩护律师有违法行为的机关向其同级司法行政机关提出排除其继续在案件中担任辩护人的法律建议书,司法行政机关应立即进行调查,情况属实的,应终止该律师行使辩护职责,依法予以处罚。在司法行政机关作出决定之前,由司法行政机关为被指控人提供新的律师。对于其他辩护人的排除,由决定其参与辩护的检察机关、审判机关决定是否排除其参加诉讼。在作出决定之前,应给予犯罪嫌疑人、被告人一定的时间、条件,让其另行委托辩护人。我们认为,这样处理,客观上有利于刑事诉讼的顺利进行。辩护人的行为构成犯罪的,依法追究其刑事责任。但是,根据新刑事诉讼法的规定,律师在行使辩护权过程中构成违法犯罪行为的,案件的办理机关,应当是该律师所承办案件的侦查机关以外的其他侦查机关。也就是说,辩护律师所承办案件的侦查机关或者侦查人员无权对该辩护律师的违法犯罪行为作出处理。这样大大有利于排除侦查机关或侦查人员对正当执行辩护职能律师的违法干预。

## 第五节 证 据

### 一、新刑事诉讼法对证据制度作了哪些修改

证据制度是这次刑事诉讼法修改的重点内容。《修改决定》对证据制度进行大范围修改的原因,主要是我国传统的证据制度已经难以适应当代刑事诉讼的需要,影响到了证明犯罪和准确定罪量刑。例如,随着信息和科技的发展,电子信息技术必然进入证据领域,1996年刑事诉讼法规定的七种证据类别中没有包括电子信息类证据,需要作出补充。又例如,非法证据排除原则是当今各国刑事诉讼法律中都普遍存在的一项证据制度,但我国刑事诉讼证据法中对这方面的规定很不完善,需要加以修改。再例如,在承担证明责任的主体方面,过去刑事诉讼中没有强调原告方的举证责任,造成了在证据收集和证明效果方面的不力。因此,刑事诉讼中需要明确规定应当主要由谁来提供证据并主要承担证明责任。这些需要进行修改的内容,在如何有效发挥证据的证明作用,切实保证证据的证明价值,以及完善证人保护制度方面,都是我国刑事诉讼制度中前所未有的,也是当前刑事诉讼中亟待解决的。

1. 新增加了证据的种类。《修改决定》对1996年《刑事诉讼法》第42条进行了修改,在原规定的证据种类的基础上新增加了三种类型的证据:一是在原规定的第六类证据"勘验、检查笔录"后面,增加了辨认笔录。辨认在核实案件有关证据、查获犯罪嫌疑人的过程中具有重要作用。根据《人民检察院刑事诉讼规则》和《公安机关办理刑事案件程序规定》,辨认是指在侦查过程中为了查明案情,由被害人、证人以及犯罪嫌疑人对与犯罪有关的物品、文件、尸体、场所或者犯罪嫌疑人进行辨识甄别的一种侦查行为。二是在原规定的第六类证据"勘验、检查笔录"后面,增加了侦查实验笔录。侦查实验是侦查机关在侦查办案过程中,采用模拟和重演的方法,证实在某种条件下犯罪的发生是否具有可能,以及可能会发生什么结果的一项侦查措施。因此,做好侦查实验笔录,记载实验的经过和结果是很重要的。三是在最后一类"视听资料"中增加了"电子数据"作为证据。所谓电子数据证据,是指以电子物体作为证据存在的媒体,依靠其介质、磁性物、光学设备、计算机内存或类似设备生成、发送、接收、存储能够证明案件真实情况的一切材料及其派生物,并用于证明犯罪的一种新型证据种类。

2. 增加了对行政机关移送证据的确认原则。《修改决定》对1996年《刑事诉讼法》第45条进行了修改,对行政机关调查收集的证据从刑事诉讼的角度给予了确认,新《刑事诉讼法》第52条第2款规定:"行政机关在行政执法和查办案件过程中收集的物证、书证、视听资料、电子数据等证据材料,在刑事诉讼中可以作为证据使用。"这一规定有利于避免证据收集中因重复性和交叉性劳动对证据生成所产生的不利影响。过去司法实践中,一些案件由于片面强调诉讼程序收集证据的合法性,对侦查机关立案前的证据不予认可。而在继续查证过程中,有的证据已经消失,有的能够证明犯罪事实的情况已经变化,造成之后司法机关收集的证据与原始的证据出现分歧,不利于证实犯罪和定罪量刑。特别是在一些重大事故犯罪、伤害犯罪案件中,行政机关在第一时间获得的证据具有十分重要的地位和证明作用。《修改决定》对这类证明从诉讼证明角度予以认可,使行政机关收集的实物证明或者其他证据材料与诉讼过程中收集的证据形成了一个完整的链条,对于整合证据,加强证据之间的连接都是很必要的。

3. 明确了证据应当达到的证明标准,引进了证据的"合理排除"规则。1996年刑事诉讼法在证明标准和需要达到的证明程度方面,规定得十分机械死板,司法工作人员只能严格依照法律规定的"证据确实、充分"这个标准来进行判断。造成的不良后果是侦查过程中围绕这个标准去历经千难地收集证据材料,而使用这些证据进行证明的司法人员则认为这些堆积如山的证据仍然难以达到这个证明标准的要求。侦查人员、公诉人员和法官在办案过程中缺乏判断证据的主观能动作用，完全用形而上学的标准来判断证据，就如同用一个物品与另一个物品对比一样，看上去都必须一样。这种苛刻、死板，缺乏对证据进行主观判断的做法，是酿成实践中大量所谓"疑难"案件无法得到及时处理的根本原因。存放了十多年，甚至几十年的积案就是在这样的背景下产生的。有鉴于此，新《刑事诉讼法》第53条作出了以下规定："对一切案件的判处都要重证据，重调查研究，不轻信口供。只有被告人供述，没有其他证据的，不能认定被告人有罪和处以刑罚；没有被告人供述，证据确实、充分的，可以认定被告人有罪和处以刑罚。""证据确实、充分，应当符合以下条件：（一）定罪量刑的事实都有证据证明；（二）据以定案的证据均经法定程序查证属实；（三）综合全案证据，对所认定事实已排除合理怀疑。"可见，上述规定实实在在地引进了西方的证据制度中的"排除合理怀疑"法则。

4. 规定了不得强迫自证有罪的原则。在现代法治社会，任何人不得被强迫自证其罪的原则已经逐渐成为刑事诉讼中的一项重要内容。"这一原则体现为犯罪嫌疑人、被告人反对强迫自我归罪的特权（Privilege against compulsory self - incrimination）；从其权利内容看，又可以称为沉默权（Right to silence）。"① 可见，不得强迫自证有罪进一步延伸，就形成了沉默权。尽管我国诉讼法学界很多人长期呼吁赋予犯罪嫌疑人、被告人以沉默权，但两次刑事诉讼法的修改都没有实现。这次修改规定了不得强迫犯罪嫌疑人、被告人自证有罪，也算是在这方面迈开了一大步。新《刑事诉讼法》第50条规定："审判人员、检察人员、侦查人员必须依照法定程序，收集能够证实犯罪嫌疑人、被告人有罪或者无罪、犯罪情节轻重的各种证据。严禁刑讯逼供和以威胁、利诱、欺骗以及其他非法方法收集证据，不得强迫任何人证实自己有罪。必须保证一切与案件有关或者了解案情的公民，有客观地充分地提供证据的条件，除特殊情况外，可以吸收他们协助调查。"《修改决定》把"不得强迫任何人证实自己有罪"的内容正式纳入法典，将从客观上制约和减少刑事诉讼活动中的刑讯逼供现象，有利于加强对犯罪嫌疑人、被告人的人权保障。

5. 强调了刑事起诉方承担举证责任的原则。在过去的刑事诉讼程序中，法律只笼统地规定了公、检、法三机关的职责，调查取证主要由侦查机关承担，公诉机关具有参与权。在1996年刑事诉讼法颁行之前，法院也参与对证据的收集。也就是说，那个时候的审判机关也负有举证的责任。这种做法明显是纠问式诉讼留下的痕迹。尽管自1996年刑事诉讼法修改以来已经历经了十

---

① 宋英辉：《刑事诉讼原理导读》，法律出版社2003年版，第212页。

多年的司法实践，证明犯罪事实的举证责任到底应该由谁来承担，并没有从法律上作出明文规定。这种法律没有明确规定举证责任的做法，会从客观上导致强迫犯罪嫌疑人、被告人自证其罪情况的发生。因为在原告方没有或者难以提供充分证据的情况下，公安、司法机关突破案件的唯一希望只能寄托在犯罪嫌疑人、被告人一方。特别是在像诈骗犯罪、贿赂犯罪这类案件中，侦查机关希望从被调查一方获取证据的要求是十分强烈的。这次刑事诉讼法的修改从立法上明确了原告一方的举证责任。新《刑事诉讼法》第49条规定："公诉案件中被告人有罪的举证责任由人民检察院承担，自诉案件中被告人有罪的举证责任由自诉人承担。"同时，第57条还规定："在对证据收集的合法性进行法庭调查的过程中，人民检察院应当对证据收集的合法性加以证明。""现有证据材料不能证明证据收集的合法性的，人民检察院可以提请人民法院通知有关侦查人员或者其他人员出庭说明情况；人民法院可以通知有关侦查人员或者其他人员出庭说明情况。有关侦查人员或者其他人员也可以要求出庭说明情况。经人民法院通知，有关人员应当出庭。"这些规定增强了侦查机关、公诉机关和自诉人在刑事诉讼中提供证据的责任感。

6. 完善了非法证据排除原则。非法证据排除规则，是对非法取得的供述和非法搜查扣押取得的证据予以排除的统称。也就是说，司法机关不能以采用以非法手段获取的证据来证明犯罪，除非法律有特别规定。非法证据排除规则最早起源于英美法，当今世界各国法律中都制定有非法证据排除规则。从刑事诉讼角度看，非法证据的范围包括：（1）执法机关违反法定程序制作的调查、收集的证据材料；（2）在超越职权或滥用职权时制作或提出收集证据材料；（3）律师或当事人采取非法手段制作或调查、收集的证据材料；（4）执法机关以非法的证据材料为线索调查、收集的其他证据。非法证据排除规则有利于彻底纠正违法行为，防止或减少冤假错案。它的最大特点是能够保证言词证据的自愿性，达到定罪处罚的准确性的目的。

这次刑事诉讼法的修改，用较大的篇幅从以下几个方面完善了非法证据排除原则：（1）明确规定通过刑讯逼供等违法手段或者其他违法方法收集的证据，应当予以排除。即新《刑事诉讼法》第54条第1款规定："采用刑讯逼供等非法方法收集的犯罪嫌疑人、被告人供述和采用暴力、威胁等非法方法收集的证人证言、被害人陈述，应当予以排除。收集物证、书证不符合法定程序，可能严重影响司法公正的，应当予以补正或者作出合理解释；不能补正或者作出合理解释的，对该证据应当予以排除。"第58条规定："对于经过法庭审理，确认或者不能排除存在本法第五十四条规定的以非法方法收集证据情形的，对有关证据应当予以排除。"（2）规定公安、司法工作人员在诉讼过程中发现非法证据应当自觉进行排除或审查。新《刑事诉讼法》第 54 条第 2 款规定："在侦查、审查起诉、审判时发现有应当排除的证据的，应当依法予以排除，不得作为起诉意见、起诉决定和判决的依据。"第 56 条第 1 款规定："法庭审理过程中，审判人员认为可能存在本法第五十四条规定的以非法方法收集证据情形的，应当对证据收集的合法性进行法庭调查。"（3）规定其他诉讼参与人有权提出排除非法证据的要求。新《刑事诉讼法》第 56 条第 2 款规定："当事人及其辩护人、诉讼代理人有权申请人民法院对以非法方法收集的证据依法予以排除。申请排除以非法方法收集的证据的，应当提供相关线索或者材料。"（4）专门规定了检察机关对非法收集证据行为的监督。新《刑事诉讼法》第 55 条规定："人民检察院接到报案、控告、举报或者发现侦查人员以非法方法收集证据的，应当进行调查核实。对于确有以非法方法收集证据情形的，应当提出纠正意见；构成犯罪的，依法追究刑事责任。"

7. 加强了对证人、被害人的权利保障。主要包括两个方面：一是加强了对证人、被害人在刑事诉讼中作证后的人身、财产权利的保障。新《刑事诉讼法》第 62 条规定："对于危害国家安全犯罪、恐怖活动犯罪、黑社会性质的组织犯罪、毒品犯罪等案件，证人、鉴定人、被害人因在诉讼中作证，本人或者其近亲属的人身安全面临危险的，人民法院、人民检察院和公安机关应当采取以下一项或者多项保护措施：（一）不公开真实姓名、住址和工作单位等个人信息；（二）采取不暴露外貌、真实声音等出庭作证措施；（三）禁止特定的人员接触证人、鉴定人、被害人及其近亲属；（四）对人身和住宅采取专门性保护措施；（五）其他必要的保护措施。""证人、鉴定人、被害人认为因在诉讼中作证，本人或者其近亲属的人身安全面临危险的，可以向人民法院、人民检察院、公安机关请求予以保护。""人民法院、人民检察院、公安机关依法采取保护措施，有关单位和个人应当配合。"二是规定了证人作证应予补偿的费用和报酬。新《刑事诉讼法》第 63 条规定："证人因履行作证义务而支出的交通、住宿、就餐等费用，应当给予补助。证人作证的补助列入司法机关业务经费，由同级政府财政予以保障。""有工作单位的证人作证，所在单位不得克扣或者变相克扣其工资、奖金及其他福利待遇。"

## 二、如何理解证据在刑事诉讼各阶段的证明标准

对刑事诉讼法中的证明标准，理论界和学术界均有不同的认识，并且提出了各种不同证明程度的证明标准，综合起来主要有"实质真实"、"形式真实"、"相对真实"、"法律真实"、"不存在合理怀疑"、"高度盖然性"等证明标准。从我国刑事诉讼法的有关规定看，作为刑事案件的定案标准，应当证据

"确实、充分",因为刑事诉讼法在对侦查、起诉、判决认定案件性质时,明确规定公、检、法对刑事案件的定性都必须做到证据"确实、充分",如新《刑事诉讼法》第160条规定,"公安机关侦查终结的案件,应当做到犯罪事实清楚,证据确实、充分";第168条规定,"人民检察院审查案件的时候,必须查明:(一)犯罪事实、情节是否清楚,证据是否确实、充分……";第195条规定,人民法院对刑事被告人作出有罪判决应当"案件事实清楚,证据确实、充分"。公安部、最高人民检察院、最高人民法院也作了类似上述内容的司法解释和规定。可见,我国刑事诉讼法规定刑事案件的证明标准是以证据是否"确实、充分"为条件的。无论是在立案侦查阶段,还是在公诉阶段或者审判阶段,都必须坚持证据"确实、充分"这一客观标准。这也是由我国公、检、法三机关分工负责、相互配合、相互制约的关系决定的。我国的刑事诉讼不以审判为中心,人民检察院也不仅仅是像国外那样主要承担公诉职能,人民检察院的一个重要职责就是担负着法律监督的任务。公、检、法三机关都共同担负着打击惩罚犯罪,保障无罪的人不受刑事追究,保护公民的人身权利、财产权利、民主权利和其他权利的职责。因此,在办理刑事案件的过程中,其证明的基本要求都是一致的,即都必须达到定案时的案件事实清楚,证据确实、充分。

事实上,从刑事诉讼的渐进性来看,要在侦查、起诉、审判的各个阶段,都符合证据"确实、充分"的证明标准,不仅难以达到,而且往往也是没有必要的。因为人们对证据证明的要求不是一成不变的,而是随着证据材料的不断收集、积累,证据的质和量的不断变化来强化其证明效力的。可以说,证据确实、充分,应当通过刑事诉讼的各个具体环节和阶段来逐步提高、深入,最后达到具有完全证明力的作用。正因为如此,在立案、侦查、起诉以及审判等不同的诉讼阶段,对某一案件事实的证据的证明力在客观上是存在区别的。同时,在具体办案中,具体到各个诉讼阶段和环节,证据的确实、充分又是相对的。准确地说,我国刑事诉讼法中的"证据确实、充分"是相对于特定阶段范围内证明要求而言的确实与充分。如果超出了这个范围,无论是与诉讼的上游阶段,还是与诉讼的下游阶段,都不具有可比性。所以,我们认为,在刑事诉讼的各阶段,应当根据该阶段诉讼程序的要求和目的来分别决定其收集的证据所要达到的证明标准。

1. 立案阶段。此阶段的证明要求应当是:(1)某一事实确已发生,该事实是犯罪事实;(2)需要查明犯罪人,追究其刑事责任。此时,需要证明的对象,所发生的事实是犯罪事实,证明要求是要有证据证明该事实是犯罪事实和需要追究犯罪人刑事责任。具体到对证据的要求就是:(1)现有证据是确实的，即具有客观性、关联性、合法性；（2）现有证据在量上已能合理地得出结论，所发生的事实是需要追究刑事责任的事实。只要符合以上条件，法律所要求达到的具有犯罪事实，需要立案侦查的条件就已经达到。

2. 审查批准逮捕阶段。此阶段的证明要求是"有证据证明有犯罪事实"，其基本内容是：（1）有证据证明发生了犯罪行为，而且犯罪事实的发生在客观上是确定不移的；（2）有证据证明该行为是犯罪嫌疑人所为，在犯罪事实与犯罪嫌疑人之间能够通过该犯罪行为将其联结起来；（3）证据之间应相互印证，不能是孤证，即进行逮捕时，必须人、事定位，但又不要求将所有犯罪事实都查清。相对于这一证明要求，证据确实、充分的标准是：（1）证明犯罪行为确已发生并且是该犯罪嫌疑人所为的证据应当是查证属实的，而且这些证据都具有客观性、关联性、合法性的特征；（2）证明行为发生并且该行为是犯罪嫌疑人所为的证据间应当相互印证，不能是孤证，并且证据与证据之间出现的矛盾能够得到有效排除；（3）现有证据的综合性作用也基本能说明所发生的犯罪行为是该犯罪嫌疑人所为，这要求检察人员通过理性思维从宏观的角度来把握。

3. 起诉阶段。此时的证明要求，根据新《刑事诉讼法》第160条、第171条和第172条的规定，必须达到犯罪事实清楚，证据确实、充分。这与审判阶段的证明要求在立法上的表述是相同的。从公、检、法三机关担负的证明责任来讲，法律对三机关的证明要求是一样的，因为同样是对犯罪嫌疑人、被告人作出有罪结论；但从诉讼的进程与思维的逻辑来讲，又不可能是完全相同的，而应是一个逐步提高的过程，只有到了法院判决后，对被告人的有罪结论才是确定的。因此，侦查阶段的证明要求与起诉阶段的证明要求应有所区别，而起诉阶段的证明要求与审判阶段的证明要求也应有所区别，即此时的案件事实清楚，证据确实、充分是"人民检察院认为"，其确实性尚未得到最后的确定，其充分性也有待予以最终认可。

作为公、检、法对犯罪嫌疑人、被告人追究刑事责任或作有罪判决，其认定的原则和标准，虽然在证据的形式上具有相同性，但在证明内容和证明效力方面应当是有区别的。这些区别并不表现在必然性上，而是表现在偶然性方面。因为无论是公安机关、人民检察院或者是人民法院，他们都是在依法、严格、公正履行自己的职责，都负有保障犯罪嫌疑人、被告人合法权利的义务；他们都希望自己办理的案件不成为错案，而成为不可翻案的铁案。所以，他们追求的目标都是事实清楚，证据确实、充分，只有这样，才会体现出他们在忠实地执行国家的法律。但是，事物发展的渐进性有时是不以人的意志为转移的，人的认识的不断深化总会使问题显露得越来越明白。如果后一诉讼阶段证据的证明效力仍然停留在前一诉讼阶段的位置上,或者说前一诉讼阶段证据的证明效力要完全达到后一诉讼阶段证据的证明标准,那就等于说后一诉讼阶段对于保障法律公正就成了可有可无的摆设。这绝对不是刑事诉讼的设计者和立法者所疏忽的结果。

### 三、怎样采信缺乏作证行为能力人提供的证明

新《刑事诉讼法》第60条第2款规定:"生理上、精神上有缺陷或者年幼,不能辨别是非、不能正确表达的人,不能作证人。"这实际上是刑事诉讼法对证人资格的限制性规定。新《刑事诉讼法》第60条第1款规定的"凡是知道案件情况的人,都有作证的义务"是对证人资格规定的积极性条件,而第2款则规定了证人资格的消极性条件。

刑事诉讼法规定的"生理上、精神上有缺陷"的含义,不是一般意义上的概念,它是以刑法上的特定医学标准为前提条件的,是具有特定含义的概念。这里"生理上、精神上的缺陷"不是所有各种生理缺陷(如断肢、破腿、近视、色盲、瘫痪)等或普遍意义上的精神缺陷(如轻微的神经官能症或者间歇性精神病),而是特指那些丧失了辨别是非能力和正确表达能力的严重精神病患者以及聋、哑、盲、丧失记忆功能等严重影响其辨别是非能力和正确表达能力的生理缺陷。年幼也不是泛指一般意义上的年幼,而是该未成年人的表达能力和智力状况能否达到作证所要求的程度。所以,对于生理上、精神上有缺陷或年幼的人能否作证,不应一概而论,应当在参照相关的科学标准和客观情况的基础上实事求是地作出具体分析判断。

其一,缺乏作证行为能力人的标准很难统一。生理上、精神上的缺陷程度及年幼的人的认知程度,实践中很难以确定一个统一的标准。因为核定这些人的标准是以证人能否提供证明为标准,而不是以证人的年龄和健康状况为标准。必须根据实际情况对证人的感知能力进行分析,认真考察他们的表达能力和智力发育程度,才能判断出他们是否能将他所要证明的案件事实正确、清楚地表达出来。例如,一个耳聋的证人是某一犯罪案件的目击者之一,在隔壁被盗时,他目击了其中一名盗窃犯从窗户进去的行为,而对这名盗窃犯将门打开后,另外两名盗窃犯从他看不到的地方进去的事实却一概不知,因为其耳聋,听不到其他盗窃犯进去作案的声音,无法证明盗窃现场是否还有其他盗窃人作案。所以,其证词只能证实其所见到的那名犯罪嫌疑人的犯罪事实。又如,一个虽然不满10周岁的少年,因生长发育快,其生理心理都具备了作证能力;另一个虽然已满10周岁的少年,却因为生理、心理发育迟缓,无法胜任作证义务。那么,在这两个人之间,到底应该选谁呢?所以,我们认为,对缺乏作

证行为能力人采用统一的年龄标准或者机械的证明方式都是不可取的。

其二，缺乏作证行为能力人提供的证明不宜简单采用。撇开人的主观内心好恶因素对作证的影响，单就客观观察结果来说，缺乏作证行为能力人提供的证明，肯定不及成熟人、健康人所提供的证明那么有力和具有采信性。所以，在缺乏证据的前提下，对案件某一事实的判断，单独地采用缺乏作证行为能力人提供的证明来作为证据使用，是不符合证据"确实、充分"这一要求的。对生理上、精神上有缺陷的人提供的证言，还可以通过其他证据来检验证人提供的证言的真实性，以进一步验证证人是否对作证内容具有辨别是非、正确表达的能力。避免将生理上、精神上有缺陷的人提供的证言作为孤证使用。在必要的时候，征得证人本人或其法定监护人的同意，还可请专家对其智力和行为能力作出鉴定。并且，我们认为，实践中应当建立这样的专门性鉴定机构，主要的鉴定对象就是那些难以根据其年龄和健康状况得出符合逻辑的结论的人，而通过专门性智力和健康状况鉴定，既有科学上的说服力，又有证据上的证明力。

### 四、与案件有利害关系的人能否作为证人

与案件有利害关系的人能否作证人，理论界和实践中都存在不同的观点。有人认为，与案件有利害关系的人作为证人，其证明程度必然要受到影响，人的主观好恶之心无论如何都会对证人证言产生一定影响。也有人认为，人与人之间因为存在利害关系可能会产生不同的感情色彩，但案件事实是客观存在的，不管是否存在利害关系，只要是对客观事实的真实反映，都可以作为证据使用。最高人民法院曾经在1957年6月22日给河北省高级人民法院《关于与案件有直接利害关系的人能否当证人问题的复函》中作了这样的解释："除法律有特别规定外，一般公民不论他与案件有无直接利害关系都可以作为证人出庭作证。但在衡量他的证言时，应当对他与案件有直接利害关系一点，加以斟酌，采纳他的证言时需要慎重，真实可靠的证言仍可采用。"这个司法解释目前是否废除尚无明文规定，但至少可以作为办理类似案件参考。所以，我们认为，对于与案件有利害关系的人能否作证，应当根据实际情况进行比较分析，不能一概而论。

新《刑事诉讼法》第60条第1款规定，凡是知道案件情况的人，都有作证的义务。从这一规定看，刑事诉讼法并没有限制与案件有利害关系的人作为证人。当然，由于这些人与案件的当事人或者案件的结局有着直接或间接的利害关系，因此，由他们提供的证据或者作出的证言，可能会对案件印证的客观性、公正性、真实性发生一定影响。因此，在鉴别他们的证言时，应当对他们与案件有利害关系的具体情况加以分析。既要看到他们与案件存在某种利害关

系,也要看根据他们所处的环境和地位,全面分析他们能否对案件提供符合客观事实的真实证言。同时,还应当根据他们的思想状况,针对案件与他们之间存在的基本事实做思想政治工作,如实告知他们法律规定的有关作证的权利和义务。但值得注意的是,对于与案件有利害关系的人的证言,不能作为孤证使用,要注意将他们提供的证据与其他证据进行印证与审查;对他们提供的证据或者证人证言,既不能轻易地一概否定其证明效力,也不能过分相信其真实性,庭审时一定要经过公诉人、被告人及其辩护人、被害人双方的询问质证,经过法庭充分印证后,才能作为定案的根据之一。

### 五、由有关单位或者当事人提供的证据材料是否具有法律效力

新《刑事诉讼法》第 50 条规定:"审判人员、检察人员、侦查人员必须依照法定程序,收集能够证实犯罪嫌疑人、被告人有罪或者无罪、犯罪情节轻重的各种证据……"新《刑事诉讼法》第 52 条第 1 款规定:"人民法院、人民检察院和公安机关有权向有关单位和个人收集、调取证据。有关单位和个人应当如实提供证据。"司法实践中,案件的证据并不完全来自于司法人员手中收集的证据,有的可能是由某些单位的保卫部门、纪检监察、工商、税务、海关等部门收集的,还有的可能是由当事人、辩护人或诉讼代理人提供的。在此次刑事诉讼法修改以前,对于不是根据刑事诉讼法的规定由司法工作人员依照法定程序收集的证据材料,无论是单位提供的,还是个人提供的,能否作为刑事诉讼中的证据来使用,理论界和实践中都存在不同的看法。有的人认为可以作为证据使用,有的人认为不能作为证据使用。此次刑事诉讼法的修改对这一问题作了部分确认,新《刑事诉讼法》第 52 条第 2 款规定:"行政机关在行政执法和查办案件过程中收集的物证、书证、视听资料、电子数据等证据材料,在刑事诉讼中可以作为证据使用。"可以看出,这一规定内容主要是针对行政执法机关(也应当包括纪检监察机关)在执法过程中所获取的有关证明材料。而对行政执法和查办案件活动外的证据来源问题,《修改决定》仍然没有作出规定。比如,由有关单位或者个人提供给司法机关的书证、物证等,能否直接作为诉讼证据使用?如果对这些证明材料或证据加以排斥,在没有其他证据可以替代的场合下,证明犯罪成立的过程就会出现许多坎坷和曲折,有的甚至不可再生。司法机关在迫不得已的情况下采用也是必要的,但一般应当经过核实后才能认可。

此次刑事诉讼法修改之前,收集犯罪证据的权力历来是公安、司法人员行使国家侦查、起诉、审判权利的一种诉讼活动。只有享有诉讼权力的公安、司法人员依照法定的程序和规则,才有权向有关单位和个人收集、调取证据。如

果不是法定的人员依照法定程序收集的证据，就不能作为刑事诉讼中的证据来使用。如某些单位保卫部门、纪检监察、工商、税务、海关等部门在查处某些违法违规行为时所收集的一些证据材料，虽然可以最终纳入刑事证据之中，但必须由司法工作人员依照法定程序进行审查和核实，不能简单地将其视为刑事诉讼中的证据。这样把按照司法程序收集的证据与依照行政执法程序收集的证据截然分开，虽然对执法行为与司法行为作了明确区分，但事实上也存在很多弊端。一是造成了司法资源的浪费，同时也不必要地增加了国家财政支出。因为行政执法活动中收集证据的活动也同样消耗了国家的人力和财力，而到了司法程序阶段，这些已经付出大量调查力量得出的材料却没有应用，而是再次花费调查力量去调查核实，造成了国家人力、财力的浪费。二是往往会使调查取证工作陷入被动局面。因为行政机关在案件发生的初期采取的调查行动容易获得最直接、最有证明力的证据。而随着时间的推移，这些能够证明犯罪成立的事实材料容易被丢失或者遗忘，到诉讼阶段再去调查取证，难以收到最好的或者是真实的证明效果，从而使司法机关在证明犯罪时陷入被动局面。所以，此次刑事诉讼法的修改，把行政执法机关依照执法程序收集的证据与一般单位或当事人提供的证明材料加以区别，是考虑到了司法实践中的实际情况。

对于那些非执法单位或者个人、当事人、辩护律师、诉讼代理人提供的与案件有关的物证、书证等证据，由于其在获取证明材料时具有随意性和非法定程序性等因素，不宜像行政执法机关依法收集的证据那样同等对待。所以，我们认为，行政执法机关以外的单位或者当事人在刑事诉讼中提出的有关案情事实的物证、书证等证据材料，只能是司法机关取得证据的一个不可缺少的来源或线索，不能直接作为诉讼证据使用。这些证据材料，只有经过司法机关按照法定程序核实后，才具备刑事诉讼法所规定的证据的法律性质和法定效力。

## 六、不按照法律程序获取的证据是否一律应当加以排除

什么是不按照法律程序获取的证据？简单地说就是非法证据，因为不按照法律程序调查、收集相关证据的行为本身就是违法行为，而这种证据的本质属性是非法的。从理论上进行阐明，非法证据也就是指不具有合法性的证据。根据我国刑事诉讼法的规定，收集证据的主体、程序、方法、种类、来源都必须合法。对于非法证据是否具有刑事诉讼中的证明力，1996年刑事诉讼法没有明确规定，理论界和实践中存在否定说、肯定说和折中说等几种观点。否定说认为，非法证据不具有证据资格，因而主张一概不得作为证据使用。肯定说认为，非法证据只要是查证属实的就具有证据资格，主张把非法手段（毒树）和用非法手段获取的证据（毒树之果）区分开来。折中说认为，对非法证据

应当从两个方面看，一方面认为，非法证据不具有证据资格；另一方面又认为，不能把非法证据完全排除，可以把非法证据看做证据线索，再通过合法的手段将其转化为合法的证据。

新《刑事诉讼法》第 54 条第 1 款规定："采用刑讯逼供等非法方法收集的犯罪嫌疑人、被告人供述和采用暴力、威胁等非法方法收集的证人证言、被害人陈述，应当予以排除。收集物证、书证不符合法定程序，可能严重影响司法公正的，应当予以补正或者作出合理解释；不能补正或者作出合理解释的，对该证据应当予以排除。"从上述规定中我们可以看出，对于采用刑讯逼供等非法方法收集的犯罪嫌疑人、被告人供述以及采用暴力、威胁等非法方法收集的证人证言、被害人陈述，应当予以排除。但对于违反法律规定收集的物证、书证，只有在严重影响司法公正的情况下，没有予以补正或者作出合理解释的，才应当予以排除。这就是说，法律并没有将不按法律程序获取的证据一律加以排除。

从总的原则方面说，非法获得的证据一般应当排除使用，因为它在收集证据的主体、程序、方法、种类、来源等诸方面都可能不合法。除了此次刑事诉讼法修改作出明文规定外，最高人民法院《关于执行〈中华人民共和国刑事诉讼法〉若干问题的解释》第 61 条也规定："严禁以非法的方法收集证据。凡经查证确实属于采用刑讯逼供或者威胁、引诱、欺骗等非法的方法取得的证人证言、被害人陈述、被告人供述，不能作为定案的根据。"《人民检察院刑事诉讼规则》第 265 条也相应地规定："严禁以非法的方法收集证据。以刑讯逼供或者威胁、引诱、欺骗等非法的方法收集的犯罪嫌疑人供述、被害人陈述、证人证言，不能作为指控犯罪的根据。"上述刑事诉讼法与司法解释的规定相同的是，都对采用刑讯逼供等非法手段收集的证据予以排除。但对于其他违反法律规定，包括违反某些法定程序收集的物证、书证，是否一律加以排除，都保持了沉默或者变通的态度。那么，对于非法取得的实物证据是否可以作为证据使用？

我们认为，根据上述法律及司法解释的规定，应当把非法取得的言词证据与实物证据相区别，对于非法取得的实物证据不能一概而论地适用非法证据排除规则。其理由是：(1) 我国《刑法》第 247 条规定的刑讯逼供罪和暴力取证罪以及刑事诉讼法关于严禁刑讯逼供和以威胁、引诱、欺骗以及其他非法的方法收集证据的规定，说明刑法、刑事诉讼法对非法取证行为作了否定性评价。我国刑事诉讼法虽然将非法取证行为列入了禁止范围，但是对于非法取证所得的证据材料能否在诉讼中作为证据使用却没有一概加以禁止。这里没有一概禁止的标志就是《修改决定》选择性规定的"可能严重影响司法公正的，应当予以补正或者作出合理解释；不能补正或者作出合理解释的，对该证据应当予以排除"。我们认为立法是结合了实践中的现实状况作出的规定。（2）从刑事诉讼的直接目的来看，惩罚犯罪与保障公民的诉讼权利是不可分割的两个方面。采用非法方法获取的证据即使真实可靠，能有效证明犯罪事实，但取证手段和程序又侵犯了诉讼参与人的合法权益。因此，采用非法方法获取的具有真实性和证明效力的证据在惩罚与保障之间就产生了难以调和的矛盾和冲突，不论采纳或不采纳都不能两全。如果完全排除，可能会因为证据的唯一性而无法再收集到类似证据，从而在一定程度上放纵了罪犯，不利于惩罚罪犯；如果完全实行采纳，又可能助长某些司法人员收集证据时的违法行权行为，甚至导致虚假证据的泛滥。因此，非法证据是否采纳，关键在于对互相冲突的价值选择上，是偏重于惩罚犯罪，还是偏重于刑事诉讼法的保障功能。

综上所述，刑事诉讼法的根本任务是维护社会主义法制，保障社会主义市场经济秩序健康发展。如果允许非法取证，就等于允许对刑事诉讼法的法定的取证程序的破坏，允许司法人员以非法的侵犯公民基本权利的方法收集获取证据。其结果将会导致广大人民群众对司法人员正确行使司法权的蔑视或不信任，从而在根本上损害了社会主义法制。所以，从原则上说，非法获得的证据应当排除使用。但是，对于以违反法律规定收集的部分实物证据，其证据本身是客观的、真实的，并且是唯一的、不可取代的，对于这些证据仍然应当在诉讼过程中加以使用。但使用的原则是，这些证据必须经司法工作人员认真审查核实，其中能够予以补正或者作出合理解释的，可以作为指控犯罪的证据，但应对违法取证行为进行否定评价，如果收集这些证据的行为人的行为已经构成违法甚至犯罪，应当依法追究法律责任。同时，也应当将其与证据本身所具有的客观真实加以区别。并且，人民检察院作为国家法律监督机关，在刑事诉讼中，应当注意对侦查活动的监督。

## 七、当事人自行提供的鉴定书或者"医疗证明"能否作为鉴定意见使用

鉴定意见是具有特定含义及特定证明对象的证据，它是由公安、司法机关指派或聘请的专业人员运用科学技术、专门知识和技能对案件中某些专门性问题进行鉴别或判断，就需要具体解决的问题得出的专业性意见。鉴定人是刑事诉讼法规定的诉讼参与人之一，依法享有一定的诉讼权利并承担一定的义务。鉴定意见作为刑事诉讼中的一种证据，是建立在科学性和法律性相统一的基础之上的。因此，鉴定意见的运用总是要受刑事诉讼法的制约。但是，我国刑事诉讼法对于鉴定活动的规定都很原则，规范化、制度化和程序化的条款不多，

并且缺乏可操作性，在实践中难以准确地把握和执行。同时，我国还没有建立科学完备的鉴定体制，也没有对鉴定的过程和各参与人的权利义务作出具体的、科学的规范和调整。我国目前刑事鉴定体制为"多元制"，主要有以下三类：(1) 附属于公、检、法、司各部门的专业化鉴定体制。在这一体制下，公、检、法、司各自设有专门的鉴定机构。其中，鉴定力量最强、技术设施最全的当数公安机关。从鉴定的种类来看，几乎可以为刑事诉讼中所需要的各类主要鉴定提供服务；从鉴定机构的设立来看，建立了上至中央下至地方的四级鉴定机构。(2) 经授权成立的面向社会的专职鉴定体制。在这一体制下的鉴定机构多为高等院校和科研机构设立的就某一专门性问题进行单一鉴定的鉴定机构，在体系上不具有系统性。(3) 经授权成立的面向社会的兼职鉴定体制。其与第二类鉴定体制的区别在于这一鉴定体制具有非专职性。

在刑事诉讼中，鉴定意见是刑事诉讼法规定的证据种类之一，对于认定某些案件性质具有极为重要的作用，尤其是毒品犯罪、伤害罪等案件，常常需要对物品和伤害程度作出准确的鉴定才能保证案件的正确定罪量刑。所以，刑事诉讼法对鉴定人资格、鉴定应当具备的程序都作了明确规定。新《刑事诉讼法》第 144 条规定，为了查明案情，需要解决案件中某些专门性问题的时候，应当（由司法机关）指派、聘请有专门知识的人进行鉴定。《公安机关办理刑事案件程序规定》和《人民检察院刑事诉讼规则》都分别对鉴定的指派或聘请、鉴定人、鉴定程序等作了具体明确的规定。如果是违反这些规定或程序所进行的鉴定，就不具有法律上的证明效力。

当事人自行委托其他具有医学方面知识的人或组织进行的鉴定所作出的结论，或者刑事案件中的当事人提供的医院的"医疗证明"，由于不符合刑事诉讼中鉴定的法律程序以及鉴定意见的法律要求，不是刑事诉讼的合法鉴定意见，不能作为刑事诉讼中的鉴定意见使用。司法机关对于这些鉴定意见和"医疗证明"，可以作为参考书证来使用，也可以用做进行鉴定的资料和事实根据，在司法机关的正式鉴定作出后，可以与正式的鉴定意见相印证，共同证实案件事实。但这些鉴定意见和"医疗证明"一旦与司法机关正式作出的鉴定意见相矛盾，必须以司法机关作出的正式鉴定意见为准，当事人自行进行的鉴定或者提供的"医疗证明"就失去了法律上的证明力。

实践中有的涉及人身伤害的案件，受害者先到医院进行治疗，涉及诉讼时又自行去进行司法医学鉴定。对于这些鉴定或者医疗证明与刑事科学技术鉴定不一致，当事人有争议或司法机关之间有争议的，根据新《刑事诉讼法》第 145 条、第 146 条的规定，当事人可以申请重新鉴定。司法机关也应当对出具医疗证明的医生作为证人进行询问，让其就出具鉴定意见或医疗证明的有关情况及专业性问题作出陈述，以确定其鉴定意见或医疗证明的准确程度。

## 八、被关押的犯罪嫌疑人、被告人能否出庭作证

刑事诉讼中，有许多关键性的证据需要从那些被关押的犯罪嫌疑人、被告人口中获取，这就涉及被关押的犯罪嫌疑人、被告人能否到庭作证的问题。新《刑事诉讼法》第60条规定，凡是知道案件情况的人，都有作证的义务；生理上、精神上有缺陷或者年幼，不能辨别是非、不能正确表达的人，不能作证人。据此，凡是符合证人条件的人都有作证的义务，都应当向司法机关作证。凡是根据案件需要必须到庭作证的，就应当依法到庭作证。法律既然没有对被关押的犯罪嫌疑人、被告人作证作出限制性规定，我们认为，对于那些了解案件情况，掌握某些犯罪事实的被关押的犯罪嫌疑人、被告人，可以作为证人对待，他们所作的陈述或者供述应当具有法律上的证明力，可以作为证人证言使用。

新《刑事诉讼法》第59条规定，证人证言必须在法庭上经过公诉人、被害人和被告人、辩护人双方质证并且查实以后，才能作为定案的根据。这一规定，强调了证人出庭作证的必要性，除非有特殊原因确实不能到庭的情况外，一般都要求关键性的证人必须在庭审中到庭作证，以口头方式向合议庭陈述。在押的犯罪嫌疑人、被告人其应否到庭，我们认为，应当根据案件的实际情况以及作为证人的在押犯罪嫌疑人、被告人的具体情况来决定。对在押的犯罪嫌疑人、被告人作为证人所提供的证言，一般可以采取在法庭上宣读笔录的方式进行，以书面的形式听取各方当事人的意见并对其进行质证和审查。对于少数犯罪嫌疑人、被告人的证言以书面宣读的方式缺乏有效证明力，不能合理说明其中的矛盾，又没有其他证据印证的，或者该证言在案件中是关键证据，其不到庭作证接受各方询问、质证，就难以查明案件事实的真伪及证言的真实性的，可以将在押的犯罪嫌疑人、被告人押解到庭作证。但必须注意做好看管和保卫工作。

## 九、视听资料、电子数据作为证据需要具备哪些基本要件

视听资料、电子数据，是指以录音、录像、电子计算机以及其他高科技设备储存的信息资料作为证明案件事实的证据。视听资料、电子数据作为证据主要有以下特征：（1）直观性，视听资料、电子数据可以将案件发生的实际情况直观地再现出来；（2）准确性，视听资料、电子数据作为对案件现场的再现，具有高度的准确性和逼真性；（3）连续性，视听资料、电子数据可以将各种与案件有关的信息和资料以连续的动态形式反映出来。根据视听资料、电

子数据的特点和证据的基本特征,作为刑事证据使用的视听资料、电子数据应当具备以下条件:

1. 作为定案依据的视听资料、电子数据必须是原件,经过剪辑、删除或其他可能导致失真的技术加工处理的复制视听资料和电子数据,一般不能作为定案证据。因特殊原因需要以复制件出现的,应当对复制的过程严格加以记录,并经过准确的核对、固定或封存。

2. 作为定案依据的视听资料、电子数据必须合法,其中包括主体合法和程序合法。所谓主体合法,是指根据新《刑事诉讼法》第50条的规定,收集的主体应当是承办案件的审判人员、侦查人员和检察人员,除此之外的其他人,如辩护人等作为收集案件材料的主体,必须经证人或者其他有关单位和个人同意,特别是向被害人或其近亲属、被害人提供的证人收集时,还必须经人民检察院或人民法院许可后方可进行。所谓程序合法,是指司法人员在直接录制视听资料、电子数据时,要严格按照法律规定的程序进行,经过必要的审批手续,采用合法的手段。对于在勘验检查、搜查中发现的可用以证明案情的视听资料和电子数据证据,应依照有关扣押的规定,依法实施扣押,并且认真进行保管和封存。

3. 作为定案依据的视听资料、电子数据,其记录的内容应当客观、真实,并且能够与其他证据相互印证。所谓客观,是指证据所反映的事实完全来源于对犯罪行为的记录,没有添加任何主观的东西。所谓真实,就是这些视听资料、电子数据必须准确可靠,不具有虚假性质。所谓相互印证,是指作为定案依据的视听资料、电子数据所反映的犯罪事实,与其他种类证据所反映的犯罪事实是一致的。鉴于视听资料、电子数据来源于科技手段,存在被篡改和伪造的可能,必要时,可进行专业技术鉴定,以排除其虚假性。

### 十、共同犯罪中的同案被告人能否互为证人

共同被告人的划分,以是否同案审理为标准,可分为同案被告人和非同案被告人两种。同案被告人是指在同一诉讼程序中被司法机关共同追诉的人。同案被告人又可分为共犯同案被告人和非共犯同案被告人。在大多数情况下,同案被告人是基于共犯关系而构成的,但在某些情况下,也可以由司法机关基于其他关系而认为可以分开追诉而构成的同案被告人。所以,同案被告人既有因共犯关系形成的,也有没有共犯关系但有牵连关系的,还有既无共犯关系也无牵连关系的。共同被告人有三种情况:共犯同案被告人,非共犯同案被告人,异案共犯被告人。

新《刑事诉讼法》第53条规定:"对一切案件的判处都要重证据,重调

查研究，不轻信口供。只有被告人供述，没有其他证据的，不能认定被告人有罪和处以刑罚；没有被告人供述，证据确实、充分的，可以认定被告人有罪和处以刑罚。"但从该条法律规定看，其中并没有明确指出"被告人"是否包括"共同被告人"，法律也没有明确规定共同被告人的口供一致可以作为认定被告人有罪和处以刑罚的依据。我们认为，对于共同被告人中哪些可以作为证人，要根据实际情况作具体分析。对于所供述的与被告人本人的罪责毫无关系的其他犯罪人的犯罪事实，这时的被告人实际上不是本案的当事人，而是处于第三人的地位，所以，应当将其作为证人看待。对于被告人供述的内容包含的与本人的犯罪事实没有实质上的共同关系，而是某种牵连关系的其他犯罪人的犯罪事实（如事前无通谋的窝赃犯、包庇犯），这种供述实际上仍然属于被告人本人的交代，这类供述人是否应当视为证人，要根据案件牵连的程度来具体判断。如果是行为上的牵连，不能作为证人；如果是事实上的牵连，在不存在利害关系的条件下可以作为证人。对于被告人供述的内容包含的与本人的犯罪事实有实质意义的共犯关系的其他犯罪人的犯罪事实，由于案件的处理结果与该被告人有直接的利害关系，显然，这属于被告人的供述而不是证人证言。根据这些分析，我们认为：

1. 对于共犯的同案被告人供述的与自己罪责有关的同案共犯的犯罪事实，不能视为证人证言。因为共犯的犯罪事实本身就是一个案件的整体事实，在陈述自己犯罪事实的同时，必然要涉及他人的犯罪事实，每一共犯的犯罪事实都与本案结果有直接利害关系，其供述时可能出现各共犯之间互相推卸责任或互相包庇的现象。所以，共犯的同案被告人不能互为证人。

2. 对于共犯的同案被告人供述的与自己罪责无关的同案共犯的犯罪事实，应当视为证人证言。因为被告所供述的犯罪事实是与自己无关或与共同犯罪事实无关的其他被告人的罪行，是对他人犯罪的揭发，属于证实另一犯罪的证据。如甲、乙共犯贪污罪，而甲又揭发了乙曾经所犯的受贿罪就属于这种情况。

3. 对于具有某种牵连关系的非共犯的同案被告人之间的相互供述，要根据案件牵连的程度来具体分析和判断。如果是彼此相互依赖和联系的犯罪在行为上的牵连，由于牵连犯罪可能成为一罪处理的情况，这样的供述人就不能作为证人。如果虽然同案被告人之间具有某些事实上的牵连关系，但这种牵连关系并不属于影响定罪量刑的利害关系，而是各罪在发生过程中彼此相对隔绝的情况下所产生的某些事实关系，如同一犯罪团伙中的犯罪分子，一人实施盗窃，一人实施抢劫，二人在犯罪前并没有事先联系，这种具有某种牵连关系的非共犯同案被告人可以作为证人。

4. 对于异案共犯被告人之间的相互供述,也不能作为证人证言。这里的各共犯虽然是处于不同案件中的诉讼程序,但他们所供述的犯罪事实彼此都相互牵连或者属于同一犯罪过程,本质上是一种共同犯罪行为,这些犯罪事实不可能因为程序的分离而发生质的变化。所以,把异案共犯被告人的相互供述作为认定同一案件事实的证人证言显然不当。

### 十一、测谎检查的运用及其证据效力问题

所谓测谎检查,是指由司法机关具有专门技术的人员按照一定的规则,运用测谎仪器设备记录测谎对象在回答其所设置的问题的过程中某些生理参量的变化,并通过分析测谎仪器设备所记录的图谱,对被测谎人回答问题的真实程度进行判断的活动。测谎仪器设备通常称为"测谎仪"或"测谎器",基本上可以分为两种:一种是语言分析仪,另一种为多参量心理测试仪。通过测谎检查所获得的证据材料,目前尚不属于我国刑事诉讼法规定的证据范围。但是,进入20世纪80年代后,我国开始引进并逐步将测谎仪运用于刑事侦查活动之中。由于我国对测谎仪器的技术性问题的研究起步较晚,而且从刑事诉讼的角度讲,还欠缺规范其使用的法律规则,因此,如何在刑事诉讼过程中保证规范地使用测谎仪进行刑事侦查,是我国刑事诉讼法领域中亟待解决的问题之一。

关于测谎检查及其结果能否在刑事司法领域使用,主要涉及两个问题:一是该项技术及其结果的可靠程度;二是一个国家的价值观对该项技术的接受程度。在我国,根据公安部和国家安全部的有关规定,国家安全机关、公安机关因侦查犯罪的需要,可以采取技术侦查措施。在《人民警察法》和《国家安全法》规定的部分内容中,也包括了测谎检查技术在内,侦查工作实践中事实上也已在使用测谎检查和测谎证据。1999年9月10日最高人民检察院在《关于CPS多道心理测试鉴定结论能否作为诉讼证据使用问题的批复》中也规定:"人民检察院办理案件,可以使用CPS多道心理测试鉴定结论帮助审查、判断证据,但不能将CPS多道心理测试鉴定结论作为证据使用。"据有关资料反映,公安机关在20世纪80年代即开始将测谎仪用于办案。从其准确性和可信度看,司法实务中已经显现出了它存在和发展的价值。目前最根本的问题在于,如何准确地使用测谎技术并充分发挥其在刑事诉讼中的证据作用。因此,应当对涉及测谎检查的组织和实施、测谎人员的资格、实施测谎检查的条件、测谎结果的审查判断等各个方面作进一步研究和规范。

关于测谎结果的证据价值,尽管随着测谎检查的发展使测谎结果的准确度不断提高,但同其他专家证人的判断一样,测谎结果也并非百分之百的正确;从另一个角度讲,即使测谎结果真实,其证明作用也只是表明被测试人说了真

话还是撒了谎,并不能回答被测试人是否实施了被控罪行。因此,测谎检查只是犯罪调查的一种工具,正确使用会在案件侦讯中发挥一定作用,有时是较大的作用,但是不能把它看成万能的,更不能以此代替侦查和审讯工作。对测谎结果的使用,不仅应当十分慎重,而且还要根据案件具体情况作出适当的处理。一般说来,如果测谎结果不利于被测试人,它就只能作为进一步收集其他证据的线索或作为其他有罪证据的一种补强证据,必须收集到足够的其他有罪证据,才能认定被测试人实施了被指控的罪行,而不能仅凭测谎结果或者依据测谎结果和尚不充分的其他有罪证据认定被测试人有罪。如果测谎结果有利于被测试人,而经过努力,案内又没有收集到足够的有罪证据,在未能收集到其他有罪证据的情况下,则只能作出无罪认定。所以,侦查机关在运用测谎检查进行刑事侦查判断或者司法机关在使用测谎结果进行定罪量刑时,都不能将其作为独立的证据使用。

## 十二、刑事诉讼中的"证据不足"如何认定

新《刑事诉讼法》第 172 条规定,人民检察院认为犯罪嫌疑人的犯罪事实已经查清,证据确实、充分,依法应当追究刑事责任的,应当作出起诉决定;第 195 条第(一)项规定,案件事实清楚,证据确实、充分,依据法律认定被告人有罪的,应当作出有罪判决。案件事实清楚,是指行为人的行为构成犯罪,在犯罪的客体、犯罪的客观方面、犯罪的主体、犯罪的主观方面都做到了犯罪事实明确无误;证据确实、充分,是指案件事实是否明确无误,在认定每一项事实、情节或每一构成要件时,都必须有证据加以证明。

证据确实、充分是司法机关依法追究犯罪嫌疑人、被告人刑事责任需要达到的证明标准之一,相反,如果达不到这个标准,则属于"证据不足"。新《刑事诉讼法》第 171 条第 4 款规定,对于二次补充侦查的案件,人民检察院仍然认为证据不足,不符合起诉条件的,应当作出不起诉的决定;第 195 条第(三)项规定,证据不足,不能认定被告人有罪的,应当作出证据不足、指控的犯罪不能成立的无罪判决。上述法条都明确地规定了"证据不足"不能进行追诉,不能判决犯罪嫌疑人、被告人有罪。事实上,实践中还存在"证据不足不立案"的情况。所以,"证据不足"是刑事诉讼过程中不认定犯罪嫌疑人、被告人有罪或者不追究犯罪嫌疑人、被告人刑事责任的不可逾越的基本界限。

"证据不足"的相对面则是证据确实、充分。归纳起来,刑事诉讼中所称证据"确实、充分",从语意表达上分为两个方面:一个是"确实",即证据具有客观存在的基本事实和证明作用,也可以说是事物所具有的质的方面的要

求；另一个是"充分"，即证据需要达到能够证明犯罪事实的数量要求，并且这个数量要求除了法律上的要求外，还需要社会一般认为应当达到的要求，也就是事物所应当具有的量的要求。质和量共同构成了证据标准中的"确实、充分"。而且证据的质和量这两个方面在确定证据的作用过程中是相互依赖、相互联系、不可分割的，必须把二者联系起来进行判断。不能只判断它在质方面是否符合要求而忽视量方面的问题，也不能只讲究证据的数量而忽视其质的存在。从证据的质与量的双重角度，把据以定罪的证据用"确实、充分"的标准来进行判断，是对确认犯罪成立的一种科学概括。司法实践中主要是从以下几个方面来对证据是否确实、充分进行判断：（1）据以定案的证据均已查证属实；（2）案件事实、情节都有必要的证据予以证明；（3）证据之间、证据与案件事实之间不存在任何矛盾；（4）所有证据得出的结论具有一致性。

根据上述对证据确实、充分的判断要求和标准，我们认为，认定"证据不足"主要是指以下几方面情况：

1. 证据不具有客观性、关联性和合法性，即据以定案的某个或某些证据不真实、不可靠。所谓客观性，就是证据从本质上忠实于事实真相，能够反映事实的原始内容和状态，不夹杂着办案人员的主观偏见和情绪。所谓关联性，即用于认定犯罪的证据与案件事实之间必须存在内在的、符合规律的实质性联系，证据所要证明的犯罪事实与案件所发生的犯罪事实是一致的。所谓合法性，就是取得证据的来源和过程符合法律的程序规定，即我们通常所说的依法取证，非法证据予以排除。如果据以认定犯罪事实的证据达不到上述三个条件，就应当认为是证据不足。

2. 作为犯罪构成要件的主要事实没有必要的证据加以证明。如关于行为人的刑事责任能力没有科学的司法精神病鉴定意见，无法证明行为人是否处于不能辨认或者不能控制自己行为的状态。犯罪构成要件的主要事实虽然不是全部事实，但它在成立犯罪的过程中具有十分重要的地位，缺乏这些证据，犯罪就无法加以确认。对犯罪的"主要事实"的认定，既是一个待证的客观事实问题，也是一个需要依靠人的主观能动性去机动进行判断的问题。一般来说，在认定犯罪构成时缺少某种待证事实时，犯罪行为就不能确定，或者不能完全确定。如杀人犯罪中，杀人者使用的杀人手段或者杀人工具，就是最基本的主要犯罪事实；又如强奸犯实施强奸犯罪时是否插入，是判断强奸既遂与未遂的最主要的基本事实。这些影响犯罪成立的主要犯罪事实如果缺乏必要的证据给予证明，就可以认为是证据不足。

3. 作为认定案件性质的证据之间存在矛盾，即所有证据得出的结论没有达到一致的要求。证据与证据之间存在相互矛盾就会抵消证据的证明力。把两个结论相反具有相当证明力的证据放在一起，等于没有证据的证明作用。所以，在所有证据的运用上也必须采取合理排除原则。至少，在认定犯罪事实的主要证据上，不能出现证明作用相反的证据，即证明犯罪成立的主要证据必须达到完全一致，这样才能排除相反的事实结论。如果据以确认犯罪成立的主要证据和基本证据之间尚存在无法排除的矛盾，所有证据得出的基本结论难以达到统一，就可以认为是证据不足。

## 第六节 强制措施

### 一、新刑事诉讼法对拘传措施作了哪些修改

《修改决定》对1996年《刑事诉讼法》第92条中的传唤、拘传内容作了修改，主要包括以下几个方面：

1. 延长了传唤、拘传持续的时间。1996年《刑事诉讼法》规定"传唤、拘传持续的时间最长不得超过十二小时"，这一规定在司法实践中反映出很多难以适用的问题。很多地方侦查机关认为法律规定的传唤、拘传后所能使用的时间太短，对于一般案件尚可应付，但对于一些重大、复杂的案件，却未必行得通。因为采用拘传的犯罪嫌疑人都是侦查机关认为具有犯罪事实存在，需要通过当面讯问来弄清犯罪的基本情况。如果犯罪情节严重或者人身危险性较大，就可能采取拘留等更为严厉的强制措施。对于那些重大的、复杂的或者共同犯罪的案件，希望在12个小时内把基本犯罪事实讯问清楚，在多数情况下恐怕都只能是办案人员的一相情愿。针对司法实践中反映出来讯问时间过短的问题，此次刑事诉讼法的修改重点地解决了拘传讯问的持续时间问题。新《刑事诉讼法》第117条第2款规定："传唤、拘传持续的时间不得超过十二小时；案情特别重大、复杂，需要采取拘留、逮捕措施的，传唤、拘传持续的时间不得超过二十四小时。"

2. 明确规定了特殊情况下的口头传唤方式。在司法实践中，传唤和拘传遇到的情况有时也与拘留和搜查所遇到的情况具有相似之处，就是在紧急的情况下来不及办理正式手续。而依照法律的规定，拘传是限制人身自由的较为严厉的强制措施，必须履行正当的法律手续才能采用。为了解决法律规定的严肃性和实践中的现实需要之间的矛盾，此次刑事诉讼法的修改对传唤方式规定了较为灵活的方式，即在特定条件下采用口头方式也可以进行传唤。新《刑事诉讼法》第117条第1款规定："……对在现场发现的犯罪嫌疑人，经出示工

作证件,可以口头传唤,但应当在讯问笔录中注明。"

3. 明确规定在拘传犯罪嫌疑人的过程中,应当保证其必要的饮食、休息时间。这明显是针对那些采用"车轮战术"进行拘传、讯问的情况而制定的。在过去的司法实践中,一些侦查人员在犯罪嫌疑人不愿意坦白交代犯罪事实的情况下,就采用轮番讯问或者传唤的方式,意图从精神上、身体上把犯罪嫌疑人拖垮,达到让其认罪服法的目的。由此也造成了侦查过程中许多刑讯逼供恶性案件的发生,严重影响了国家司法机关的形象和法律的尊严。针对拘传、讯问中存在的这些问题,《修改决定》对保障犯罪嫌疑人、被告人在讯问过程应有的基本人身权利作了概括性的规定。新《刑事诉讼法》第117条第3款规定:"不得以连续传唤、拘传的形式变相拘禁犯罪嫌疑人。传唤、拘传犯罪嫌疑人,应当保证犯罪嫌疑人的饮食和必要的休息时间。"

## 二、合法拘传有哪些必经程序

新《刑事诉讼法》第117条以及公安部发布的《公安机关办理刑事案件程序规定》、最高人民检察院修正发布的《人民检察院刑事诉讼规则》和最高人民法院发布的《关于执行〈中华人民共和国刑事诉讼法〉若干问题的解释》规定,公安和司法机关进行合法拘传必须具备以下基本程序:

1. 经过主要领导或负主要责任的领导批准。在公安机关,拘传应当填写《呈请拘传报告书》,并附有关材料,报县级以上公安机关负责人批准;在检察机关,拘传应当经检察长批准,签发拘传证;在人民法院,合议庭或者独任审判员认为应当对被告人撤销或者变更强制措施的,应当报请院长批准。根据新刑事诉讼法规定,对于现场犯罪或者情况紧急时,来不及办理手续的,经过出示人民检察院、公安机关工作证件,可以实行口头传唤。

2. 必须出示《拘传证》。公安机关、人民检察院和人民法院拘传犯罪嫌疑人或被告人,都必须出示《拘传证》;执行人员应当责令被拘传人在《拘传证》上签名(盖章)或捺指印,填写到案时间,犯罪嫌疑人拒绝填写的,侦查人员应当在《拘传证》上注明;司法拘传要由司法警察执行,执行人员不得少于2人。对于现场发现犯罪实行口头传唤的,应当在讯问笔录中注明。

3. 时间和次数的限制。拘传持续的时间不得超过12小时,案情特别重大、复杂,需要采取拘留、逮捕措施的,传唤、拘传持续的时间不得超过24小时;不得以连续拘传的形式变相拘禁犯罪嫌疑人,应当保证犯罪嫌疑人的饮食和必要的休息时间;需要对被拘传人变更为其他强制措施的,应当在拘传期间内作出批准或者不批准的决定,对于不批准的,应当立即结束拘传。

4. 特定的地点。拘传应当在犯罪嫌疑人所在市、县内进行。犯罪嫌疑人的工作单位、户籍地与居住地不在同一市、县的,拘传应当在犯罪嫌疑人的工作单位所在的市、县内进行;特殊情况下,也可以在犯罪嫌疑人户籍地或者居住地所在的市、县内进行。但犯罪嫌疑人被送往看守所羁押的,讯问应当在看守所进行,不存在拘传问题。对于现场犯罪或者情况紧急时,可以就地进行讯问。

5. 拘传可能产生的后果。由于拘传属于一种强制措施,对抗拒拘传的对象,可以使用械具。但使用械具应当是在被拘传人具有反抗的情况下进行,执行拘传的人不应当在没有进行任何说服的情况下就采用械具拘传。不过,对于那些严重刑事犯罪和严重危害社会治安秩序的犯罪,或者人身危险性较大的犯罪嫌疑人、被告人,也可以直接采用械具拘传。

### 三、拘传的对象主要包括哪些人

拘传是公安机关、人民检察院和人民法院对于没有拘留、逮捕的犯罪嫌疑人、被告人,强制其到案接受讯问的一种强制措施。新《刑事诉讼法》第64条规定,人民法院、人民检察院和公安机关根据案件情况,对犯罪嫌疑人、被告人可以拘传。根据这一法律规定和办案实践,拘传的对象有以下两种:

1. 对取保候审、监视居住的犯罪嫌疑人、被告人,经传唤无正当理由而不到案接受讯问的。犯罪嫌疑人收到公安机关发出的《传唤通知书》后,无正当理由不按通知书中的要求到案接受讯问,可以采取拘传的办法,强制犯罪嫌疑人到案接受讯问。但在拘传被取保候审、监视居住的犯罪嫌疑人、被告人时,首先应当采取劝说方式,在劝说无效的情况下,才应当采用械具的方式拘传。

2. 经过立案侦查,已确定其为该案的犯罪嫌疑人且尚未采取强制措施,来不及办理其他强制措施,而需要通过对犯罪嫌疑人进行讯问来查清案情的,公安机关可以直接对犯罪嫌疑人实行拘传。可以直接采用拘传措施的犯罪嫌疑人主要有以下几种情形:(1)有逃跑、自杀可能的,即根据行为人的作案事实以及犯罪嫌疑人的个人人身危险性状况判断,具有作案后潜逃或者自杀可能;(2)有串供、毁证灭迹可能的,包括对于那些难以保全证据的案件以及具有串供和毁灭证据倾向的犯罪嫌疑人;(3)有继续犯罪可能的,主要是指那些人身危险性较大的犯罪嫌疑人,以及社会存在驱动犯罪分子继续作案因素的犯罪,都应当根据情况采取这样的强制措施。

### 四、拘传是否必须在传唤的基础上进行

拘传和传唤都是公安、司法机关在刑事诉讼中使用的一种传唤犯罪嫌疑人

或被告人的措施,但二者属于两种不同的法律行为。拘传是公安机关、人民检察院或者人民法院对于没有拘留、逮捕的犯罪嫌疑人、被告人,强制其到特定地点接受讯问的强制措施;传唤是公安机关、人民检察院或者人民法院通知没有拘留、逮捕的犯罪嫌疑人、被告人自行按照指定时间到达指定地点接受讯问的一般措施。两者的主要区别是:(1)法律性质不同。拘传是一种刑事强制措施,它可以通过使用械具的方式强行将犯罪嫌疑人、被告人扭送到传唤地点;而传唤是采用一般的通知方式,即要求犯罪嫌疑人、被告人到指定地点接受讯问的一种具有心理强制性的方式。(2)强制的程度不同。拘传可以派员将犯罪嫌疑人、被告人强制到案接受讯问,必要时,可以使用械具;传唤是通知犯罪嫌疑人、被告人自行按通知要求到指定的地方接受讯问,被传唤的犯罪嫌疑人、被告人无正当理由不到案时,才可以采取拘传的措施。相比较而言,拘传是较为严厉的、强制性的措施,而传唤是一般的、较为和缓的措施。从使用顺序上看,一般传唤在前,拘传在后;如果被传唤人无故不到,可以拘传。于是,司法实践中便有人认为,拘传要以传唤为前提。

其实,拘传不必以传唤为前提。新《刑事诉讼法》第64条规定,人民法院、人民检察院和公安机关根据案件情况,对犯罪嫌疑人、被告人可以拘传。从刑事诉讼法的规定看,并没有要求拘传必须以传唤为前提。公安机关、人民检察院、人民法院既可以对经传唤后无故不到的犯罪嫌疑人、被告人采取拘传措施,也可以不先经过传唤而直接拘传犯罪嫌疑人、被告人。公安机关、人民检察院、人民法院都有权采取拘传措施,而人民法院除了在刑事诉讼中可以使用拘传措施外,在民事诉讼中也可以使用拘传措施。但刑事诉讼中的拘传不同于民事诉讼中的拘传,刑事诉讼中的拘传是针对有较大的社会危险性和人身危险性的对象实施的;民事诉讼的拘传则是针对妨碍民事诉讼的当事人实施的,没有妨害民事诉讼的严重行为发生,不得使用拘传。民事诉讼中的拘传必须事先经过合法传唤,当事人仍然拒不到庭才能实行拘传;而刑事诉讼中的拘传则不必像民事诉讼中的拘传那样以传唤为前提。因此,在刑事诉讼中,公安机关、人民检察院、人民法院是先传唤犯罪嫌疑人、被告人,还是直接拘传犯罪嫌疑人、被告人,可以根据案件实际情况而自行决定。

### 五、如何理解不到案的"正当理由"

虽然传唤不是拘传的必经程序,但对于轻微的刑事案件来说,拘传在很多情况下是没有必要采用的。新《刑事诉讼法》第64条规定的三种强制措施,即拘传、取保候审和监视居住,是刑事诉讼强制措施中相对比较轻微的强制措施,因此,其法律用语采用的是"可以"而不是"应当",这说明公安、司法机关在适用这类强制措施时,是根据案件的实际情况来决定的,有的应当采取拘传,有的不必采用拘传。特别是从保障人权的角度考虑,对于大多数轻微的刑事案件中的犯罪嫌疑人或被告人,可以不实行拘传的就没有必要非得采取拘传。

公安部发布的《公安机关办理刑事案件程序规定》和最高人民法院发布的《关于执行〈中华人民共和国刑事诉讼法〉若干问题的解释》中都规定了基本相同的内容,即对经过依法传唤,无正当理由拒不到庭的犯罪嫌疑人或被告人,可以拘传。把"无正当理由"作为拘传的条件,往往也给一些犯罪嫌疑人或被告人造成一种搪塞之辞,以一些似乎正当而实际上非正当的理由来抵赖,不按时按要求接受传唤。所以,必须对"正当理由"作一定的限制性规定或解释,不能无原则地扩大"正当理由"的适用范围,造成对刑事诉讼的干扰和拖延。

那么,如何在司法实践中正确掌握"正当理由"的性质和范围?我们认为,从刑事诉讼法的立法原意、正当理由的理性推论以及司法实践中的经验看,正当理由应当是指以下几类情况:

1. 正患有严重疾病的。主要是指那些在侦查机关采取强制措施之时正患有严重疾病,不适合采取该强制措施;或者采取该强制措施可能引起犯罪嫌疑人、被告人病情加重;或者犯罪嫌疑人、被告人所患疾病属于传染性疾病,采取强制措施可能引起流行病扩散的情况。

2. 家中突然发生紧急事件不能脱身的。要注意发生的事件要具有紧急性、突发性,并且对于犯罪嫌疑人、被告人或者其家庭来说都是至关重要的。如近亲属死亡或病重急需送医院抢救,家中突然发生火灾、被盗等情况。

3. 因受重大自然灾害的阻挡不能前往的。即必须是客观存在的自然现象导致犯罪嫌疑人、被告人本人的能力无法加以克服的状态,如地震、水灾等。

4. 正在进行紧急公益事情的,如抢险、救灾等。即犯罪嫌疑人、被告人正在从事的劳务或工作与社会公共利益密切相关,并且这些公益性事务是较为重要、必须进行下去的,而不是一般性的工作、劳务。

5. 在到案途中遇到意外事件的干扰,影响了正常到达的时间和地点的。所谓"意外事件",主要是指那些在犯罪嫌疑人、被告人无法预见、不能抗拒的情况下所发生的事件,如中途遇到车祸、遭到别人伤害或者抢劫等。对于影响犯罪嫌疑人没有按传唤时间达到指定地点的情况,要进行必要的调查了解。如果犯罪嫌疑人是故意拖延,则应当作为考察犯罪嫌疑人认罪态度不端正的一个因素。

## 六、怎样计算拘传持续的时间

新《刑事诉讼法》第 117 条第 2 款、第 3 款规定:"传唤、拘传持续的时间不得超过十二小时;案情特别重大、复杂,需要采取拘留、逮捕措施的,传唤、拘传持续的时间不得超过二十四小时。""不得以连续传唤、拘传的形式变相拘禁犯罪嫌疑人。传唤、拘传犯罪嫌疑人,应当保证犯罪嫌疑人的饮食和必要的休息时间。"与 1996 年《刑事诉讼法》第 92 条相比较,《修改决定》对约束拘传时间的随意性作了必要的规定,但也没有对拘传过程中的持续时间应当从什么时间开始计算,以及是否包括所有到案时间在内作出明文规定。

关于如何计算拘传的持续时间,拘传的持续时间应当从什么时间起开始计算,理论上和司法实践中都对此存在争论。有人认为应当从被拘传人在《拘传证》上签字时起计算;也有人认为应当从被拘传人到案时起计算;还有人认为应当从讯问开始时起计算。我们认为,拘传时间应当从被拘传人到案接受讯问时起开始计算,这样才符合刑事诉讼法的基本要求和实践中的实际情况。在计算拘传的时间时,还应当注意以下几个问题:(1)在执行拘传时,当被拘传人收到《拘传证》后,被拘传人一般要经过一段时间才能到达公安、司法机关要求到达的地点,如果在交通不便的山区,从拘传人收到《拘传证》的地方到达被指定的地方有可能会超过 12 小时或者 24 小时,如果将道路上的时间全部计算在内,要在 12 小时或者 24 小时之内完成拘传,这显然是不可能的。(2)新《刑事诉讼法》第 103 条第 3 款规定"法定期间不包括路途上的时间",这一规定是针对刑事诉讼程序中所有与时间、期限相关的问题而设计的,当然应当适用于拘传的时间计算。所以,到案前的路途时间理当不应计算在持续时间之列。(3)新《刑事诉讼法》第 117 条第 2 款规定的拘传持续的时间最长不得超过 12 小时或者 24 小时,实际上是针对被拘传的人从开始接受讯问到被讯问结束的在场时间所作的规定,不应当包括采取拘传措施整个活动时间在内,其中自然应当排除饮食、休息的时间等。(4)拘传的目的就是强制犯罪嫌疑人到案接受讯问,因此,在一般情况下,到案时间与讯问时间应当是一致的。所以,我们认为,拘传持续时间可以从讯问开始时起计算。但是,有的时候被拘传人准时到案后,侦查人员并没有立即进行讯问,这样就出现到案时间与讯问开始的时间不一致的情况,对此我们认为,应当以到案时间开始计算拘传持续时间。

## 七、怎样掌握两次拘传之间的间隔时间

《修改决定》在 1996 年刑事诉讼法规定的基础上虽然有了进步,规定了

连续传唤、拘传"应当保证犯罪嫌疑人的饮食和必要的休息时间",但事实上,即使不这样规定,侦查人员也在一定的程度上会保证犯罪嫌疑人的饮食和必要的休息时间。因为侦查人员也害怕承担过度讯问造成犯罪嫌疑人、被告人死亡的法律后果。其实这是法律的明显疏漏,这种模糊性的规定仍然会给侦查过程中留下许多规避法律的空隙。既然能让犯罪嫌疑人、被告人享有饮食和必要的休息时间,又何不干脆明确规定出传唤、拘传之间的间隔时间呢?

由于《修改决定》仍然没有明确规定初次拘传讯问与再次拘传讯问之间的间隔时间,如何正确掌握两次拘传之间的相隔时间问题,仍然在司法实践中需要作出恰当处理。怎么理解"不得以连续传唤、拘传的形式变相拘禁犯罪嫌疑人、被告人",即什么是"连续拘传的形式",也就是说,两次采取拘传措施之间的间隔时间应当是多长,司法实践中在执行这一规定时往往也无章可循。从刑事诉讼法作这一规定的立法精神看,主要是针对实践中存在的以拘传为名长时间连续拘押、变相拘禁犯罪嫌疑人,严重侵犯犯罪嫌疑人、被告人合法权利的现象所作出的规定。因此,对于司法实践中如何确定两次拘传之间的间隔时间,并不仅仅在于一个时间观念问题,而主要是看司法机关是否合理、合法地使用了拘传这一强制措施,是否造成了对犯罪嫌疑人、被告人的"变相拘禁"。因此,这种"连续拘传的形式"的准确时间离开了案件的特定情况是难以确定的,而应当由公安、司法机关根据刑事诉讼中的具体情况而定,既要不违反法律规定,侵犯犯罪嫌疑人、被告人的合法权利,又要从有利于执法活动进行的角度考虑。案件的具体情况不同,每次拘传的持续时间长短也不同,如果简单地规定两次拘传的间隔时间不得少于12小时或者24小时等,反而不利于发挥拘传的作用。例如,第一次拘传犯罪嫌疑人、被告人10个小时结束后,侦查机关又发现了新的线索需要再次拘传犯罪嫌疑人、被告人,是否必须再经过24小时或者12小时。如果这样机械,就可能会贻误战机,使许多破案线索消失,不利于刑事诉讼的顺利进行。因此,确定拘传间隔时间的标准,首先是保障犯罪嫌疑人、被告人维持正常的生理状况和生存条件,即必需的饮食、睡眠和正常的身体承受力等,不搞疲劳讯问。其次是必须根据案件的特定情况,以有利于案件侦破和刑事诉讼的顺利进行为原则。当然,法律或有关解释也应当在两次拘传或传唤之间确定一个最低时间标准。所以,我们建议,在对犯罪嫌疑人、被告人进行连续拘传,如果第一次拘传讯问的时间在4~8小时内,与下次拘传之间的时间相隔不得少于8小时;如果连续拘传讯问两次以上,并且时间都在4~8小时内,每次传讯之间的相隔时间不应少于12小时。只有这样,才能真正为犯罪嫌疑人、被告人的休息和生活提供必要的保证。

## 八、被拘传的犯罪嫌疑人、被告人在法定时间内不能讯问完毕应怎样处理

新《刑事诉讼法》第117条对拘传持续的时间作了限制，规定最长不得超过12小时，案情特别重大、复杂，需要采取拘留、逮捕措施的，传唤、拘传持续的时间不得超过24小时。而且不得以连续拘传的形式变相拘禁犯罪嫌疑人、被告人。拘传犯罪嫌疑人、被告人，应当保证犯罪嫌疑人、被告人的饮食和必要的休息时间。这一立法主要是从保障基本人权的方面进行的考虑。因为在过去的司法实践中，侦查机关出于突破案件的需要，往往忽视犯罪嫌疑人的基本人权，在讯问过程中采用"车轮战术"或"疲劳战术"，企图从心理上、精神上或身体上战胜对方，在办案过程中采取连续传唤，轮番讯问，以致造成有的犯罪嫌疑人在诉讼过程中被拖垮、拖死的恶劣情形发生。这种现象的出现与社会主义法制的精神是完全背道而驰的，所以必须坚决加以纠正和杜绝。

在刑事犯罪的侦查中，拘传往往对于案件的突破具有十分重要的作用，一个有经验的侦查员肯定会在最初的时间内通过讯问得出犯罪侦破的基本线索甚至是主要犯罪事实。正因如此，大多数侦查人员都可能认为首次拘传讯问犯罪嫌疑人的时间很紧促，难以完成讯问任务。对于那些案情较为复杂的案件，在法定拘传时间内难以讯问结束都是非常正常的。但案件的侦破往往又需要抓住时机，也就是通常所讲的"战机"，如果错过了讯问的最好时机，就可能给案件侦破带来重重困难。因此，大多数侦查人员都希望一鼓作气地将案件讯问完毕。于是，法定时间不够与案件需要继续讯问之间就产生了矛盾。解决这个问题的关键，是既不能违背法律的有关规定，又不能错过破案的大好时机，必须两方面兼顾。

根据刑事诉讼法的立法精神和有关司法解释的规定，我们认为，对于被拘传的犯罪嫌疑人、被告人在法律规定的持续时间内没有讯问完毕的，应当按照以下原则处理：公安、司法机关第一次讯问被拘传的犯罪嫌疑人、被告人，应当在12小时或者24小时内讯问完毕，如果在12小时或者24小时内不能讯问完毕，没有采取其他强制措施而需要继续讯问的，也必须在结束第一次讯问后，让犯罪嫌疑人、被告人回家或回所在单位，在另行传唤或拘传后再进行讯问。如果犯罪嫌疑人、被告人的居住地或单位离指定的讯问地点较远，去来路途不方便，经询问犯罪嫌疑人、被告人同意后，可以将其临时安排到附近招待所或旅店住宿，不能将其关押在看守所或拘留所。即使这样，在第二次继续进行讯问时，仍然要按照规定履行传唤或者拘传手续。司法实践中往往忽视这一

点，如果不履行传唤或者拘传手续，其措施行为就是违法的，侵犯了公民的合法权利。对于那些拘传的时限已经届满，但根据犯罪嫌疑人、被告人的犯罪情节和人身危险性状况，如果将犯罪嫌疑人、被告人放走，可能出现有碍侦查的情形，如逃跑、自杀、毁证灭迹等，可以对犯罪嫌疑人、被告人采取刑事拘留措施；如果犯罪嫌疑人、被告人符合取保候审、监视居住的条件，也可以对其变更强制措施。

## 九、新刑事诉讼法对取保候审作了哪些修改

取保候审是我国刑事诉讼中对来自西方国家的保释制度的一种创新性运用。西方的保释制度是建立在自由主义、无罪推定原则和控辩平等基础之上的。据传，它最早起源于英国的保释制度，大致分为两种形式：一种是无条件保释，另一种是有条件保释。有条件保释就是法院要求被保释人提供必要的保证金或者保证人担保。这实际上就相当于我国刑事诉讼中的取保候审制度。[①] 把国外的保释制度引入我国形成刑事诉讼中的强制措施之一，作为对那些可以不予羁押但又需要在一定范围内强制遵守刑事诉讼管束的犯罪嫌疑人进行控制的替代性措施，长期以来已经得到了司法实践的认可。但由于取保候审措施带有很大的伸缩性，法律也难以对此作出过于具体的限制性规定，在适用过程中出现许多问题也是不可避免的。由此也引起了学术界对取保候审制度的许多评议。如有学者认为，现行法律对取保候审的规定过于富有弹性，办案人员因主观判断不准容易脱离实际而出现偏差，并且会给案件的侦破带来负面影响。[②] 也有学者认为，取保候审的适用没有从证据上加以充分考虑，特别是对于实物证据缺少或证据难以确定的贿赂犯罪的侦破起到负面作用，也影响了检察机关对犯罪嫌疑人的控制能力。[③] 还有学者认为，取保候审的适用由公、检、法三机关分别作出，各行其是，难以保证有效衔接。[④] 针对这些问题，《修改决定》对1996年刑事诉讼法规定的取保候审措施作了较大范围的修改，主要包括以下几个方面：

1. 变更了适用取保候审的对象和范围。一是在条文中明确把患有严重疾

---

① 参见孙连仲：《刑事强制措施研究》，知识产权出版社2007年版，第115~132页。
② 王建明：《论职务犯罪侦查强制措施及其立法完善》，载《法律科学》2008年第3期。
③ 高雪梅、王峰：《职务犯罪案件中强制措施存在的问题及完善》，载《法学杂志》2009年第10期。
④ 孙连仲：《刑事强制措施研究》，知识产权出版社2007年版，第135页。

病、生活不能自理，怀孕或者正在哺乳自己婴儿的妇女，采取取保候审不致发生社会危险性的犯罪嫌疑人、被告人作为可以采取取保候审的对象之一。其中"生活不能自理"的犯罪嫌疑人、被告人是本次刑事诉讼法修改时增加的一个特定条件。根据该规定，对于患有严重疾病的犯罪嫌疑人、被告人，必须是在缺乏自我生活管理能力的条件下，才可以采用取保候审措施。这样规定，能够防止一些犯罪嫌疑人、被告人采用假病为由避免羁押，从客观上抑制了司法实践中取保候审滥用现象的发生。二是根据司法实践的需要扩大了取保候审的适用范围。《修改决定》在1996年《刑事诉讼法》第51条规定的基础上，增加了一项作为新《刑事诉讼法》第65条第1款第（四）项，即可以作为取保候审对象的包括"羁押期限届满，案件尚未办结，需要采取取保候审的"犯罪嫌疑人、被告人。这一规定有利于解决侦查过程中大量出现的超期羁押问题。在司法实践中，由于很多复杂、重大的犯罪案件、共同犯罪案件，犯罪嫌疑人在被逮捕的情况下，侦查机关不能在法律规定的侦查期限内结案，唯一的办法就是对犯罪嫌疑人超期羁押或者变相超期羁押。尽管司法实践中根据一些司法解释的规定，事实上已经开始对这类情况作变更强制措施处理，但法律上仍然没有明确的规定。所以，《修改决定》增加规定来弥补这个内容。

2. 增加了申请变更强制措施（取保候审）的资格主体。根据1996年《刑事诉讼法》第52条的规定，申请变更强制措施（取保候审）的资格主体为犯罪嫌疑人、被告人及其法定代理人、近亲属。《修改决定》增加了犯罪嫌疑人、被告人的辩护人也可以作为申请变更强制措施的资格主体。新《刑事诉讼法》第95条规定："犯罪嫌疑人、被告人及其法定代理人、近亲属或者辩护人有权申请变更强制措施……"这样的规定是合理的，因为刑事诉讼中，犯罪嫌疑人、被告人委托的辩护人一般都经授权为其提供法律帮助，自然有资格为他们申请变更强制措施或者申请取保候审。从法律资格上讲，他们熟悉法律，比犯罪嫌疑人、被告人的近亲属更有理由为他们申请变更强制措施或者申请取保候审，而且也更有能力处理好强制措施的变更问题。所以，《修改决定》在原有的基础上增加了这一规定。

3. 规定了公安机关、检察机关和法院对犯罪嫌疑人、被告人变更强制措施、采取取保候审的时间期限和告知义务。新《刑事诉讼法》第95条规定："……人民法院、人民检察院和公安机关收到申请后，应当在三日以内作出决定；不同意变更强制措施的，应当告知申请人，并说明不同意的理由。"该条规定限定了人民法院、人民检察院和公安机关作出取保候审决定的时间范围，并要求必须将不同意变更强制措施的决定及时告知申请方，有助于提高侦查、公诉和审判人员的工作责任感。

4. 增加了被取保候审人应当遵守的纪律。《修改决定》在1996年《刑事诉讼法》第56条的基础上,增加规定被取保候审人应当遵守的纪律,即新《刑事诉讼法》第69条第1款第(二)项规定,被取保候审人的"住址、工作单位和联系方式发生变动的,在二十四小时以内向执行机关报告"。这主要是针对司法实践中往往因被采取取保候审的犯罪嫌疑人、被告人的单位、住址和联系方式改变后,不能及时通知被取保候审人接受讯问或审判,也不利于加强对被取保候审人的监督管理。

5. 增加了公安、司法机关根据特殊情况对被取保候审人的特殊限制条件。被取保候审的人是实施了犯罪行为的犯罪嫌疑人或者被告人,有的甚至是应当逮捕而因为特殊情况没有逮捕的人,这些人的人身自由权利理当受到必要限制。司法实践中暴露出来的情况表明,一些被取保候审人往往由于没有事先明确规定制约措施,在被取保候审期间进行串供、毁灭证据、销赃或者妨碍证人作证等活动。因此,此次刑事诉讼法的修改规定了一些特殊限制性条款。新《刑事诉讼法》第69条第2款规定:"人民法院、人民检察院和公安机关可以根据案件情况,责令被取保候审的犯罪嫌疑人、被告人遵守以下一项或者多项规定:(一)不得进入特定的场所;(二)不得与特定的人员会见或者通信;(三)不得从事特定的活动;(四)将护照等出入境证件、驾驶证件交执行机关保存。"

6. 规定了对被取保候审人违反取保候审纪律时的临时处置措施。即新《刑事诉讼法》第69条第4款规定:"对违反取保候审规定,需要予以逮捕的,可以对犯罪嫌疑人、被告人先行拘留。"

7. 规定了对取保候审的犯罪嫌疑人、被告人进行逮捕应当具备的条件。新《刑事诉讼法》第79条第1款规定,具有下列情形之一的,应当进行逮捕:(1)可能实施新的犯罪的;(2)有危害国家安全、公共安全或者社会秩序的现实危险的;(3)可能毁灭、伪造证据,干扰证人作证或者串供的;(4)可能对被害人、举报人、控告人实施打击报复的;(5)企图自杀或者逃跑的。

8. 对1996年《刑事诉讼法》第56条的"没收保证金"规定进行了修改。1996年刑事诉讼法规定的"没收保证金",实际意味着犯罪嫌疑人、被告人在违反有关取保候审规定时,没收的保证金是全部保证金,这对于具体案件来说是不合理的。因为行为人有的是轻微违反,有的是严重违反;有的交纳的保证金数量多,而有的交纳的数量很少,都一概予以没收有失公允。因此,此次刑事诉讼法的修改明确规定了可以全部或者部分没收,为公安、司法机关在具体裁量没收数量时提供了一个大致根据。新《刑事诉讼法》第69条第3款规定:"被取保候审的犯罪嫌疑人、被告人违反前两款规定,已交纳保证金的,没收部分或者全部保证金,并且区别情形,责令犯罪嫌疑人、被告人具结悔过、重新交纳保证金、提出保证人,或者监视居住、予以逮捕。"

9. 规定了确定取保候审保证金数额的原则。1996年刑事诉讼法没有规定决定取保候审的公安机关、人民检察院和人民法院根据哪些情况来决定收取保证金数额的高低。对此,新刑事诉讼法作了大致上的明文规定。新《刑事诉讼法》第70条第1款规定:"取保候审的决定机关应当综合考虑保证诉讼活动正常进行的需要,被取保候审人的社会危险性,案件的性质、情节,可能判处刑罚的轻重,被取保候审人的经济状况等情况,确定保证金的数额。"根据这一规定,决定取保候审的公安机关、人民检察院和人民法院在确定收取保证金数额时,应当综合考虑以下几个因素:一是被取保候审人的社会危害性。如果被取保候审人的社会危害性程度较重,就应当收取较高的保证金,以此来约束被取保候审人在被取保候审期间遵守诉讼纪律。二是案件的情节、性质和可能判处刑罚的轻重,这是根据犯罪人实施犯罪的社会危害性程度所得出的必然结果。三是被取保候审人的经济状况和实际支付能力。如果对那些贫困的、毫无支付能力的人收取过高的取保候审保证金,既是不现实的,也是不人道的。

10. 明确规定了保证金的收取方式。1996年刑事诉讼法没有规定取保候审保证金的具体收取方式,司法实践中采取的方式也各种各样,有现金交付的,有转账支付的,也有代为支付的。新《刑事诉讼法》第70条第2款对此作了明确规定,即"提供保证金的人应当将保证金存入执行机关指定银行的专门账户"。这就是说,按照新刑事诉讼法的规定,被取保候审人支付保证金,只能采用将保证金直接存入执行机关指定的银行专门账户的方式交付。这样规定既有利于对取保候审保证金的统一管理,也可以防止保证金被贪污和违法挪用。

### 十、哪些情况下的犯罪嫌疑人、被告人不能取保候审

新《刑事诉讼法》第65条只是对取保候审在适用对象上作了原则性的限定,其中的措辞也是用的"可以",而非"应当"、"必须",其原因就在于该条所规定的取保候审适用的前两个条件在实践中是无法规定的。一是在法院尚未作出判决前,犯罪嫌疑人、被告人的刑罚是否就能局限在管制以下的轻刑范围内难以确定。二是对于可能判处有期徒刑以上刑罚的对象范围十分广泛,而"不致发生社会危险性"也是相对的、有变化的,犯罪嫌疑人、被告人在采取取保候审之前可能属于"不致发生社会危险性"的情况,但之后情况又发生了变化,不得不变更强制措施。变更强制措施虽然能够办到,但犯罪嫌疑人、被告人在取保候审期间给刑事诉讼带来的麻烦却往往是难以弥补的。所以,法

律必须赋予侦查、公诉和审判机关必要的灵活机动权力,以保证刑事诉讼的顺利进行。对此,1999年9月21日最高人民检察院公布的《人民检察院刑事诉讼规则》第38条规定,人民检察院对于严重危害社会治安的犯罪嫌疑人,以及其他犯罪性质恶劣、情节严重的犯罪嫌疑人不得取保候审。另外,1998年5月14日公安部修正发布的《公安机关办理刑事案件程序规定》第64条规定,对累犯、犯罪集团的主犯,以自伤、自残办法逃避侦查的犯罪嫌疑人,危害国家安全的犯罪、暴力犯罪,以及其他严重犯罪的犯罪嫌疑人,不得取保候审。从上述最高人民检察院和公安部的有关规定中看,下列几类犯罪嫌疑人或被告人不宜采取取保候审措施:

1. 危害国家安全的犯罪。危害国家安全的犯罪是由原来的反革命犯罪演变而来的,在对社会和国家安全、政治的危害方面,它的犯罪性质都远比其他犯罪严重。从刑法对危害国家安全罪的法定刑规定看,其处罚程度也相对比较严厉。这说明,刑事法律的适用过程中应当考虑到对这类犯罪从严适用法律。所以,对这类犯罪,在一般情况下不应当考虑采取取保候审措施。

2. 累犯。累犯是指在实施犯罪后的一定期限内再次触犯法律规定的特定刑罚的人。再次或多次犯罪的事实表明,这类犯罪分子的主观恶性很难得到彻底改造,他们对社会的敌视态度和无视社会整体利益的心态,并没有因为已经受到过刑罚处罚和教育改造而减弱。对这样的人就不应当像对待一般的初犯、偶犯、未成年犯那样采取宽容的态度。所以,诉讼过程中不应当对他们采用轻缓的强制措施。

3. 犯罪集团的主犯。集团性犯罪对社会所产生的危害远远大于一人犯罪,这类犯罪不仅影响恶劣,而且往往对社会的破坏性也很大。主犯在集团共同犯罪中起着主要作用,是犯罪集团的领导者或骨干。不仅他们的犯罪主观恶性要大于一般共同犯罪成员,就是在案件被侦破后对刑事诉讼可能产生的冲击作用和影响,也大大超过了一般犯罪成员。为了防止这些人继续担当主力来影响刑事诉讼的顺利进行,就不应当对他们采取轻微的强制措施。

4. 暴力犯罪、严重危害社会治安的犯罪。对这类犯罪不适用不予羁押的强制措施,主要是考虑到他们的犯罪性质。因为严重危害社会治安的犯罪一般都严重影响到社会秩序的稳定,主要是指那些杀人、故意伤害、强奸、抢劫、盗窃、绑架、爆炸、投放危险物质等犯罪行为。这些犯罪中,有的罪行较轻的人虽然犯罪的主观恶性并不是很深,社会危害性也并不是十分严重,但由于他们实施的是妨害社会秩序有关的犯罪,如果不予适当关押,继续留在社会可能会助长他们的危害行为,继续危害社会秩序。所以,对这类犯罪的严重者,一般也不应适用取保候审措施。

5. 以自伤、自残办法逃避侦查的犯罪嫌疑人。将这类犯罪嫌疑人或者被告人排除在取保候审之外,并不是因为他们的社会危害程度严重,也不是因为他们的犯罪主观恶性深,而主要是考虑在刑事诉讼中要保证他们自身的人身安全。因为在他们被怀疑为有罪人之后,会造成他们心理上的巨大反差,对于一般人来说可能容易抵抗,但对于那些心理比较脆弱的犯罪嫌疑人、被告人来说,则可能产生轻生的念头,在失去生活的勇气下自杀或自残。这不仅给他们自己造成了不应有的结果,同时也给刑事诉讼增添了许多不必要的麻烦。所以,应当把他们关押在适当的看守场所为宜。

6. 其他严重的犯罪。除了上述几种情况外,司法实践中肯定还会遇到一些特殊情况。例如,对于那些有碍侦查的贪污贿赂犯罪、渎职侵权犯罪,犯罪人一般具有一定的社会地位,如果不予关押,让他们留在外面,可能影响到证据的收集并妨碍证人作证。对于应当逮捕的犯罪嫌疑人、被告人当然不在采取取保候审之列。但有的犯罪嫌疑人、被告人虽然没有被逮捕,如果将他们采取轻微强制措施,则可能造成妨害侦查的行为发生,也不应当适用取保候审。

## 十一、对同案犯可否同时分别使用人保和财保两种方式担保

关于取保候审中采用保证人和保证金进行担保的限制性条件,最高人民法院、最高人民检察院、公安部、国家安全部都曾分别作了相应的规定。1999年8月4日最高人民法院、最高人民检察院、公安部、国家安全部发布的《关于取保候审若干问题的规定》第4条对取保候审问题作了如下的规定:对犯罪嫌疑人、被告人决定取保候审的,应当责令其提出保证人或者交纳保证金。最高人民法院发布的《关于执行〈中华人民共和国刑事诉讼法〉若干问题的解释》第68条、第72条规定,对符合取保候审条件并且提出了保证人或者能够交纳保证金的,人民法院应当同意,并依法办理取保候审手续;对不符合取保候审条件,不同意取保候审的,应当告知申请人,并说明不同意的理由;对同一被告人决定取保候审的,不能同时使用保证人保证与保证金保证。《人民检察院刑事诉讼规则》第41条规定,人民检察院决定对犯罪嫌疑人取保候审,应当责令犯罪嫌疑人提出保证人或者交纳保证金。《公安机关办理刑事案件程序规定》第67条规定,公安机关决定对犯罪嫌疑人取保候审的,应当责令犯罪嫌疑人提出保证人或者交纳保证金;对同一犯罪嫌疑人,不得同时责令其提出保证人和交纳保证金。

从上述有关取保候审适用条件的规定中可以看出,对犯罪嫌疑人、被告人取保候审,可以采取保证人担保或者保证金担保两种形式。同时,根据《公安机关办理刑事案件程序规定》第67条的规定,保证人担保和保证金担保不

能同一时间对同一犯罪嫌疑人、被告人采用，对其要么适用保证人取保候审，要么适用保证金取保候审，对同一犯罪嫌疑人、被告人同时既要保证人担保又要收取保证金是违法的。但是，对于同一案件中的不同犯罪嫌疑人、被告人是否可以在同一时间内采用保证金担保和保证人担保两种方式呢？我们认为，从有关司法解释的规定原意看，主要是针对同一犯罪嫌疑人、被告人而言，并不涉及其他嫌疑人或被告人。有关规定之所以作出不能对同一嫌疑人或被告人采用保证金担保和保证人担保两种方式，其目的是限制执法、司法机关采取多种担保方式对被担保人造成不必要的负担。所以，我们认为，对于同一阶段同一案件中的不同犯罪嫌疑人、被告人，可以根据其具体情况分别采用保证人担保或保证金担保的不同方式。但是，公、检、法在对同一案件中的不同犯罪嫌疑人、被告人采取不同形式进行担保的，应当向同案犯罪嫌疑人进行必要的解释，以免在同一案件各犯罪嫌疑人、被告人之间引起不同的看法。

### 十二、对被取保候审人可否在不同时间里分别使用人保和财保两种方式担保

有关司法解释已经明确规定，对同一犯罪嫌疑人或被告人，不得同时责令其提出保证人和交纳保证金。但是，对同一犯罪嫌疑人或被告人能不能在不同时间里分别使用保证人担保和保证金担保两种方式，这涉及担保措施的变更问题。在某些案件中，对符合取保候审条件的犯罪嫌疑人或被告人已经采取了取保候审措施，因为其原先提供的担保条件发生了变化，原有的担保方式已经不能继续下去，于是便涉及变更强制措施或变更担保方式的问题。关于这一问题，有关法律和司法解释作了如下一些规定。新《刑事诉讼法》第69条第3款规定，被取保候审的犯罪嫌疑人、被告人违反有关规定，已交纳保证金的，没收部分或者全部保证金，并且区别情形，责令犯罪嫌疑人、被告人具结悔过，重新交纳保证金、提出保证人，或者监视居住、予以逮捕。1999年8月4日最高人民法院、最高人民检察院、公安部、国家安全部发布的《关于取保候审若干问题的规定》第22条规定，在侦查或者审查起诉阶段已经采取取保候审的，案件移送至审查起诉或者审判阶段时，如果需要继续取保候审，或者需要变更保证方式或强制措施的，受案机关应当在7日内作出决定，并通知执行机关和移送案件的机关；受案机关决定继续取保候审的，应当重新作出取保候审决定，对继续采取保证金方式取保候审的，原则上不变更保证金数额，不再重新收取保证金。公安部发布的《公安机关办理刑事案件程序规定》第73条、第78条规定，对犯罪嫌疑人采取保证人保证的，如果保证人在取保候审期间情况发生变化，不愿继续担保或者丧失担保条件，应当责令犯罪嫌疑人重

新提出保证人或者交纳保证金;犯罪嫌疑人在取保候审期间违反有关规定的,公安机关应当根据其违法行为的情节,决定没收部分或者全部保证金,并且区别情形,责令其具结悔过、重新交纳保证金、提出保证人。最高人民检察院发布的《人民检察院刑事诉讼规则》第 48 条、第 49 条规定,采取保证人保证方式的,如果保证人在取保候审期间不愿继续担保或者丧失担保条件的,应当责令犯罪嫌疑人重新提出保证人或者变更为保证金担保方式,并将变更情况通知公安机关;采取保证金担保方式的,被取保候审人拒绝交纳保证金或者交纳保证金不足规定数额时,人民检察院应当作出变更取保候审措施、变更保证方式或者变更保证金数额的决定,并将变更情况通知公安机关。最高人民法院发布的《关于执行〈中华人民共和国刑事诉讼法〉若干问题的解释》第 69 条规定,对符合取保候审条件,具有下列情形之一的被告人,人民法院决定取保候审时,可以责令其提供 1 至 2 名保证人:(1) 无力交纳保证金的;(2) 未成年人或者具有其他不宜收取保证金情形的。

从以上法律和司法解释的有关规定可以看出,法律和司法解释并没有限制对同一犯罪嫌疑人或被告人在不同时间里分别使用保证人担保和保证金担保方式。而且都分别规定了可以变更强制措施或担保方式,这就说明法律和司法解释都以不同方式承认并允许对同一犯罪嫌疑人或被告人在不同时间里分别使用保证人担保或保证金担保这两种不同的担保方式。

**十三、对既无保证人又无力缴纳保证金的犯罪嫌疑人、被告人怎样处理**

司法实践中,许多案件的犯罪嫌疑人、被告人符合担保条件,而且适用取保候审是最合适的强制措施,但是由于其某些特殊情况,本身既经济困难无力缴纳保证金,又找不到合适的担保人为其提供担保,如果采取十分严厉的强制措施,将其逮捕,又不符合立法原意或者与实际情况不符,不利于刑事诉讼的顺利进行。对这类情况如何正确处理?《公安机关办理刑事案件程序规定》第 68 条规定,符合取保候审条件的犯罪嫌疑人既不交纳保证金,又无保证人担保的,可以监视居住。最高人民法院和最高人民检察院的司法解释中也规定可以根据犯罪嫌疑人、被告人的情况变更强制措施。而新《刑事诉讼法》第 65 条规定的适用取保候审的条件是:(1) 可能判处管制、拘役或者独立适用附加刑的;(2) 可能判处有期徒刑以上刑罚,采取取保候审不致发生社会危害性的;(3) 患有严重疾病、生活不能自理,怀孕或者正在哺乳自己婴儿的妇女,采取取保候审不致发生社会危险性的;(4) 羁押期限届满,案件尚未办结,需要采取取保候审的。刑事诉讼法只是规定了对确定适用取保候审时应当具备的条件,但对于是否采取取保候审则是用"可以"来表达。这就说明,法律只是规定如果要对犯罪嫌疑人、被告人采取取保候审,则必须具备上述条件之一,否则不能适用取保候审。至于应不应当采用取保候审,可以由司法机关酌情考虑。

司法实践中不能因为没有担保能力就将可以采取较轻微的强制措施的犯罪嫌疑人、被告人都进行逮捕,这样不仅不利于贯彻国家宽严相济的刑事政策,也违背了刑法经济和人权保障等基本原理。为了解决司法实践中面临的实际问题,《修改决定》作出了明文规定,即既无力缴纳保证金又找不到担保人而又应当采用轻微强制措施管束的犯罪嫌疑人、被告人,可以对其监视居住。新《刑事诉讼法》第72条第2款规定:"对符合取保候审条件,但犯罪嫌疑人、被告人不能提出保证人,也不交纳保证金的,可以监视居住。"这样规定不仅解决了那些确实既无缴纳保证金能力同时又没有人为其尽心担保的犯罪嫌疑人、被告人的取保候审问题,同时也避免了一些有能力和办法获得担保的犯罪嫌疑人、被告人逃避采取强制措施。

### 十四、怎样办理取保候审保证金的收取

根据1999年8月4日最高人民法院、最高人民检察院、公安部、国家安全部发布的《关于取保候审若干问题的规定》的规定,取保候审保证金的收取应当遵循以下规则:

1. 对犯罪嫌疑人、被告人取保候审的,由公安机关、国家安全机关、人民检察院、人民法院根据案件的具体情况依法作出决定。公安机关、人民检察院、人民法院决定取保候审的,由公安机关执行。国家安全机关决定取保候审的,以及人民检察院、人民法院在办理国家安全机关移送的犯罪案件时决定取保候审的,由国家安全机关执行。

2. 取保候审保证金由县级以上执行机关统一收取和管理。没收保证金的决定、退还保证金的决定、对保证人的罚款决定等,应当由县级以上执行机关作出。县级以上执行机关应当在其指定的银行设立取保候审保证金专户,委托银行代为收取和保管保证金,并将指定银行的名称通知人民检察院、人民法院。保证金应当以人民币交纳。

3. 决定机关作出取保候审收取保证金的决定后,应当及时将《取保候审决定书》送达被取保候审人和为其提供保证金的单位或者个人,责令其向执行机关指定的银行一次性交纳保证金。决定机关核实保证金已经交纳到执行机关指定银行的凭证后,应当将《取保候审决定书》、《取保候审执行通知书》和银行出具的收款凭证及其他有关材料一并递交执行机关执行。

4.执行机关在执行取保候审时,应当告知被取保候审人必须遵守刑事诉讼法有关规定及其违反规定,或者在取保候审期间重新犯罪应当承担的后果。

5.被取保候审人违反刑事诉讼法有关规定,依法应当没收保证金的,由县级以上执行机关作出没收部分或者全部保证金的决定,并通知决定机关;对需要变更强制措施的,应当同时提出变更强制措施的意见,连同有关材料一并递交决定机关。决定机关发现被取保候审人违反刑事诉讼法有关规定,认为依法应当没收保证金的,应当提出没收部分或者全部保证金的书面意见,连同有关材料一并递交县级以上执行机关。县级以上执行机关应当根据决定机关的意见,及时作出没收保证金的决定,并通知决定机关。

6.被取保候审人没有违反刑事诉讼法有关规定,但在取保候审期间涉嫌重新犯罪被司法机关立案侦查的,执行机关应当暂扣其交纳的保证金,待人民法院判决生效后,决定是否没收保证金。对故意重新犯罪的,应当没收保证金;对过失重新犯罪或者不构成犯罪的,应当退还保证金。

7.决定机关收到执行机关已没收保证金的书面通知,或者变更强制措施的意见后,应当在5日内作出变更强制措施或者责令犯罪嫌疑人重新交纳保证金、提出保证人的决定,并通知执行机关。决定重新交纳保证金的程序,适用相关规定办理。

8.执行机关应当向被取保候审人宣布没收保证金的决定,并告知其如不服本决定,可以在收到《没收保证金决定书》后的5日以内向执行机关的上一级主管机关申请复核一次。上一级主管机关收到复核申请后,应当在7日内作出复核决定。没收保证金的决定已过复核申请期限或者经复核后决定没收保证金的,县级以上执行机关应当及时通知银行按照国家的有关规定上缴国库。

### 十五、案件移交时重新取保候审是否可以变更或重新收取保证金

1999年8月4日最高人民法院、最高人民检察院、公安部、国家安全部发布的《关于取保候审若干问题的规定》第22条规定,在侦查或者审查起诉阶段已经采取取保候审的,案件移送至审查起诉或者审判阶段时,如果需要继续取保候审,或者需要变更保证方式或强制措施的,受案机关应当在7日内作出决定,并通知执行机关和移送案件的机关;受案机关决定继续取保候审的,应当重新作出取保候审决定;对继续采取保证金方式取保候审的,原则上不变更保证金数额,不再重新收取保证金;取保候审期限即将届满,受案机关仍未作出继续取保候审、变更保证方式或者变更强制措施决定的,执行机关应当在期限届满15日前书面通知受案机关,受案机关应当在原取保候审期限届满前作出决定,并通知执行机关和移送案件的机关。根据最高人民检察院发布的

《人民检察院刑事诉讼规则》第 52 条的规定，人民检察院对违反刑事诉讼法相关规定的犯罪嫌疑人，已交纳保证金的，应当通知收取保证金的公安机关予以没收，并且根据案件的具体情况，责令犯罪嫌疑人具结悔过、重新交纳保证金、提出保证人或者监视居住、予以逮捕；重新交纳保证金的程序适用该规则第 44 条、第 45 条的规定。新《刑事诉讼法》第 69 条第 3 款也规定，被取保候审的犯罪嫌疑人、被告人违反前两款规定，已交纳保证金的，没收部分或者全部保证金，并且区别情形，责令犯罪嫌疑人、被告人具结悔过、重新交纳保证金、提出保证人，或者监视居住、予以逮捕。

根据刑事诉讼法和有关司法解释的有关规定，司法实践中在对因诉讼环节变更重新作出取保候审决定的案件，应当分以下两种情况处理：

其一，对于犯罪嫌疑人、被告人没有违反刑事诉讼法有关规定，而是基于诉讼环节中案件移送程序方面的正常原因，由后一司法机关重新作出的取保候审决定，一般不应当变更原来已经确定的保证金数额，也不再重新收取保证金。

其二，对于因犯罪嫌疑人、被告人违反了刑事诉讼法有关规定，原来交纳的保证金已经予以没收，再采取取保候审时，则应当根据案情的实际情况，责令犯罪嫌疑人、被告重新交纳保证金，重新交纳保证金的程序适用原交纳保证金的有关规定。

## 十六、如何确定取保候审保证金交纳数量的上限与下限

新《刑事诉讼法》第 66 条明确规定，人民法院、人民检察院和公安机关决定对犯罪嫌疑人、被告人取保候审，应当责令犯罪嫌疑人、被告人提出保证人或者交纳保证金。如何收取合理数额的保证金，最高人民法院、最高人民检察院以及公安部等都分别作了一些规定。从总的收取原则看，对于采取取保候审的犯罪嫌疑人收取保证金的数额，应当根据案件性质和情节、社会危害性、犯罪人的人身危险性、可能判处刑罚的轻重以及经济状况和涉案数额等因素综合加以考虑。收取保证金数额的多少，应当以对犯罪嫌疑人起到约束作用为前提。公、检、法三机关并没有对收取保证金的数额作出统一的规定，并且在规定收取保证金数额的上限和下限方面，最高人民检察院《人民检察院刑事诉讼规则》和公安部《关于取保候审保证金的规定》中所作出的规定也不尽一致。其中，1999 年 8 月 4 日最高人民法院、最高人民检察院、公安部、国家安全部发布的《关于取保候审若干问题的规定》第 5 条对取保候审保证金收取数额问题作了如下的规定：采取保证金形式取保候审的，保证金的起点数额为 1000 元；决定机关应当以保证被取保候审人不逃避、不妨碍刑事诉讼活动

为原则,综合考虑犯罪嫌疑人、被告人的社会危险性,案件的情节、性质,可能判处刑罚的轻重,犯罪嫌疑人、被告人经济状况,当地的经济发展水平等情况,确定收取保证金的数额。最高人民检察院发布的《人民检察院刑事诉讼规则》第 44 条规定,采取保证金担保方式的,人民检察院可以根据犯罪的性质和情节、犯罪嫌疑人的人身危险性、经济状况和涉嫌犯罪数额,责令犯罪嫌疑人交纳 1000 元以上的保证金。最高人民法院发布的《关于执行〈中华人民共和国刑事诉讼法〉若干问题的解释》第 71 条规定,人民法院决定对被告人取保候审,根据案件情况,可以责令其交纳保证金,保证金仅限于现金;人民法院应当根据起诉指控犯罪的性质、情节、被告人的经济状况等因素,决定应当收取的保证金数额。公安部发布的《公安机关办理刑事案件程序规定》第 75 条规定,保证金的数额应当根据当地的经济发展水平、犯罪嫌疑人的经济状况、案件的性质、情节、社会危害性以及可能判处刑罚的轻重等情况,综合考虑确定。但 1997 年 1 月 15 日公安部发布的《关于取保候审保证金的规定》第 7 条规定,对经济犯罪、侵犯财产犯罪或者其他造成财产损失的犯罪,可以按涉案数额或者直接财产损失数额的 1 至 3 倍确定收取保证金的数额标准;对其他刑事犯罪,根据案件的不同情况,保证金的数额标准可以确定在 2000 元以上 5 万元以下。

我们认为,在适用取保候审时,除了遵循刑事诉讼法和司法解释所规定的总的原则外,还得综合考虑案件的实际情况。对于一般性犯罪,其收取保证金的下限可以根据最高人民法院、最高人民检察院、公安部、国家安全部发布的《关于取保候审若干问题的规定》第 5 条和最高人民检察院发布的《人民检察院刑事诉讼规则》中的规定,在 1000 元以上酌情收取。其上限可以参照公安部发布的《关于取保候审保证金的规定》的规定,根据案件具体情况,在 5 万元以下确定收取数额。对经济犯罪、侵犯财产犯罪或者其他造成财产损失的犯罪,亦可以按照公安部发布的《关于取保候审保证金的规定》的规定,以涉案数额或者直接财产损失数额的 1 至 3 倍收取保证金。

**十七、取保候审的保证人必须符合哪些条件**

刑事诉讼中取保候审的保证人不同于一般民事诉讼中的担保人,除了具有一定的经济能力外,还需要具备其他一些条件。因为取保候审保证人的主要义务是要保证被担保的犯罪嫌疑人、被告人不逃避侦查、起诉和审判,并保证其随传随到,保证有关刑事诉讼程序的进行不会因此而受到妨害。所以,刑事诉讼法对充当担保人规定了特别的条件。新《刑事诉讼法》第 67 条规定,充当保证人必须符合下列条件:

1. 与本案无牵连。所谓"与本案无牵连",是指从犯罪构成的事实方面,承担保证责任的保证人与所担保的人所犯罪的案件事实之间没有任何牵连关系。同时,除了不是该案的共同犯罪人、被害人或者不构成犯罪的同案人之外,也不应当与犯罪行为有利益上或诉讼上的利害关系。例如,犯罪嫌疑人、被告人的犯罪行为是因为担保人的某一事由所引起;担保人的某些利益可能因为犯罪嫌疑人、被告人的犯罪行为而受到影响;犯罪嫌疑人、被告人犯罪后将赃款赃物或作案工具置放于担保人处;担保人可能是本案的证人或参与本案的鉴定人、翻译人,等等。

2. 有能力履行保证义务。所谓"有能力履行担保义务",是指保证人除了具备一般行为能力并达到责任年龄外,还需要具备处理事务的能力以及一定的经济能力,能够按照法律规定的条件履行担保义务。有能力履行保证义务要从客观实际出发进行考察,即要根据保证人的综合能力来决定,既要注意他是否具备一般社会能力、经济能力,又要看他是否具有履行担保的愿望和责任感。不能因为一时难以找到合适的担保人而勉强担保,并且须在他本人自愿的情况下承担保证义务。

3. 享有政治权利,人身自由未受到限制。所谓"享有政治权利,人身自由未受到限制",是指担保人没有被剥夺政治权利,或者其人身自由没有因为被采取拘留、逮捕等强制措施而受到限制,或者不属于纪检监察机关正在调查的"双规"对象,或者不是本人因犯其他罪行而受到侦查、司法机关限制人身自由处等。对于因犯罪被法院判处缓刑,属于正在考验期内的人,也不应充当担保人;还有处于监外执行刑罚,或者被判处管制、罚金等刑罚尚未执行完毕的人,同样不能担任保证人。

4. 有固定的住处和收入。所谓"有固定的住处",是指保证人在犯罪嫌疑人、被告人住所地,或者在与其住所地邻近地有常住地点。一般来说,承担担保义务的担保人应当是当地的固定居民或者常住人口,如果是临时居住人口,须有固定的单位和固定的住所。所谓"收入",是指保证人有正当的经济来源,能够为自己没有履行担保义务承担法律上的经济后果。这里所指"收入",应当是在能够满足保证人自己日常生活之外,尚有为履行保证责任满足支付能力的合理"收入"。

### 十八、取保候审的保证人应当履行哪些担保责任

取保候审的目的是保证刑事诉讼的顺利进行,防止犯罪嫌疑人、被告人逃避或影响侦查、起诉和审判,在此基础上兼顾被告人的一些特殊情况,对强制措施所规定的一种特殊办法。那么,为犯罪嫌疑人、被告人提供担保的保证人

也必须围绕刑事诉讼的顺利进行来履行自己的担保责任。根据新《刑事诉讼法》第 68 条的规定，保证人应当履行以下义务：

1. 监督被保证人遵守本法第 69 条的规定。包括：未经执行机关批准不得离开所居住的市、县；住址、工作单位和联系方式发生变动的，必须在 24 小时以内向执行机关报告；在传讯的时候及时到案；不得以任何形式干扰证人作证；不得毁灭、伪造证据或者串供。同时，监督的事由还包括犯罪嫌疑人、被告人违反公安机关的指令，擅自从事以下行为：进入特定的场所；与特定的人员会见或者通信；从事特定的活动；不将出入境证件、驾驶证件交执行机关保存。对于犯罪嫌疑人、被告人违反上述法律规定的行为，负有担保责任的保证人必须对其进行经常性的监督。监督的方式包括查看、提醒、教育、阻止等。所谓"查看"，是要求保证人经常性地对被保证的犯罪嫌疑人或被告人进行观察，主要是有意地观察，而不是无意地观察，并且要深入实际地进行观察，把观察作为自己履行担保义务的基本责任。所谓"提醒"，就是保证人要经常性地要求被担保人遵守取保候审规定，当保证人发现或者警觉到被担保人可能有违反取保候审规定时，要及时发出警告，防止其违反有关规定。所谓"教育"，就是要针对被保证人的思想动向进行有针对性的思想启发，促使被保证人履行法律规定。所谓"阻止"，就是当保证人发现被自己担保的嫌疑人、被告人违反取保候审规定时，不仅要及时向执行机关报告，而且要尽可能地采取措施进行阻止，在力所能及的情况下努力避免被取保候审人违反有关规定的行为发生。

2. 发现被保证人可能发生或者已经发生违反本法第 69 条规定的行为的，应当及时向执行机关报告。如果被告人、犯罪嫌疑人已经实施该条规定所禁止的行为之一，在负有担保责任的保证人采取劝说、阻止措施都无效的情况下，必须及时向公安机关报告。保证人是否对违反该条规定的犯罪嫌疑人、被告人采取劝说、阻止措施，要根据具体情形而定，因为这是情况发生后的选择性行为方式，不是必须履行的行为方式。保证人也可以及时直接向执行机关报告，但不得故意拖延、掩盖甚至给予协助，否则将承担法律责任。

### 十九、保证人未履行保证义务应承担怎样的法律后果

新《刑事诉讼法》第 68 条第 2 款规定："被保证人有违反本法第六十九条规定的行为，保证人未履行保证义务的，对保证人处以罚款，构成犯罪的，依法追究刑事责任。"根据最高人民检察院发布的《人民检察院刑事诉讼规则》第 51 条的规定，人民检察院发现保证人没有履行刑事诉讼法规定的义务，对被保证人违反刑事诉讼法规定的行为未及时报告的，应当通知公安机

关，要求公安机关对保证人作出罚款决定，构成犯罪的，依法追究保证人的刑事责任。公安部发布的《公安机关办理刑事案件程序规定》第 71 条也作了类似规定：保证人应当填写《保证书》，并在《保证书》上签名或者盖章；被保证人违反应当遵守的规定，保证人未及时报告的，公安机关查证属实后，经县级以上公安机关负责人批准，签发《对保证人罚款决定书》，对保证人处以罚款，构成犯罪的，依法追究刑事责任。1999 年 8 月 4 日最高人民法院、最高人民检察院、公安部、国家安全部发布的《关于取保候审若干问题的规定》第 16 条对保证人违反担保的法律责任问题还作了如下的规定：采取保证人形式取保候审的，被取保候审人违反刑事诉讼法有关规定，保证人未及时报告的，经查证属实后，由县级以上执行机关对保证人处以 1000 元以上 2 万元以下罚款，并将有关情况及时通知决定机关。

什么是"保证人未履行保证义务"而又应当承担保证责任，按照《修改决定》的立法原意，只要是在被保证人具有违反新《刑事诉讼法》第 69 条规定的行为，而保证人又没有履行保证义务的情况下，都可以追究保证人的法律责任，包括罚款和追究刑事责任。但实践中的情况是千变万化、错综复杂的，法律这样笼统地规定其实在司法实践中运用起来还是有困难的。至少对于执行机关来说，裁量幅度太大。有的案件中，保证人确实没有积极履行保证义务，导致影响刑事诉讼的事件发生，保证人负有不可推卸的责任。但有的情况下，保证人已经积极地履行了保证责任，而由于被保证人的人身危险性十分严重，因犯罪嫌疑人、被告人自身原因违反刑事诉讼法的有关规定。要在被保证人违反刑事诉讼法的规定与保证人没有履行保证义务之间画上一个准确的等号是很难的。所以，我们认为，在司法实践中，执行机关应当区分不同情况，实事求是地对待和处理。对于保证人已经履行了自己的保证义务，与保证人的主观责任无关，由于犯罪嫌疑人、被告人单方面的原因造成违反刑事诉讼法有关规定的行为，其责任应当由犯罪嫌疑人、被告人单方承担。如果保证人虽然履行了部分担保责任，但监督不力或没有及时报告，没有切实履行自己的担保职责，导致犯罪嫌疑人、被告人违反刑事诉讼法有关规定的行为发生，除了处罚被保证人外，也可以考虑对保证人应当给予一定的行政处罚。如果担保人由于放任没有履行担保责任，但主观上没有故意放纵犯罪嫌疑人、被告人的意图，导致犯罪嫌疑人、被告人违反刑事诉讼法有关规定行为的发生，应当对保证人参酌处罚被保证人违反法律规定的处罚那样，对其处以 1000 元以上 2 万元以下的行政罚款。如果担保人不仅没有履行担保责任，反而故意放纵犯罪嫌疑人、被告人，或者与其共谋，或者帮助其逃避侦查、起诉和审判，情节严重，影响恶劣的，应当对保证人追究刑事责任。

## 二十、对原保证人不继续担保的情况如何处理

刑事诉讼法没有对保证人失去担保条件后应当如何处理作出规定,但公安部发布的《公安机关办理刑事案件程序规定》第73条、第78条规定,对犯罪嫌疑人采取保证人保证的,如果保证人在取保候审期间情况发生变化,不愿继续担保或者丧失担保条件,应当责令犯罪嫌疑人重新提出保证人或者交纳保证金;犯罪嫌疑人在取保候审期间违反有关规定的,公安机关应当根据其违法行为的情节,决定没收部分或者全部保证金,并且区别情形,责令其具结悔过、重新交纳保证金、提出保证人,或者变更为监视居住,或者提请人民检察院批准予以逮捕。最高人民检察院修正发布的《人民检察院刑事诉讼规则》第48条也规定,采取保证人保证方式的,如果保证人在取保候审期间不愿继续担保或者丧失担保条件的,应当责令犯罪嫌疑人重新提出保证人或者变更为保证金担保方式,并将变更情况通知公安机关。

根据上述司法解释规定的精神,对犯罪嫌疑人、被告人采取保证人的方式担保,如果保证人在取保候审期间情况发生变化,如住址要搬迁或要外出经营等,不愿继续担保的;或者保证人失去担保条件,如因涉嫌犯罪而受审查,或因生病、受伤而无能力约束犯罪嫌疑人、被告人的等,应分别根据犯罪嫌疑人、被告人的具体情况,采取相应的处置办法。如果犯罪嫌疑人、被告人具有一定的经济能力,可改为保证金担保的方式;如果犯罪嫌疑人、被告人重新提出保证人的,可以变更担保人,继续采取人保的方式,由重新提出的保证人负责担保;如果犯罪嫌疑人、被告人既无钱交纳保证金又提不出保证人,也可以变更强制措施,改取保候审为监视居住;如果被取保候审人严重违反取保候审规定,还可以将其逮捕。

对由于保证人的原因不继续担保的,执行机关也应当进行必要的分析,不能随意解除担保责任。因为担保与被担保之间是一种合约关系,是保证人与被保证人在相互约定同意的情况下所进行的行为。如果允许保证人随便解除担保责任,不仅给被保证人的诉讼权利造成损害,而且也不利于诉讼程序的顺利进行。所以,我们认为,对于那些因客观原因,保证人不能继续履行担保责任的,执行机关可以同意解除担保责任。但对于那些没有正当理由不继续履行担保责任的保证人,在没有其他担保方法予以解决的情况下,执行机关不能随便同意解除。对于那些没有认真履行担保义务,造成一定影响和后果,而又要求解除担保义务的保证人,执行机关不仅不能允许,而且还应当给予行政处罚。

## 二十一、保证人违反担保规定应当由哪个机关处罚

新《刑事诉讼法》第68条规定:"保证人应当履行以下义务:(一)监督被保证人遵守本法第六十九条的规定;(二)发现被保证人可能发生或者已经发生违反本法第六十九条规定的行为的,应当及时向执行机关报告。被保证人有违反本法第六十九条规定的行为,保证人未履行保证义务的,对保证人处以罚款,构成犯罪的,依法追究刑事责任。"新《刑事诉讼法》第65条第2款还规定:"取保候审由公安机关执行。"刑事诉讼法只是规定取保候审的执行机关是公安机关,而没有规定应当由哪个机关对违反规定的保证人作出处罚决定,实践中对此亦有争论。有人认为应当由决定取保候审的机关对保证人处以罚款,也有人认为应当由执行取保候审的公安机关对保证人处以罚款。认为应当由决定取保候审的机关对保证人处以罚款的理由是:人民检察院、人民法院或公安机关决定对犯罪嫌疑人、被告人取保候审时,是根据案件的具体情况和犯罪嫌疑人、被告人的具体情况决定采取人保、财保方式的。采取人保方式作出的担保,其保证人是否符合条件必须经人民法院、人民检察院或者公安机关审查。只有保证人符合条件并且保证履行保证义务,出具保证书的,人民法院、人民检察院或公安机关才同意让其作保证人,决定对犯罪嫌疑人、被告人取保候审,并由公安机关负责执行。因此,保证人是向对其作出取保候审决定的人民法院、人民检察院或公安机关承担保证义务,而不是向执行取保候审的公安机关承担保证义务。既然保证人是向作出取保候审决定的人民检察院、人民法院或公安机关承担保证义务,在保证人违反规定不履行保证义务时,也只能由决定取保候审的机关进行处罚。

我们认为,虽然作出取保候审决定的机关与执行机关在有的情况下是分离的,但是,对保证人进行处罚的事件一般都是发生在取保候审的执行过程中。处罚所针对的事由不是作出取保候审本身这一事件,而是在取保候审过程中发生的意外事件,这些事件的出现与取保候审的执行密切相关,而不是与作出取保候审的行为相关。另外,由于执行机关对取保候审执行过程中的情况容易掌握,也便于对处罚后的执行,由执行机关来决定对违反保证义务的保证人进行处罚是比较恰当的。1999年8月4日最高人民法院、最高人民检察院、公安部、国家安全部发布的《关于取保候审若干问题的规定》第6条规定,取保候审保证金由县级以上执行机关统一收取和管理;没收保证金的决定、退还保证金的决定、对保证人的罚款决定等,应当由县级以上执行机关作出。这一规定中所指执行机关就是公安机关。所以,对保证人没有履行保证义务的处罚,应当也只能由负责执行的公安机关作出。公安机关作出处罚决定后,应当将情

况及时反馈给作出取保候审决定的机关。

### 二十二、保证人对罚款决定不服能否提起行政诉讼

新《刑事诉讼法》第68条第2款规定,保证人未履行保证义务的,对保证人处以罚款。公安部发布的《公安机关办理刑事案件程序规定》第72条规定,对保证人的罚款决定,公安机关应当向保证人宣布,并告知其如果对罚款决定不服,可以在收到《对保证人罚款决定书》之日起的5日以内向上一级公安机关申请复核一次;上一级公安机关应当在收到复核申请书之日起的7日内作出决定,对上级公安机关撤销或者变更罚款决定的,下级公安机关应当执行。上述规定均没有述明对保证人的罚款能否提起行政诉讼问题。1999年8月4日最高人民法院、最高人民检察院、公安部、国家安全部发布的《关于取保候审若干问题的规定》第16条、第17条、第18条规定,采取保证人形式取保候审的,被取保候审人违反刑事诉讼法相关规定,保证人未及时报告的,经查证属实后,由县级以上执行机关对保证人处以1000元以上2万元以下罚款,并将有关情况及时通知决定机关;执行机关应当向保证人宣布罚款决定,并告知其如不服本决定,可以在收到《对保证人罚款决定书》后的5日以内,向执行机关的上一级主管机关申请复核一次,上一级主管机关收到复核申请后,应当在7日内作出复核决定;没收取保候审保证金和对保证人罚款均系刑事司法行为,不能提起行政诉讼,当事人如不服复核决定,可以依法向有关机关提出申诉。

根据上述解释规定,有关机关对保证人的处罚属于诉讼程序中的司法行为,保证人对罚款决定不服不能提起行政诉讼。过去理论界和实践中存在不同的看法,有人认为公安机关对保证人的罚款属于行政处罚性质,可以依照行政法的有关规定提起行政诉讼;也有人认为公安机关虽然属于行政机关,但取保候审属于司法处分性质,因此不能提起行政诉讼。我们认为,取保候审与行政处罚是有区别的,行政处罚是指行政主体对违反行政法律规范但未构成犯罪的公民、法人或其他组织的惩戒性制裁。行政处罚包括申诫罚、财产罚、能力罚、义务罚、自由罚等种类。而取保候审是刑事诉讼中强制措施的一种,保证人因强制措施的适用而进入司法程序,其违反法定义务就应当依法受到罚款。因此,对保证人的罚款具有司法处分的性质,保证人对罚款不服的不能提起行政诉讼。但是,为了维护保证人的合法权利,公安机关应当设置保证人申请复核的程序,即决定取保候审的公安机关对违反规定的保证人处以罚款,保证人不服的,可以向决定罚款机关的上一级机关申请复核。上一级机关认为对保证人罚款不当的,有权撤销或者变更罚款决定。

## 二十三、对犯罪嫌疑人、被告人重新决定取保候审如何计算期限

新《刑事诉讼法》第 69 条第 3 款规定，被取保候审的犯罪嫌疑人、被告人违反前两款规定，已交纳保证金的，没收部分或者全部保证金，并且区别情形，责令犯罪嫌疑人、被告人具结悔过，重新交纳保证金、提出保证人，或者监视居住、予以逮捕；第 77 条还规定，人民法院、人民检察院和公安机关对犯罪嫌疑人、被告人取保候审最长不得超过 12 个月。刑事诉讼法只规定了重新交纳保证金、提出保证人，没有规定重新计算取保的期限。那么，重新交纳保证金、提出保证人的犯罪嫌疑人、被告人的取保候审期限是否应当重新计算？理论界和实践中有不同的看法。有人认为，既然犯罪嫌疑人、被告人重新提供了担保，就应当重新计算取保候审的期限；也有人认为，对重新提供担保的犯罪嫌疑人、被告人的取保候审期限重新计算，违反刑事诉讼法的有关规定，因为刑事诉讼法规定对犯罪嫌疑人、被告人取保候审的时间最长不能超过 12 个月。如果对违反规定的犯罪嫌疑人重新计算取保候审的期限，那么犯罪嫌疑人取保候审的总时间就有可能超过 12 个月。我们认为，后一种观点是有道理的，因为诉讼阶段的取保候审时间不能突破刑事诉讼法规定的总期间。但问题是，公、检、法各机关对刑事诉讼法该条的解释并非如此。

最高人民检察院发布的《人民检察院刑事诉讼规则》第 52 条、第 55 条、第 56 条规定，人民检察院对违反刑事诉讼法有关规定的犯罪嫌疑人，已交纳保证金的，应当通知收取保证金的公安机关予以没收，并且根据案件的具体情况，责令犯罪嫌疑人具结悔过，重新交纳保证金、提出保证人，或者监视居住、予以逮捕，重新交纳保证金的程序适用《人民检察院刑事诉讼规则》第 44 条、第 45 条的规定，对犯罪嫌疑人继续取保候审的，取保候审的时间应当累计计算；人民检察院决定对犯罪嫌疑人取保候审，最长不得超过 12 个月；公安机关决定对犯罪嫌疑人取保候审，案件移送人民检察院审查起诉后，对于需要继续取保候审的，人民检察院应当依法对犯罪嫌疑人办理取保候审手续，取保候审的期限应当重新计算并告知犯罪嫌疑人。最高人民法院发布的《关于执行〈中华人民共和国刑事诉讼法〉若干问题的解释》第 74 条、第 75 条规定，被取保候审人违反刑事诉讼法有关规定，被依法没收保证金后，人民法院仍决定对其取保候审的，取保候审的期限应当连续计算；人民检察院、公安机关已对犯罪嫌疑人取保候审、监视居住，案件起诉到人民法院后，人民法院对于符合取保候审、监视居住条件的，应当依法对被告人重新办理取保候审、监视居住手续。取保候审、监视居住的期限重新计算。

从上述公安、司法机关的有关规定看，对犯罪嫌疑人、被告人计算取保候

审期限有两种情况：

1. 诉讼环节内特定情况下的期间计算。如果案件处于侦查、起诉或者审判各个环节之中时，因犯罪嫌疑人违反《刑事诉讼法》第 69 条规定，被依法没收保证金后，有关机关仍决定对其取保候审的，取保候审的期限应当累计计算。累计期限不能超过 12 个月。

2. 诉讼环节外案件正常移送的期间计算。即案件由公安侦查环节移交审查起诉环节，或者由审查起诉环节移交到审判环节，移交前办理案件的机关已对犯罪嫌疑人取保候审、监视居住，案件移交后的公诉机关或者审判机关仍然决定对其取保候审的，取保候审期限应当重新计算。这里重新计算的最长 12 个月时间，应当不包括前一诉讼环节已作取保候审处理的期间。

### 二十四、对哪些犯罪嫌疑人、被告人应当解除取保候审

根据刑事诉讼法、最高人民法院《关于执行〈中华人民共和国刑事诉讼法〉若干问题的解释》、最高人民检察院《人民检察院刑事诉讼规则》、公安部《公安机关办理刑事案件程序规定》的有关规定，具备下列情形之一的犯罪嫌疑人、被告人，应当解除取保候审：

1. 在取保候审期间，没有实施违反刑事诉讼法中有关取保候审规定的行为的。有关规定包括刑事诉讼法修改后所规定的 5 条应当严格遵守的纪律和取保候审决定机关所要求的 4 个条件。

2. 取保候审期限届满的。即对被取保候审人适用取保候审的时间已经到期。人民法院、人民检察院和公安机关对犯罪嫌疑人、被告人取保候审最长不得超过 12 个月。

3. 犯罪情节显著轻微，危害不大，不认为是犯罪的。如果办案机关发现已经被取保候审的犯罪嫌疑人、被告人其行为属于轻微的犯罪行为，根据刑法的有关规定，可能不构成犯罪或者不被判处刑罚，应当对其解除取保候审。

4. 犯罪已过追诉时效期限的。即犯罪嫌疑人、被告人虽然曾经实施了犯罪行为，但是依照《刑法》第 87 条的规定，其所犯罪行可能已经超过法定追诉期限，则应当解除其已经采取的强制措施。

5. 经特赦令免除刑罚的。即犯罪人已经通过国家最高权力机关明令进行特赦，不得再追究其刑事责任。如果行为人仍然处于强制措施实施阶段，就应当解除。

6. 依照刑法告诉才处理的犯罪，没有告诉或者撤回告诉的。如果行为人所犯罪行属于人民法院直接受理的告诉才处理的案件，没有自诉人告诉，或者虽然曾经告诉但已经撤回告诉的，就应当解除其强制措施。

7. 犯罪嫌疑人、被告人死亡的。刑法上的刑事责任是伴随犯罪主体存在而存在的，如果犯罪主体消亡，刑事责任也就随之消亡。所以，对于犯罪嫌疑人、被告人死亡的案件，也应当明确解除其取保候审措施。

8. 其他法律规定免予追究刑事责任的。即只要行为人的行为根据有关法律规定不需要追究刑事责任，对其采用强制措施的根据也就不存在了，也应当解除取保候审。

9. 人民检察院作出不起诉决定的。人民检察院不起诉的案件，表明刑事责任的终结。无论事实上存在犯罪行为还是没有犯罪行为，司法机关都不追究其刑事责任，因此而采用的强制措施也应当给予解除。

10. 人民法院判决无罪的。被告人是否有罪只能由人民法院依照法律规定来判明，只要法院作了无罪判决，被告人就是一个无罪的公民，当然不应当存在对其继续使用强制措施的问题。

11. 保证人撤回保证书的。对于采取保证人担保的取保候审来说，该强制措施的有效性是建立在保证人担保的基础之上的。如果保证人不继续担保，由该保证人担保所引起的取保候审措施就得解除。

12. 执行取保候审后发现是县级以上人民代表大会代表的。根据法律和有关规定，人民代表大会代表在大会闭会期间，未经该代表所在的人民代表大会常务委员会批准或者同意，不得被采取强制措施。如果按照普通程序对人民代表大会代表采取了取保候审措施，在发现后就应当立即予以解除。

## 二十五、解除取保候审的手续如何办理

对于需要解除取保候审措施的犯罪嫌疑人、被告人，公、检、法办案人员应当按照有关规定程序办理手续，具体办理程序如下：

1. 审核解除取保候审的条件。公、检、法办案人员应当首先对犯罪嫌疑人、被告人解除取保候审的具体条件进行认真的审核，看是否符合有关法律、法规的规定，有无伪造或者弄虚作假的情况等，有无不应当解除取保候审的情况。

2. 严格按照有关规定办理各种法律手续。对符合解除取保候审条件的犯罪嫌疑人、被告人，由办案人员写出《呈请解除取保候审报告书》，经办案单位负责人审查同意后，报县级以上人民检察院、人民法院、公安机关负责人审批。在县级以上人民检察院、人民法院、公安机关负责人同意解除对犯罪嫌疑人、被告人取保候审后，由办案人员凭《呈请解除取保候审报告书》，制作《解除取保候审决定书》、《解除取保候审通知书》。由人民检察院、人民法院决定对犯罪嫌疑人、被告人取保候审的，在作出解除取保候审决定之后，应当

立即通知公安机关执行。

3. 解除对犯罪嫌疑人、被告人的监督、约束。办理好解除取保候审的手续后,执行人员要向被取保候审的人宣布,并让其在《解除取保候审决定书》回执上签署"本决定书已于某年某月某日向我宣布"和姓名,并将《解除取保候审通知书》送达保证人,解除保证人承担的义务。如果是采取保证金取保的,应当制作《退还保证金决定书》,并通知指定的代收银行将保证金如数退还给犯罪嫌疑人、被告人,并由犯罪嫌疑人、被告人在《退还保证金决定书》上签名或盖章、捺指印。

## 二十六、犯罪嫌疑人、被告人在取保候审期间又犯罪的如何处理

新《刑事诉讼法》第69条第1款规定,被取保候审的犯罪嫌疑人、被告人应当遵守以下规定:(1)未经执行机关批准不得离开所居住的市、县;(2)住址、工作单位和联系方式发生变动的,在24小时以内向执行机关报告;(3)在传讯的时候及时到案;(4)不得以任何形式干扰证人作证;(5)不得毁灭、伪造证据或者串供。第2款规定,人民法院、人民检察院和公安机关可以根据案件情况,责令被取保候审的犯罪嫌疑人、被告人遵守以下一项或者多项规定:(1)不得进入特定的场所;(2)不得与特定的人员会见或者通信;(3)不得从事特定的活动;(4)将护照等出入境证件、驾驶证件交执行机关保存。实践中,被取保候审的犯罪嫌疑人、被告人在取保候审期间虽然没有违反上述规定,但在取保候审期间又实施了犯罪行为,这种情况下应当如何处理?无论是1996年刑事诉讼法还是新刑事诉讼法,都没有考虑到被取保候审的犯罪嫌疑人、被告人在取保候审期间再犯罪应当如何处理的问题。

事实上这是立法上的一个疏漏,这里刑事诉讼法的立法原意是为了消除犯罪嫌疑人、被告人的人身危险性,运用合理的强制措施来惩治犯罪行为,保证刑事诉讼的正常进行。这不仅是新《刑事诉讼法》第69条的立法目的,也是刑事诉讼法规定取保候审的主要目的。而被取保候审的犯罪嫌疑人、被告人在取保候审期间又犯新罪的,其对社会的危害性远远超过了新《刑事诉讼法》第69条禁止行为的社会危害性,如果对违反该第69条规定的相对较轻的违法行为都没收了保证金,而对危害更为严重的犯罪行为却不没收保证金,就不能实现刑事诉讼中运用强制措施打击犯罪的目的。虽然新《刑事诉讼法》第69条没有规定对犯新罪的没收保证金,但从强制措施的性质和目的上看,被取保候审的犯罪嫌疑人、被告人在取保候审期间又犯新罪的,说明犯罪嫌疑人、被告人具有继续实施社会危害性行为的危险性,或者说对其采取取保候审措施已不足以防止发生社会危险性,因此不但应没收其已经缴纳的保证金,还应当变

更强制措施。所以，1999年8月4日最高人民法院、最高人民检察院、公安部、国家安全部发布的《关于取保候审若干问题的规定》第12条规定，被取保候审人没有违反刑事诉讼法相关规定，但在取保候审期间涉嫌重新犯罪被司法机关立案侦查的，执行机关应当暂扣其交纳的保证金，待人民法院判决生效后，决定是否没收保证金。对故意重新犯罪的，应当没收保证金；对过失重新犯罪或者不构成犯罪的，应当退还保证金。最高人民检察院发布的《人民检察院刑事诉讼规则》第54条也作了类似规定：对在取保候审期间故意实施新的犯罪行为的犯罪嫌疑人，予以逮捕；已交纳保证金的，同时通知公安机关没收保证金。上述规定虽然解决了被取保候审人没有违反新《刑事诉讼法》第69条的规定而实施了再犯罪可能逃避处罚的问题，但也明显地看出这是一个权宜之计，并没有从根本上解决对违反新《刑事诉讼法》第69条规定的处罚与对再犯罪的处罚之间的不相称问题。

## 二十七、新刑事诉讼法对监视居住措施作了哪些修改

新刑事诉讼法在监视居住措施方面的改动比较大，其修改的内容超过了刑事诉讼法对取保候审措施的修改。正因为司法实践中反映出来的情况表明，监视居住所适用的条件、程序以及内容都与取保候审存在较大差异，所以，《修改决定》将1996年刑事诉讼法把取保候审和监视居住以同一条法律条文进行规定的形式，改为分别加以规定。那么，新刑事诉讼法从哪些方面对1996年刑事诉讼法规定的监视居住作了修改呢？笔者根据《修改决定》进行了如下综合：

1. 具体、单独地规定了监视居住的适用条件。1996年刑事诉讼法对监视居住的适用条件规定得比较笼统，主要包括三种情况：一是可能判处管制、拘役或者独立适用附加刑的；二是可能判处有期徒刑以上刑罚，采取取保候审、监视居住不致发生社会危险性的；三是应当予以逮捕，但患有严重疾病或者正在怀孕、哺乳自己婴儿的妇女。

《修改决定》对1996年《刑事诉讼法》第51条规定的内容进行了修改，具体、明确地规定了监视居住的适用条件。即新《刑事诉讼法》第72条规定的六个方面情况：一是患有严重疾病、生活不能自理的。该条的适用对象是那些不仅患有严重疾病，而且无法自己照管自己生活的犯罪嫌疑人或被告人。二是怀孕或者正在哺乳自己婴儿的妇女。婴儿的哺乳期一般为自婴儿出生到满1周岁为止。三是系生活不能自理的人的唯一扶养人，即犯罪嫌疑人、被告人属于与被扶养人长期共同生活的唯一扶养人。四是因为案件的特殊情况或者办理案件的需要，采取监视居住措施更为适宜的。这主要是为公安、司法机关灵活

掌握监视居住措施的运用提供了一个可能。五是羁押期限届满,案件尚未办结,需要采取监视居住措施的。其主要针对的是那些重大、疑难和复杂的案件,在法律规定的有效羁押期内无法办理完毕,需要继续进行侦查、审查起诉或者审判的案件。六是对符合取保候审条件,但犯罪嫌疑人、被告人不能提出保证人,也不交纳保证金的,可以监视居住。

2. 明确规定了监视居住地的具体场所。1996年刑事诉讼法对监视居住的场所没有作出具体规定,《修改决定》对这一问题作了明确规定。即新《刑事诉讼法》第73条规定:"监视居住应当在犯罪嫌疑人、被告人的住处执行;无固定住处的,可以在指定的居所执行。对于涉嫌危害国家安全犯罪、恐怖活动犯罪、特别重大贿赂犯罪,在住处执行可能有碍侦查的,经上一级人民检察院或者公安机关批准,也可以在指定的居所执行。但是,不得在羁押场所、专门的办案场所执行。"这一规定有利于避免监视居住在实施中的滥用。

3. 规定了指定居所监视居住的具体程序和内容。1996年刑事诉讼法和最高人民检察院、最高人民法院的司法解释都没有规定指定居所监视居住问题。但《公安机关办理刑事案件程序规定》却提到与指定居所监视居住相关的问题。该规定第98条规定:固定住处,是指犯罪嫌疑人在办案机关所在的市、县内生活的合法住处;指定的居所,是指公安机关根据案件情况,在办案机关所在的市、县内为犯罪嫌疑人指定的生活居所。为了完善指定居所监视居住措施,新《刑事诉讼法》第73条第2款、第3款、第4款规定:"指定居所监视居住的,除无法通知的以外,应当在执行监视居住后二十四小时以内,通知被监视居住人的家属。被监视居住的犯罪嫌疑人、被告人委托辩护人,适用本法第三十三条的规定。人民检察院对指定居所监视居住的决定和执行是否合法实行监督。"新《刑事诉讼法》第74条规定:"指定居所监视居住的期限应当折抵刑期。被判处管制的,监视居住一日折抵刑期一日;被判处拘役、有期徒刑的,监视居住二日折抵刑期一日。"看来,法律对指定居所监视居住作了如此多的规定,在于防止指定居所监视居住在司法实践中被滥用。

4. 修改增加了被监视居住人应当遵守的纪律。《修改决定》在1996年刑事诉讼法规定的基础上,新增加了两款作为被监视居住人应当遵守的内容。一是未经执行机关批准不得通信。该款是在1996年《刑事诉讼法》第57条第1款第(二)项规定的基础上增加的。二是增加了"将护照等出入境证件、身份证件、驾驶证件交执行机关保存"的新规定。

5. 规定了对违反监视居住规定,需要进行逮捕的犯罪嫌疑人、被告人,可以实行先行拘留。即新《刑事诉讼法》第75条第2款规定:"被监视居住的犯罪嫌疑人、被告人违反前款规定,情节严重的,可以予以逮捕;需要予以逮捕的,可以对犯罪嫌疑人、被告人先行拘留。"

6. 规定了对被监视居住的犯罪嫌疑人、被告人进行逮捕应当具备的条件。新《刑事诉讼法》第79条规定,符合逮捕的一般条件,具有下列情形之一的,应当进行逮捕:(1)可能实施新的犯罪的;(2)有危害国家安全、公共安全或者社会秩序的现实危险的;(3)可能毁灭、伪造证据,干扰证人作证或者串供的;(4)可能对被害人、举报人、控告人实施打击报复的;(5)企图自杀或者逃跑的;(6)违反监视居住规定,情节严重的。

7. 规定对被监视居住人实施监督的一些具体方法和措施。即新《刑事诉讼法》第76条规定:"执行机关对被监视居住的犯罪嫌疑人、被告人,可以采取电子监控、不定期检查等监视方法对其遵守监视居住规定的情况进行监督;在侦查期间,可以对被监视居住的犯罪嫌疑人的通信进行监控。"这一规定有利于改变长期以来监视居住有其名无其实的局面,能够把监视居住的强制措施落到实处。

## 二十八、对哪些犯罪嫌疑人、被告人可以采取监视居住

根据新《刑事诉讼法》第72条的规定,人民法院、人民检察院和公安机关对符合逮捕条件,有下列情形之一的犯罪嫌疑人、被告人,可以监视居住:

1. 符合逮捕条件,但犯罪嫌疑人患有严重疾病、生活不能自理的。所谓患有严重疾病、生活不能自理,是指犯罪嫌疑人、被告人所患疾病严重妨碍其日常生活,没有自我照管能力,如果将其关押,不仅不利于被关押人的生存,而且也影响到看守所等羁押场所的正常工作和秩序。但是否属于影响其生活自理的严重疾病,一般应当进行必要的医学鉴定。

2. 符合逮捕条件,但属于怀孕或者正在哺乳自己婴儿的妇女。怀孕的妇女,从生物学角度上讲,是指哺乳类雌性(包括人类)在体内有一个或多个胎儿或胚胎。对于那些难以从表面特征上进行观察的怀孕妇女,应当进行必要的医学鉴定来辨明。哺乳自己婴儿的妇女,是指对自己亲生小孩具有抚养义务,正处于哺乳期的妇女。如果是哺乳别人的婴儿,属于承担奶妈义务的人,不在此范围内。此处所指哺乳期,一般是指自婴儿出生之日起至满1周岁之间的时间。但如果根据婴儿的特殊情况,需要继续必要哺乳时间的,在不影响诉讼进行的情况下,可适当延长哺乳期。

3. 符合逮捕条件,但系生活不能自理的人的唯一扶养人。所谓生活不能自理的人,主要是指那些因长期患有严重疾病,或者因为伤残,如四肢残废、双目失明等,生活完全不能自理,要依靠他人帮助的人。所谓唯一扶养人,是

指该扶养人与被扶养人之间具有亲缘或者其他特殊关系,并且具有承担扶养被扶养人义务的自然人。法人能否作为这类扶养人呢?我们认为,法人虽然可以成为法律上的权利义务主体,但不应当作为该法条所规定的扶养人。

4. 因为案件的特殊情况或者办理案件的需要,采取监视居住措施更为适宜的。这是《修改决定》在1996年刑事诉讼法规定的基础上新增加的一款。这一规定事实上也包括了前述的一些规定。法律设置该款规定的目的,在于授予公安、司法机关一定的自由决定权,以应对司法实践中始料未及的新情况和新问题。公安、司法机关在适用本款内容时,一是应当注意把立足点建立在犯罪嫌疑人的行为可能构成犯罪,并依法应当追究刑事责任的基础之上。二是要考虑到适用该款,不致影响刑事诉讼的顺利进行。

5. 羁押期限届满,案件尚未办结,需要采取监视居住措施的。羁押期限届满后案件还处于关键的办理阶段,如果在这个时候完全将犯罪嫌疑人、被告人放归社会失去监督,就可能影响到案件的正确、及时处理。但对被羁押人又不能继续羁押,否则就是超期羁押,属于违法关押。这时,公安、司法机关能够选择的办法只能是对犯罪嫌疑人、被告人变更强制措施。既可以决定对其取保候审,也可以采取监视居住。

6. 对符合取保候审条件,但犯罪嫌疑人、被告人不能提出保证人,也不交纳保证金的,也可以监视居住。这也是《修改决定》在1996年刑事诉讼法规定的基础上所增加的新内容。规定该款的原因,主要是由于司法实践中难以解决那些采取取保候审无法提供担保,而采取逮捕措施又不够条件或者缺少证据的案件。不能提出保证人、不交纳保证金,是指被决定取保候审的犯罪嫌疑人或被告人客观上没有提出保证人或交纳保证金,不应当考虑他主观是否愿意或者作了努力,只要他事实上没有提供担保条件,就可以适用本款采取监视居住措施。

此外,根据公安部发布的《公安机关办理刑事案件程序规定》第94条的规定、最高人民检察院公布的《人民检察院刑事诉讼规则》第63条的规定,对有下列情形之一的犯罪嫌疑人、被告人,人民法院、人民检察院和公安机关可以监视居住:

1. 对拘留的犯罪嫌疑人,证据不符合逮捕条件的。这主要是根据侦查工作的实际需要,对那些在有限的拘留期间内无法获取证据达到逮捕条件的案件,采取的变更性强制措施。所谓证据不符合逮捕条件,主要包括以下几种情况:(1)据以定案的主要证据没有查证属实的;(2)案件事实、情节缺乏必要的证据予以证明的;(3)证据之间、证据与案件事实之间的矛盾无法合理排除的;(4)各主要证据无法得出一致性结论的。

2. 提请逮捕后，检察机关不批准逮捕，需要复议、复核的。当呈报批捕的侦查机关与审查批准逮捕的检察机关在关于犯罪嫌疑人、被告人是否应当逮捕的意见发生分歧时，其进行复议、复核的时间必然要延缓采取强制措施的决定时间。这时，对那些已经采取了拘留强制措施，或者有必要对犯罪嫌疑人进行逮捕的案件，就要求侦查机关采取切实的监管措施。但又不能违法进行关押。在这个时候，采取取保候审或者监视居住不失为变通性的强制措施。

3. 移送起诉后，检察机关决定不起诉，需要复议、复核的。与前述情况基本相同的是，这类案件也大多是侦查机关与公诉机关对案件应当如何处理发生了分歧，对其采用监视居住，主要是为了保证刑事诉讼的顺利进行。但与前述案件不同的是，对检察机关决定不起诉的案件采取监视居住，在于解决是否追究犯罪嫌疑人、被告人刑事责任的分歧问题。由于这类案件涉及罪与非罪，或者是否承担刑事责任的重大问题，所以，对这类案件中相关人员继续采取变更性的强制措施应当格外谨慎。如果错误地、过度地对犯罪嫌疑人、被告人进行监管，就可能侵犯到公民的合法自由权利。

4. 持有有效护照或者其他有效出境证件，可能出境逃避侦查，但不需要逮捕的。在刑事诉讼进行过程中，应当被追究刑事责任的犯罪嫌疑人、被告人一旦潜逃国外、境外，就会给侦查工作平添很多麻烦，有的甚至导致刑事诉讼中止，成为久拖不决的"老大难"案件。目前，在我国境内犯罪后逃往国外的犯罪嫌疑人、被告人的数量还在不断增加，特别是经济犯罪和贪污贿赂犯罪的犯罪分子。而这些人逃往国外的主要证件或者说关键性的工具就是有效护照或者其他有效出境证件。有效护照（passport），是指一个国家的公民出入本国国境和到国外旅行或居留时，由本国发给的一种证明该公民国籍和身份的合法证件。有效护照即处于有效期内的护照。所谓"其他有效出境证件"，是指具有得到海关放行的能够证明出境人身份和合法事由的证件，如旅行证、海员证、香港签证身份书、澳门特别行政区旅行证等。

## 二十九、犯罪嫌疑人、被告人在监视居住期间应当遵守哪些规定

根据新《刑事诉讼法》第75条、《公安机关办理刑事案件程序规定》第97条之规定，被监视居住的犯罪嫌疑人、被告人应当遵守以下规定：

1. 未经执行机关批准不得离开执行监视居住的处所。未经执行机关批准，是指没有经过法律规定的执行监视居住的公安机关批准。即除了公安机关之外，其他任何机关都没有批准被监视居住人离开执行监视居住处所的权力，包括作出监视居住决定的检察机关或者法院。执行监视居住的处所，是指被监视居住人固有的住所或者由执行机关指定的住所。所谓固有的住所，是指犯罪嫌

疑人在办案机关所在的市、县内生活的合法住处;指定的居所,是指公安机关根据案件情况,在办案机关所在的市、县内为犯罪嫌疑人指定的生活居所。但是,执行机关不得建立专门的监视居住场所,对犯罪嫌疑人变相羁押。也不得在看守所、行政拘留所、留置室或者公安机关其他工作场所执行监视居住。

2. 未经执行机关批准不得会见他人或者通信。这里所指"会见他人",是指除了受被执行监视居住的犯罪嫌疑人、被告人委托的,依法执行律师业务的辩护律师之外的其他任何人。即使是受被执行监视居住的犯罪嫌疑人、被告人委托的其他辩护人,被执行人在会见时,也必须经过执行机关批准后,方能会见。但是,与被监视居住人共同生活的人不在此限。这里的"通信",通常是指通过邮件传递的方式进行通信,但也不排除通过他人捎带书信或者口头传递的方式。无论采用哪种通信方式,只要是被监视居住的人将自己的意思通过媒介体或者人体传送给他人的行为,都属于通信方式,都必须经过执行机关批准。

3. 在传讯的时候及时到案。传讯,是指刑事诉讼中的执法、司法机关的正式传讯,包括书面传讯、口头传讯以及使用拘传的形式。执法、司法机关包括刑事诉讼中的各个阶段中的各执法、司法机关,即负责执行的公安机关、承担公诉职责的检察机关和担任审判职责的法院。及时到案,是指在收到传讯机关的书面或口头传讯后,在正常的情况下应当及时到达传讯所要求的地点。如果因为不能抗拒的客观原因不能及时到达传讯所要求的地点,经过查实可以免除其未及时到案的责任。但在受阻原因消失后应及时到达传讯要求的地点,并将受阻原因如实向传讯机关说明。

4. 不得以任何形式干扰证人作证。该规定要求被监视居住人不得以任何理由并采取任何形式干扰证人作证。除了采用暴力、胁迫、利诱、贿赂等方式外,也包括采用乞求等方式。只要被监视居住人采用的方式能够从客观上影响证人对其涉嫌的犯罪事实作证,都属于干扰证人作证的行为。但在具体应用时也要分清被监视居住人的主观意图和干扰行为的情节轻重,如果被监视居住人主观上并没有干扰的意愿,客观上造成了对证人作证的影响,不能定论为干扰作证行为。如果被监视居住人虽然实行了一定的干扰行为,但属于轻微的认识方面的行为,而且也并不足以影响证人作证,也可以不以干扰证人作证论处。

5. 不得毁灭、伪造证据或者串供。所谓毁灭证据,是指销毁、湮灭有效证据,既包括使用烧毁、撕坏、浸烂、丢弃等方式使现存证据从形态上完全消除,也包括使用删改、涂划、变形等方式使证据仅仅保持名誉上的形态却改变了证明内容,失去了证明力等。所谓伪造,是指假造、编造、虚构客观上根本不存在的证据或者将现存证据加以篡改、歪曲、整理,从而得出与应当证明的客观事实恰恰不同结果的方式。

6. 将护照等出入境证件、身份证件、驾驶证件交执行机关保存。出入境证件，主要是指作为出入境使用的护照和旅行证件等，是经过有关国家认可和签证的证明文件。有效身份证件包括：居民户口簿、身份证、临时身份证、军官证、武警警官证、士兵证、军队学员证、军队文职干部证、军队离退休干部证和军队职工证、护照、港澳同胞回乡证、港澳居民来往内地通行证、内地来往港澳通行证、大陆与台湾之间居民来往通行证、外国人居留证、外国人出入境证、外交官证、领事馆证、海员证等。驾驶证件，一般也称为"驾照"，是指由公安交通和车辆管理部门依法为机动车辆驾驶人员办理的驾驶证件。被监视居住的犯罪嫌疑人、被告人在监视居住期间，都应当将上述证件交给执行机关保存。但是对于监视居住期间因工作特殊需要驾驶机动车辆的，经过执行机关批准，也可以由被监视居住人自行保存。

### 三十、被监视居住的犯罪嫌疑人会见哪些人应当经过批准

新《刑事诉讼法》第75条第1款第（二）项规定，被监视居住的犯罪嫌疑人未经执行机关批准不得会见他人。由于被监视居住的犯罪嫌疑人具有相对的自由，不像在监狱中那样与任何其他人都没有接触。因此，正确界定"他人"的范围，即被监视居住人能够自由会见人的范围，是必要的。实践中对此有不同的看法，有人认为，"他人"的范围只应当包括与被监视居住人共同居住的家庭成员；也有人认为，"他人"的范围包括与被监视居住的人共同居住的家庭成员、辩护人等；还有人认为，"他人"的范围还应包括被监视居住的人的近亲属。

我们认为，监视居住是限制犯罪嫌疑人离开住处的强制措施，被监视居住人在监视居住期间会见"他人"的范围，应当从被监视居住人的实际情况出发加以限制。被监视居住人在监视居住期间一般与其共同居住的家庭成员一起生活，必须考虑实践中在犯罪嫌疑人的"住处"与犯罪嫌疑人经常生活在一起的人员的范围。如果被监视居住人自由会见的人员范围太窄，则是不现实的，因此，对于与被监视居住人共同居住的家庭成员不存在需要批准才能会见的问题。对于被监视居住人会见与其共同居住的家庭成员以外的人，其自由会见的人员范围就不能太宽，如扩大到所有近亲属，对于那些宗姓家族成员十分庞大的犯罪嫌疑人、被告人来说，采用监视居住的作用就可能在十分频繁的接触中失去其应有的功能，就使监视居住难以实现其真正的法律效果。

根据新《刑事诉讼法》第33条的规定，犯罪嫌疑人自被侦查机关第一次讯问或者采取强制措施之日起，可以委托辩护律师为其提供法律帮助。但律师

在侦查阶段还不能像在起诉阶段那样可以查阅整个案卷材料。这时辩护律师的主要职能是为犯罪嫌疑人提供法律帮助、代理申诉、控告，申请变更强制措施等。同时，《修改决定》只规定了侦查阶段，犯罪嫌疑人、被告人可以委托律师辩护，但没有规定可以委托律师以外的人作为辩护人。所以，律师以外的其他辩护人仍然是排除在侦查阶段之外的。那么，律师在侦查阶段会见犯罪嫌疑人、被告人是否应当经过侦查机关批准？这在1996年刑事诉讼法中表述得并不清晰。1996年《刑事诉讼法》第96条规定，律师会见在押的犯罪嫌疑人，侦查机关根据案件情况和需要可以派员在场。这一规定中的"可以派员在场"，说明法律允许侦查机关对律师进行监督和控制。这样的规定导致了侦查活动中一些故意阻挠和干预律师正常执业的行为发生，产生了律师不能依法为委托人提供法律帮助的现象。有的地方还在采取强制措施时适用律师会见羁押人的规定。《修改决定》明确规定删除了这一条款。这说明，在一般情况下，法律对被监视居住的犯罪嫌疑人、被告人会见自己聘请的辩护律师，是不加以禁止的。

　　那么，被监视居住的犯罪嫌疑人会见自己聘请的律师以外的辩护人，是否需要经过决定机关批准？根据刑事诉讼法的立法精神，被监视居住的犯罪嫌疑人、被告人会见律师可以不需要经过执行机关批准。但对于辩护律师以外的其他辩护人自由地会见犯罪嫌疑人、被告人，刑事诉讼法及其相关的司法解释、规定都是持否定态度的。公安部发布的《公安机关办理刑事案件程序规定》第97条第（二）项对此作了如下规定：（被监视居住人——编者注）未经执行机关批准不得会见共同居住人及其聘请的律师以外的其他人。据此，我们认为，被监视居住的犯罪嫌疑人会见自己聘请的律师而不需要经过执行机关批准，并不意味着会见辩护律师之外的其他辩护人也不需要经过执行机关批准。而且我们认为，对于那些涉及国家重要机密的案件，即使是辩护律师，至少在侦查阶段也应当经过侦查机关或有关部门批准才能会见委托自己的犯罪嫌疑人。

### 三十一、如何确定被监视居住人的活动范围

　　新《刑事诉讼法》第75条第1款第（一）项只规定了被监视居住的犯罪嫌疑人、被告人未经执行机关批准不得离开执行监视居住的处所，但对犯罪嫌疑人、被告人活动的具体范围没有作出明确规定。如何确定被监视居住犯罪嫌疑人、被告人的活动范围，是实际执行过程中必须解决的问题。从立法规定看，被监视居住的犯罪嫌疑人、被告人只是被限制了一定的人身自由，并未被完全限制人身自由。也就是说，被监视居住的犯罪嫌疑人、被告人只是不能离

开确定的居所,在确定的或者被指定的居所内,犯罪嫌疑人、被告人仍然可以比较正常地生活、学习、工作,其他人也可以依法正当自由地进出这个区域。所以,我们认为,对犯罪嫌疑人、被告人划定活动范围,应根据案情和犯罪嫌疑人、被告人的生活、生产、学习、工作等具体情况来决定。一般情况下,犯罪嫌疑人、被告人的活动区域的确定,既要便于犯罪嫌疑人、被告人生产劳动、生活、学习、工作、治疗疾病,又要便于执行机关对犯罪嫌疑人、被告人的监督。如犯罪嫌疑人、被告人涉案性质较重,案情较复杂,其活动区域可确定得小一些,并可派专人监视;案情较轻,犯罪嫌疑人、被告人个人危险性程度较小的,其活动区域可确定得稍大一些。

那么,在监视居住期间的犯罪嫌疑人、被告人是否可以经商,有人认为,只要犯罪嫌疑人、被告人在特定的范围内活动,就可以从事一定的经商;也有人认为,监视居住期间的犯罪嫌疑人、被告人经商是不符合有关规定的,不应当允许。对犯罪嫌疑人、被告人采取监视居住的目的,就是要保证诉讼活动的正常进行,防止犯罪嫌疑人、被告人继续危害社会。如果犯罪嫌疑人、被告人在不妨碍侦查、起诉、审判活动顺利进行的情况下,在决定机关指定的区域内进行必要的生产劳动、工作、学习是允许的,经商应视为工作或劳动的一种形式。但是,根据新《刑事诉讼法》第75条的规定,被监视居住的犯罪嫌疑人、被告人未经执行机关批准不得会见他人。犯罪嫌疑人、被告人在监视居住期间经商,必然要与其他人打交道,这就给执行机关增加了对犯罪嫌疑人、被告人实施监视和控制的难度,也失去了监视居住的意义,不足以防止发生毁灭、伪造证据或串供的可能。因此,犯罪嫌疑人、被告人在被监视居住期间一般不得从事外出的经商活动。但如果犯罪嫌疑人、被告人是在自己居住的地方从事买卖职业,如在居住处开办日用杂货店等,不妨碍诉讼活动的正常进行,也可以得到允许。

在刑事法律的适用过程中,打击与保护之间总是存在矛盾和分歧。特别是在采取监视居住方面,从对犯罪人人身自由权利的保护方面看,法律是倾向于对犯罪嫌疑人、被告人合法权益的保护,所以,有关机关只能采取必要的监视手段来保证诉讼的顺利进行,不应当为了侦查工作的需要而过度限制被监视居住人的人身自由权利。而对办理案件的公安、司法机关来说,他们总希望把犯罪嫌疑人、被告人管束得像关在羁押场所一样,不得有半点妨碍侦查活动的行为发生。这种希望两全其美的做法事实上是难以办到的。所以,具体应用中只能是兼顾二者。从保障刑事诉讼顺利进行方面,应当加强对被监视居住人遵守有关部门规定和纪律的监督与约束,把他们的行为限制在法律允许的范围内;从保障人权的角度看,公安、司法机关不能以有罪推定的观念来对待他们,应当把他们视为享有人身自由的公民，允许他们从事正当的工作、劳动和生活。例如，对于那些在采取强制措施之前就已经在从事商业经营的犯罪嫌疑人、被告人，只要他们是在监督机关允许的范围内从事商业经营活动，就应当得到允许。过去司法实践中曾发生有的地方把犯罪嫌疑人、被告人关在看守所执行监视居住，或者设置专门的关押场所进行监视居住，这些做法明显不符合刑事诉讼法关于监视居住的基本原则。这实际上已经暂时剥夺了犯罪嫌疑人、被告人的人身自由，超出了监视居住这一强制措施的强制限度，与逮捕、拘留没有本质区别，是一种违法的措施。所以，新《刑事诉讼法》第73条第1款规定：监视居住"不得在羁押场所、专门的办案场所执行"。同时，为了保证监视居住措施的执行，新《刑事诉讼法》第76条还规定："执行机关对被监视居住的犯罪嫌疑人、被告人，可以采取电子监控、不定期检查等监视方法对其遵守监视居住规定的情况进行监督；在侦查期间，可以对被监视居住的犯罪嫌疑人的通信进行监控。"这样不仅可以保证被监视居住人的人身自由不会受到更多限制，而且也能够保证实现监视居住的目的。

### 三十二、病因消除后的被监视居住人应如何处理

根据新《刑事诉讼法》第72条的规定，对于符合逮捕条件，但患有严重疾病，生活不能自理的犯罪嫌疑人、被告人可以适用监视居住。也就是说，应当逮捕的犯罪嫌疑人、被告人在诉讼期间患有严重疾病，生活不能自理是适用监视居住的法定条件之一。但是，疾病不是从来就有的，也不是不能消除的。影响逮捕措施适用的疾病有可能一直延续到诉讼的结束甚至伴随犯罪嫌疑人、被告人终身；但也有可能是暂时性的疾病，在没有逮捕而采取监视居住过程中或者变更强制措施之后不久就治愈或者消失了。那么，对于应当逮捕的犯罪嫌疑人、被告人在采取监视居住期间，影响逮捕措施适用的疾病消失了应当如何处理？司法实践中时而遇到类似情况。

我们认为，从刑事诉讼法的立法原意看，对应当逮捕而因患疾病变通采取监视居住措施，主要是考虑到犯罪嫌疑人、被告人的身体状况，防止因为采取逮捕措施造成患病者病情更加恶化，体现刑事政策上的人道主义精神，也有利于保证刑事诉讼的顺利进行。而且，对应当逮捕的犯罪嫌疑人、被告人采取监视居住办法其唯一条件也就是因为疾病原因。如果所患疾病已经消除，那么影响逮捕的条件也就不复存在了。如果应当逮捕，就应当对其实施逮捕。但是，由于已经对犯罪嫌疑人、被告人采取了监视居住的强制措施，在已经采取了较轻微的强制措施基础上运用严厉的强制措施，必须恰当、谨慎和有必要，其中最重要的是要有必要性。我们认为应当根据以下几种情况来分别处理：

其一，如果犯罪嫌疑人虽然属于应当逮捕的对象，但所犯罪行不是十分严重，并且在实施监视居住期间也表现较好，没有继续犯罪的倾向，人身危险性也得到了有效控制，本人愿意接受国家法律的处罚，继续采取监视居住措施不会影响刑事诉讼的顺利进行，只要没有超过监视居住期限，可以继续对其监视居住。

其二，犯罪嫌疑人属于应当逮捕的对象，虽然所犯罪行不是十分严重，但在监视居住期间表现出继续犯罪或者抗拒刑事诉讼的倾向，发生逃跑、自杀、毁证灭迹等有碍诉讼活动的行为，或者在监视居住期间实施不构成犯罪的其他严重违法行为，说明犯罪嫌疑人、被告人的主观恶性较深，凡是符合逮捕条件的，也应当予以逮捕。

其三，对于因患疾病而采用监视居住的严重刑事犯罪嫌疑人、被告人，或者妨害社会治安秩序的严重刑事犯罪，在需要采取监视居住的疾病消失后，只要判决尚未确定，都应当依法办理逮捕手续予以羁押。因为无论是从犯罪的社会危害性来说，还是从人身危险程度来说，将这些人留在社会上继续监视居住都是不合适的。

## 三十三、被监视居住的犯罪嫌疑人在哪些情况下应当逮捕

刑事诉讼法修改后，监视居住的适用条件与取保候审的适用条件有了明显区分。后者既可以适用于应当逮捕的犯罪嫌疑人、被告人，又可以适用于犯罪较轻或者社会危害性较小的犯罪嫌疑人、被告人；而监视居住则主要是针对应当逮捕但因特殊情况不能适用逮捕措施的犯罪嫌疑人、被告人。从修改后的刑事诉讼法所规定的这个意义上看，监视居住的严厉程度应当重于取保候审。与取保候审相同的是，监视居住也同样具有保障犯罪嫌疑人、被告人人身权益和维持正常的刑事诉讼程序进行的功能。

把与取保候审相同的作用和不同的作用加在一起，就是适用监视居住的基本前提。即：一是为了保护犯罪嫌疑人、被告人人身权利免受侵害，如患有严重疾病，正在哺乳婴儿等；二是保证刑事诉讼的顺利进行，防止被监视居住人继续犯罪或者妨碍刑事诉讼的顺利进行。如果不能实现这些目的，就说明监视居住不能继续适用，而应当逮捕。根据新《刑事诉讼法》第75条和第79条，以及《人民检察院刑事诉讼规则》、《公安机关办理刑事案件程序规定》、最高人民法院《关于执行〈中华人民共和国刑事诉讼法〉若干问题的解释》的规定，监视居住过程中出现下列情况，一般应当对其采用逮捕措施：

1. 故意实施新的犯罪行为的。本来，对犯罪嫌疑人、被告人采用监视居住主要是考虑到被告人的一些实际情况以及办理案件机关的程序性问题。如果

被告人在监视居住期间继续实施犯罪，不仅不能保护犯罪嫌疑人、被告人的自身利益，反而会给刑事诉讼造成很多困难。

2. 有危害国家安全、公共安全或者社会秩序的现实危险的。即使被监视居住的犯罪嫌疑人、被告人在监视居住期间尚未构成新的犯罪，但从他在监视居住期间的一贯表现和人格倾向看，存在较大的危害国家安全、公共安全或社会秩序的现实危险，从维护国家利益和社会整体利益出发，应当考虑将其进行逮捕关押。

3. 企图自杀、逃跑，逃避侦查、审查起诉的。监视居住的目的是照顾犯罪嫌疑人、被告人的特殊情况，如果犯罪嫌疑人、被告人企图自杀、逃跑，逃避侦查、审查起诉，就完全超出了对其监视居住的要求，也达不到监视居住的目的。所以，应当对其予以逮捕。但是，企图自杀、逃跑，是指被监视居住人有确实的目的，而不是一般的情绪不良或者心情不好；逃避侦查、审查起诉，也要求达到一定的严重程度，不是简单的规避行为和一般的思想不通等表现。

4. 实施毁灭、伪造证据或者串供、干扰证人作证行为，足以影响侦查、审查起诉工作正常进行的。实施毁灭、伪造证据或者串供、干扰证人作证，应当是犯罪嫌疑人、被告人有确切的行为发生，而不是仅仅表现为不满情绪或者口头上的表述。并且，被监视居住人所实施的上述行为，还可能影响到侦查、审查起诉工作的正常进行。如果被监视居住的犯罪嫌疑人、被告人销毁的证据只是一些无关紧要的东西，对认定案件事实起不到多大证明作用，也不能成为采取逮捕措施的依据。

5. 可能对被害人、举报人、控告人实施打击报复的。这种可能性不能凭办案人员的想象或者单纯地推测，即这种可能性必须建立在有事实根据的基础之上。例如，被监视居住的犯罪嫌疑人已经多次表明要对被害人、举报人或控告人进行打击报复；或者被监视居住人已经着手准备实施打击报复。当然，如果已经对被害人、举报人、控告人实施了打击报复的行为，就更应当逮捕。

6. 未经批准，擅自离开住处或者指定的居所，造成严重后果，或者多次未经批准，擅自离开住处或者指定的居所的。因类似情况进行逮捕，必要条件为：一是擅自离开住处或者指定的居所的行为已经对刑事诉讼造成了严重后果。如在社会上造成恶劣影响，或者擅自外出参与实施其他违法或不正当行为。二是多次未经批准，擅自离开住处或者指定的居所。这里的多次，一般应当理解为两次以上。

7. 未经批准，擅自会见他人，造成严重后果，或者多次未经批准，擅自会见他人的。对被监视居住的犯罪嫌疑人、被告人来说，擅自会见他人是一种严重违反监视居住纪律、影响刑事诉讼顺利进行的行为。因为监视居住的目的是要求被监视居住人恪守被监视居住的条件，不能随意脱离公安司法机关的监督视野。当然，这种行为也要求以有严重后果的发生为前提，如擅自会见他人将公安、司法机关追查共同犯罪人的信息予以泄露等。对于无视监视居住纪律，多次擅自会见他人的行为，也应当视为行为后果严重。

8. 经传讯不到案，造成严重后果，或者多次经传讯不到案的。经传讯不到案，是指犯罪嫌疑人、被告人客观上完全可以到案接受讯问，或者履行传讯机关要求的其他事宜，由于其主观方面的原因而没有到案，造成严重后果，或者两次以上没有按照传讯要求到案。要注意分清被监视居住人不到案的原因，在不可抗力的客观原因导致被传讯人无法到案的情况下，就不能以"不到案"处理。

9. 故意不将身份证件、旅行证件、驾驶证件交执行机关保存，有潜逃国外倾向的。按照新《刑事诉讼法》第75条的规定，故意不将护照等出入境证件、身份证件、驾驶证件交执行机关保存的行为，属于被监视居住人违反了应当遵守的行为，如果情节严重的，应当对其采取逮捕措施。适用这一规定，一是要将故意隐藏的行为与疏忽大意未上交的行为区分开；二是要区分证件的性质，看证件是属于供出国用的护照，还是属于一般国内使用的驾驶证、旅行证件，前者的情节程度要重于后者；三是要看被监视居住人不交出证件的真实目的，如果不是为了潜逃使用，而是一般的使用目的，如为了生活而驾驶车辆等，也可以从轻论处。

10. 疾病痊愈或者哺乳期已满的。对于本来应当采取逮捕措施因疾病痊愈、哺乳期已满，或者小孩出生后已脱离哺乳期的犯罪嫌疑人、被告人，尚处于刑事诉讼程序阶段，应否对其逮捕，要根据案件的具体情况而定，如果认为确实具有逮捕必要的，也应当予以逮捕。但如果小孩虽脱离了哺乳期，但因为疾病或身体瘦弱需要母亲继续照料，又不是属于必须逮捕的对象，也可以考虑继续采用监视居住。

### 三十四、对已判决或不追究刑事责任的原被监视居住人是否还需要作出解除监视居住的决定

对被监视居住的犯罪嫌疑人、被告人，在人民检察院作出不起诉决定或者人民法院作出判决后，原决定机关是否还要作出解除监视居住的决定？实践中对这一问题的理解不同，做法也不统一，有的人认为，只要人民检察院作出不起诉决定或者人民法院作出判决，就不需要再对被监视居住的人作出解除监视居住的决定。其理由是，人民检察院作出不起诉决定或者人民法院作出判决，

按照后法优于前法的原则，原决定自行解除，不需要再作出解除监视居住的决定。也有的人认为，在人民检察院作出不起诉决定或者人民法院作出判决后，原决定机关仍然要另行作出决定来解除对犯罪嫌疑人、被告人的监视居住。理由是，如果没有作出解除监视居住决定，只要监视居住期限未满，原监视居住的决定仍然有效，受委托的单位仍然可以对被监视居住的人实行监管和控制，这样不仅损害了法律的严肃性，同时也侵犯了公民的人身自由权。我们认为，人民检察院作出不起诉决定或者人民法院作出判决，主要是针对犯罪嫌疑人、被告人触犯刑法所作出的处理，而监视居住属于程序性问题，对于程序性问题，作出决定的原机关应当有所交代。并且，如果被监视居住人被法院作出有罪判决，当判决结果属于被羁押的刑罚，倒是没有什么冲突。而如果是被判处有期徒刑缓期执行，在缓刑考验期内，原决定机关作出的监视居住措施仍然有效的话，那么，被判刑人将面临程序上的监督和刑罚执行中的监督双重监控，这无论是从法理上来说还是从司法程序上来说都是不合适的。因此，原决定机关应当作出决定来解除原对犯罪嫌疑人、被告人的监视居住措施。

新《刑事诉讼法》第93条、第95条也对强制措施期限届满应当予以解除作了明确规定。根据最高人民法院《关于执行〈中华人民共和国刑事诉讼法〉若干问题的解释》、最高人民检察院《人民检察院刑事诉讼规则》、公安部《公安机关办理刑事案件程序规定》的规定，我们认为，凡具有下列情形之一的，原作出监视居住决定的机关，应当公开对被监视居住人宣布解除监视居住：(1) 决定监视居住的诉讼程序阶段结束后，犯罪嫌疑人在监视居住期间没有违反刑事诉讼法有关纪律规定的；(2) 监视居住期限届满的；(3) 犯罪情节显著轻微，危害不大，不认为是犯罪的；(4) 犯罪已过追诉时效期限的；(5) 经特赦令免除刑罚的；(6) 依照刑法告诉才处理的犯罪，没有告诉或者撤回告诉的；(7) 其他法律规定免予追究刑事责任的；(8) 人民检察院作出不起诉决定的；(9) 人民法院作出终审裁判的。

## 三十五、按照新刑事诉讼法，监视居住与取保候审有哪些不同

刑事诉讼法修改之前，取保候审和监视居住被视为刑事诉讼中类似的强制措施，被刑事诉讼法采用一体化的形式加以规定，在二者的适用条件、适用对象、适用方式、监管措施和法律后果方面，都几乎相同，这实际上是不科学的。因为如果把监视居住等同于取保候审，等于刑事诉讼中突增一种不必要的强制措施，显得立法上的累赘和不科学。事实上，从立法的原意来讲，并非是把二者作为同一种类型的强制措施来适用，二者是有很大差别的，只是在法律具体规定的条文中没有将二者有效地区分开来。《修改决定》对这一问

题作了纠正,将取保候审和监视居住完全区别开来,这不仅有利于发挥监视居住在刑事诉讼中的具体作用,同时也有利于完善我国刑事诉讼中的强制措施体系。

从客观上说,监视居住和取保候审存在很多相似的方面,因为二者都是较为轻缓的强制措施,都有利于保障犯罪嫌疑人、被告人的人身权利,具有共同的执行机关,审批的权限和程序、适用的主体范围等也有相似之处。但既然现行法律将二者区分开,说明它们之间存在一定程度的区别,而且这些不同特点彼此之间是无法取代和借用的。它们之间的区别主要有以下几个方面:

1. 轻缓程度上的差别。取保候审只是要求申请取保候审的犯罪嫌疑人、被告人自行提供担保,在取保候审期间是否遵守有关机关的规定,由被取保候审人通过提供保证自行决定,决定取保候审的机关和执行机关不过多地进行干预。而监视居住则不同,被监视居住人始终处于监督机关的监控之下,监视居住期间的行为和活动范围都受到执行机关的严格管束。按照新《刑事诉讼法》第72条第2款规定,犯罪嫌疑人、被告人不能提出保证人,也不交纳保证金的,还可以采取监视居住措施。说明监视居住措施是对取保候审措施的一种加强。这些都表明监视居住在刑事程序性手段上的严厉程度要高于取保候审。

2. 适用的对象和范围不同。按照新《刑事诉讼法》第65条的规定,可以采取取保候审的对象和范围是:(1)可能判处管制、拘役或者独立适用附加刑的;(2)可能判处有期徒刑以上刑罚,采取取保候审不致发生社会危险性的;(3)患有严重疾病、生活不能自理,怀孕或者正在哺乳自己婴儿的妇女,采取取保候审不致发生社会危险性的;(4)羁押期限届满,案件尚未办结,需要采取取保候审的。而新《刑事诉讼法》第72条对监视居住规定了适用对象和范围,对符合逮捕条件,有下列情形之一的犯罪嫌疑人、被告人可以监视居住:(1)患有严重疾病、生活不能自理的;(2)怀孕或者正在哺乳自己婴儿的妇女;(3)系生活不能自理的人的唯一扶养人;(4)因为案件的特殊情况或者办理案件的需要,采取监视居住措施更为适宜的;(5)羁押期限届满,案件尚未办结,需要采取监视居住措施的;(6)对符合取保候审条件,但犯罪嫌疑人、被告人不能提出保证人,也不交纳保证金的,可以监视居住。从监视居住与取保候审所规定的条件看,二者在对象和范围上的最大区别是:监视居住的适用对象是应当逮捕但有特殊情况被阻却的犯罪嫌疑人、被告人;而取保候审则是属于没有逮捕必要的犯罪嫌疑人、被告人,或者虽然有逮捕必要,但因为法律的规定需要变通处理的。

3. 监督的方式和程度不同。在监督的方式上,执行机关对取保候审的犯罪嫌疑人、被告人一般只采用常规性的监督与约束形式,没有规定采用监控性的特殊手段；而监视居住则不同，根据新《刑事诉讼法》第76条规定："执行机关对被监视居住的犯罪嫌疑人、被告人，可以采取电子监控、不定期检查等监视方法对其遵守监视居住规定的情况进行监督；在侦查期间，可以对被监视居住的犯罪嫌疑人的通信进行监控。"后者的监督方式明显比前者严厉。此外，在监督的程度上，执行机关对取保候审的犯罪嫌疑人、被告人，主要是通过提供担保来进行约束，其监督的形式是建立在被取保候审人自觉遵守监督纪律基础上的，只要被取保候审人不离开所居住的地区（市、县）就可以了；而监视居住则要求被监视居住人未经执行机关批准，不得离开执行监视居住的处所，其中包括了很大成分的严加看管的因素。

### 三十六、新刑事诉讼法对拘留措施作了哪些修改

在刑事诉讼法规定的五种强制措施中，拘留是这次刑事诉讼法修改内容最少的强制措施。主要原因是拘留这一强制措施在司法实践中的运用相对比较简单，关键在于它是由公安机关或司法机关单方面加以控制的，缺乏被拘留方面的主动性，适用中能够引起人们去广泛进行讨论的问题相对较少。但这并不代表拘留中存在的问题少，事实上，拘留在限制和剥夺人身自由权利与保障人权之间的冲突方面矛盾十分突出，而解决这些问题的路程恐怕不会太短。这次新刑事诉讼法仅仅主要修改了以下几点：

1. 规定了拘留后的及时羁押原则。新《刑事诉讼法》第83条第2款规定，公安机关、检察机关和法院在采取拘留措施后，"应当立即将被拘留人送看守所羁押，至迟不得超过二十四小时"。1996年刑事诉讼法没有对这一内容作出明确规定。这次新刑事诉讼法的规定，主要是为了保证拘留措施的安全实施，同时也防止拘留途中滞留时间太长，给犯罪嫌疑人、被告人的人身健康造成不应有的损害。

2. 排除了应当通知的部分内容。根据新《刑事诉讼法》第83条第2款的规定："除无法通知或者涉嫌危害国家安全犯罪、恐怖活动犯罪通知可能有碍侦查的情形以外，应当在拘留后二十四小时以内，通知被拘留人的家属。"与1996年刑事诉讼法相比较，《修改决定》对其中的内容主要作了两点修改：一是把危害国家安全犯罪、恐怖活动犯罪排除于应当通知的范围之外。意即对于这两类犯罪，公安、司法机关在对犯罪嫌疑人进行拘留后，可以根据实际困难不予通知。二是只规定通知被拘留人的家属，而没有再规定应当通知其所在单位。

3. 将与其他条款内容相冲突的部分去掉。新《刑事诉讼法》第84条在对1996年《刑事诉讼法》第65条进行修改时，删除了1996年刑事诉讼法规定

的"对需要逮捕而证据还不充足的,可以取保候审或者监视居住"。这一内容实际上已经被规定到了取保候审和监视居住适用的条件中,所以在此规定便显得重复。

4. 规定了特殊情况下的先行拘留措施。新《刑事诉讼法》第69条第4款规定:"对违反取保候审规定,需要予以逮捕的,可以对犯罪嫌疑人、被告人先行拘留。"这一规定扩大了新《刑事诉讼法》第80条规定的可以实施拘留的范围。新《刑事诉讼法》第75条也对被监视居住人违反有关规定,需要进行逮捕的作了上述类似规定。

5. 延长了检察机关直接受理案件中对犯罪嫌疑人进行拘留的期限。新《刑事诉讼法》第165条规定:"人民检察院对直接受理的案件中被拘留的人,认为需要逮捕的,应当在十四日以内作出决定。在特殊情况下,决定逮捕的时间可以延长一日至三日。对不需要逮捕的,应当立即释放。"这一规定体现了法律对职务犯罪侦查中的特殊情况进行特别规定的立法意图。

### 三十七、对哪些情形的犯罪嫌疑人应当刑事拘留

刑事拘留是指公安机关在侦查刑事案件的过程中,遇有现行犯、重大犯罪嫌疑分子,正在进行犯罪或犯罪后企图逃跑、自杀、毁灭证据等紧急情况,又来不及办理逮捕手续而采取的临时限制犯罪嫌疑人人身自由的一种强制措施。拘留是各国刑事诉讼中都采用的一种强制措施,但在称谓上有所不同。有的国家称为先行拘押,如法国;① 有的国家称为羁押,与逮捕后的关押称谓相同;② 还有的国家称为暂时逮捕,如德国。③ 由于刑事拘留限制了犯罪嫌疑人的人身自由,它直接影响到公民的人身自由权利,因此,我国刑事诉讼法对拘留适用的条件作了严格规定。只有具备以下情形之一的,才可以先行拘留:

1. 正在预备犯罪、实行犯罪或者在犯罪后即时被发觉的。所谓正在预备犯罪,是指已经开始着手为犯罪准备工具、制造条件等,即行为人的犯罪意思已实际付诸犯罪行为,但这个行为尚处于准备阶段。所谓实行犯罪,是指犯罪行为已经由犯罪的准备阶段进入犯罪的实行阶段,即行为人的行为已经触犯了犯罪构成的实质性要件内容。在犯罪后被即时发现,一般是指在犯罪行为刚一

---

① 罗结珍译:《法国刑事诉讼法典》,中国法制出版社2006年版,第37页。
② 参见彭勃:《日本刑事诉讼法通论》,中国政法大学出版社2002年版,第85~93页。
③ 参见李昌珂译:《德国刑事诉讼法典》,中国政法大学出版社1995年版,第48~60页。

实施后的短暂时间内就被他人发现。要注意，法律条文在这里使用的是"即时"，而不是"及时"，表明了法律对犯罪行为实施与被发现之间联系要求的紧密性。

2. 被害人或者在场亲眼看见的人指认他犯罪的。被害人是指人身财产权利受到犯罪行为直接侵害的当事人。这里的被害人既包括个人，也包括单位或者法人，甚至包括具有特定义务的国家机关。如国家安全机关对危害国家安全的行为，就负有当然的举报控告责任。在场亲眼看见的人，是指在犯罪行为发生的当时，目睹整个或部分犯罪事实的在场人。所谓指认他犯罪，是指被害人或者在场亲眼看见的人向公安、司法机关真心、诚实地表明他的确看到了犯罪行为的发生。

3. 在身边或者住处发现有犯罪证据的。在身边或者住处发现有犯罪证据，是指在被怀疑的犯罪嫌疑人的身边或者处所。身边，是指犯罪嫌疑人身体的周围，属于能够为犯罪嫌疑人所实际控制的范围，或者该证据处于犯罪嫌疑人周围并且与其具有更加紧密的关系。所谓住处，主要是指犯罪嫌疑人本人的居所，包括固定住所和临时居所。如果犯罪嫌疑人故意将犯罪证据置于他人住所内，在没有确切证据证实的前提下，不能简单地定论该处所是发现犯罪证据的处所。这里的犯罪证据，是指足以证明犯罪行为构成犯罪，并应当追究刑事责任的证据，而不是一般的、不足以证明犯罪成立的证据。

4. 犯罪后企图自杀、逃跑或者在逃的。所谓企图自杀、逃跑，是指犯罪嫌疑人已经表现出自杀和逃跑的迹象，或者已经开始准备自杀、逃跑。如为了自杀而向悬崖走去；为了逃跑已经进入驾驶室等。犯罪后企图自杀、逃跑或者在逃，是指已经发生了犯罪事实，并且在刑法上可能构成了犯罪；犯罪事实的发生与犯罪嫌疑人之间具有被怀疑的关系。在这种情况下，只要犯罪嫌疑人表现出自杀、逃跑的动向，无论其实施的犯罪行为是否十分严重，为了确保刑事诉讼的顺利进行，都可以先将其拘留。

5. 有毁灭、伪造证据或者串供可能的。毁灭证据，是指将证据从物质上彻底消除，使其形态不复存在。伪造证据，是指假造、虚构、编造本来并不存在的事实，用以作为虚假的证据。串供，是指与其他犯罪嫌疑人、被告人之间从意思上达成一致认可或者默认，目的是为了逃避法律制裁。所谓可能，是指上述行为虽然没有实际发生，但种种迹象已经表明犯罪嫌疑人、被告人具有极大可能实施这些行为，并可能给刑事诉讼顺利进行造成影响和障碍。

6. 不讲真实姓名、住址，身份不明的。不讲真实姓名，是指不将自己的姓名如实告诉进行讯问的公安、司法机关，包括编造假名字，不按照本人身份证或者社会认可的名字如实告知，只讲公安、司法机关没有掌握的、自己父母以外的其他人都不知道的名字。这里的住址，是指犯罪嫌疑人自己的住所，包括固定住所，也包括临时性住所。固定住所既指犯罪嫌疑人身份所在的住所，也包括实际所在的住所；临时性住所，是指供犯罪嫌疑人较长时间临时居住的住所，旅途中的临时住所或走亲访友三两天时间的临时居住不在此限。身份不明，是指现有证明文件无法确切证实犯罪嫌疑人的真实身份，公安、司法机关一时也不能确认犯罪嫌疑人的出处和身份等情况。

7. 有流窜作案、多次作案、结伙作案重大嫌疑的。流窜作案，是指跨市、县管辖范围作案的犯罪。其中包括跨市、县管辖范围连续作案的和在居住地作案后，逃跑到外省、市、县继续作案的。但是，对那些确实属于到外地旅游、经商、做工等，在当地偶尔犯罪，或者仅仅在居住地与外市、县的交界地带犯罪的，不视为流窜犯罪。多次作案，是指本次犯罪之前曾有过3次以上作案记录的情况，不受作案的间歇时间和作案的犯罪类别限制。结伙作案，是我国共同犯罪的一种形式，指二人以上为了共同的犯罪目的而实施犯罪行为。如果结伙犯罪人之间因分工不同实施不同的犯罪行为，不影响结伙作案事实的成立。

8. 被取保候审、监视居住的犯罪嫌疑人、被告人违反有关规定，情节严重需要予以逮捕的，可以对犯罪嫌疑人、被告人先行拘留。这是《修改决定》第23条、第25条在1996年刑事诉讼法规定的拘留条件基础上，新增加的两款内容。主要是针对被采取取保候审和被采取监视居住的犯罪嫌疑人、被告人违反有关规定，需要进行逮捕的情况。

### 三十八、刑事拘留应当注意哪些问题

刑事拘留是刑事诉讼法规定的严厉强制措施之一，也是临时剥夺犯罪嫌疑人、被告人人身自由权利的强制措施。它不仅涉及保障刑事诉讼的顺利进行问题，同时也关系到犯罪嫌疑人、被告人的人权保障问题。根据刑事诉讼法和有关司法解释、规定中的内容，公安、司法机关在采取拘留措施时，严格依法决定和执行刑事拘留，包括实体方面和程序方面。在实体方面，必须查清被拘留的犯罪嫌疑人、被告人是否确实属于应当拘留的对象；在程序方面，决定拘留的机关和执行拘留的机关，都必须严格依照刑事诉讼法和有关部门的司法解释与规定实行。

1. 履行必要的法律程序。拘留的程序主要包括：（1）公安机关需要拘留犯罪嫌疑人时，首先应当写出《呈请拘留报告书》，经办案单位的负责人审查同意，报县级以上公安机关的负责人批准后，开具《拘留证》，凭《拘留证》对犯罪嫌疑人进行刑事拘留。人民检察院决定拘留犯罪嫌疑人的，由县级以上公安机关凭人民检察院送达的决定拘留的法律文书签发《拘留证》并立即执

行。必要时，可以请人民检察院协助。(2) 在执行刑事拘留时，执行人员应当首先向被拘留人出示宣读《拘留证》，责令被拘留人在《拘留证》上签字，并写明被拘留的时间（年、月、日、时）。如果被拘留人拒绝签字，执行人员应当在《拘留证》上注明。(3) 拘留犯罪嫌疑人后，应把拘留的原因和羁押的处所在 24 小时内，通知被拘留人的家属。但具有以下两种情形之一的，可以暂不通知其家属：一是涉嫌危害国家安全犯罪、恐怖活动犯罪，通知其家属可能有碍侦查的；二是无法通知的，如被拘留人不讲真实姓名、家庭住址、工作单位，公安机关一时也难以查清的。

2. 及时依法处理被拘留人。拘留后，应当立即将被拘留人送看守所羁押，至迟不得超过 24 小时。对被拘留的人应当在 24 小时之内进行讯问，如果发现不应当拘留时，必须立即释放，并发给释放证明书。公安机关需要逮捕犯罪嫌疑人时，应当在 3 日内写出《提请批准逮捕书》，连同证据材料一并移送同级人民检察院审查批准。遇有案情复杂或交通不便等特殊情况，提请审查批准逮捕的时间可以延长 1~4 日。被拘留人如果是流窜作案、多次作案、结伙作案的重大嫌疑分子，提请审查批准逮捕的时间可以延长至 30 日。人民检察院在接到公安机关的《提请批准逮捕书》后的 7 日内，作出批准或者不批准逮捕的决定。如果人民检察院不批准逮捕的，公安机关在接到《不批准逮捕决定书》后，应当立即释放在押的犯罪嫌疑人。公安机关认为人民检察院不批准逮捕的决定有误，可以要求同级人民检察院复议，但是必须将被拘留的人立即释放，以免侵犯公民的合法权利。如果意见不被接受，可以向上一级人民检察院提请复核。对于不批准逮捕，但又有重大犯罪嫌疑的被拘留的犯罪嫌疑人，在拘留期间内，又难以取得确实的证据，可以根据新《刑事诉讼法》第 89 条第 3 款的规定，采取取保候审或监视居住的措施，继续进行侦查。《修改决定》对人民检察院直接受理案件的批准逮捕期限作了修改，将能够拘留的时间由原来规定的最长 10 日增加到了 14 日，但延长时间减少了 1 日。新《刑事诉讼法》第 165 条规定："人民检察院对直接受理的案件中被拘留的人，认为需要逮捕的，应当在十四日以内作出决定。在特殊情况下，决定逮捕的时间可以延长一日至三日。对不需要逮捕的，应当立即释放；对需要继续侦查，并且符合取保候审、监视居住条件的，依法取保候审或者监视居住。"

3. 注意是否有不应当被拘留的情况。根据《中华人民共和国全国人民代表大会组织法》第 44 条第 2 款的规定，全国人民代表大会代表如果因为是现行犯被拘留，执行拘留的公安机关应当立即向全国人民代表大会主席团或者全国人民代表大会常务委员会报告。根据《中华人民共和国地方各级人民代表大会和地方各级人民政府组织法》第 35 条的规定，县级以上的地方各级人民代表大会代表如果因为是现行犯被拘留，执行拘留的公安机关应当立即向该级人民代表大会主席团或者常务委员会报告。

### 三十九、如何正确适用"先行拘留"

新《刑事诉讼法》第 80 条规定，公安机关对于现行犯或者重大嫌疑分子，如果有下列情形之一的，可以先行拘留：（1）正在预备犯罪、实行犯罪或者在犯罪后即时被发觉的；（2）被害人或者在场亲眼看见的人指认他犯罪的；（3）在身边或者住处发现有犯罪证据的；（4）犯罪后企图自杀、逃跑或者在逃的；（5）有毁灭、伪造证据或者串供可能的；（6）不讲真实姓名、住址，身份不明的；（7）有流窜作案、多次作案、结伙作案重大嫌疑的。此外，《修改决定》第 23 条、第 25 条在 1996 年刑事诉讼法规定的拘留条件的基础上又增加了两项内容，即对于被取保候审和被监视居住的犯罪嫌疑人、被告人违反有关规定，情节严重需要予以逮捕的，可以对犯罪嫌疑人、被告人先行拘留。

从刑事诉讼法关于拘留措施的规定顺序看，是将拘留与逮捕措施并合性规定在一起的。事实上拘留与逮捕在某种场合下也是难以完全分离的，因为很多案件都是由拘留而延伸到逮捕。刑事诉讼法中规定的"先行拘留"，也就意味着在逮捕措施正式实施之前，对犯罪嫌疑人采用的暂时羁押措施。但理论和实践中对此也存在分歧性的看法，主要是关于拘留是在立案前实施，还是在立案后实施。有人认为，既然是"先行拘留"，公安、检察机关在立案前遇到现行犯或者重大嫌疑分子，就可以实行先行拘留。理由是，正在预备犯罪、实行犯罪或者在犯罪后即时被发觉的等情形，都是紧急情况，不立即采取拘留的措施，就可能逃跑、自杀或者继续危害社会，如果等办好了法律手续再去拘留，现行犯或者重大嫌疑人早已逃跑。也有人认为，不办理好法律手续就"先行拘留"，是不符合法律规定的。新《刑事诉讼法》第 83 条第 1 款规定，公安机关拘留人的时候，必须出示拘留证。也就是说，公安机关只有凭拘留证才能拘留人，否则，就是违法的。还有人认为，所谓"先行拘留"，主要是针对逮捕而言，是对需要进行逮捕的犯罪嫌疑人的前期羁押和初步审查，因为新《刑事诉讼法》第 89 条规定，公安机关对被拘留的人，认为需要逮捕的，应当在拘留后的 3 日以内，提请人民检察院审查批准。这说明，在逮捕之前，公安机关可以先行拘留犯罪嫌疑人。

我们认为，根据新《刑事诉讼法》第 80 条的立法精神，"先行拘留"主要是指公安机关因情况紧急所采取的一种强制措施。在一般正常情况下，也就是说在具有足够时间履行诉讼程序手续的情况下，决定和执行拘留的机关都应当依法办理拘留手续。但是,由于刑事诉讼法在逮捕羁押之前设置拘留程序的主要目的之一,也就是对付特殊问题和紧急情况,如果我们完全不理会法律的这种立法目的也是不正确的。所以,不能强调所有案件都必须立案后才能实行"先行拘留",如对刚发现的正在实行重大刑事犯罪的犯罪嫌疑人,公安机关在面临被害人遭受重大损害的情况下,如果不及时采取果断措施进行制止,事态就可能继续扩大,给社会和公民造成更大损失。而这种情况下能够采取的最有效措施就是拘留。而先去立案或者先去办理拘留手续后再来处理,恐怕已为时太晚。又如,检察机关在现场发现职务犯罪嫌疑人有逃跑甚至出境的可能,如果不及时采取限制其人身自由的措施,就可能造成更大的危害后果。所以,在未来得及立案前也可以"先行拘留",也不能强调必须先办理拘留的法律手续再付诸执行。如新《刑事诉讼法》第80条第(四)项规定的情况,等办完拘留手续再执行,犯罪嫌疑人恐怕早已经逃走了。所以,对来不及办理拘留手续的犯罪嫌疑人,仍然可以参照新《刑事诉讼法》第82条的规定,将现行犯或者重大嫌疑分子进行扭送后,再立即办理法律手续。扭送是法律赋予任何公民的权利,公安人员当然也不例外。人民检察院在一般情况下都不需要实行"先行拘留",因为人民检察院管辖的案件是国家工作人员职务犯罪案件,一般接受举报、控告就已经立案或者初查。如果在案件的初查阶段遇到紧急情况,如发现被调查人可能自杀、逃跑等情况时,需要及时拘留,可以边办理立案手续边采取拘留措施。

## 四十、拘留人大代表、政协委员应当遵守哪些特殊规定

《中华人民共和国宪法》第74条规定:全国人民代表大会代表,非经全国人民代表大会会议主席团许可,在全国人民代表大会闭会期间非经全国人民代表大会常务委员会许可,不受逮捕或者刑事审判。《中华人民共和国地方各级人民代表大会和地方各级人民政府组织法》第35条也规定:县级以上的地方各级人民代表大会代表,非经本级人民代表大会主席团许可,在大会闭会期间,非经本级人民代表大会常务委员会许可,不受逮捕或者刑事审判。如果因为是现行犯被拘留,执行拘留的公安机关应当立即向该级人民代表大会主席团或者常务委员会报告。拘留虽然不是逮捕,但与逮捕一样也是限制和剥夺人身自由权利的严厉强制措施。所以,在采取拘留措施时体现对全国人大代表的特殊保护,也符合宪法的基本原则。在对刑事犯罪进行拘留中,有公安机关决定拘留和人民检察院决定拘留两种程序,但执行都是由公安机关负责。由于公安机关和检察机关各自拘留的对象有别,所以设置的拘留决定程序也存在一定差异。

1. 公安机关关于拘留人大代表的有关规定。根据公安部发布的《公安机关办理刑事案件程序规定》第 140 条至第 144 条的规定，对人大代表和政协委员进行拘留，应当按照下列程序办理：

公安机关依法对县级以上各级人民代表大会代表采取拘留或者提请逮捕的，应当书面报请该代表所属的人民代表大会主席团或者常务委员会许可。

公安机关对现行犯或者重大嫌疑分子先行拘留的时候，发现其是县级以上人民代表大会代表的，应当立即向其所属的人民代表大会主席团或者常务委员会报告。公安机关在依法执行拘留或者逮捕中，发现被执行人是县级以上人民代表大会代表的，应当暂缓执行，并报告原决定或者批准机关。如果在执行后发现被执行人是县级以上人民代表大会代表的，应当立即解除，并报告原决定或者批准机关。公安机关依法对乡、民族乡、镇的人民代表大会代表采取拘留或者执行逮捕的，应当在执行后立即报告其所属的人民代表大会。

公安机关依法对政治协商委员会委员执行拘留、逮捕前，应当向该委员所属的政协组织通报情况；情况紧急的，可在执行的同时或者执行以后及时通报。

2. 检察机关关于拘留人大代表的有关规定。根据最高人民检察院发布的《人民检察院刑事诉讼规则》第 79 条的规定，对人大代表实施拘留应当遵守以下规定：

担任县级以上人民代表大会代表的犯罪嫌疑人因现行犯被拘留的，人民检察院应当立即向该代表所属的人民代表大会主席团或者常务委员会报告；因为其他情形需要拘留的，人民检察院应当报请该代表所属的人民代表大会主席团或者常务委员会许可。人民检察院拘留担任本级人民代表大会代表的犯罪嫌疑人，直接向本级人民代表大会主席团或常务委员会报告或者报请许可。拘留担任上级人民代表大会代表的犯罪嫌疑人，应当立即层报该代表所属的人民代表大会同级的人民检察院报告或者报请许可。拘留担任下级人民代表大会代表的犯罪嫌疑人，可以直接向该代表所属的人民代表大会主席团或者常务委员会报告或者报请许可，也可以委托该代表所属的人民代表大会同级的人民检察院报告或者报请许可；拘留担任乡、民族乡、镇的人民代表大会代表的犯罪嫌疑人，由县级人民检察院报告乡、民族乡、镇的人民代表大会。拘留担任两级以上人民代表大会代表的犯罪嫌疑人，分别按照前述有关规定报告或者报请许可。拘留担任办案单位所在省、市、县（区）以外的其他地区人民代表大会代表的犯罪嫌疑人，应当委托该代表所属的人民代表大会同级的人民检察院报告或者报请许可；担任两级以上人民代表大会代表的，应当分别委托该代表所属的人民代表大会同级的人民检察院报告或者报请许可。

## 四十一、对采取行政拘留的对象能否接续采取刑事拘留

行政拘留与刑事拘留不同,行政拘留是对违反治安管理处罚法规定的人所采用的一种处罚措施;而刑事拘留是根据新《刑事诉讼法》第 80 条的规定,对于现行犯或者重大嫌疑分子所采取的强制措施。对行为人采取行政拘留后能否再采用刑事拘留措施,实践中对此有不同的看法。有人认为,行政拘留后可以再采用刑事拘留措施,因为行政拘留是一种行政行为,而刑事拘留虽然也由公安机关执行,但它实际上是一种诉讼行为,采取行政拘留后再采用刑事拘留在法律适用上并不矛盾。也有人认为,行政拘留后不能再采用刑事拘留措施,因为无论是行政拘留还是刑事拘留,都是由公安机关执行,一个机关不应当同时对同一主体采用两种方法相同的限制人身自由的措施。

从理论上讲,采用行政拘留后再采取刑事拘留并不冲突,因为二者都是法律明确规定的针对不同情况所实施的强制性手段。但我们现在所面临的问题是,同一机关对同一人接连采取两种限制和剥夺人身自由的强制措施,是为了同一件事情,还是为了多件事情;是针对相同情节的违法或犯罪事实,还是针对不同程度的违法或者犯罪事实。只有在具有不同情节或者程度的基础上,才具备接连采用两种有损人身自由措施的条件。所以,我们认为,采取行政拘留后能否再对同一人采用刑事拘留措施,应当根据案件和需要拘留人的实际情况确定。对那些不构成犯罪的一般违法行为,或者轻微犯罪行为,在已经依法给予行政拘留的前提下,如果不是办理案件的特殊需要,也不是具有十分严重人身危险性的对象,一般不应当再适用刑事拘留。如果在决定行政拘留时,并没有发现行为人具有触犯刑法的犯罪事实,而在采取行政拘留措施之后或者正在采取行政拘留期间,才发现被拘留人还有没被发现的犯罪事实,并且这些犯罪情节符合新《刑事诉讼法》第 80 条规定的情形,则可以对其接续采取刑事拘留。因为在这类情况中,原被行政拘留的被拘留人已经触犯了刑律,需要依法追究刑事责任,对其采用刑事诉讼中的强制措施是应当的。

尽管行政拘留与刑事拘留是两种性质不同的强制性措施,但公安、司法机关在对这类犯罪嫌疑人刑事拘留后需要提请逮捕时,原采用行政拘留措施的公安机关还是应当将原有行政拘留的材料一并移送人民检察院审查。需要注意的是,由于行政拘留是对违反治安管理处罚法规定的人的一种行政处罚,刑事拘留是对现行犯或者重大嫌疑分子所采取的一种刑事强制措施,所以,对行政拘留与刑事拘留接连采用的,前期行政拘留的时间不能计入刑事拘留的时限。

## 四十二、最长的刑事拘留期限应当是多少天

刑事拘留的期限常常在司法实践中被不正确地理解，由此也产生一些不正确运用，有错用的情况，也有滥用的情况。根本原因在于：刑事拘留的期间难以满足办案程序的需要，司法工作人员的执法意识存在问题，以及司法工作中的人权保障观念不强等。

根据新《刑事诉讼法》第89条的规定：公安机关对被拘留的人，认为需要逮捕的，应当在拘留后的3日以内，提请人民检察院审查批准。在特殊情况下，提请审查批准的时间可以延长1日至4日。对于流窜作案、多次作案、结伙作案的重大嫌疑分子，提请审查批准的时间可以延长至30日。人民检察院应当自接到公安机关提请批准逮捕书后的7日以内，作出批准逮捕或者不批准逮捕的决定。根据新《刑事诉讼法》第165条的规定，人民检察院对直接受理的案件中被拘留的人，认为需要逮捕的，应当在14日以内作出决定。在特殊情况下，决定逮捕的时间可以延长1日至3日。

从刑事诉讼法的上述规定看，公安机关对犯罪嫌疑人的拘留羁押期限有3种情况：(1)在一般情况下，公安机关对被拘留的犯罪嫌疑人的审查期限为3日，即公安机关在3日内对被拘留的犯罪嫌疑人提请人民检察院审查批准逮捕。人民检察院应当在接到公安机关提请批准逮捕书后的7日内作出是否批准逮捕的决定。这里，犯罪嫌疑人拘留羁押的期限最多为10天。(2)在特殊情况下，公安机关对被拘留的犯罪嫌疑人的审查期限在3日的基础上可以延长1~4日，即公安机关应在7日内对被拘留的犯罪嫌疑人提请人民检察院审查批准逮捕。人民检察院应当在接到公安机关提请批准逮捕书后的7日内作出是否批准逮捕的决定。这里，犯罪嫌疑人拘留羁押的期限最多为14天。(3)对于流窜作案、多次作案、结伙作案的重大嫌疑分子，公安机关的审查期限在3日的基础上，可以延长至30日。人民检察院应当在7日内作出是否批准逮捕的决定。那么，这里犯罪嫌疑人拘留羁押期限的最长期限是多少天？实践中有不同的看法，有人认为最长是37天，有人认为是40天，还有人认为是44天。

我们认为，对于流窜作案、多次作案、结伙作案的重大嫌疑分子，公安机关最长拘留期限应当为37天。其理由是：首先，新《刑事诉讼法》第89条第1款和第2款对一般犯罪嫌疑人的拘留延长期限的用语与对重大嫌疑分子拘留延长期限的用语是有明显区别的，第1款用的是"延长一日至四日"，这可以认为是在原规定期间基础上的增加，那么，这里的总和最长期间应当是14日（加上检察机关审查批捕的7日时限）；而第2款用的是"延长至三十日"，这里就应当包括原规定的期间在内，其总和最长期间应当是30日。"延长至

三十日"既包括一般情况下可以拘留"三日"的底数在内,也包括特殊情况下可以延长"一日至四日"的底数在内。这样,公安机关对该类重大嫌疑分子的最长拘留期限为 30 日,加上检察机关审查批捕的时限为 7 日,加起来最长羁押期限为 37 天。

检察机关直接受理案件的拘留期限,按照新《刑事诉讼法》第 165 条的规定,人民检察院决定逮捕犯罪嫌疑人的案件的羁押期限为 14 天,但特殊情况下可以延长 1~3 天。由于人民检察院是直接决定批准逮捕,不存在像公安机关那样需要移交检察机关审查批准逮捕,也就不存在审查批准逮捕期限延长到 30 天的说法。所以,检察机关直接受理案件的最长拘留期限只能是 17 天。

另外,根据《公安机关办理刑事案件程序规定》中的有关规定,所谓流窜作案,是指跨市、县管辖范围作案,或者在居住地作案后逃跑到外省、市、县继续作案,或者甲地作案、乙地销赃、丙地藏身等行为,如在本市内跨区作案的,则不能以流窜作案论;多次作案,是指行为人作案在 3 次以上,但每次作案应达到公安机关刑事案件的立案标准,不够刑事立案标准的案件,不能计算在内;结伙作案,是指两人以上共同作案。

### 四十三、对被拘留的犯罪嫌疑人应当怎样处理

公安、司法机关对于被拘留的犯罪嫌疑人,应当在 24 小时以内进行讯问;除特殊情况外,应当在 24 小时内制作《拘留通知书》,送达被拘留人家属。经过讯问和调查后,应根据犯罪嫌疑人、被告人和案件的具体情况,按照如下办法处理:

1. 在发现不应当拘留的时候,经县级以上公安机关负责人批准,签发《释放通知书》,看守所凭《释放通知书》发给被拘留人《释放证明书》,将其立即释放。对于公安、司法机关因为工作的执法错误,将不应当拘留的公民作为犯罪嫌疑人、被告人实施刑事拘留的,被拘留人可以向决定拘留的机关要求赔偿。但对于那些被拘留人确实实施了违法犯罪行为,处于拘留与否的临界点,可以不拘留而予以拘留的,一般无权要求赔偿。

2. 对有证据证明有犯罪事实,可能判处徒刑以上刑罚的犯罪嫌疑人、被告人,采取取保候审,尚不足以防止发生社会危险性的,应在拘留期限内,依法办理提请批准逮捕的手续。有证据证明有犯罪事实,是指已经查清的犯罪事实能够证明嫌疑人、被告人构成了犯罪,或者能够证明犯罪嫌疑人、被告人犯罪的事实已经查清。可能判处徒刑以上刑罚,是指根据犯罪嫌疑人、被告人的犯罪事实和情节,属于应当判处 6 个月以上有期徒刑、无期徒刑或者死刑的犯罪。尚不足以防止发生社会危险性,是指取保候审的力度难以有效克制犯罪嫌

疑人、被告人的犯罪意志,难以保证犯罪嫌疑人、被告人不再实施危害社会的行为。

3. 对有证据证明有犯罪事实,可能判处徒刑以上刑罚的犯罪嫌疑人、被告人,如果患有严重疾病、生活不能自理,或者是正在怀孕、哺乳自己婴儿的妇女,可以依法办理取保候审或者监视居住的手续,查清案件事实后,直接向人民检察院移送审查。患有严重疾病、生活不能自理,是指犯罪嫌疑人、被告人所患疾病不适宜关押,监外处理更为合适。正在怀孕,是指妇女子宫中的卵子已经与精子结合形成胚胎。对于怀孕表面特征不明显的妇女,应当进行必要的医学鉴定。哺乳自己婴儿的妇女,一般是指处于对未满1周岁的婴儿的哺乳期内;自己的婴儿,是指该妇女所哺乳的婴儿是自己亲生的,不属于代哺或者奶妈。

4. 在拘留期限内未能查清犯罪事实或者未能获取提请批准逮捕的证据,或者人民检察院不批准逮捕并通知补充侦查的,可依法办理取保候审或者监视居住的强制措施,继续侦查。这里一般是指那些确有犯罪事实发生,但发生的犯罪事实与犯罪嫌疑人、被告人之间相联系的证据还不够充足,也就是现有证据尚不能证明犯罪嫌疑人、被告人实施了该犯罪行为,或者现有证据还不足以充分证明对其行为应当追究刑事责任,或者这些证据还达不到构成逮捕的条件。

## 四十四、新刑事诉讼法对逮捕措施作了哪些修改

新刑事诉讼法对逮捕措施的适用也作了一定程度的修改,尽管相对于取保候审和监视居住措施来说修改程度不算很大,但对于逮捕措施的有效运用却是至关重要的。根据《修改决定》的规定,新刑事诉讼法主要对逮捕措施作了以下修改和增加:

1. 对1996年《刑事诉讼法》第60条规定的逮捕条件进行了明确和细化。1996年刑事诉讼法只概括性地规定"对有证据证明有犯罪事实,可能判处徒刑以上刑罚的犯罪嫌疑人、被告人,采取取保候审、监视居住等方法,尚不足以防止发生社会危险性,而有逮捕必要"。这样的规定使侦查实践中缺乏明确的逮捕条件限制,从而造成逮捕措施的滥用或错用,也是我国刑事诉讼中逮捕率过高的法律原因之一。这次刑事诉讼法的修改对此作了明确规定,即新《刑事诉讼法》第79条第1款规定,对有证据证明有犯罪事实,可能判处徒刑以上刑罚的犯罪嫌疑人、被告人,采取取保候审尚不足以防止发生下列社会危险性的,应当予以逮捕:(1)可能实施新的犯罪的;(2)有危害国家安全、公共安全或者社会秩序的现实危险的;(3)可能毁灭、伪造证据,干扰证人

作证或者串供的；（4）可能对被害人、举报人、控告人实施打击报复的；（5）企图自杀或者逃跑的。根据上述法律规定，对有证据证明有犯罪事实，可能判处徒刑以上刑罚的犯罪嫌疑人、被告人，采取取保候审方法，尚不足以防止发生社会危险性，而进行逮捕的，只能局限于以上规定的5种情况，不能任意扩大逮捕的范围。

2. 在前述规定的有证据证明有犯罪事实，可能判处徒刑以上刑罚的犯罪嫌疑人、被告人，采取取保候审尚不足以防止发生社会危险性，而进行逮捕的范围外，另行规定两种情况作为逮捕范围之列：一是对有证据证明有犯罪事实，可能判处10年有期徒刑以上刑罚的，或者有证据证明有犯罪事实，可能判处徒刑以上刑罚，曾经故意犯罪或者身份不明的，应当予以逮捕。二是被取保候审、监视居住的犯罪嫌疑人、被告人违反取保候审、监视居住规定，情节严重的，可以予以逮捕。

3. 增加了关于检察机关审查批准逮捕时，"应当"进行讯问和询问的规定。新《刑事诉讼法》第86条规定，人民检察院审查批准逮捕，可以讯问犯罪嫌疑人；有下列情形之一的，应当讯问犯罪嫌疑人：（1）对是否符合逮捕条件有疑问的；（2）犯罪嫌疑人要求向检察人员当面陈述的；（3）侦查活动可能有重大违法行为的。人民检察院审查批准逮捕，可以询问证人等诉讼参与人，听取辩护律师的意见；辩护律师提出要求的，应当听取辩护律师的意见。

4. 规定了逮捕后的羁押形式和通知对象。新《刑事诉讼法》第91条第2款规定：逮捕后，应当立即将被逮捕人送看守所羁押。除无法通知的以外，应当在逮捕后24小时以内，通知被逮捕人的家属。该条规定排除了司法实践中可能出现的将被逮捕人随处进行暂时羁押的情况发生。

5. 增加了检察机关对因逮捕而进行羁押的情况实行监督，对羁押的必要性进行审查的规定。新《刑事诉讼法》第93条规定："犯罪嫌疑人、被告人被逮捕后，人民检察院仍应当对羁押的必要性进行审查。对不需要继续羁押的，应当建议予以释放或者变更强制措施。有关机关应当在十日以内将处理情况通知人民检察院。"

6. 规定了被不当逮捕的当事人的救济权利。新《刑事诉讼法》第115条规定："当事人和辩护人、诉讼代理人、利害关系人对于司法机关及其工作人员有下列行为之一的，有权向该机关申诉或者控告：（一）采取强制措施法定期限届满，不予以释放、解除或者变更的；……对处理不服的，可以向同级人民检察院申诉；人民检察院直接受理的案件，可以向上一级人民检察院申诉。人民检察院对申诉应当及时进行审查，情况属实的，通知有关机关予以纠正。"

## 四十五、逮捕犯罪嫌疑人应当注意哪些主要问题

逮捕是指公安机关、人民检察院和人民法院在一定期限内依法剥夺犯罪嫌疑人、被告人的人身自由并进行审查的强制措施。由于逮捕对公民的人身自由限制得最为严厉，如果适用不当，就会严重地侵犯公民的人身自由权利。所以，法律对决定、批准和执行逮捕犯罪嫌疑人、被告人的权限、程序和羁押期限等都作了明确、具体的规定。一般来说，对犯罪嫌疑人、被告人依法进行逮捕，主要应当注意以下几个方面：

1. 根据新《刑事诉讼法》第78条的规定，逮捕犯罪嫌疑人、被告人，必须经过人民检察院批准或者人民法院决定，由公安机关执行。新《刑事诉讼法》第85条还规定，公安机关要求逮捕犯罪嫌疑人的时候，应当写出提请批准逮捕书，连同案卷材料、证据，一并移送同级人民检察院审查批准。以上法律规定说明，逮捕的批准或者决定权属于人民检察院和人民法院，公安机关没有决定权，只有执行权。人民检察院或人民法院自行决定逮捕的犯罪嫌疑人、被告人，都要由公安机关执行逮捕，人民检察院或者人民法院可以派员协助。

2. 公安机关执行逮捕必须依照法定程序进行。根据新《刑事诉讼法》第91条的规定，公安机关逮捕人的时候，必须出示《逮捕证》。并且责令被逮捕人在《逮捕证》上签名（盖章）、捺指印，同时注明被逮捕的具体时间（年、月、日、时）。如果被逮捕的人拒绝签名（盖章）、捺指印，执行人员应在《逮捕证》上注明。执行逮捕后，应当制作《逮捕通知书》，在逮捕后24小时以内通知被逮捕人的家属。但是因客观因素确实无法通知的，经县级以上公安机关负责人批准，可以不予通知。

3. 在犯罪嫌疑人被捕后的24小时内必须进行讯问，发现不应当逮捕的，经县级以上公安机关负责人批准，签发《释放通知书》，看守所凭《释放通知书》发给被逮捕人《释放证明书》，将其立即释放。同时要将释放的原因书面通知批准逮捕的人民检察院。公安机关对人民检察院不批准逮捕的决定，认为确有错误时，可以要求复议，但是必须将被拘留的人立即释放。公安机关要求复议的，应写出《要求复议意见书》，经县级以上公安机关负责人签发后，移送同级人民检察院审查复议；如果意见不被接受，可以向上一级人民检察院提请复核。如果犯罪嫌疑人在押，应先行放人，同时可对犯罪嫌疑人采取取保候审或者监视居住的强制措施。

4. 根据新《刑事诉讼法》第72条的规定，对于应该逮捕的犯罪嫌疑人、被告人，如果患有严重疾病、生活不能自理，或者正在怀孕、哺乳自己婴儿的妇女，或者属于生活不能自理的人的唯一扶养人，可以采取监视居住的办法。

这是出于人道主义精神，保证患有疾病的犯罪嫌疑人得到及时的治疗，保护胎儿、婴儿的正常发育和健康成长。如果情况发生了变化，如疾病已经治愈或者好转，哺乳期已过等需要审查逮捕的，还可以办理逮捕手续依法予以逮捕，以保证侦查、起诉、审判工作的顺利进行。

5. 根据《中华人民共和国全国人民代表大会组织法》第44条的规定，全国人民代表大会的代表非经全国人民代表大会主席团许可，不受逮捕；在全国人民代表大会闭会期间非经全国人民代表大会常务委员会许可，不受逮捕。根据《中华人民共和国地方各级人民代表大会和地方各级人民政府组织法》第35条的规定，县级以上的地方各级人民代表大会代表，非经本级人民代表大会主席团许可，不受逮捕；在大会闭会期间，非经本级人民代表大会常务委员会许可，不受逮捕。

6. 根据新《刑事诉讼法》第154条、第156条、第157条的规定，对犯罪嫌疑人逮捕后的侦查羁押期限不得超过两个月。案情复杂，期限届满不能终结的案件，可以经上一级人民检察院批准延长一个月。但对于交通十分不便的边远地区的重大复杂案件，重大的犯罪集团案件，流窜作案的重大复杂案件，犯罪涉及面广、取证困难的重大复杂案件，在延长一个月后仍不能侦查终结的，经省、自治区、直辖市人民检察院批准或者决定，可以延长两个月。对犯罪嫌疑人可能判处10年有期徒刑以上刑罚，具备上述四种情形之一的案件，延长两个月后仍然不能侦查终结的，经省、自治区、直辖市人民检察院批准或者决定，可以再延长两个月。根据上述刑事诉讼法的有关规定，特殊情况下的侦查羁押最长期限为7个月。

## 四十六、如何理解逮捕犯罪嫌疑人的基本条件

新《刑事诉讼法》第79条规定，对有证据证明有犯罪事实，可能判处徒刑以上刑罚的犯罪嫌疑人、被告人，采取取保候审尚不足以防止发生法律规定的社会危险性之一的，应即依法逮捕。根据这一规定，逮捕犯罪嫌疑人应当具备以下三个条件：

1. 有证据证明有犯罪事实。有证据证明有犯罪事实是决定逮捕犯罪嫌疑人最先决的条件。这里实际上包括三个内容：一是有证据证明确实存在犯罪事实。有证据证明有犯罪事实，是指作为逮捕成立的事实，存在必要的证据加以证实，并且这些证据与发生的犯罪事实之间具有客观的必然联系。要符合这一点，在逮捕犯罪嫌疑人之前，侦查人员就需要进行必要的调查取证工作，并且要收集到可靠的证据来证明犯罪事实确实发生，查明作案的时间、地点、情节、后果等基本情节。二是犯罪事实确实是犯罪嫌疑人所为。犯罪事实确实是

犯罪嫌疑人所为，是要求犯罪主体与犯罪构成事实之间具有必然联系，不是一般的关系，而是有确切的证据来证明该犯罪行为是犯罪嫌疑人所为。在判断犯罪事实与犯罪嫌疑人之间是否存在联系时，不能根据想象、怀疑或推测，或者仅凭捕风捉影、道听途说、似是而非或者未经查证的信息材料来确定，要把采取逮捕措施的根据建立在确定的因果关系之上。三是能够证明犯罪事实的证据已有查证属实的。这里所说的是"证据已有查证属实的"，而不是所有证明犯罪事实的证据都要查证属实。因为在案件的初步侦查阶段，具体判断时也不应当要求把证明犯罪事实的证据材料收集得很充分、完备才决定逮捕。只要已有查证属实的证据能够证明犯罪成立即可。

2. 可能判处徒刑以上刑罚。在有证据证明犯罪嫌疑人的犯罪事实后，还要根据其犯罪事实，依照刑法的有关规定，来衡量犯罪嫌疑人是否可以判处徒刑以上刑罚。我国刑法根据犯罪行为的社会危害性，设定了轻重不同的刑种，应当逮捕的，只是那些可能判处最低刑为徒刑以上刑罚的犯罪嫌疑人。对于那些罪行较轻或因其他原因可能判处管制、拘役、罚金、剥夺政治权利、没收财产的犯罪嫌疑人，则不应逮捕。因此，在确定逮捕时，不仅要分清罪与非罪的界限，还要注意分清轻罪与重罪的界限，要坚持和贯彻少捕的原则。要把构成犯罪的认定标准与逮捕的认定标准严格区分开来。一般来说，构成犯罪的标准的起点都要轻于适用逮捕的标准，如果仅仅构成犯罪，并不足以说明应当逮捕。只有具备能够判处有期徒刑以上刑罚的犯罪事实，才可以考虑适用逮捕措施。

3. 采取取保候审尚不足以防止法律规定的社会危险性的发生，应当予以逮捕。仅是有证据证明有犯罪事实、可能判处徒刑以上刑罚这两个条件还不足以必须逮捕，根据新《刑事诉讼法》第79条的规定，进行逮捕还必须属于下列几种情况之一：（1）可能实施新的犯罪的；（2）有危害国家安全、公共安全或者社会秩序的现实危险的；（3）可能毁灭、伪造证据，干扰证人作证或者串供的；（4）可能对被害人、举报人、控告人实施打击报复的；（5）企图自杀或者逃跑的。

此外，根据新《刑事诉讼法》第79条第2款的规定，对于以下犯罪嫌疑人、被告人，除特殊案件外，一般不应采用取保候审或监视居住，而应直接进行逮捕：有证据证明有犯罪事实，可能判处10年有期徒刑以上刑罚的，或者有证据证明有犯罪事实，可能判处徒刑以上刑罚，曾经故意犯罪或者身份不明的。

根据新《刑事诉讼法》第79条第3款的规定，被取保候审、监视居住的犯罪嫌疑人、被告人违反取保候审、监视居住规定，情节严重的，可以予以逮捕。

**四十七、如何理解"有证据证明有犯罪事实"的含义**

1996年刑事诉讼法修改时,将逮捕条件由1979年《刑事诉讼法》第40条规定的"主要犯罪事实已经查清"改为"有证据证明有犯罪事实",放宽了逮捕条件的证据要求。司法实践中囿于对原规定的"主要犯罪事实已经查清"的模式,难以正确理解运用"有证据证明有犯罪事实"这一规定,造成办案过程中认识不统一和对案件的定性不准确。

从1996年《刑事诉讼法》第60条的规定看,"有证据证明有犯罪事实"应当包括两方面的内容:一是要有"犯罪事实"存在,二是要确实"有证据证明",这二者缺一不可。"有证据证明有犯罪事实"与1979年刑事诉讼法规定的"主要犯罪事实已经查清"的含义区别较大。从证据的范围和证明的对象上看,"有证据证明有犯罪事实",既不特指"主要犯罪事实",也不一定是"全部犯罪事实",只要有证据证明犯罪嫌疑人实施犯罪行为,无论是其所实施数罪中的一罪还是多罪,也无论是其实施犯罪行为中的主要罪行还是次要罪行以及犯罪事实是否完全查清,只要该行为已构成犯罪,应当依法追究刑事责任,且属于"有证据证明有犯罪事实"的,就可以依法进行逮捕。

最高人民检察院发布的《人民检察院刑事诉讼规则》第86条对"有证据证明有犯罪事实"作了如下解释,"有证据证明有犯罪事实",是指同时具备下列情形:(1)有证据证明发生了犯罪事实;(2)有证据证明该犯罪事实是犯罪嫌疑人实施的;(3)证明犯罪嫌疑人实施犯罪行为的证据已有查证属实的。"犯罪事实"既可以是单一犯罪行为的事实,也可以是数个犯罪行为中任何一个犯罪行为的事实。2001年8月最高人民检察院、公安部联合发布的《关于依法适用逮捕措施有关问题的规定》第1条也对该问题作了类似的规定。上述司法解释的规定中,将"有证据证明有犯罪事实"作为一个循环性的、相互依赖的整体来加以规定,使"有证据证明有犯罪事实"既有法定的基本依据,又具有司法实践中的可操作性。

"有证据证明"和"证据确实、充分"是有区别的。"有证据证明"同样含有对证据的质和量的要求,是证据的质和量的统一。但新《刑事诉讼法》第79条所指的证据是需要在侦查过程中进一步查实的证据,不是像1979年刑事诉讼法所说"主要犯罪事实已经查清"的证据。当然,"有证据证明"也必须要求是具有能够证明犯罪事实客观存在的证据,并且已有的证据经查证属实或者"确实、可靠"。只有这样,才算是"有证据证明"。"有证据证明"也不能仅凭单个能证明犯罪嫌疑人实施了犯罪行为的直接证据就予以认定,还必须有其他相互关联的间接证据佐证。不过，这主要讲的是保证证据的可靠性，而不是要求证据的数量要多。

## 四十八、对人大代表采取逮捕、拘留以外的其他强制措施是否应报请许可

《全国人民代表大会和地方各级人民代表大会代表法》第32条规定："县级以上的各级人民代表大会代表，非经本级人民代表大会主席团许可，在本级人民代表大会闭会期间，非经本级人民代表大会常务委员会许可，不受逮捕或者刑事审判。如果因为是现行犯被拘留，执行拘留的机关应当立即向该级人民代表大会主席团或者人民代表大会常务委员会报告。对县级以上的各级人民代表大会代表，如果采取法律规定的其他限制人身自由的措施，应当经该级人民代表大会主席团或者人民代表大会常务委员会许可。……乡、民族乡、镇的人民代表大会代表，如果被逮捕、受刑事审判或者被采取法律规定的其他限制人身自由的措施，执行机关应当立即报告乡、民族乡、镇的人民代表大会。"

实践中有人认为，人民检察院、公安机关逮捕、拘留涉嫌犯罪的县级以上各级人大代表，应报请该代表所属的人大常委会或者主席团许可，逮捕、拘留乡、民族乡、镇的人民代表大会代表，向乡、民族乡、镇的人民代表大会报告。但是对人大代表采取拘传或者取保候审、监视居住等强制措施不必报请许可，理由是拘传、取保候审、监视居住等强制措施并没有完全限制涉嫌犯罪代表的人身自由。我们认为，《全国人民代表大会和地方各级人民代表大会代表法》第32条规定的限制性条件是"法律规定的其他限制人身自由的措施"，并没有将拘传、取保候审、监视居住等限定人身一定自由的强制措施排除在外。拘传、取保候审、监视居住等强制措施也应当属于"法律规定的其他限制人身自由的措施"之列。所以，未经许可就对人大代表采取逮捕、拘留以外的其他强制措施，也是政策和法律所不允许的。

## 四十九、对正在怀孕或哺乳婴儿的妇女是否一律不应逮捕

1996年《刑事诉讼法》第60条规定，对应当逮捕的犯罪嫌疑人、被告人，如果是正在怀孕、哺乳自己婴儿的妇女，可以采用取保候审或者监视居住的强制措施。尽管法律作了明确规定，但过去司法实践中对这一法律规定的理解仍然存在不同的看法。有人认为，既然刑事诉讼法规定了对属于应当逮捕的正在怀孕、哺乳自己婴儿的妇女采用取保候审或者监视居住的强制措施，就不应对她们采用逮捕这一强制措施；也有人认为，刑事诉讼法规定了对属于应当逮捕的正在怀孕、哺乳自己婴儿的妇女，可以采用取保候审或者监视居住的强

制措施,这里说的是"可以",而不是"必须",所以,对犯罪嫌疑人人身危险性特别严重或者具有其他严重妨害刑事诉讼的情况的,也可以采用逮捕的强制措施。

其实,就1996年刑事诉讼法的规定看,对正在怀孕、哺乳自己婴儿的妇女,原本是不应适用逮捕的,因为将怀孕或哺乳自己婴儿的妇女逮捕,不仅仅影响到犯罪嫌疑人、被告人自己,同时也影响到依赖于她的身体而生存的胎儿和小孩。而胎儿和小孩是无罪的,不应当以任何理由来侵犯他们的权利。所以我们认为,对于应当逮捕但正在怀孕或者哺乳自己婴儿的犯罪嫌疑人、被告人,一般不应实行逮捕,以采取取保候审或者监视居住的强制措施为妥。但这次刑事诉讼法的修改对1996年刑事诉讼法的规定作了变通。新《刑事诉讼法》第79条第3款规定:"被取保候审、监视居住的犯罪嫌疑人、被告人违反取保候审、监视居住规定,情节严重的,可以予以逮捕。"根据这一规定,被监视居住的犯罪嫌疑人、被告人违反监视居住规定,情节严重的,可以逮捕。按照新《刑事诉讼法》第72条的规定,正在怀孕或者哺乳自己婴儿的犯罪嫌疑人、被告人属于被监视居住的对象之一。如果怀孕或者哺乳自己婴儿的妇女在被监视居住期间,违反监视居住的有关规定,情节严重的,依照法律规定也可以进行逮捕。所以,这里的不予逮捕也不是绝对的不予逮捕,只是在万不得已、非逮捕不可的情况之外不应逮捕。逮捕后应当对其采取不同于一般犯罪嫌疑人、被告人的关押方式和场所。同时,不能因逮捕、关押而伤害其尚未出生的子女或正在哺乳的子女的生命或健康。

### 五十、应当变更逮捕措施的情形有哪些

犯罪嫌疑人、被告人被逮捕后,因案件事实和犯罪嫌疑人、被告人个人情况的变化,法律规定某些特定情况出现后可以变更逮捕措施。根据刑事诉讼法和关于刑事诉讼法适用的司法解释规定以及司法实践中的具体做法,在对犯罪嫌疑人、被告人进行逮捕后,需要和可以变更其强制措施的情形主要包括以下几种:

1. 犯罪嫌疑人、被告人被逮捕后,因患有严重疾病、生活不能自理,或者怀孕、正在哺乳自己婴儿的妇女,或者系生活不能自理的人的唯一扶养人,不宜再继续羁押的,可以根据刑事诉讼法的有关规定,对逮捕的犯罪嫌疑人、被告人变更逮捕措施。

2. 对可能判处拘役、管制或者独立适用附加刑的犯罪嫌疑人、被告人,虽然可能判处徒刑以上刑罚,但采取取保候审、监视居住措施足以防止发生社会危险性,没有逮捕必要的,可以根据新《刑事诉讼法》第93条的规定,将

其变更为取保候审或者监视居住。

3. 因在法定侦查羁押、审查起诉、一审、二审期限内无法办结案件，而又需要继续查证、审理，可以根据新《刑事诉讼法》第96条的规定，将其变更为取保候审或者监视居住。要保证对犯罪嫌疑人、被告人不能超期羁押。

4. 因一审法院判处被告人缓刑，或者判处被告人管制，或者单独适用罚金、没收财产、剥夺政治权利，或者被告人的羁押期限已超过法院判决的有期徒刑、拘役期限的，根据办案需要和案件的实际情况，可以将其变更为取保候审或者监视居住。

5. 随着案件侦查过程的逐步进行，原有案件事实或者犯罪嫌疑人、被告人的个人情况发生了变化，对犯罪嫌疑人、被告人只可能判处拘役、管制或者独立适用附加刑，或者对犯罪嫌疑人、被告人没有逮捕必要，这时也可以将逮捕变更为取保候审或者监视居住。

根据新《刑事诉讼法》第95条的规定，犯罪嫌疑人、被告人及其法定代理人、近亲属或者辩护人有权申请变更逮捕措施。但是否能够最终变更逮捕措施，还必须经过办案机关根据案件的具体情况和犯罪嫌疑人、被告人的人身危险性情况来决定。

## 五十一、被取保候审、监视居住的犯罪嫌疑人在哪些情况下应予逮捕

根据2001年8月6日最高人民检察院、公安部联合发布的《关于依法适用逮捕措施有关问题的规定》第1条第（四）项、第（五）项和新刑事诉讼法的规定，在刑事诉讼过程中，被取保候审、监视居住的犯罪嫌疑人、被告人如果因为发生情况变化，原采用的强制措施不足以防止社会危险性的发生而有逮捕必要，应当根据实际情况及时变更强制措施，以保证刑事诉讼的顺利进行：

1. 对下列违反取保候审规定的犯罪嫌疑人，应当根据具体情况予以逮捕：（1）企图自杀、逃跑，逃避侦查、审查起诉的；（2）实施毁灭、伪造证据或者串供、干扰证人作证的行为，足以影响侦查、审查起诉工作正常进行的；（3）未经批准，擅自离开所居住的市、县的，造成严重后果，或者两次未经批准，擅自离开所居住的市、县的；（4）经传讯不到案，造成严重后果，或者经两次传讯不到案的；（5）在取保候审期间故意实施新的犯罪行为的；（6）故意不将自己变更后的住址、工作单位和联系方式在发生变动后的24小时内告诉执行机关，造成严重后果的；（7）违反规定进入特定的场所，或者从事特定的活动，造成严重后果的；（8）违反规定擅自会见特定的人员或者通信，

造成严重后果的;(9)不将特定的证件交有关部门保管,造成严重影响的。

2. 被监视居住的犯罪嫌疑人具有下列情形之一的,属于"情节严重",应当根据情况将其逮捕收监羁押:(1)故意实施新的犯罪行为;(2)企图自杀、逃跑,逃避侦查、审查起诉的;(3)实施毁灭、伪造证据或者串供、干扰证人作证行为,足以影响侦查、审查起诉工作正常进行的;(4)未经批准,擅自离开住所或者指定的居所,造成严重后果,或者两次未经批准,擅自离开住所或者指定的居所的;(5)未经批准,擅自会见他人或者通信,造成严重后果,或者两次未经批准,擅自会见他人或者通信的;(6)经传讯不到案,造成严重后果,或者经两次传讯不到案的;(7)不将特定的证件交有关部门保管,造成严重影响的。

### 五十二、侦查机关对原不批捕的案件如何重新处理

新《刑事诉讼法》第88条规定,人民检察院对于不批准逮捕,需要补充侦查的案件,应当同时通知公安机关。对于公安机关补充侦查后,认为又需要逮捕犯罪嫌疑人的,如何处理?实践中有不同的看法,有人认为应当重新报捕;也有人认为可以对原不批捕决定复议、复核,要求撤销原不批捕决定后作出逮捕决定。最高人民检察院发布的《人民检察院刑事诉讼规则》第104条规定,对已作出的不批准逮捕决定发现确有错误,需要批准逮捕的,人民检察院应当撤销原不批准逮捕决定,并重新作出批准逮捕决定,送达公安机关执行。对因撤销原批准逮捕决定而被释放的犯罪嫌疑人或者逮捕后公安机关变更为取保候审、监视居住的犯罪嫌疑人,又发现需要逮捕的,人民检察院应当重新办理逮捕手续。《人民检察院刑事诉讼规则》第107条规定,人民检察院作出不批准逮捕决定,并且通知公安机关补充侦查的案件,公安机关在补充侦查后又提请复议的,人民检察院应当建议公安机关重新提请批准逮捕。公安机关坚持复议的,人民检察院不予受理。

根据上述司法解释的规定,对于不批准逮捕案件需要重新逮捕的应当分为以下两种情况:如果原不批捕案件的决定有错误,仍然需要批准逮捕的,由人民检察院直接撤销原不批准逮捕决定,并重新作出批准逮捕决定后送达侦查机关执行。如果人民检察院作出不批准逮捕决定没有错误,而是要求侦查机关补充侦查的案件,侦查机关在补充侦查后,收集到了新的犯罪事实和证据材料,认为又需要逮捕犯罪嫌疑人的,则应当由侦查机关重新报捕。对于应当补充侦查的案件重新批捕,不存在复议、复核问题,原不批捕决定不应撤销。人民检察院对公安机关重新报捕的案件审查后,认为符合逮捕条件的,应当作出批捕的决定。

## 五十三、侦查机关变更强制措施后又需要逮捕的是否还应重新报捕

侦查机关将被逮捕的人变更为取保候审或者监视居住后，发现又需要逮捕犯罪嫌疑人的，是直接将其收监，还是重新报请人民检察院批准逮捕？过去在理论界和实践中一直存在不同的看法和做法。有人认为不需要重新报人民检察院批准逮捕，可以直接收监；也有人认为再行逮捕，就应当重新报请人民检察院批准逮捕。当然，上述有争论的观点，作为司法实践来说，主要发生在有关规定明确规定之前。但在理论上，即使有关部门已经作出了明确规定，学术上对此仍然存在不同看法。分歧的焦点，是在犯罪嫌疑人被逮捕后所变更的强制措施程序，是不是对原逮捕措施的终结，或者说已经对原作出的逮捕措施作出了否定。这实际上是一个两难的问题。如果将逮捕了的犯罪嫌疑人变更强制措施说成是对逮捕措施的否定，在理论上也是不成立的。因为变更强制措施时并不能得出这之前不应当对犯罪嫌疑人进行逮捕的结论。如果说没有否定原逮捕措施，那么再进行逮捕实际上就是重复地对犯罪嫌疑人实施逮捕措施。所以，仅仅从措施的采用方面是难以得出合理解释的。

我们认为，在上述的分歧观点中，还是应当倾向于采用后一种观点。理由是，侦查机关如果直接将犯罪嫌疑人收监，实质上是侦查机关在自行作出逮捕决定，而公安机关只有执行逮捕的权力，没有自行决定逮捕的权力。同时，原逮捕决定虽未撤销，但经过变更后已实际不再执行，刑事诉讼法也没有规定对变更逮捕后还可以再恢复。所以，侦查机关将被逮捕的人变更为取保候审或者监视居住后，发现又需要逮捕犯罪嫌疑人的，应当报请人民检察院重新作出逮捕决定。2000年8月28日最高人民检察院、公安部印发的《关于适用刑事强制措施有关问题的规定》第32条对此作了如下规定：公安机关立案侦查的案件，对于已经逮捕的犯罪嫌疑人变更为取保候审、监视居住后，又发现需要逮捕该犯罪嫌疑人的，公安机关应当重新提请批准逮捕。人民检察院直接立案侦查的案件具有前款规定情形的，应当重新审查决定逮捕。

## 五十四、对投案自首的犯罪嫌疑人可否不执行逮捕

实践中经常会遇到，公安机关在执行逮捕前，犯罪嫌疑人即投案自首，这时公安机关是否还需要对其执行逮捕？首先应当予以肯定的是，对犯罪嫌疑人、被告人进行逮捕与他们的自动投案之间并不存在必然的联系。逮捕是针对实施了犯罪行为且有证据证明，采取取保候审尚不足以防止其社会危险性发生的犯罪嫌疑人、被告人，在符合法律规定的特定条件下，为保证刑事诉讼的顺利进行而采取的审前剥夺人身自由权利的严厉强制措施。而自首，是指犯罪分

子在作案后自动向公安、司法机关投案,并愿意接受审判的强制措施。逮捕主要考虑的是犯罪嫌疑人、被告人给社会造成危害性的大小,当然同时也考虑到人身危险性问题,即不对犯罪嫌疑人、被告人实行逮捕是否会继续犯罪。而自首则主要反映了行为人实施犯罪后的主观认罪态度,其中也包含有人身危险性因素。综合来看,逮捕与自首之间虽然不存在必然的联系,但也存在相互关联的一些因素,即犯罪嫌疑人、被告人的主观恶性问题。主观恶性与社会危害性之间存在一个谁强谁弱的比例问题,而这个比例在一定的程度上可以作为衡量是否予以逮捕的根据。对于社会危害性特别严重,即使犯罪嫌疑人、被告人主观上具有悔罪的表现,法律也不可能超越底线作出有利于被告人的判决。而只有对那些处于应当逮捕边缘的情况,才可以根据犯罪嫌疑人、被告人的主观态度来决定是否从宽采取强制措施。

所以,我们认为,对于人民检察院已经作出逮捕决定,而公安机关尚未来得及执行,犯罪嫌疑人就已自动投案自首的,应当根据犯罪的严重程度和犯罪嫌疑人投案自首的动机来确定。对于犯罪的社会危害性不大,比如,可能判处3年以下有期徒刑,不是危害国家安全犯罪、严重刑事犯罪、严重职务犯罪、严重妨害社会秩序的犯罪,属于一般经济犯罪的犯罪嫌疑人、被告人,只要行为人的主观恶性不深,在犯罪嫌疑人、被告人犯罪后自动投案的,说明他愿意接受司法机关的处理,一般不会发生新的社会危险性,可以变更逮捕措施,采取取保候审或者监视居住的办法,并将执行情况通知批准逮捕的人民检察院。但对于犯罪的社会危害性严重、犯罪嫌疑人主观恶性深、影响恶劣的案件,如危害国家安全、杀人、放火、强奸、抢劫等严重刑事犯罪,以及严重的贪污贿赂犯罪等,即使犯罪嫌疑人能自动投案,但为了保障刑事诉讼活动的顺利进行,也应当对其及时执行逮捕措施。

**五十五、军队保卫部门、军事检察院能否对地方人员采取强制措施**

军队保卫部门、军事检察院与地方公安、司法机关具有明确的管辖分工,在正常的情况下,军队与地方公安、司法机关是不应当相互实行管辖的。但是在一些特殊情况下,由于犯罪的突发性和犯罪性质判断上的模糊性,很难根据当时当地的情况作出正确的、合法的判断,这时,在管辖问题上也可能引起一些法律上和认识上的冲突。所以,军队和地方公安、司法机关也应当根据具体情况来处理应当采取的强制措施问题。1993年6月19日最高人民检察院在回复中国人民解放军军事检察院的请示时所作的《关于对由军队保卫部门军事检察院立案的地方人员可否采取强制措施问题的批复》中,曾经对军队保卫部门、军事检察院能否对地方人员采取强制措施问题作了一些规定。这里结合有关部门的规定，对这一问题作如下几点说明：

1. 对于发生在没有设置接受当地公安机关业务领导的保卫部门或治安保卫组织的由军队注册实行企业化管理的公司、厂矿、宾馆、饭店、影剧院以及军地合资经营企业的案件，如果作案人员身份明确，并且有必要的证明文件证明其是地方人员，军队保卫部门、军事检察院应当将案件交由地方公安机关、人民检察院管辖。在这种情况下，军队保卫部门、军事检察院不能对地方人员采取强制措施。

2. 如果在当时的情况下无法查清作案人员的身份，而且根据犯罪发生的情况，必须采取较为严厉的强制措施，才能有效防止犯罪行为的继续发生，否则将会给国家、社会和公民权益造成更大损失的，军队保卫部门、军事检察院应当采取必要的强制措施，一般是采用拘留的形式，将犯罪嫌疑人暂时予以羁押。但在羁押期间一旦查清了被采取强制措施的犯罪嫌疑人属于地方管辖的，应当依照相关程序将案件移交有关部门处理。

3. 如果是在立案后才查明作案人是地方人员的，应当按照刑事诉讼法有关管辖的规定，及时将案件移交地方公安机关、人民检察院处理。军队保卫部门、军事检察院对犯罪嫌疑人、被告人采取的强制措施不再有效。

## 五十六、侦查机关对外国犯罪嫌疑人采取强制措施应当注意哪些问题

从各国刑法和刑事诉讼法规定的内容看，不同国家对外国人犯罪与本国人犯罪在刑法的适用和诉讼管辖方面，都存在一定程度的差别。因为在刑事管辖方面，有的国家采取属地主义原则，有的采取属人主义原则，还有的采用折中主义原则或国际管辖原则。这些差别在某种程度上也影响到侦查程序中对犯罪嫌疑人、被告人采取强制措施的方法和内容。我国刑法和刑事诉讼法的规定都是采用以属地原则为基础，以属人原则和保护原则为补充。即根据我国《刑法》第6条规定，凡在中华人民共和国领域内犯罪的，除法律有特别规定的以外，都适用本法。该法条规定的内容就是属地管辖原则。同时，《刑法》第8条还规定：外国人在中华人民共和国领域外对中华人民共和国国家或者公民犯罪，而按本法规定的最低刑为3年以上有期徒刑的，可以适用本法，但是按照犯罪地的法律不受处罚的除外。这就是在属地主义原则基础上采用的保护性原则为补充。新《刑事诉讼法》第16条也规定：对于外国人犯罪应当追究刑事责任的，适用本法的规定。对于享有外交特权和豁免权的外国人犯罪应当追究刑事责任的，通过外交途径解决。在刑事诉讼程序适用方面，公安部发布的《公安机关办理刑事案件程序规定》，专门对外国人犯罪案件采取强制措施的

相关问题作了具体规定。结合我国法律和有关方面规定，侦查机关在对外国籍犯罪嫌疑人、被告人采取强制措施时，应当注意以下几个方面的问题：

1. 需要对外国人采取逮捕、拘留、监视居住、取保候审等强制措施的，应当首先分清外国人的身份，如果是普通外国公民，负责采取强制措施的侦查机关应当在采取侦查措施之前，将案件报经省级公安机关负责人批准。并且将有关案情、处理情况等，于采取强制措施的48小时以内报告公安部，同时通报同级人民政府外事办公室。对于享有外交特权与豁免权的外国犯罪嫌疑人，应当层报公安部和外交部，通过外交途径解决。

2. 对外国籍犯罪嫌疑人依法作出取保候审、监视居住决定或者执行拘留、逮捕后，有关省、自治区、直辖市公安厅、局应当在规定的期限内，将外国人的姓名、性别、入境时间、护照或者证件号码、案件发生的时间、地点及有关情况、涉嫌犯罪的主要事实，已采取的强制措施及其法律依据，通知该外国人所属国家的驻华使馆、领事馆，同时报告公安部。外国人在公安机关侦查或者执行刑罚期间死亡的，有关省、自治区、直辖市公安机关应当通知该外国人所属国家的驻华使馆、领事馆，同时报告公安部。

3. 外国籍犯罪嫌疑人可以依照我国刑事诉讼法规定的程序聘请辩护律师。在侦查阶段，只能聘请律师为其充当辩护人。辩护律师在侦查阶段，只能为被采取强制措施的犯罪嫌疑人提供法律帮助、代理申诉、控告、申请变更强制措施，向侦查机关了解犯罪嫌疑人涉嫌的罪名和案件有关情况，不能介入侦查活动进行调查和查阅案卷材料。外国籍犯罪嫌疑人所要聘请的律师，必须是在中华人民共和国境内的律师事务所执业的律师。对于必须聘请辩护律师的外国籍犯罪嫌疑人，如果本人没有委托辩护律师，侦查机关可以通知具有法律援助义务的机构指定律师为其辩护。

4. 外国籍犯罪嫌疑人被侦查机关采取强制措施后，案件侦查终结前，外国驻华外交、领事官员要求与被监视居住、拘留、逮捕等本国公民会见的，立案侦查的公安机关应及时安排有关的会见事宜。犯罪嫌疑人拒绝与其所属国家驻华外交、领事官员会见的，公安机关可以不予安排，但应当由其本人提出书面声明。在公安机关侦查羁押期间，经公安机关批准，外国籍犯罪嫌疑人可以与其近亲属、监护人会见，与外界通信。

5. 对外国籍犯罪嫌疑人采取强制措施，经省级公安机关批准，可以依法扣留其护照及其他可以作为出入境证件使用的身份证明文件，如出国、出境旅行证等。扣押有效证件后，应当发给被扣押人相关证明文件作为被扣押的证明，并将有关情况及时报告公安部和外事部门。

### 五十七、怎样理解附条件逮捕措施

所谓附条件逮捕，是指对于严重刑事犯罪案件，在提请和审查批准逮捕犯罪嫌疑人时，认为证明其犯罪的事实证据尚未达到批准逮捕的一般标准，但确实具备补充、完善证据的条件和可能，侦查机关已有侦查计划与方案的，检察机关可予以作出逮捕决定，同时要求侦查机关或者侦查部门进一步提供补充证据材料的一种措施。

2006年8月17日最高人民检察院作出的《人民检察院审查逮捕质量标准（试行）》第4条规定："'有证据证明有犯罪事实'，一般是指证据所证明的事实已构成犯罪。对于证据有所欠缺但已基本构成犯罪、认为经过进一步侦查能够取到定罪所必需的证据、确有逮捕必要的重大案件的犯罪嫌疑人，经过检察委员会讨论决定可以批准逮捕并应当采取以下措施：（一）向侦查机关发出补充侦查提纲，列明需要查明的事实和需要补充收集、核实的证据，并及时了解补充取证情况；（二）批准逮捕后3日内报上一级人民检察院备案；（三）侦查机关在侦查羁押期限届满时，仍未能取到定罪所必需的充足证据的，应当及时撤销批准逮捕决定。"这标志着附条件逮捕制度的确立。

附条件逮捕制度虽然在理论上引起了一些非议，但对于解决司法实践中存在的具体问题却是有益无害。它的主要作用在于解决了那些证据尚未符合逮捕条件，但根据实际情况确实需要逮捕的案件的去留问题，为保证那些取证难的侦查活动的顺利进行提供了一个有利条件。然而，对于审查决定和批准逮捕部门来说，它们必须具有可供遵循的事实依据和法律依据，所以，立法上的缺失是必须解决的关键问题。此外，法律应当规定明确的逮捕标准也是问题的关键。我国刑事诉讼法本身已经明确规定了逮捕的基本条件，是必须有证据证明有犯罪事实，才能对犯罪嫌疑人实施剥夺人身自由的强制措施，否则，公民的人身自由权力就难以得到真正保障。而这些，在附条件逮捕过程中处于不确定的状态。既然是有证据证明达到了逮捕条件，就不需要附条件逮捕了；而如果没有达到有证据证明是犯罪嫌疑人实施了犯罪行为的程度，就不符合逮捕的条件，就不应当逮捕。按照这种推论，附条件逮捕制度在理论上还是很不成熟的。

## 第七节 附带民事诉讼

### 一、新刑事诉讼法对附带民事诉讼作了哪些修改

《修改决定》第36条、第37条对1996年《刑事诉讼法》第77条作了修

改,并增加了相应规定。修改和增加的内容包括以下几个方面:

1. 增加规定了在被害人死亡或者丧失行为能力的情况下附带民事诉讼的提起主体。新《刑事诉讼法》第99条第1款规定:"……被害人死亡或者丧失行为能力的,被害人的法定代理人、近亲属有权提起附带民事诉讼。"这一规定是根据民事诉讼的基本原理所作出的规定,体现了附带民事诉讼在有关民事权利义务方面与刑事诉讼的区别。

2. 增加规定了人民法院在刑事附带民事诉讼程序中采取保障性措施的范围。新《刑事诉讼法》第100条规定:"人民法院在必要的时候,可以采取保全措施,查封、扣押或者冻结被告人的财产。附带民事诉讼原告人或者人民检察院可以申请人民法院采取保全措施。人民法院采取保全措施,适用民事诉讼法的有关规定。"该款中增加了人民法院采取保全措施的手段,即在法律原规定的查封、扣押两项措施的基础上,增加了冻结措施。人民法院在必要的情况下,可以冻结被告人的财产。并且明确规定了人民法院对刑事附带民事诉讼案件采取保全措施,适用民事诉讼法的有关规定。

3. 增加规定了人民法院处理刑事附带民事案件中,可以就附带民事诉讼部分进行调解。在本次刑事诉讼法修改之前,司法实践中已经这样去做了。但过去一直没有刑事诉讼法的明确规定,只有司法解释的规定。这次刑事诉讼法的修改将这一做法正式上升为法律原则。即新《刑事诉讼法》第101条规定:"人民法院审理附带民事诉讼案件,可以进行调解。"

4. 规定了法院在对刑事附带民事诉讼进行判决和裁定时,应当考虑财产损失方面的因素。新《刑事诉讼法》第101条规定,人民法院审理附带民事诉讼案件,可以根据物质损失情况作出判决、裁定。

## 二、哪些人可以提起附带民事诉讼

附带民事诉讼,是指刑事诉讼过程中,因刑事犯罪而引发的经济赔偿问题,附带通过刑事审判程序一并予以解决的诉讼形式。从诉讼性质上讲,附带民事诉讼属于民事纠纷的解决范畴,它所要解决的核心问题是物质损失赔偿,与民事诉讼和行政诉讼中的损害赔偿基本相同。但是,由于这种赔偿是由犯罪行为所引起,在诉讼责任承担和解决的结果方面,与需要解决的刑事责任具有密不可分的紧密关系。从司法经济的角度考虑,将民事责任与刑事责任合并解决更为快捷和有利,所以,刑事诉讼法将其纳入一体诉讼程序进行解决。由于在解决的程序上要依赖于刑事诉讼程序,而在确定损害赔偿内容方面又必须依照民事法律的有关原则,所以,它具有法律适用上民事与刑事双重交叉的复合性特点。

由于我国实行刑事公诉垄断主义原则，有资格提起刑事公诉的主体只有检察机关。对于绝大多数刑事犯罪案件来说，检察机关就是刑事起诉的唯一主体。但民事诉讼与刑事诉讼不同，它的权利和义务关系本来是由民事诉讼程序来加以调整，如果借用刑事诉讼程序解决，不能抹杀其中民事诉讼的核心成分。所以，在适用刑事诉讼程序时，还应当考虑到民事诉讼的一些基本特点。其中，如提起民事诉讼的主体资格，就必须考虑到民事权利义务关系的产生和消失等问题。根据刑事诉讼法和最高人民法院有关司法解释的规定，下列人之一均可以依法提起刑事附带民事诉讼：

1. 由于被告人的犯罪行为而遭受物质损失的被害人。被害人是指因为犯罪行为而受到人身、财产损失的直接当事人。受到某一犯罪行为侵害的被害方可能是一人，也可能是多人。遭受的物质损失可能是财产方面的直接经济损失，也可能是因为身体受到伤害从而引起的直接经济损失。所以，这里的物质损失，不是单指给物质利益方面造成的损失，而是可以用物质来衡量的经济损失。但是，这些所谓物质损失必须是由犯罪行为直接造成的损失，不包括间接性经济损失。

2. 因犯罪行为遭受物质损失的法人和其他组织。法人是相对于自然人而言的一种模拟主体。自然人是以生命为存在形式的个体；而法人是以价值形态为存在形式的组织，是社会组织在法律上的人格化。将法人与自然人一道作为权利义务主体也是现代社会发展的客观需要所决定的。所谓其他组织，是指本身虽然不具有法人资格，但有其自身存在的特殊价值并且权利义务受到法律保护的组织。作为模拟人体的法人和其他组织，在物质财产权利遭受犯罪侵害的情况下，也应当有权提起附带民事诉讼。

3. 如果是国家财产、集体财产遭受损失，受损失的单位未提起附带民事诉讼，人民检察院可以在提起公诉时提起附带民事诉讼。国家财产和集体财产代表了全民利益和部分群体利益关系。大众化的利益关系不能以群体来起诉，只能由代表者和管理者来代理其起诉。如果某些受到犯罪行为侵害的全民利益和群体利益没有代表者来提起诉讼的话，国家应当承担起维护社会整体利益的职责。人民检察院作为社会公共利益的代表者，有资格对这些无起诉主体的案件充当代理人来提起附带民事诉讼。

4. 已死亡被害人的法定代理人、近亲属、继承人，有权提起附带民事诉讼。一般来说，刑事法律上的权利义务关系不存在继承问题，而民事上的权利义务关系往往产生继承问题。所以，对于死亡了的犯罪嫌疑人、被告人，追究刑事责任的程序可以终结。而作为具有民事法律关系的被害人，在其死亡后，它受到犯罪行为损害的利益可以由其继承者或代理者来继续追究。所以，在刑事犯罪案件中,如果被害人死亡,其近亲属或法定代理人可以提起附带民事诉讼。

### 三、提起附带民事诉讼应当符合哪些程序要求

根据最高人民法院发布的《关于执行〈中华人民共和国刑事诉讼法〉若干问题的解释》第88条至第91条的规定,提起附带民事诉讼应当符合以下要求:

1. 附带民事诉讼的起诉条件:(1)提起附带民事诉讼的原告人、法定代理人符合法定条件;(2)有明确的被告人;(3)有请求赔偿的具体要求和事实根据;(4)被害人的物质损失是由被告人的犯罪行为造成的;(5)属于人民法院受理附带民事诉讼的范围。

2. 附带民事诉讼应当在刑事案件立案以后第一审判决宣告之前提起。有权提起附带民事诉讼的人在第一审判决宣告以前没有提起的,不得再提起附带民事诉讼。但可以在刑事判决生效后另行提起民事诉讼。

3. 在侦查、预审、审查起诉阶段,有权提起附带民事诉讼的人向公安机关、人民检察院提出赔偿要求,已经公安机关、人民检察院记录在案的,刑事案件起诉后,人民法院应当按附带民事诉讼案件受理;经公安机关、人民检察院调解,当事人双方达成协议并已给付,被害人又坚持向法院提起附带民事诉讼的,人民法院也可以受理。

4. 提起附带民事诉讼一般应当提交附带民事诉状。书写诉状确有困难的,可以口头起诉。审判人员应当对原告人的口头诉讼请求详细询问,并制作笔录,向原告人宣读;原告人确认无误后,应当签名或者盖章。

### 四、可以提起附带民事诉讼的刑事案件有哪些

根据新《刑事诉讼法》第99条的规定:"被害人由于被告人的犯罪行为而遭受物质损失的,在刑事诉讼过程中,有权提起附带民事诉讼。……如果是国家财产、集体财产遭受损失的,人民检察院在提起公诉的时候,可以提起附带民事诉讼。"2000年12月13日最高人民法院发布的《关于刑事附带民事诉讼范围问题的规定》规定了以下几个方面的内容:(1)因人身权利受到犯罪侵犯而遭受物质损失或者财物被犯罪分子毁坏而遭受物质损失的,可以提起附带民事诉讼。对于被害人因犯罪行为遭受精神损失而提起附带民事诉讼的,人民法院不予受理。(2)被害人因犯罪行为遭受的物质损失,是指被害人因犯罪行为已经遭受的实际损失和必然遭受的损失。(3)犯罪分子非法占有、处置被害人财产而使其遭受物质损失的,人民法院应当依法予以追缴或者责令退

赔。被追缴、退赔的情况，人民法院可以作为量刑情节予以考虑。经过追缴或者退赔仍不能弥补损失，被害人向人民法院民事审判庭另行提起民事诉讼的，人民法院可以受理。

从刑事诉讼法和最高人民法院的司法解释的规定看，能够提起附带民事诉讼的主要是因犯罪行为而给国家或者公民造成物质损失的情形。但法律没有具体规定可以对哪些情形提起附带民事诉讼，或者对所有造成物质损失的犯罪案件都可以提起附带民事诉讼。因而实践中对此存在不同的看法。有人认为，凡是犯罪行为所造成的物质损失，被害人都可以提起附带民事诉讼，如果不允许被害人提起，既违背了法律规定，也不利于保护被害人的合法权益。因此，无论犯罪行为所造成的是经济的或物质的损失，都可以提起附带民事诉讼，要求被告人赔偿损失。也有人认为，虽然刑法和刑事诉讼法没有限制附带民事诉讼的范围，但从司法实践看，提起附带民事诉讼一般仅限于承担损害赔偿的犯罪案件，如果不是赔偿损失的犯罪案件，就不应当提起附带民事诉讼。还有人认为，因犯罪行为给被害人造成的一切经济损失，原则上都可以提起附带民事诉讼，但是，被害人所受损失已经得到补偿的，就没有必要提起附带民事诉讼。

我们认为，上述几种观点均有一定道理。对于提起附带民事诉讼案件的范围，应当加以必要的限制：一是不能所有造成损失的刑事案件都可以提起附带民事诉讼，因为附带民事诉讼毕竟不是普通的民事诉讼，而是以刑事诉讼为依托，以刑事犯罪为前提的。二是对造成经济或物质损失的刑事案件也不能全部都应当提起附带民事诉讼，如因犯罪行为造成的轻微物质经济损失，如果也允许提起附带民事诉讼，那么绝大多数刑事案件都可能会有附带民事诉讼，这样就可能冲淡刑事诉讼程序，影响刑事诉讼活动的顺利进行。三是应当将因犯罪行为造成的物质损失进行区分，应当单独提起民事诉讼的，就不应当作为附带民事诉讼案件审理，否则，不仅影响到刑事诉讼程序的正常进行，同时也难以保证民事诉讼部分的公正审判。四是应当考虑到犯罪人承担的刑事责任问题，如果一般犯罪行为所造成的物质经济损失都要附带民事诉讼，那么刑事被告人既要承担刑事责任，又要承担相应的民事赔偿责任，这对犯罪人来说也是不公平的。所以，我们认为，可以提起附带民事诉讼的案件，应当是那些因犯罪行为而给被害人或者国家造成较大的物质经济损失的刑事案件，而这些案件只能通过附带民事诉讼解决或者采取附带民事诉讼方式解决最为合适。

### 五、已死亡被害人的继承人是否有权提起附带民事诉讼

有的刑事案件由于被害人已经死亡，其继承人在刑事诉讼中向人民法院提起附带民事诉讼。实践中，对被害人的继承人提出的附带民事诉讼，人民法院

应否受理持有不同看法。有人认为不应当受理，因为刑事诉讼法规定有权提起附带民事诉讼的只能是刑事案件的被害人，由其他人提起就不符合法律规定。也有人认为，被害人的继承人可以提起附带民事诉讼，主要理由有三点：一是被害人的死亡可能给被害人的法定代理人、继承人造成物质上的损失，如死亡被害人生前的医疗费、死亡后的丧葬费等，既然是被告人的犯罪行为造成的损失，就应当允许受损失人提起附带民事诉讼；二是便于将被告人应承担的刑事责任与其犯罪行为造成的物质损失的赔偿问题一并解决；三是依照民事诉讼法的有关规定，被害人死亡后其继承人也可代其参加诉讼，如果不允许被害人的法定代理人、继承人代其行使民事诉讼权利，就违背了设立附带民事诉讼制度的意图，而司法实践中很多法院也都允许被害人的法定代理人、继承人提起附带民事诉讼。

我们知道，刑事附带民事诉讼既具有刑事诉讼法上的特征，又应当具备民事诉讼方面的特点，否则就难以称其为刑事附带民事诉讼了。既然具有刑事和民事两个方面的特点，在法律的适用上就会受到来自两个方面的约束。在程序方面，肯定要受到刑事诉讼程序方面的一些约束；在民事权利义务和民事赔偿实体问题解决方面，又毫无例外地要受到民事诉讼法和民法相关规定的约束。所以我们认为，在上述关于死亡被害人的继承人是否享有提起刑事附带民事诉讼权利的两种观点中，后一种观点比较正确。也可能有人会认为，被害人死亡后，其继承人无法得到被害人的授权，诉讼的来源是否可靠？我们认为，既然被害人已经死亡，被害人的继承人从客观上也不可能经过被害人同意或者授权，他们的民事权利只能依靠他们自己来维护。他们所应当享有的民事权利，决定了他们在民事诉讼中都应当享有独立的民事诉讼权利。任何公民在自身民事权益遭受损害的情况下，都应当有权对侵犯自己民事权益的相对人提起民事诉讼。刑事附带民事诉讼也不例外。但是，如果被害人实际上并没有死亡，而是丧失了民事行为能力，在这种情况下，就应当依法由被害人的法定代理人提起附带民事诉讼；如果被害人尚未死亡，不是属于无民事行为能力的人，被害人的未来继承人必须受被害人委托后才能提起附带民事诉讼。最高人民法院发布的《关于执行〈中华人民共和国刑事诉讼法〉若干问题的解释》第84条规定："已死亡被害人的近亲属、无行为能力或者限制行为能力被害人的法定代理人，有权提起附带民事诉讼。"根据这一规定，被害人的近亲属在被害人死亡的情况下，有权提起附带民事诉讼。如果享有继承权的人属于死亡被害人的近亲属，当然有权提起附带民事诉讼。如果不是被害人的近亲属，只要是享有死亡被害人财产继承权的人，根据民法的有关规定，也理当享有民事起诉的权利。因此，被害人的继承人在被害人死亡的情况下，有权提起附带民事诉讼；

在被害人没有死亡时,只有其法定代理人有权提起附带民事诉讼。

## 六、附带民事诉讼中依法负有赔偿责任的人有哪些

刑事附带民事诉讼与刑事诉讼不同的是,刑事责任贯彻个人主义原则,刑事诉讼中的责任只局限犯罪主体,其他与犯罪行为无关的人不承担连带或者承继性责任。而附带民事诉讼则有所区别,因为它产生的基础是建立在民事责任基础之上的,需要按照民法的有关要求来处理权利义务关系。对于因犯罪行为而造成的民事赔偿责任,不仅实施犯罪的行为人负有民事赔偿责任,即使与犯罪行为无关,但与犯罪者在财产关系上存在权利义务关系的,也可能产生连带性或继承性的民事赔偿责任。根据最高人民法院《关于执行〈中华人民共和国刑事诉讼法〉若干问题的解释》第86条、第87条的规定,以下几种人都应当负有附带民事赔偿责任:

1. 刑事被告人及没有被追究刑事责任的其他共同致害人。刑事被告人是当然应当承担法律责任的附带民事赔偿主体,刑事被告人包括实施了犯罪行为的公民、法人和其他组织,除了刑事被告人之外,在同一刑事犯罪案件中共同造成了损害结果的其他人,也应当承担因自己所参与行为而造成的部分损失。这是由附带民事诉讼中民事责任的连带因素所引起的。

2. 未成年刑事被告人的监护人。监护人是指对无行为能力或限制行为能力人的人身、财产以及其他合法权益负有监督和保护责任的人。由于刑事附带民事诉讼在涉及赔偿责任方面要参酌民事责任原则,所以,必须以民法上的民事责任为根据。当被监护人做出违法行为时,监护人就具有承当其损害后果的必要责任。在我国民法上,依法承担监护职责的人主要有三类:一是监护人的近亲属,包括父母、成年子女、配偶、兄弟姐妹、祖父母、外祖父母、孙子女、外孙子女;二是自愿承担监护义务人,如被监护人的亲属、朋友等,这类人一般应经过有关单位认可;三是社会监护人,主要是指被监护人所在单位、基层组织或民政部门等。

3. 已被执行死刑的罪犯的遗产继承人。已被执行死刑的罪犯,是指经过法院作出的终审判决,并且已经执行死刑的犯罪分子。如果该犯罪人尚有个人财产留在世上,则由他的继承人继承。遗产继承人不仅享有对他的财产的继承权力,也负有清偿债务的义务。所以,具有继承权的人应当以其继承的份额来承担因犯罪行为所造成的损失。遗产继承权指继承人根据法律的规定或者被继承人所立的合法有效的遗嘱享有的承受被继承人遗产的权利。根据我国现行继承法的规定,遗产按照下列顺序继承:第一顺序为配偶、子女、父母。第二顺序为兄弟姐妹、祖父母、外祖父母。继承开始后,由第一顺序继承人继承;在

没有第一顺序继承人继承的情况下,再由第二顺序继承人继承。

4. 共同犯罪案件中,案件审结前已死亡的被告人的遗产继承人。与前述情况基本相同,无论是被执行死刑的犯罪分子还是判决宣告前已经死亡的被告人,他们的遗产继承人不仅享有继承其财产的权利,同时也负有承担清偿债务和连带赔偿损失的责任。但清偿债务和赔偿损失一般以能够继承的财产数量为限。

5. 其他对刑事被告人的犯罪行为依法应当承担民事赔偿责任的单位和个人。这类负有刑事赔偿责任的人,一般属于具有转嫁责任的单位或个人。由于法律错综的规定和实践中的情况千差万别,要分清这类责任人事实上是很困难的。但一般来说,明显负有民事连带赔偿责任的单位或个人,就应当列为依法应当承担民事赔偿责任的单位和个人。如因工程安全造成伤害结果的犯罪行为人所在单位,生产销售伪劣商品犯罪中的企业合伙人等。此外,如果附带民事诉讼的成年被告人负有民事赔偿责任,他的亲属自愿代为承担,也应当准许。

## 七、只对刑事附带民事诉讼部分提出上诉应当如何审查

如果刑事判决部分既没有被告人上诉,也没有人民检察院的抗诉,只有原告人对附带民事诉讼部分提出上诉,在这种情况下,二审人民法院是进行"全面审查",还是仅就第一审判决中附带民事诉讼部分进行审查?理论上对此存在不同看法,有人认为应当"全面审查",也有人认为可以仅就附带民事诉讼上诉部分进行审查。对此,最高人民法院发布的《关于执行〈中华人民共和国刑事诉讼法〉若干问题的解释》第249条规定:审理附带民事诉讼的上诉、抗诉案件,应当对全案进行审查。如果第一审判决的刑事部分并无不当,第二审人民法院只需就附带民事诉讼部分作出处理。如果第一审判决附带民事部分事实清楚,适用法律正确的,应当以刑事附带民事裁定维持原判,驳回上诉、抗诉。

根据上述规定,我们认为,附带民事诉讼的上诉人一般都是原审刑事案件中的被害人,被害人是刑事诉讼中的当事人。因此,被害人对附带民事诉讼部分提起上诉,其上诉的效力应当及于全案,二审法院不受上诉理由和范围的限制,应当对案件进行全面审理。既要审查附带民事诉讼部分,也要审查刑事诉讼部分。只有进行全面审查,才能分清当事人的民事责任,对附带民事诉讼部分作出正确的处理。在对案件进行审查时,应当分别以下情况处理:

1. 二审法院通过对全案进行审理后,如果发现原审判决刑事部分和民事部分均存在事实不清、证据不足,二审法院应当依照二审程序规定将案件发回原审法院重新审理。

2. 二审法院在二审过程中，如果发现案件事实、证据不存在问题，仅仅是民事部分处理不公，二审法院可撤销原民事判决部分，直接就民事部分作出判决；如果案件事实、证据不存在问题，但刑事部分量刑不当，民事部分则处理恰当，二审法院也可以直接对刑事部分进行改判，维持民事判决部分。

3. 二审法院在二审过程中，对当事人没有提起刑事上诉，人民检察院也没有提起抗诉，而一审判决附带民事部分又事实清楚，适用法律正确的，应当以刑事附带民事裁定维持原判，驳回上诉、抗诉。

## 八、可否在侦查、起诉阶段对附带民事诉讼案件实行财产保全

在刑事诉讼过程中，被害人往往在侦查、起诉阶段就向公安、检察机关提出附带民事诉讼要求。在这些附带民事诉讼中，有很多案件中的财产问题确实处于情况紧急的状态，需要采用一定的保全措施来加以解决。在这种情况下，如果被害人向公安、检察机关提出要求对被告人的财产进行保全，公安、检察机关是否可以采取保全的措施呢？实践中对此有不同的看法。有人认为，对于情况紧急，如果不采取财产保全措施，被告人或其亲属就可能转移财产时，公安、检察机关为了充分保护被害人的合法权益，也可以采取查封、扣押或者冻结的措施来保全财产；也有人认为，新《刑事诉讼法》第100条没有规定公安、检察机关可以直接采取查封、扣押或者冻结等财产保全措施，如果公安、检察机关直接采取财产保全，就是越权，就是违法，所以，财产保全的措施只能由人民法院采取。

我们认为，公安、检察机关虽然在刑事诉讼中，根据案件情况可以对因犯罪行为所涉及的财产采取查封、扣押或者冻结的措施，但这是为了保障侦查、起诉的顺利进行，保证国家、集体和公民个人因犯罪行为所造成的损失不再扩大。这里的查封、扣押或者冻结对象是指因犯罪行为直接作用的财或物，查封的主要理由是这些物品可能属于犯罪物品或者证据，需要通过它们来证实犯罪，并不主要因为这些物品会在民事经济上造成多大的损害。而附带民事诉讼所要求赔偿的对象并非完全属于犯罪行为所直接作用的财或物，而是指犯罪嫌疑人或被告人的个人所有财产。刑事犯罪的客体是被犯罪行为侵害的社会关系，在被侵害的社会关系下才能体现犯罪对象，具体的人或物也只能是某些犯罪的具体对象，而不是所有犯罪的对象。在民事法律关系中，所有损害对象都体现为具体的人或者物，只有存在具体的人或者物才有民事法律关系可言。虽然刑事诉讼中的财物不能当然地代表当事人之间的财产关系，但刑事附带民事诉讼中的这些财产则属于民事范围而不属于刑事范围。正因为在刑事附带民事诉讼案件中，刑事诉讼部分按照刑事诉讼法处理；民事诉讼部分则参照民事诉

讼程序和民法的有关原则处理，而有民事司法权的机关只有法院，公安机关和人民检察院都不具有民事诉讼处决权。所以，对于附带民事诉讼案件中出现的财产保全，应当依照新《刑事诉讼法》第100条的规定，由对民事审判负有特定责任的人民法院依照民法和民事诉讼法的有关规定处理，公安、检察机关不应当直接采取类似于刑事侦查措施中的查封、扣押或者冻结的手段来实行民事财产保全措施。

### 九、单位作为被害人的主要特点有哪些

单位作为被害人参与刑事诉讼，与被害自然人在刑事诉讼中的诉讼地位、所享有的诉讼权利和所负担的诉讼义务大致相同。单位作为被害人参与刑事诉讼与被害自然人参与刑事诉讼相比，主要应当注意以下几点：

1. 单位被害人应通过其法定代表人来行使诉讼权利、负担诉讼义务。从形式上看，法人被害人是单一的，不存在被害人之间的利益冲突。由于单位属于拟制人，不像自然人那样具有从事诉讼的具体行为方式和思维方式，单位的行为载体只是通过自然人的具体行为方式表现出来。所以，单位虽然具有法律上的权利义务关系，但必须通过具有自然人特征的法定代表人来具体行使这些权利义务。

2. 单位的法定代表人实际上是被害单位的"诉讼代表人"身份，而他本人不是被害人，也不是证人。法定代表人在刑事诉讼中拥有独立的诉讼地位，有权行使被害人的一切诉讼权利，有义务维护单位的利益和权利，对单位负有法律上的全权责任。但法定代表人的诉讼行为所产生的法律后果，应当归属于单位整体，而不是由法定代表人来承担。当然，在某些特定条件下，法定代表人也应对属于自己权限范围内的行为承担责任。

3. 单位与自然人一样，也可以提起自诉，成为自诉人。在刑事诉讼中，法律规定的自诉案件中的自诉人包括受到犯罪行为侵害的被害人或其监护人。单位可以成为刑事犯罪案件中的被害人，自然可以成为刑事诉讼中的自诉人。在被害人的权益受到侵犯的情况下，只要是在自诉的范围内，为追究被告人刑事责任，单位就可以作为自诉人直接向法院提起刑事诉讼。

## 第八节　期间、送达及其他

### 一、执行期间、送达应当注意哪些事项

根据刑事诉讼法和有关司法解释的规定，刑事诉讼中涉及期间、送达时应

当注意以下事项:

1. 期间以时、日、月计算。期间开始的时和日不计算在期间以内;计算法定期间时应当将路途上的时间扣除;期间的最后一日为节假日的,以节假日后的第一日为期间届满日期。法定期间不包括路途上的时间。上诉状或者其他文件在期满前已经交邮的,不算过期。

2. 在计算刑事诉讼期间时,期间的最后一日为节假日的,以节假日后的第一日为期间届满日期,但犯罪嫌疑人、被告人或者罪犯在押期间,应当至期满之日为止,不得因节假日而延长。

3. 当事人由于不能抗拒的原因或者有其他正当理由而耽误期限的,在障碍消除后5日以内,可以申请继续进行应当在期满以前完成的诉讼活动。但当事人的申请是否得到准许并实施,由人民法院裁定。

4. 直接送达诉讼文件有困难的,可以委托收件人所在地的公安、司法机关代为送达,或者邮寄送达。委托送达的,应当将委托函、委托送达的诉讼文件及送达回证,送达至收件人所在地的公安、司法机关。受委托的公安、司法机关收到委托送达的诉讼文件后应当予以登记,并由专人及时送交收件人,然后将送达回证及时退回委托送达的公安、司法机关。受委托的公安、司法机关无法送达时,应当将不能送达的原因及时告知委托的公安、司法机关,并将诉讼文件及送达回证退回。邮寄送达的,应当将诉讼文件、送达回证挂号邮寄给收件人。挂号回执上注明的日期为送达的日期。

5. 诉讼文件的收件人是军人的,可以通过所在部队团级以上单位的政治部门转交;收件人正在服刑的,可以通过所在监狱或者其他执行机关转交;收件人正在劳动教养的,可以通过劳动教养单位转交。代为转交的部门、单位收到诉讼文件后,应当立即交收件人签收,并将送达回证及时退回送达的公安、司法机关。

6. 送达传票、通知书和其他诉讼文件应当交给收件人本人;如果本人不在,可以交给他的成年家属或者所在单位的负责人员代收。收件人本人或者代收人拒绝接收或者拒绝签名、盖章的时候,送达人可以邀请他的领导或者其他见证人到场,说明情况,把文件留在他的住处,在送达回证上记明拒收的事由、送达的日期,由送达人签名,即认为已经送达。

## 二、怎样计算刑事诉讼期间

刑事诉讼期间,是指公安机关、人民检察院、人民法院以及其他诉讼参与人,在规定期限内应当完成一定诉讼活动的时间限制。如刑事拘留的期限为3日,特殊情况可以延长1日至4日,对流窜作案、结伙作案、多次作案的可延长至 30 日，逮捕后的侦查羁押期限为 2 个月，等等。准确计算刑事诉讼期间，是保障正确执行刑事诉讼法和维护犯罪嫌疑人或被告人合法权益的重要方面。计算刑事诉讼期间应当包括以下几个方面：

1. 刑事诉讼期间的计算标准。根据新《刑事诉讼法》第 103 条的规定，期间以时、日、月计算。例如，公安机关对被拘留或者逮捕的人，应当在拘留或者逮捕后的 24 小时内进行讯问，并通知被拘捕人的家属，这个期间就是以"时"为计算单位；公安机关对被拘留的人，认为需要逮捕的，应当在拘留后的 3 至 7 日内提请人民检察院批准逮捕，这个期间是以"日"为计算单位；公安机关对于犯罪嫌疑人的侦查羁押期限不得超过 2 个月，补充侦查应当在 1 个月内完成等，这个期间以"月"为计算单位。侦查人员在对刑事诉讼法期间进行计算时，应根据不同的情况来计算办案中的期间。

2. 刑事诉讼期间的计算方法。根据新《刑事诉讼法》第 103 条第 2 款的规定，期间开始的时和日不算在期间以内。也就是说，在计算期间时，当时、当日不计算在内，从开始的次时、次日起计算。例如，公安机关于 4 月 29 日 20 时拘留犯罪嫌疑人，如果以"时"来计算期间时，就从 4 月 29 日 21 时开始算起，应在 24 小时以内的 4 月 30 日 21 时（不包括 21 时）以前把给被拘留人家属的通知书发出；如果以"日"为单位计算，就从 4 月 30 日开始计算，"五一"国际劳动节法定假日不得对在押的犯罪嫌疑人、被告人顺延，就应在 5 月 2 日至 6 日（包括 2 日和 6 日）以前将犯罪嫌疑人提请人民检察院批准逮捕；以"月"为计算单位的，实际上还是以"日"为起算时间。例如，犯罪嫌疑人于 4 月 29 日被逮捕，被捕后的侦查羁押期限为两个月，即从 4 月 30 日开始计算，其期间为 4 月 30 日至 6 月 29 日。

3. 刑事诉讼期间的重新计算。根据新《刑事诉讼法》第 158 条的规定，在侦查期间，发现犯罪嫌疑人另有重要罪行的，自发现之日起依照本法第 154 条的规定重新计算侦查羁押期限。犯罪嫌疑人不讲真实姓名、住址，身份不明的，侦查羁押期限自查清其身份之日起计算。重新计算侦查羁押期限的期间，不应包括批准期间的时和日在内。例如，4 月 29 日发现犯罪，公安机关负责人于 5 月 4 日批准重新计算侦查羁押期限，那么计算时就应从 4 月 30 日开始，而不是从 5 月 5 日开始。

### 三、因不能抗拒的原因而耽误的期间属于何种性质

新《刑事诉讼法》第 104 条第 1 款规定："当事人由于不能抗拒的原因或者有其他正当理由而耽误期限的，在障碍消除后五日以内，可以申请继续进行应当在期满以前完成的诉讼活动。"对于该条规定的"耽误的期限"恢复后应

如何计算，有两种不同的观点。一种观点认为，申请恢复期间，经人民法院准许的，应当视为是期间的延长。因为期间本来应当在法定期满之日结束，但如果因为不可抗力或者其他正当理由而无法进行诉讼行为的，超过法定期限并且得到人民法院准许后的诉讼行为时间，应当认为是法定期间的延长。另一种观点认为，由于不能抗拒的原因或者有其他正当理由而耽误期限，属于期间的中断。申请恢复期间经人民法院准许，恢复的期间应只限于被耽误的期限，即当事人原来期限的剩余时间。剩余的时间从裁定准许之日起计算，至法定期间届满日终止。

我们认为，上述后一种观点是正确的，期间的延长与中断是有区别的。期间的延长是指期间经过当中，因有法定事由，而使原定期间相应延长，延长的时间必须由法律作出规定，如侦查期限的延长、审理期限的延长等；而期间的中断则是指期间进行过程中，因有法定事由，使正在进行的期间发生中断，待法定事由消失后，期间继续计算，法定事由发生前的期间应计入期间。在期间进行中由于不可抗拒的原因，使当事人完成诉讼行为已不可能，当事人对在诉讼过程中因不可抗力或其他正当理由所耽误期间，提出申请继续完成应当在期满以前完成的诉讼活动，应当视为期间的中断。

### 四、恢复期间的申请是否只能向人民法院提出

期间包括法定期间和指定期间。法定期间是指由法律作出明文规定的期间，包括公安机关、人民检察院、人民法院履行某种诉讼行为的期间和当事人履行某一诉讼行为的期间，如上诉期间、抗诉期间、对不起诉的申请期间等。指定期间是指由有权决定的机关根据法律的授权所决定的期间，如新《刑事诉讼法》第104条第2款规定："前款申请是否准许，由人民法院裁定。"法定期间在理论界和实践中的争议较少，而指定期间却存在一定程度的争议，特别是关于期间的指定主体问题。实践中，对应当指定的期间是否都应向人民法院提出申请，有以下不同的看法：有人认为，新《刑事诉讼法》第104条规定的期间恢复，并未明确指定是哪一种期间可以恢复，因此应理解为一切期间，只要是因不可抗拒的原因或其他正当理由而耽误时间申请恢复期间，都应当一律向人民法院提出申请，由人民法院裁定。也有人认为，当事人因耽误期间而提出申请的，如果是在法院所为诉讼行为的期间，应向人民法院提出；如果是在人民检察院为诉讼行为的期间，应向人民检察院提出。

在刑事诉讼的各个阶段，都有可能发生当事人不能抗拒的原因或正当理由，而不是仅限于在审判阶段。例如，侦查期间发现犯罪嫌疑人另有重要罪行的，重新计算侦查羁押期限；犯罪嫌疑人不讲真实姓名、住址、身份不明的，

侦查羁押期限自查清其身份之日起计算；公安机关或者检察机关补充侦查完毕后移送人民检察院或者人民法院的，人民检察院或者人民法院重新计算审查起诉或者审理期限；犯罪嫌疑人、被告人在押的，对他们作精神鉴定的期间，不计入办案期限。如果规定当事人的申请只能由法院裁定，那么法院在不知案情的前提下难以作出准确的裁定。但刑事诉讼法却只规定了一款，即由法院对期间进行裁决。我们认为，法律的这一规定只是考虑到了刑事审判环节，而没有照顾到侦查环节和公诉环节。侦查机关和公诉机关遇到期间恢复问题时，都需要事先经过法院裁决这道程序后，才能最终确定能否恢复。这对于刑事诉讼，特别是刑事侦查来说，在很多情况下是难以适应的。鉴于实践中的实际问题，应当对刑事诉讼法有关期间的立法进行修改，将当事人申请期间恢复的决定权扩展到刑事诉讼的各个阶段及其有关机关。

### 五、哪些情况下应当重新计算期间

期间重新计算，是指诉讼过程中因出现某一法定情况，使原来已进行的期间不再计算，而从恢复期间后再开始计算时间。根据刑事诉讼法和司法解释的有关规定，重新计算期间的情形有：

1. 在侦查羁押期间，如果发现犯罪嫌疑人还犯有其他重要罪行，自发现之日起重新计算侦查羁押期限，"另有重要罪行"是指原来立案的罪行以外的新的重要罪行。因为一个期间是针对一个特定的犯罪案件所作出的时间限制，在处理本案件范围内不得超越期间所规定的时间限制。但是，如果发现犯罪嫌疑人还犯有新罪没有被追究，这个待处理的新罪就需要确定一个新的办案期间，只局限于原有案件的期间肯定是不够的，也是不合适的。所以，对于发现犯罪嫌疑人还犯有其他重要罪行，或者在侦查期间又犯有新罪的，应当自发现之日或犯罪之日起，重新计算侦查羁押期限。

2. 人民检察院或者人民法院改变管辖的公诉案件，从改变管辖后的办案机关收到案件之日起重新计算办案期间。在原办理的公诉案件发生管辖权变更的情况下，接续管辖的办案机关需要重新熟悉案件情况，有的甚至需要重新进行调查取证，重新讯问犯罪嫌疑人、被告人，重新进行鉴定等。其办理案件需要的时间与改变管辖前并没有多大区别。所以，继续承接改变管辖的期间就无法有效完成办案工作，需要重新计算期间。

3. 人民法院退回人民检察院补充侦查的案件，人民检察院补充侦查完毕移送人民法院后，人民法院重新计算审理期限。补充侦查对于大多数案件来说，比较原始侦查所花费的精力和时间都可能要少。但补充侦查的内容在影响对犯罪行为的认定方面却几乎都是十分重要的。而且，有的案件如果前期取证工作陷于被动,在补充侦查中就更加难以获取有效证据。从这些角度看,给予补充侦查以原始侦查相同的侦查时间也是可以理解的。

4. 第二审人民法院发回原审人民法院重新审判的案件,重新计算审理期限,原审人民法院从收到发回的案件之日起,重新计算期限。同理,发回原审人民法院重新审判的案件,与退回补充侦查的案件具有形式上的相似性。法院依照程序进行审判,与原审判程序没有多大区别,而且在认定和处理方面可能更加谨慎和小心。所以,应当重新计算审理期间。

# 第二章 立案、侦查和提起公诉

## 第一节 立 案

### 一、新刑事诉讼法对立案程序作了哪些修改

《修改决定》在刑事案件的立案程序中新增加了一条,其主要内容是规定赋予公民对司法机关及其工作人员执行法律的监督。具体内容包括:

一是规定了刑事诉讼过程中,对于司法机关及其工作人员提出申诉和控告的主体。新《刑事诉讼法》第115条规定:"当事人和辩护人、诉讼代理人、利害关系人对于司法机关及其工作人员有下列行为之一的,有权向该机关申诉或者控告……"这里可以提出申诉、控告的主体主要是指与刑事诉讼程序相关的当事人、辩护人、诉讼代理人以及利害关系人。而不包括与刑事诉讼毫无关系的其他人。

二是增加规定了申诉和控告的范围及理由。根据新《刑事诉讼法》第115条规定,司法机关及其工作人员具有下列行为之一的,当事人和辩护人、诉讼代理人、利害关系人都有权向该机关申诉或者控告:(1)采取强制措施法定期限届满,不予以释放、解除或者变更的;(2)应当退还取保候审保证金不退还的;(3)对与案件无关的财物采取查封、扣押、冻结措施的;(4)应当解除查封、扣押、冻结不解除的;(5)贪污、挪用、私分、调换、违反规定使用查封、扣押、冻结的财物的。我们认为,法律规定的上述申诉、控告理由,只是对其他申诉、控告理由的补充,因为在这之外,法律还规定了其他可以申诉或者控告的理由和成立条件,如司法工作人员非法取证、强迫犯罪嫌疑人、被告人自证有罪等,都是可以申诉或者控告的理由。

三是规定了对申诉、控告处理的救济措施。根据新《刑事诉讼法》第115条的规定,受理申诉或者控告的机关应当及时处理。当事人和辩护人、诉讼代理人、利害关系人对处理不服的,可以再次向有处理权的其他机关申诉;如果原属检察机关之外的机关处理的案件,申诉人、控告人可以向同级人民检察院申诉;如果属于人民检察院直接受理的案件,可以向上一级人民检察院申诉。

人民检察院应当对申诉及时进行审查,情况属实的,通知有关机关予以纠正。在这里,法律实际上是规定一种特殊形式的复议制度,即由检察机关来负责对申诉人、控告人不服处理结果的案件进行复核。

## 二、刑事案件立案应当注意哪些事项

根据新刑事诉讼法以及公安部发布的《公安机关办理刑事案件程序规定》和最高人民检察院发布的《人民检察院刑事诉讼规则》的有关规定,刑事案件的立案应当掌握以下几点:

1. 刑事案件立案的主要来源。刑事案件立案的来源主要包括以下几个方面:一是公安机关或者人民检察院发现犯罪事实或者犯罪嫌疑人,按照管辖范围决定进行立案侦查;二是任何单位和个人发现有犯罪事实或者犯罪嫌疑人,有权利也有义务向公安机关、人民检察院或人民法院报案或者举报;三是被害人对侵犯其人身、财产权利的犯罪事实或犯罪嫌疑人,有权向公安机关、人民检察院或者人民法院报案或控告。

2. 报案、控告、举报的方式。自然人或者单位报案、控告、举报可以用书面的形式提出,也可以采用口头的方式提出。接受口头报案、控告、举报的工作人员,应当写成笔录,经宣读无误后,由报案人、控告人、举报人签名或者盖章。接受控告、举报的工作人员,应当向控告人、举报人说明诬告应负的法律责任。但是,只要不是捏造事实,伪造证据,即使控告、举报的事实有出入,甚至是错告的,也要和诬告严格加以区别。公安机关、人民检察院或者人民法院应当保障报案人、控告人、举报人及其近亲属的安全。报案人、控告人、举报人如果不愿公开自己的姓名和报案、控告、举报的行为,应当为他保守秘密。

3. 对报案、控告、举报的接收。公安机关、人民检察院或者人民法院对于报案、控告、举报,都应当接受。对于不属于自己管辖的案件或者材料,应当移送相关的主管机关处理,并且通知报案人、控告人、举报人;对于不属于自己管辖而又必须采取紧急措施的,应当先采取紧急措施,然后移送相关的主管机关。在立案时,如果认为没有犯罪事实,或者犯罪事实显著轻微,不需要追究刑事责任的,应当不予立案,并且将不立案的原因通知控告人。控告人如果不服,可以申请复议。

4. 对立案的监督。人民检察院认为公安机关对应当立案侦查的案件而不立案侦查的,或者被害人认为公安机关对应当立案侦查的案件而不立案侦查,向人民检察院提出的,人民检察院应当要求公安机关说明不立案的理由。人民检察院认为公安机关不立案理由不能成立的,应当通知公安机关立案,公安机关接到通知后应当立案。

5. 要案线索的分级备案制度。人民检察院对于直接受理的要案线索实行分级备案的管理制度。县、处级干部的要案线索一律报省级人民检察院备案，其中涉嫌犯罪数额特别巨大或者犯罪后果特别严重的，层报最高人民检察院备案；厅、局级以上干部的要案线索一律报最高人民检察院备案。要案线索是指依法由人民检察院直接立案侦查的县、处级以上干部犯罪的案件线索。要案线索的备案，应当逐案填写要案线索备案表。备案应当在受理后7日以内办理；情况紧急的，应当在备案之前及时报告。接到备案的上级人民检察院对于备案材料应当及时审查，如果有不同意见，应当在10日以内将审查意见通知报送备案的下级人民检察院。

### 三、人民检察院怎样对立案进行监督

人民检察院作为国家的法律监督机关，有权对法律实施和刑事诉讼过程进行全方位的监督，公安机关有义务依法接受监督。根据最高人民检察院《人民检察院刑事诉讼规则》第371条至第379条的规定，人民检察院对立案活动进行监督主要有以下规定：

1. 人民检察院发现公安机关对应当立案侦查的案件不立案侦查的，由审查逮捕部门审查；审查逮捕部门经过调查、核实有关证据材料，认为需要公安机关说明不立案理由的，经检察长批准，可以要求公安机关在7日内书面说明不立案的理由。经人民检察院审查逮捕部门审查，认为公安机关不立案理由不能成立的，经检察长或者检察委员会讨论决定，应当通知公安机关立案。

2. 被害人认为公安机关对应当立案侦查的案件不立案侦查，向人民检察院提出的，人民检察院控告申诉部门应当受理，并根据事实和法律进行审查。审查中，可以要求被害人提供有关的材料，进行必要的调查，认为需要公安机关说明不立案理由的，应当将案件移送审查逮捕部门办理。公安机关说明不立案的理由后，审查逮捕部门认为公安机关不立案理由成立的，应当通知控告申诉部门，由控告申诉部门在10日内将不立案的理由和根据告知被害人；认为公安机关不立案的理由不能成立的，经检察长批准，可以要求公安机关在7日内书面说明不立案的理由，或者检察委员会讨论决定后通知公安机关立案。

3. 人民检察院通知公安机关立案，应当制作《通知立案书》，送达公安机关，同时抄报上一级人民检察院备案。人民检察院送达《通知立案书》时，应当将有关证明应该立案的材料同时移送公安机关，并且告知公安机关应当在15日以内立案，将《立案决定书》送达人民检察院。人民检察院通知公安机关立案的，应当依法对通知立案的执行情况进行监督。对于由公安机关管辖的

国家机关工作人员利用职权实施的重大犯罪案件，人民检察院通知公安机关立案，公安机关不予立案的，经省级以上人民检察院决定，人民检察院可以直接立案侦查。对于公安机关不应当立案而立案侦查的，人民检察院应当向公安机关提出纠正违法意见。

4. 人民检察院审查逮捕部门或者审查起诉部门发现本院侦查部门对应当立案侦查的案件不报请立案侦查的，应当建议侦查部门报请立案侦查；建议不被采纳的，应当报请检察长决定。

### 四、审查案件线索要注意哪些问题

刑事案件的线索主要来自公民和单位的举报、控告、报案、扭送和犯罪嫌疑人的自首。由于刑事案件一般涉及追究有关人员的刑事责任，因此，对于报案、举报、控告、扭送和犯罪嫌疑人自首的犯罪线索，接受案件的有关国家机关工作人员要坚持原则，采取认真负责的态度，不得敷衍搪塞或者推诿不管。对举报、控告、报案、扭送和自首的人不能抱有偏见或出言不逊，接待态度要端正、和蔼。在接待或者接受时还应当注意以下几点：

1. 案件线索的接收。对于直接到司法机关举报、控告、报案、扭送的，接待受理的人员首先应当向举报、控告、报案、扭送的人员说明有关法律和政策，讲明诬告陷害应当承担的法律责任，要求他们实事求是地反映情况；对于书面举报、控告、报案，应当进行调查，主要分清捏造事实、伪造证据进行诬告陷害与控告、举报、报案事实有出入甚至错告的区别，只要举报、控告人不是有意对他人进行诬告就不应当进行任何追究。特别是对于不愿公开自己的姓名、住址的报案人、控告人、举报人，应当为他们保守秘密。

2. 案件线索的审查。接受案件时应当问清以下情况：（1）案件的基本情况，包括案件发生、发现的时间、地点和简要经过，形成案件的原因和危害后果；犯罪嫌疑人出入现场的路线、方向，现场周围是否有其他知情人，是否采取了紧急措施，现场是否被保护等；（2）犯罪嫌疑人的基本情况，主要包括犯罪嫌疑人的人数、是否与报案人熟悉，犯罪嫌疑人的姓名、性别、年龄、身高、体态、说话口音、行走姿势、衣着打扮、携带凶器物品、作案方式和手段等；（3）被害人的有关情况，主要包括姓名、性别、年龄、职业、住址、具体工作单位，被害的时间、地点、经过等；（4）到达现场的路线，要问明现场的方向、位置，如在市区，要问明街道、里弄、楼号和门牌号，到达现场最近的路线等。

3. 做好案件的受理、登记和处理事宜。对于接受的案件，受案人员应当制作询问笔录，经被询问人阅读或受案人员宣读无误后，由举报、控告、报案、扭送的人员在笔录上签名或捺指印，对于以书面材料报案、举报、控告的，应当让报案人、举报人、控告人在原材料上签名或捺指印，并注明时间。对于匿名的举报、控告、报案材料，必须进行调查核实后方能认可。接受案件时应当依法制作《受理刑事案件登记表》，无论该案是否属于本部门管辖，首先都应当接受下来，然后再进行审查，认为有犯罪事实，需要追究刑事责任，并且属于自己管辖的，应当立案侦查；对于不属于自己管辖的，应在24小时以内，经县级以上公安机关负责人批准，签发《移送案件通知书》，移送有管辖权的机关处理；对于不属于自己管辖又必须采取紧急措施的，应先采取紧急措施，然后办理手续，移送主管部门；对于告诉才处理的案件和被害人有证据证明的轻微刑事案件，应当告知当事人自行向人民法院起诉；对于不够刑事处罚而需要给予行政处理的，按有关规定办理。

4. 善于应对突发事件。接受案件时，要注意提高警惕，防止突然事故和紧急情况的发生。对接案时遇到的突然事故和紧急情况，应当果断采取有效措施，防止危害后果的发生和蔓延。例如，对于扭送犯罪分子的，要注意发生殴打械斗，如果发生，应立即通知有权处理的部门人员并保护好现场，尽可能地采取有效措施制止违法犯罪行为的扩张；对于实施犯罪行为后逃跑的，应当立即通知有关部门进行追捕；对于被害人或犯罪嫌疑人生命垂危的，应首先进行治疗抢救。

### 五、控告、举报、报案的区别是什么

根据新《刑事诉讼法》第108条的规定，任何单位和个人发现有犯罪事实或者犯罪嫌疑人，有权利也有义务向公安机关、人民检察院或者人民法院报案或者举报。被害人对侵犯其人身、财产权利的犯罪事实或者犯罪嫌疑人，有权向公安机关、人民检察院或者人民法院报案或者控告。从法律的上述规定可以看出，控告、举报、报案三者的含义是不同的。区别这三者，有利于在接受案件过程中正确认定控告人、举报人、报案人分别应当享有的权利和履行的义务，对案件进行区分归类。

1. 控告与举报的主要区别是：控告是被害人或其法定代理人、近亲属为维护被害人的合法权利向有关机关告发犯罪嫌疑人的犯罪事实或者犯罪线索的行为。也就是说，控告的主体一般是权益受到犯罪行为侵害的当事人及其近亲属、法定代理人，在刑事诉讼中具有权利义务上的利害关系。举报则是被害人及其法定代理人、近亲属以外的其他公民或单位为维护国家、社会或其他公共利益而向有关机关告发犯罪嫌疑人的犯罪事实或者犯罪线索的行为。作为举报的主体，一般不直接与犯罪行为有权益上的利害关系。所以，控告与举报产生

区别的根本原因，在于提供案件信息的人与犯罪事实或犯罪线索之间联系的紧密程度和利益关系问题。如果彼此之间没有任何利害关系，一般都是采取举报的态度和形式；如果自身利益受到了侵害，则可能采用控告的态度。此外，控告一般带着一种仇视的心理；而举报顶多也就是一种厌恶的心理。例如，一小区居民向检察机关投诉，说派出所某某警察在处理他与别人的纠纷时非法对他采用暴力；另一小区居民也向检察机关投诉，说工商所某某工作人员在为他人办理工商营业执照时收受他人贿赂。这两种投诉从形式上看区别不大，但从投诉的性质上分类，前者属于控告，后者则属于举报。

2. 控告与报案的主要区别是：报案是一种报告性的行为，在主体上具有普遍性的特征，即报案人既可以是与案件有关的利害关系人或被害人，也可以是与案件无利害关系的其他人，对于犯罪事实的发生，报案人可能处于不知晓的状况，主观上也不明确表示要求司法机关追究被报案人的刑事责任。而控告的主体只能是被害人或其法定代理人、近亲属，控告人既报告了犯罪事实，也明确地表示要求追究被控告人的刑事责任。明确表示要求追究被控告人的刑事责任是区分控告与报案的关键所在，如果被害人仅是报告了犯罪行为的发生，而没有明确要求追究被控告人的刑事责任，属于报案，而不是控告。控告人如果不服，可以申请复议；而报案没有这种程序。

3. 举报与报案的主要区别是：举报不仅仅是报告犯罪行为的发生，同时还必须说明犯罪发生的基本情况，主要包括犯罪嫌疑人是谁，犯罪嫌疑人实施犯罪的基本事实，并且，举报的案件大多与举报人之间具有感情方面的原因，有的可能是出于公心和社会责任感，有的也可能是出于个人私心或者其他目的，总之，案件的举报人在主观态度上对被举报人存在不同程度的厌恶、嫉恨、仇视等心理。正是考虑到这些因素，所以，法律规定举报如果属于诬告陷害要承担法律责任。由于举报需要提供更多关于犯罪的情况，所以，举报一般不能采用简单的口头、电话、信息或书面形式。而报案仅仅是报告了犯罪行为的发生，与报案人没有特殊关系，一般也不存在故意陷害他人的情况。报案可以采用简单的口头、电话、信息或书面形式。

### 六、在立案审查时应当注意哪些主要问题

对刑事案件的立案审查主要应当掌握两点：一是有犯罪事实发生，二是需要追究刑事责任，二者同时具备才能立案。根据新《刑事诉讼法》第107条的规定，公安机关或者人民检察院发现犯罪事实或者犯罪嫌疑人，应当按照管辖范围，立案侦查。同时，新《刑事诉讼法》第112条还规定，对于自诉案件，被害人有权向人民法院直接起诉。被害人死亡或者丧失行为能力的，被害

人的法定代理人、近亲属有权向人民法院起诉。人民法院应当依法受理。可见，对于有犯罪事实发生、需要追究刑事责任的犯罪嫌疑人或者自诉案件的被告人，公安机关、人民检察院或者人民法院都可以立案处理。但是，新《刑事诉讼法》第15条又规定了不追究刑事责任的6种情况，如果符合这6种情况，即使有犯罪行为发生，也不追究刑事责任。

根据有关法律规定，刑事案件的立案主要应当审查两个方面：

一是注意审查立案的事实根据。有犯罪事实发生是立案的基本条件。所谓有犯罪事实，是指具有《刑法》第13条规定的犯罪行为发生，即危害国家主权、领土完整和安全，分裂国家，颠覆人民民主专政的政权和推翻社会主义制度，破坏社会秩序和经济秩序，侵犯国有财产或者劳动群众集体所有的财产，侵犯公民私人所有的财产，侵犯公民的人身权利、民主权利和其他权利，以及其他危害社会的、依照法律应当受刑罚处罚的行为。同时，这种犯罪行为所产生的犯罪事实必须是已经发生，即犯罪事件已经客观存在，包括预备犯罪、进行犯罪和犯罪结果发生。犯罪事实已经发生还必须有证据证明。首先，应审查有关犯罪构成要件及其情节是否符合法律规定，即据以定案的事实在法律上是否构成犯罪，构成什么样的犯罪，犯罪事实、情节的轻重程度如何，应当承担什么样的法律责任等。其次，在审查犯罪事实时，要注意审查证明犯罪事实的证据是否真实可靠，所陈述或记录的事实是否确信无疑。如果作为证明犯罪事实的主要证据具有值得怀疑的地方，总使人从内心感到不安、不真实、不可靠，就不应当轻易立案。

二是注意审查立案的法律根据。首先，应当考察某一犯罪行为处于何种犯罪形态，即处于犯罪预备阶段、未遂阶段还是既遂阶段；如果是预备阶段或者中止阶段，还要分清犯罪行为人的主观态度如何，是犯罪未遂还是犯罪中止等。其次，要审查该行为是否符合刑法、刑事诉讼法构成犯罪的规定以及公安部、最高人民检察院有关刑事案件立案标准的司法解释。最后，要审查该行为是否具有新《刑事诉讼法》第15条规定的几种不追究刑事责任的情形：（1）情节显著轻微、危害不大，不认为是犯罪的；（2）犯罪已过追诉时效期限的；（3）经特赦令免除刑罚的；（4）依照刑法告诉才处理的犯罪，没有告诉或者撤回告诉的；（5）犯罪嫌疑人、被告人死亡的；（6）其他法律规定免予追究刑事责任的。

经过立案审查，认为没有犯罪事实，或者犯罪事实轻微不需要追究刑事责任的，不予立案。对于不予立案的事实材料如何处理，根据公安部门的有关规定，对于有控告人的案件，决定不予立案的，由受理案件单位制作《呈请不予立案报告书》，报县级以上公安机关负责人批准后，制作《不予立案通知书》，在 7 日内送达控告人。控告人对不予立案决定不服的，可以在收到《不予立案通知书》后 7 日内向上一级公安机关申请复议。上一级公安机关应当在收到复议申请后的 10 日内作出答复。人民检察院对公安机关的立案活动具有监督权，公安机关对于人民检察院要求说明不立案理由的案件，应当在 7 日内作出说明，经县级以上公安机关负责人审核后，制作《不立案理由说明书》通知人民检察院，人民检察院认为不立案理由不能成立的，公安机关接到人民检察院要求立案的通知后，应当立案。

### 七、如何进行职务犯罪案件初查

初查不是严格意义上的刑事诉讼法中的法律概念，而是人民检察院在办理贪污贿赂等直接受理的案件中，针对检察机关自侦案件的特点而采用的一种较为规范的调查措施。1993 年 11 月 4 日最高人民检察院发布的《关于进一步加强大案要案查处工作的通知》，将初查作为人民检察院查处大案要案的一个基本步骤，对涉及县处级以上干部要案线索的初查作出了规定。1995 年 7 月 21 日最高人民检察院发布《关于要案线索备案、初查的规定》，第一次将初查的概念规定为："初查是指人民检察院在立案前对要案线索材料进行审查的司法活动。"至此，初查正式成为人民检察院办理刑事自侦案件中的一项主要程序。

检察机关对案件的初查主要是由举报中心、贪污贿赂检察部门、渎职侵权检察部门进行。举报中心主要负责案件的接纳受理工作，同时也承担一部分案件性质不明、难以归口的案件线索的初查；贪污贿赂检察部门主要负责贪污案、贿赂案、挪用公款案等案件线索的初查；渎职侵权检察部门主要负责"侵权"案、渎职案等案件线索的初查工作。确定案件由哪个部门进行初查，应当从有利于立案侦查工作的顺利进行和保证初查及时进行，防止案件线索积压等方面考虑。按照上述分工原则，初查主要应当由贪污贿赂检察部门、渎职侵权检察部门等专门负责检察机关自侦案件立案侦查的部门负责。因为侦查部门负责自侦案件的侦查工作，具有丰富的调查经验，能准确把握立案条件，有利于确定是否有犯罪事实发生并需要追究刑事责任，是否应当立案侦查。侦查部门对举报中心移交举报的线索进行初查，应当报检察长或者检察委员会决定。

既然初查不是严格意义上的法律程序，那么，初查的执法功能也就必然要受到限制。在举报线索的初查过程中，尽管可以进行询问、查询、勘验、鉴定、调取证据材料等不限制被查对象人身、财产权利的措施，但不得对被查对象采取强制措施，不得查封、扣押、冻结被查对象的财产。侦查部门对举报线索初查后,应当制作审查结论报告,提出处理意见,报检察长决定,分别作出如下处理:认为有犯罪事实需要追究刑事责任的,提请批准立案侦查;认为没有犯罪事实的,或者事实不清、证据不足的以及具有新《刑事诉讼法》第15条规定情形之一的,可提请批准不予立案。对要案线索初查后的处理情况,应当在作出决定后10日以内按照备案的范围报上级检察院备案。上级检察院认为处理不当的,应当在收到备案材料后10日以内通知下级检察院纠正。侦查部门接到举报中心移送的举报材料后,应当在1个月内将处理情况回复举报中心;下级检察院接到上级检察院移送的举报材料后,应当在3个月内将处理情况回复上级检察院举报中心。逾期未回复的,举报中心应当进行催办。

对于下列部分案件性质不明、难以归口的案件线索,可以由人民检察院举报中心负责初查:(1)举报材料性质不明,难以归口的。举报中心对举报材料经书面审查,认为罪与非罪性质不明,成案可能性较小的案件线索,应当进行必要的初查。这样既有利于及时消化案件线索,避免积压,又可以使侦查部门集中精力初查成案可能性大的案件线索。(2)情况紧急,必须及时办理的。有些情况下,被举报人可能携款潜逃、自杀、毁灭证据等,这时举报中心应当立即进行初查,并采取紧急措施,然后移送有关业务部门继续办理。(3)群众多次举报,有关业务部门未查处的。有些案件线索,虽经多次举报,有关业务部门却没有及时初查;或经初查后认为不符合立案条件,不予立案,而举报人有异议,继续举报。这时,举报中心可以进行初查,以保护举报人的积极性。(4)检察长交办的案件线索。总之,举报中心进行初查,主要是为了确定管辖,消化举报线索。举报中心初查后,认为符合移交条件的,应当及时移交侦查部门。

## 八、怎样对职务犯罪要案进行备案和初查

根据1995年7月21日最高人民检察院发布的《关于要案线索备案、初查的规定》的规定,人民检察院对要案进行备案和初查主要应当注意以下几点:

1. 此处所指要案线索,是指依法由人民检察院直接受理和立案侦查的县处级以上干部涉嫌贪污、贿赂、徇私舞弊等职务犯罪的案件线索;此处所指初查,是指人民检察院在立案前对要案线索材料进行审查的司法活动。

2. 对要案线索实行分级备案。县处级干部的要案线索一律层报省级人民检察院备案,其中涉嫌犯罪金额特别巨大或者犯罪后果特别严重的,层报最高人民检察院备案;厅局级以上干部的要案线索一律层报最高人民检察院备案。地、州、市级人民检察院负责县处级干部犯罪线索的初查;省级人民检察院对不属本院初查的,应当及时移送有关检察院处理。

3. 要案线索的备案和移送,应逐案填写《检察机关要案线索备案、移送表》。备案、移送应在受理后 5 日内办理,情况紧急的及时办理。最高人民检察院和省级人民检察院对备案的要案线索,应当及时进行审查,如有不同意见,应及时通知有关下级人民检察院。下级人民检察院必须认真执行上级人民检察院的指示。

4. 对应由检察机关初查的要案线索,经本院检察长研究决定,即可依法进行初查。要案线索的初查工作应当秘密进行。对要案线索进行初查后,应当分别下列情况作出妥善处理:(1)有犯罪事实或者有事实证明有犯罪重大嫌疑的,应当立案侦查;(2)没有犯罪事实,或者犯罪事实显著轻微,不需要追究刑事责任的,不予立案,必要时可移送有关机关处理;(3)属于错告,如果对被控告、检举人造成不良影响的,应向有关部门澄清事实;(4)属诬告陷害的,应依法追究或移送有关机关追究诬告陷害人的责任。初查后的处理情况,应在 10 日内按备案的范围报上级人民检察院。上级人民检察院如认为处理不当,应及时通知下级人民检察院依法处理。

5. 对要案线索必须严格保密。一旦发生泄密事件,要及时采取补救措施,并根据情况和造成的后果,对责任人予以纪律处分直至追究刑事责任。对涉嫌犯罪的要案线索,不得转送其他机关处理,不准压案不报、不查。对违反有关规定,该上报备案不上报备案,该初查不初查的,要视情节轻重,追究有关领导人的责任。

### 九、如何处理检察机关在立案监督中与侦查机关的分歧

由于各自掌握的犯罪线索和犯罪事实不同,以及不同办案人员对于法律适用理解上的差异,往往导致对于同一刑事案件,检察机关和公安机关在是否立案问题上存在不同看法,并且形成工作上的一些矛盾和冲突。解决这些矛盾和冲突不能单纯依靠讲政治、讲团结来化解,更重要的是要根据事实和法律,按照一定的程序来解决。否则,刑事诉讼程序中严格的法律问题就成了"和稀泥",会严重损害法律的尊严和公正。从司法实践看,在是否立案的问题上,公安机关与检察机关产生分歧主要集中于对以下几种情况应当如何正确处理的问题:

1. 人民检察院通知公安机关立案,公安机关立案后认为不应对犯罪嫌疑人追究刑事责任的案件如何处理?新《刑事诉讼法》第 111 条规定,人民检察院认为公安机关对应当立案侦查的案件而不立案侦查的,应当要求公安机关说明不立案的理由,认为公安机关不立案理由不能成立的,应当通知公安机关立案,公安机关接到通知后应当立案。根据有关规定,公安机关接到人民检察院的立案通知后,应当立案侦查,并将立案决定书在收到立案通知的 15 日内

送达人民检察院。公安机关经过立案侦查，发现犯罪嫌疑人犯罪情节显著轻微、危害不大，不认为是犯罪的或者不应当追究犯罪嫌疑人刑事责任的，可以依照新《刑事诉讼法》第161条的规定，撤销案件，并将撤销案件的情况告知原通知立案的人民检察院；如果犯罪嫌疑人已经逮捕的，应当立即释放，发给释放证明，并且通知原批准逮捕的人民检察院。

2. 人民检察院通知公安机关立案，公安机关立案后又撤案的，应当如何处理？根据新《刑事诉讼法》第111条的规定，人民检察院认为公安机关对应当立案侦查的案件而不立案侦查的，有权要求公安机关说明不立案的理由；如果人民检察院认为公安机关不立案的理由不能成立的，应当通知公安机关立案，公安机关接到通知后应当立案。人民检察院通知公安机关立案的，公安机关立案后能否撤案？根据新《刑事诉讼法》第161条的规定，在侦查过程中，发现不应对犯罪嫌疑人追究刑事责任的，应当撤销案件。人民检察院通知公安机关立案侦查的案件，如果公安机关立案后经过侦查，发现不应对犯罪嫌疑人追究刑事责任的，可以按照新《刑事诉讼法》第161条的规定撤销案件。人民检察院也可以对公安机关撤销案件的事由依法进行必要的调查，如果认为公安机关对不符合撤案条件的案件作撤案处理的，应当通知公安机关纠正后重新再立案。

3. 人民检察院认为公安机关不立案的理由不能成立的，是否可以自行立案侦查？根据新《刑事诉讼法》第111条的规定，对公安机关应当立案侦查而未立案侦查的案件，人民检察院应当要求公安机关说明不立案的理由。人民检察院认为公安机关不立案的理由不能成立的，应当通知公安机关立案，公安机关接到通知后应当立案。刑事诉讼法没有规定人民检察院可以自行立案侦查，人民检察院认为公安机关不立案的理由不能成立的，人民检察院不能自行立案侦查，而应通知公安机关立案侦查。如果人民检察院自行立案侦查则违背了刑事诉讼法规定的案件管辖的原则。但是，如果是属于国家机关工作人员利用职权实施的其他重大的犯罪案件，在公安机关不予立案的情况下，根据新《刑事诉讼法》第18条的规定，经过省级以上人民检察院决定，检察机关也可以自行立案侦查。

## 第二节 侦 查

### 一、新刑事诉讼法对侦查程序作了哪些修改

《修改决定》对侦查程序作了较大范围的修改，修改内容主要包括以下若

干方面：

1. 将部分案件的传唤、拘传最长持续时间由1996年《刑事诉讼法》规定的12小时增加到了24小时。新《刑事诉讼法》第117条第2款规定："传唤、拘传持续的时间不得超过十二小时；案情特别重大、复杂，需要采取拘留、逮捕措施的，传唤、拘传持续的时间不得超过二十四小时。"

2. 增加了连续传唤、拘传的限制性规定。新《刑事诉讼法》第117条第3款规定："……传唤、拘传犯罪嫌疑人，应当保证犯罪嫌疑人的饮食和必要的休息时间。"即明确规定在传唤、拘传犯罪嫌疑人的过程中，必须保证犯罪嫌疑人应有饮食和休息。

3. 明确了侦查人员讯问的告知义务。新《刑事诉讼法》第118条第2款规定："侦查人员在讯问犯罪嫌疑人的时候，应当告知犯罪嫌疑人如实供述自己罪行可以从宽处理的法律规定。"

4. 规定了讯问过程的全程录音录像程序。新《刑事诉讼法》第121条规定："侦查人员在讯问犯罪嫌疑人的时候，可以对讯问过程进行录音或者录像；对于可能判处无期徒刑、死刑的案件或者其他重大犯罪案件，应当对讯问过程进行录音或者录像。录音或者录像应当全程进行，保持完整性。"

5. 对询问证人的程序作了补充规定。新《刑事诉讼法》第122条增加了询问证人的地点，规定除了1996年刑事诉讼法规定的可以在证人所在单位、住所进行外，也可以在现场或者证人提出的地点进行。在现场询问证人的，应当出示公安机关或者人民检察院的工作证件，而不需要像到证人所在单位、住所或者证人提出的地点询问那样需要出示公安机关或者人民检察院的证明文件。

6. 增加了进行指纹、血液等人身检查的方法。新《刑事诉讼法》第130条第1款规定："为了确定被害人、犯罪嫌疑人的某些特征、伤害情况或者生理状态，可以对人身进行检查，可以提取指纹信息，采集血液、尿液等生物样本。"

7. 修改了1996年刑事诉讼法对扣押财物的规定。一是《修改决定》第50条规定："将第二编第二章第六节的节名、第一百五十八条中的'扣押'修改为'查封、扣押'"。二是《修改决定》第51条、第52条、第53条、第54条将1996年刑事诉讼法中规定的"物品"修改为"财物"。三是明确规定了查封、扣押的财物对象。根据新《刑事诉讼法》第139条第1款的规定，查封、扣押的财物只限于"在侦查活动中发现的可用以证明犯罪嫌疑人有罪或者无罪的各种财物、文件"，与案件无关的财物、文件不得查封和扣押。四是新《刑事诉讼法》第139条第2款中，增加规定了对查封、扣押的财物、文件,要妥善保管或者封存,不得使用、调换或者损毁。五是在查询、冻结的财产种类中,增加了债券、股票、基金份额等财产种类。即根据新《刑事诉讼法》第142条的规定,对于犯罪嫌疑人的债券、股票、基金份额,同样可以查询或冻结。六是规定了有关单位的协助义务。即根据新《刑事诉讼法》第142条第1款的规定,人民检察院、公安机关根据侦查犯罪的需要,依照规定查询或冻结犯罪嫌疑人的存款、汇款、债券、股票、基金份额时,有关单位和个人应当配合。这里的有关单位和个人,是指与查询或冻结财物有关系的单位和个人,包括相关单位负责人和直接责任人员。

8. 修改了鉴定程序中的部分内容。《修改决定》第56条将1996年刑事诉讼法规定的"鉴定结论"修改为"鉴定意见"。从修改后的法律规定可以看出,把鉴定结论改为鉴定意见,表明法律不承认有关机构的鉴定就是认定案件事实的唯一根据。

9. 增加规定了侦查实验中的笔录程序。新《刑事诉讼法》第133条第2款规定:"侦查实验的情况应当写成笔录,由参加实验的人签名或者盖章。"这样规定主要是为了保证侦查实验的有效性和证明作用。

10. 规定了技术侦查措施。(1) 规定了采用技术侦查的案件范围。根据新《刑事诉讼法》第148条至第152条的规定,技术侦查的案件范围主要包括三个方面:一是公安机关技术侦查的范围,即公安机关对于危害国家安全犯罪、恐怖活动犯罪、黑社会性质的组织犯罪、重大毒品犯罪或者其他严重危害社会的犯罪案件,根据侦查犯罪的需要,经过严格的批准手续,可以采取技术侦查措施。二是检察机关的技术侦查范围,即人民检察院对于重大的贪污、贿赂犯罪案件以及利用职权实施的严重侵犯公民人身权利的重大犯罪案件,根据侦查犯罪的需要,经过严格的批准手续,可以采取技术侦查措施。三是特殊案件的技术侦查范围,即追捕被通缉或者批准、决定逮捕的在逃的犯罪嫌疑人、被告人,经过批准,可以采取追捕所必需的技术侦查措施。(2) 规定了技术侦查的决定权和执行权。普通刑事犯罪案件和职务犯罪案件的技术侦查分别由公安机关和检察机关决定,但统一由有关机关执行。检察机关没有技术侦查的执行权。对于检察机关来说,技术侦查决定权和执行权是分离的。(3) 规定了采取技术侦查的期间。进行技术侦查的批准决定自签发之日起3个月内有效;对于不需要继续采取技术侦查措施的,应当及时解除;对于复杂、疑难案件,期限届满仍有必要继续采取技术侦查措施的,经过批准,有效期可以延长,每次不得超过3个月。(4) 规定了技术侦查措施的保密原则。新《刑事诉讼法》第150条第2款和第3款规定:"侦查人员对采取技术侦查措施过程中知悉的国家秘密、商业秘密和个人隐私,应当保密;对采取技术侦查措施获取的与案件无关的材料，必须及时销毁。采取技术侦查措施获取的材料，只能用于对犯罪的侦查、起诉和审判，不得用于其他用途。"

11. 规定了对普通刑事犯罪的特殊侦查措施。一是规定了实施程序。即新《刑事诉讼法》第151条规定："为了查明案情，在必要的时候，经公安机关负责人决定，可以由有关人员隐匿其身份实施侦查。"二是规定了限制条件，即实施特殊侦查"不得诱使他人犯罪，不得采用可能危害公共安全或者发生重大人身危险的方法"。三是明确了特殊案件的侦查方式，即新《刑事诉讼法》第151条第2款规定：对涉及给付毒品等违禁品或者财物的犯罪活动，公安机关根据侦查犯罪的需要，可以依照规定实施控制下交付。所谓控制下交付，是指侦查机关为了查获毒品等犯罪活动，秘密地实施缉拿犯罪嫌疑人计划，假意按照毒贩事先计划或约定的贩毒方向、路线、地点和方式，故意放纵其将毒品交付给接货人，最终达到控制全部毒品并缉拿所有贩毒人员目的的一种特殊侦查手段。并且在采用时经常与卧底秘密侦查相结合。四是确定了特殊侦查所得证据的效力和使用原则。即新《刑事诉讼法》第152条规定："依照本节规定采取侦查措施收集的材料在刑事诉讼中可以作为证据使用。如果使用该证据可能危及有关人员的人身安全，或者可能产生其他严重后果的，应当采取不暴露有关人员身份、技术方法等保护措施，必要的时候，可以由审判人员在庭外对证据进行核实。"

12. 增加和修改了侦查程序中的相关事项。一是根据新《刑事诉讼法》第158条的规定，增加规定了对犯罪嫌疑人不讲真实姓名、住址、身份不明的，侦查机关应当对其身份进行调查。二是根据新《刑事诉讼法》第159条的规定，在案件侦查终结前，辩护律师提出要求的，侦查机关应当听取辩护律师的意见，并记录在案或者附卷。三是将检察机关直接受理案件的拘留期间从原法律规定的最长期限10日至14日延长到了14日至17日。新《刑事诉讼法》第165条规定：人民检察院对直接受理的案件中被拘留的人，认为需要逮捕的，应当在14日以内作出决定。在特殊情况下，决定逮捕的时间可以延长1日至3日。

## 二、如何确定传唤的指定地点

新《刑事诉讼法》第117条规定："对不需要逮捕、拘留的犯罪嫌疑人，可以传唤到犯罪嫌疑人所在市、县内的指定地点或者到他的住处进行讯问。"如何理解犯罪嫌疑人所在市、县的指定地点，在司法实践中情况比较复杂，因为犯罪嫌疑人所在地可能包括如下四种情况：犯罪嫌疑人户口所在地、犯罪嫌疑人工作所在地、犯罪嫌疑人家庭所在地、犯罪嫌疑人实际所在地。如果犯罪嫌疑人户口所在地、工作所在地、家庭所在地和实际所在地都在同一个市、县，就不存在分歧问题。但如果户口所在地、工作所在地、家庭所在地和实际所在地不是在同一个市、县，如何确定犯罪嫌疑人所在市、县的指定地点？我们认为，对于一般刑事犯罪，如盗窃、伤害、抢劫等案件，应当把犯罪嫌疑人实际所在地作为"犯罪嫌疑人所在市、县的指定地点"，因为这样有利于及时抓获犯罪嫌疑人，而且大多数刑事犯罪的行为发生地也在犯罪行为人实际所在地，也便于对案件进行调查处理。对于涉嫌国家工作人员犯罪的案件，根据人民检察院直接立案侦查案件的特点和犯罪主体的特性，可以将其工作单位所在地确定为"犯罪嫌疑人所在市、县的指定地点"，因为国家工作人员犯罪一般与本单位有关系，且国家工作人员的一般性犯罪不至于像其他刑事犯罪那样导致犯罪人逃避，这样做也有利于对犯罪嫌疑人的讯问和调查工作。这里所指的"市"，是指直辖市、省辖市还是县级市呢？如果是县级以上的市，那么这个市里面一般还有县、区，如何确定？我们认为，对"市"的理解一般应指县级市。但不可一概而论，应当根据案件实际情况，从有利于案件的侦破和保护犯罪嫌疑人合法权益出发，也可以以较大的市区范围作为"犯罪嫌疑人所在市、县的指定地点"进行传讯、拘传。

### 三、侦查阶段讯问犯罪嫌疑人应当注意哪些事项

根据新刑事诉讼法以及公安部发布的《公安机关办理刑事案件程序规定》第173条至第187条和最高人民检察院发布的《人民检察院刑事诉讼规则》第136条至第156条的规定，侦查机关讯问犯罪嫌疑人应当注意的事项主要包括以下内容：

1. 讯问犯罪嫌疑人必须由人民检察院或者公安机关的侦查人员负责进行。讯问的时候，侦查人员不得少于2人。对于被关押的犯罪嫌疑人，侦查人员应当填写《提讯证》或《提押证》，在看守所内进行讯问。对于不需要逮捕、拘留的犯罪嫌疑人，可传唤到犯罪嫌疑人所在市、县内的指定地点或者到他的住处进行讯问，传唤犯罪嫌疑人时，应当出示《传唤通知书》和侦查人员的工作证件，并责令其在《传唤通知书》上签名（盖章）、捺指印。犯罪嫌疑人到案后，应当由其在《传唤通知书》上填写到案时间。讯问结束时，应当由其在《传唤通知书》上填写讯问结束时间。拒绝填写的，侦查人员应当在《传唤通知书》上注明。

2. 讯问前，侦查人员应当了解案件情况和证据材料，制订讯问计划，列出讯问提纲。第一次讯问，应当问明犯罪嫌疑人的姓名、别名、曾用名、出生年月日、户籍所在地、暂住地、籍贯、出生地、民族、职业、文化程度、家庭

情况、社会经历、是否受过刑事处罚或者行政处理等情况。在讯问过程中，对犯罪嫌疑人的犯罪事实、动机、目的、手段，与犯罪有关的时间、地点、涉及的人、事、物，都应当讯问清楚。对犯罪嫌疑人供述的犯罪事实、申辩和反证，侦查机关都应当认真核查，依法处理。

3. 讯问聋、哑犯罪嫌疑人，应当有通晓聋、哑手势的人参加，并在讯问笔录上注明犯罪嫌疑人的聋、哑情况，以及翻译人的姓名、工作单位和职业。讯问不通晓当地语言文字的犯罪嫌疑人，应当配备翻译人员。讯问未成年的犯罪嫌疑人，应当针对未成年人的身心特点，采取不同于成年人的方式；除有碍侦查或者无法通知的情形外，应当通知其家长、监护人或者教师到场；讯问可以在公安机关进行，也可以到未成年人的住所、单位、学校或者其他适当的地点进行。

4. 侦查人员在讯问犯罪嫌疑人时，应当告知其对侦查人员的提问应当如实回答，对与本案无关的问题有拒绝回答的权利。讯问时应当首先讯问犯罪嫌疑人是否有犯罪行为，让他陈述有罪的情节或者无罪的辩解，然后向他提出问题。犯罪嫌疑人对侦查人员的提问，应当如实回答。但是对与本案无关的问题，有拒绝回答的权利。严禁刑讯逼供和以威胁、引诱、欺骗以及其他非法的方法获取供述。

5. 讯问笔录应当交犯罪嫌疑人核对，对于没有阅读能力的人，应当向他宣读。如果记载有遗漏或者差错，嫌疑人可以提出补充或者改正。犯罪嫌疑人承认笔录没有错误后，应当签名或者盖章。侦查人员也应当在笔录上签名。犯罪嫌疑人请求自行书写供述的，应当准许。必要的时候，侦查人员也可以要犯罪嫌疑人亲笔书写供词。讯问犯罪嫌疑人，在文字记录的同时，可以根据需要录音、录像。犯罪嫌疑人请求自行书写供述的，应当准许；必要时，侦查人员也可以要求犯罪嫌疑人亲笔书写供词，犯罪嫌疑人应当在亲笔供词的末页签名（盖章）、捺指印。侦查人员收到后，应当在首页右上方写明"于某年某月某日收到"，并签名。

6. 传唤、拘传持续的时间不得超过12小时；案情特别重大、复杂，需要采取拘留、逮捕措施的，传唤、拘传持续的时间不得超过24小时。不得以连续传唤的形式变相拘禁犯罪嫌疑人，应当保证犯罪嫌疑人必要的饮食、休息时间。需要对被传唤人采取强制措施的，应当在传唤期间内作出批准或者不批准的决定；对于不批准的，应当立即结束传唤。

侦查人员第一次讯问犯罪嫌疑人或者对其采取强制措施之日起，应当告知犯罪嫌疑人可以聘请辩护律师。在侦查阶段，犯罪嫌疑人只能聘请律师为其辩护。辩护律师的职责是为犯罪嫌疑人提供法律帮助、向办案人员了解嫌疑的罪名和有关案情、代理申诉、控告或者为其申请变更强制措施。在押的犯罪嫌疑人提出聘请律师要求的，侦查机关应当记明笔录。侦查期间的案件中的犯罪嫌疑人可以聘请1至2名律师为其辩护。

在押的犯罪嫌疑人聘请律师，如果提出明确的律师事务所名称或者律师姓名直接委托的，侦查机关应当将犯罪嫌疑人的委托意见及时转递到该律师事务所；如果提出由亲友代为聘请的，侦查机关应当将聘请意见及时转递到该亲友；如果犯罪嫌疑人提出聘请律师，但没有具体聘请对象和代为聘请的人的，侦查机关应当通知当地律师协会或者司法行政机关为其指定律师。聘请意见可以书面提出，也可以口头提出。口头提出的，应当记明笔录，由犯罪嫌疑人签名或者盖章。犯罪嫌疑人、被告人是盲、聋、哑人或者是尚未完全丧失辨认或者控制自己行为能力的精神病人，而没有委托辩护人的，人民法院、人民检察院和公安机关应当通知法律援助机构指派律师为其提供辩护。犯罪嫌疑人、被告人可能被判处无期徒刑、死刑而没有委托辩护人的，人民法院、人民检察院和公安机关应当通知法律援助机构指派律师为其提供辩护。

### 四、犯罪嫌疑人在被讯问时主要享有哪些诉讼权利和义务

赋予犯罪嫌疑人必要的诉讼权利和诉讼义务，是刑事诉讼法的内容之一，也是促使刑事诉讼程序顺利进行的基本条件。根据新刑事诉讼法的有关规定，犯罪嫌疑人在讯问活动中享有以下权利并履行以下义务：

1. 应当享有的诉讼权利

（1）聘请律师和要求法定代理人到场权。根据新刑事诉讼法及其相关的司法解释的有关规定，犯罪嫌疑人在被侦查机关第一次讯问或者采取强制措施之日起，可以聘请律师为其辩护，律师在侦查阶段可以为其提供法律帮助，了解涉嫌的罪名和案件情况，代理申诉、控告，为其申请变更强制措施，可以会见犯罪嫌疑人并询问案情。在讯问未成年犯罪嫌疑人时，未成年犯罪嫌疑人有权请求其法定代理人，其他成年家属，所在学校、单位、居住地基层组织或未成年人保护组织的代表到场。

（2）要求回避权。在讯问中，犯罪嫌疑人认为办案人员（包括侦查人员、记录人员、翻译人员和鉴定人员等）有下列情形之一的，有权要求有关人员回避：是本案的当事人或当事人近亲属的；本人或他的近亲属与本案有利害关系的；担任过本案的证人、鉴定人、辩护人或者附带民事诉讼当事人的代理人的；与本案有其他关系，可能影响公正处理案件的。犯罪嫌疑人提出回避申请后，回避人员是侦查人员的，应当经公安机关负责人批准；回避人员是公安机关负责人的，应由同级人民检察院检察委员会决定。在对侦查人员的回避作出

决定前，侦查人员不能停止对案件的侦查，对驳回申请的决定，犯罪嫌疑人可以申请复议一次。

（3）运用本民族语言文字权。犯罪嫌疑人在刑事诉讼过程中，可以依法使用本民族的语言文字参与诉讼。办案人员不得强迫犯罪嫌疑人放弃本民族语言文字而使用指定的语言文字。如果犯罪嫌疑人自愿放弃本民族语言文字而使用其他语言文字，侦查人员也应当予以准许，但是要在笔录中注明。

（4）自行辩解权和拒绝回答权。在讯问中，犯罪嫌疑人可以就自己无罪、罪轻等依法作出辩解。讯问人员不得以任何理由，阻止或妨碍其合法的辩解。犯罪嫌疑人在讯问中还享有拒绝回答权、拒绝自证有罪权，侦查人员在讯问中有义务保障犯罪嫌疑人的该项权利。但是，犯罪嫌疑人在行使该项权利时绝不能以"与本案无关"为借口，对与案件有关的问题拒绝作出回答。应当回答的问题必须如实回答，否则就是不如实供认自己罪行，在刑罚适用时是一个从重处罚的酌定情节。办案人员也不能受到"与本案无关"的约束，对应当追问的问题而不敢追问。

（5）提出控告权。犯罪嫌疑人可以对讯问人员侵犯其诉讼权利和人身权益的行为提出控告，特别是涉及侦查人员采取刑讯逼供、强迫自证其罪等行为时，犯罪嫌疑人在行使控告权时，应当得到侦查机关的支持而不是阻挠。讯问人员对于犯罪嫌疑人的控告应及时转告有关部门和领导，不得隐瞒积压，更不能报复和迫害。

（6）得知鉴定意见权。当某一鉴定意见用做证明犯罪事实的证据时，讯问人员应当将鉴定意见的内容如实告知犯罪嫌疑人。如果犯罪嫌疑人对鉴定意见有异议并且提出申请的，经县级以上公安机关负责人批准后，可以补充鉴定或者重新鉴定。如果申请的理由不足，可以向犯罪嫌疑人说明，驳回申请。

（7）核对笔录权。每次讯问结束后，讯问人员必须将当次的讯问笔录向犯罪嫌疑人宣读，或由犯罪嫌疑人自行阅读。如果记录有遗漏或差错，应当允许其补充和更正。

2. 应当履行的诉讼义务

（1）如实提供案情。犯罪嫌疑人必须如实地供述自己的犯罪事实，并对自己无罪、罪轻的问题作出如实的辩解，任何隐瞒罪行或者代人受过的做法都是违法的。

（2）配合刑事侦查。犯罪嫌疑人对于侦查机关实施的各项侦查行为应当服从和配合，不得抗拒和抵制。对阻挠、破坏侦查机关执行各项强制措施的行为，必须依法制裁。

### 五、讯问聋、哑犯罪嫌疑人应当注意哪些问题

新《刑事诉讼法》第 119 条规定:"讯问聋、哑的犯罪嫌疑人,应当有通晓聋、哑手势的人参加,并且将这种情况记明笔录。"最高人民检察院和公安部的规定中也作了类似较为具体的规定。由于聋、哑的犯罪嫌疑人属于生理、心理上有缺陷的犯罪嫌疑人,对他们进行讯问,应当具有一些区别于正常人的方式与方法。司法实践中,对聋、哑犯罪嫌疑人的讯问应注意以下几个方面:

1. 搞好讯问前的准备。一是侦查人员要通过参与现场勘查、走访了解聋、哑犯罪嫌疑人的生活情况、查阅有关材料、狱内观察等方式,熟悉和掌握案件情况以及聋、哑犯罪嫌疑人的心理特点和个性特征。要注意分清一般性聋、哑与严重聋、哑的界限。二是严格按照新刑事诉讼法的规定聘请翻译,聘请的翻译应当是能够通晓聋、哑手势的人,翻译人员在讯问前应当对案情有一个基本了解,侦查人员应当主动向翻译人员介绍基本案情,并且告知了解案情的翻译人员要为案情保密。三是将讯问中可能需要运用的实物、画图或者其他工具事先准备就绪。对于处于文化闭塞地区的聋、哑人或者文化程度、知识水平较低的聋、哑人,应当充分考虑他们能够接受的通晓程度。四是允许与聋、哑犯罪嫌疑人一起生活的家人或周围的熟人来代为翻译或者讲述。

2. 掌握好讯问方法。讯问聋、哑犯罪嫌疑人与讯问未成年犯罪嫌疑人一样,应当注意创造有利讯问的气氛,以消除其对立情绪。侦查人员或其他司法工作人员应当注意仪态和文明举止,要耐心细致、态度和蔼。在犯罪嫌疑人的供述词不达意或者主观上不愿意坦白交代时,不要急躁求成,更不要大发雷霆,应当循序渐进,由浅入深,逐步启发,晓之以理,沟通感情,将讯问内容逐步引向深入,使被讯问人从内心深处受到感化,真正明白坦白从宽的出路及其顽抗抵赖的后果。讯问时既不可操之过急,片面追求功利;也不能放任自流,毫无作为,要采取开源引流的方式,促使聋、哑犯罪嫌疑人在感悟的前提下自己交代罪行。

3. 做好讯问笔录。讯问聋、哑犯罪嫌疑人的笔录与讯问正常犯罪嫌疑人时所做的笔录应当有区别,这类笔录中不仅仅是作叙述性文字记录,还需要大量地记录犯罪嫌疑人的手势、表情以及实物、画图等。记录人员必须真实全面地记载讯问的情况。必要时,可以制作讯问的录像、录音资料。在讯问中,犯罪嫌疑人的亲笔画图,应随卷入档。

### 六、询问证人、被害人应当注意哪些问题

根据新刑事诉讼法以及公安部发布的《公安机关办理刑事案件程序规定》

和最高人民检察院发布的《人民检察院刑事诉讼规则》的有关规定，侦查机关询问证人、被害人时应当注意的事项主要包括以下内容：

1. 询问证人、被害人，可以在现场进行，也可以到证人、被害人所在单位、住所或者证人提出的地点进行，必要的时候，也可以通知证人、被害人到侦查机关提供证言。但不能将证人、被害人带到监狱或者其他羁押场所，给证人、被害人制造精神压力来进行询问。询问证人、被害人应当个别进行，特别是对案件具有相同了解的人，更要将他们在隔绝的情况下询问，以保证询问情况的真实性和准确性。在询问时，应当向证人、被害人出示侦查机关的证明文件或者侦查人员的工作证件；询问的时候，侦查人员不得少于2人。询问未成年的证人、被害人，可以通知其法定代理人到场。

2. 询问证人、被害人前，应当先了解证人、被害人的身份，以及证人、犯罪嫌疑人和被害人相互之间的关系。对于可能影响陈述真实性的一些因素，如证人与犯罪嫌疑人之间具有十分亲密的战友关系；或者被害人与犯罪嫌疑人之间具有不共戴天的仇视关系等。这些因素都可能影响到证人、被害人陈述事实的真伪，在询问前，应当告知证人、被害人必须如实地提供证据、证言和有意作伪证或者隐匿罪证应负的法律责任。侦查人员不得向证人、被害人泄露案情或者表示对案件的看法，严禁使用威胁、引诱和其他非法方法询问证人、被害人。除特殊情况外，侦查人员可以吸收证人协助调查。

3. 侦查机关在询问过程中，应当注意保障证人及其近亲属的安全。如果发现有对证人及其亲属进行威胁、侮辱、殴打或者打击报复者，应当及时进行制止和处理，对于构成犯罪或者应当给予治安管理处罚的，应当移送公安机关处理；情节轻微的，可以进行批评教育，或者采取一些非刑罚处罚措施。询问中，涉及证人、被害人的隐私，应当为被询问人保守秘密。

4. 询问未成年证人，应当通知他们的法定代理人到场。无法通知、法定代理人不能到场的，也可以通知他们的其他成年近亲属，所在学校、单位或者居住地的村民委员会、居民委员会、未成年人保护组织的代表到场，并将有关情况在询问笔录中注明。被询问未成年证人的法定代理人可以对询问提出意见。询问女性未成年证人，应当有女工作人员在场。

## 七、哪些人不能充当证人

新《刑事诉讼法》第60条第1款规定："凡是知道案件情况的人，都有作证的义务。"由此可见，一般而言，任何一个自然人，不论其社会地位、性别、文化程度、财产状况、民族等如何，只要知道案件情况，都可以充当证人。但是，新《刑事诉讼法》第60条第2款规定："生理上、精神上有缺陷或者年幼，不能辨别是非、不能正确表达的人，不能作证人。"可见，不是所有的人都能充当证人。根据新刑事诉讼法及其相关的司法解释以及司法实践中的具体操作，下列人员一般不能充当刑事诉讼中的证人：

1. 生理上、精神上有缺陷或者年幼，不能辨别是非、不能正确表达的人不能充当证人。在实践中要注意，有些证人虽然生理上、精神上有缺陷，但能够在某些方面辨别是非，并能正确表达，这些人仍然可以充当证人。例如，聋哑人虽然听不到声音，但能看到东西、嗅到气味；盲人虽然看不到东西，但能听到声音。他们完全可以就自己能够正确感知的事情提供证言。又如，间歇性精神病人，完全可以在精神正常的情况下向侦查机关提供证言。

2. 有的特殊的行为对象不能充当证人。这些特殊对象有的是由法律明文规定的，有的虽然法律没有明确规定，但侦查实践中也应当根据实际情况加以区分和辨别。例如，承办本案的侦查人员、鉴定人员、辩护人和翻译人员等在一般情况下不应当成为自己参与的案件事实的证人。如果确需他们作证，就不应再担任本案的侦查、鉴定、辩护和翻译工作。又如，侦查机关正在使用的秘密力量和正在侦查的作案对象一般也不能作为证人。

3. 法人不能充当证人。由于法人不具有自然人那种主观上的单个的行为意志和主观意识，法人的意志是由若干个自然人组成的，如果以法人的名义作为证人，由于法人的多个主观意志不统一，就可能出现证人证言不一致或相互矛盾的问题。因此，有的机关、团体、企业、事业单位等以单位的名义出具证明材料作出的"证言"，是一种不具有证人资格的"人"提供的"证言"，不具有法律效力。法人可以出具有证明效力的书证，而书证与证人证言在性质和特征上完全不同。对于法人单位确有知情者的，应该让知情者以个人的名义单个地向侦查人员如实提供情况。

## 八、证人在侦查阶段应享有并承担哪些诉讼权利和义务

我国法律规定，任何公民都有作证的义务。作证是公民作为社会成员所应当尽到的责任。犯罪是对社会整体利益的破坏，虽然对于某一个别公民来说并不一定受到损害，但任何人对于犯罪来说，也都处于不特定的状态，时刻都有被犯罪侵犯的危险。如果每个人都要等到自己的利益受到损害时才来追究犯罪行为人的责任，那么社会就没有一个安宁稳定的秩序。所以，每个公民都应当担负起与犯罪行为作斗争的责任。缉拿和查处犯罪行为有国家的专门机关负责，公民的责任和义务，主要是为专门机关查处犯罪活动提供条件和支持。如果将自己知道的犯罪事实如实提供给公安、司法机关，就能为查处犯罪分子提供有力的情报和证明材料，从而尽到自己应尽的职责。作证，既是公民的一项

诉讼义务，同时也是公民所具有的诉讼权利。

根据新刑事诉讼法、《公安机关办理刑事案件程序规定》和《人民检察院刑事诉讼规则》的有关规定，证人在侦查阶段主要享有并承担以下诉讼权利和义务：

1. 证人在侦查阶段主要享有的诉讼权利

（1）证人有要求询问他的侦查人员出示证件的权利；

（2）证人有使用本民族语言文字提供证言的权利；

（3）证人有要求自行书写证词的权利；

（4）证人有核对、补充、修改询问笔录的权利；

（5）证人有要求侦查人员在侦查期间为其保密的权利；

（6）证人对侦查人员询问时采取非法方法收集证言的行为有提出控告的权利；

（7）证人因在诉讼中作证，本人或者其近亲属的人身安全面临危险时，有权请求人民法院、人民检察院和公安机关予以保护。

2. 证人在侦查阶段应承担的主要诉讼义务

（1）证人在接到公安机关通知后，有按时到达指定地点接受询问的义务；

（2）证人有如实提供证据、证言，据实陈述和准确回答侦查人员提问的义务；

（3）对侦查人员询问的情况和自己陈述的内容有保守秘密的义务；

（4）证人拒绝作证，要承担法律上的责任，包括行政处罚和刑事拘留。

## 九、对拒绝作证的证人应当怎样处理

证人不愿作证是刑事诉讼中经常遇到的问题，而刑事诉讼法目前也没有规定对知道案情但拒不作证的证人，在侦查阶段是否可以采取强制措施。而且新《刑事诉讼法》第54条第1款还规定："采用刑讯逼供等非法方法收集的犯罪嫌疑人、被告人供述和采用暴力、威胁等非法方法收集的证人证言、被害人陈述，应当予以排除。收集物证、书证不符合法定程序，可能严重影响司法公正的，应当予以补正或者作出合理解释；不能补正或者作出合理解释的，对该证据应当予以排除。"这些都从程序上限制了侦查机关可能对证人采取的任何不正当取证手段。而只有到了法庭审判阶段，新刑事诉讼法才规定了对无正当理由不出庭作证的证人，法庭可以强制到庭，或者可以对没有正当理由逃避出庭或者出庭后拒绝作证，情节严重的证人进行拘留处罚。而在侦查阶段，这些措施都是不能采用的。因此，在侦查取证阶段，对知道案情但不愿作证的证人，如何从他们口中获取需要作为定案依据的证人证言是一项比较复杂的工作，实践中主要采取以下办法：

1. 对那些对作证认识不足，思想上有顾虑的证人，要根据刑事诉讼法的有关精神，针对不同证人的思想状况，通过耐心细致地宣讲法律和党的政策，结合典型事例向其阐明公民作证的义务和拒不作证应负的法律责任，使证人提高思想觉悟，增强作证的义务感和法律感，从而认真履行作证义务。还可以通过证人所在单位领导或者亲属、朋友等，对其进行疏导启发，如让其父母、妻子或丈夫等对其进行开导和教育，使其放下包袱，打消顾虑，促使其提高认识如实作证。

2. 针对少数拒不作证证人的具体原因，采取有针对性的方法和措施促使其作证。例如，对于那些害怕自己提供案情后受到打击报复的，可以向其表明公安机关为其保密，同时讲明公安机关惩罚犯罪的决心以及保护证人的决心和措施；对于那些害怕因提供案情而影响家庭关系和自己声誉的证人，可以反复宣讲法律保障证人作证的有关规定，并且表示一定要依法保障他们的人身权利和其他权益不受到侵犯，对他们进行打击报复的行为坚决予以惩治，从根本上消除他们的作证顾虑；对于那些与犯罪行为有千丝万缕的联系，对党和社会对立情绪严重，故意拒不作证的，可以会同其所在单位给予必要的党纪、政纪处分。同时，根据新《刑事诉讼法》第188条的规定，经人民法院依法通知，证人应当出庭作证。证人没有正当理由不按人民法院通知出庭作证的，人民法院可以强制其到庭，但是被告人的配偶、父母、子女除外。

3. 对拒不作证构成违法和犯罪的，可以依法追究其法律责任。根据新《刑事诉讼法》第188条第2款的规定，证人没有正当理由拒绝出庭或者出庭后拒绝作证的，予以训诫，情节严重的，经院长批准，处以10日以下的拘留。被处罚人对拘留决定不服的，可以向上一级人民法院申请复议。复议期间不停止执行。鉴定人出庭作证也同样可以适用前述规定。对于故意作伪证或者有意隐匿罪证的行为人，要严格依照刑事诉讼法的有关规定依法进行处罚。

### 十、单位出具的证明材料能否作为证据使用

新《刑事诉讼法》第60条规定："凡是知道案件情况的人，都有作证的义务。生理上、精神上有缺陷或者年幼，不能辨别是非、不能正确表达的人，不能作证人。"在这里，新刑事诉讼法只规定了有生命的自然人可以作为证人，没有规定单位可以作为证人。从证人证言的角度讲，由于单位不具有自然人那种主观上的单个的行为意志和主观意识，单位的意志是由若干个自然人组成，如果以单位的名义作为证人提供证言，显然是不现实的，也是难以做到的。因为单位的主观意志和思维的多样性和杂乱性，难以避免出现证人证言不

一致或相互矛盾的问题。所以,单位的所谓团体性"证言",不具有刑事诉讼法上证人证言的基本特征。例如,有的机关、团体、企业、事业单位等以单位的名义出具证明材料,证明材料中列举若干证人的证言,并力图将这些"证言"作为刑事诉讼证据中的"证言"使用。这种证明材料在实质上是一种不具有证人资格的"人"提供的"证言",不具有法律效力。如果把单位的证明材料当做证人证言使用,一是与立法精神相违背,因为法律规定的"知道案件情况的人",明显指的是自然人;二是由多个不同自然人主体进行作证,可能造成案件事实中的证明矛盾,影响到证据系统的真实性;三是一旦出现作伪证、隐匿罪证等情况,由于证据材料来源于集体,难以追究其法律责任。

机关、团体、企事业单位的证明材料虽然不能做证人证言使用,但这并不能否认它在刑事诉讼中的证据作用,某些证明材料仍然具有证据作用。侦查人员在收集证据时,应当把当做"证人证言"对待的材料,与证明犯罪事实的客观性材料区分开来。例如,单位提供的有关贪污贿赂犯罪行为的账目、凭证等;出具的涉及案件有关人员基本情况的资料、个人档案履历、现实表现证明等,都可以作为重要事实性的客观证据材料。因为这些材料本身就是属于书证类材料,是实物证据,而不是证人证言。而如果仅仅是为了反映某单位群体意志对犯罪事实的看法,笼统地将群体中的个人意志并集到一起来作为证据使用,企图反映所有人的"证言",这实际上是不客观也不具体的做法,因为不可能所有人对一个事实的看法都相同。如果遇到机关、团体、企事业单位提供了收集证人证言的书面证明材料,办案人员应当依法询问了解此项情况的自然人,让他们以个人的名义独立提供证言,并且在询问过程中要告诫他们客观地、实事求是地陈述自己所知道的情况,不要受所谓"集体意志"的影响。

### 十一、侦查实验应当遵循哪些步骤和原则

侦查实验是一种对过去可能发生的犯罪事实的模拟性再现,目的是为证实和判明在当时当地的环境和条件下,某一需要确定的犯罪事实或犯罪行为是否有可能发生,及其发生的状况和结果。因此,进行侦查实验需要一定的科学性、针对性、类比性和准确性。公安部和最高人民检察院都对此作出过原则性的规定。根据有关法律和司法解释的有关规定,进行侦查实验应当遵循以下步骤和原则:

1. 侦查实验应当遵循的主要步骤

(1)实验开始之前,侦查人员必须首先制作《呈请侦查实验报告书》,报告书中要说明进行某项侦查实验的理由和原因以及通过侦查实验所需要解决的主要问题,然后将报告书报县级以上公安机关负责人批准,经批准后才能开始

进行。进行侦查实验的事项必须与报批的事项一致,不得擅自进行报批以外的侦查实验活动。

(2) 侦查实验是对犯罪事实的重现,因此不是侦查人员单独可以完成的。在进行实验过程中,需要根据侦查实验的实际情况,聘请有关参加人员。在侦查实验活动中,如果需要聘请有关的专门或专业人员参加的,应当发出正式聘请书或邀请函。聘请书和邀请函应当以侦查机关的名义颁发,其中应当写明聘请或邀请他们的时间、地点及其需要进行的工作事项。在条件和保密许可的情况下,可以根据案件的需要要求被害人、证人参加。但犯罪嫌疑人是否参加,则要谨慎对待。

(3) 做好侦查实验笔录。做好侦查实验笔录是检验和核对实验过程与犯罪发生过程的文字资料,没有确切可靠的笔录,就无法准确判断实验结论与犯罪事实发生之间的可靠程度。所以,侦查实验笔录要客观真实,符合法律规定要求,并且先后顺序应与侦查实践活动同步,对需要进行绘画、描述的情节,要作出清楚的标记和记录。参加实验的人应在侦查实验笔录上签名或者盖章。

2. 侦查实验应当遵循的主要原则

(1) 原条件或近似条件实验原则。进行侦查实验时,必须选定案件发生时的同等或近似条件进行实验。例如实验抢劫罪,对抢劫的时间、地点和路线,都应当根据案发的情况进行相似性的安排;实验诈骗罪,对诈骗罪的对象需要作出合适的选择,如被诈骗人的警觉方面、知识方面等。只有在相同或者相似的情况下,才能客观地观察和分析案件中的各类现象、行为发生的真实情况。一般来说,侦查实验必须尽可能在与案件发生时的时间、地点、气温、风向风速、光线、环境、工具、当事人等条件相同或相近的情况下进行。

(2) 重复实验原则。即侦查实验应当在相同或相似的条件下,反复多次实验。这样可以排除实验中的偶然性结果,从多次实验结果中找出可靠的结论。经过多次实验,找出实验结果与可能发生犯罪事实之间的相似性和共同点,为正确判断犯罪的发生状况提供相对可靠的依据。当然,重复实验并不是无休止地实验,而是说要对同一实验过程进行充分检验。如果实验的方法有错误,即使进行多次实验,也不可能得出科学的实验结果。

(3) 保密实验原则。即侦查实验应当限定在一定的人员中进行,不仅侦查实验的内容要注意保密,侦查进行的程序和手段也应当保密,无关人员一概不得知晓实验的情况。否则,不仅会影响预期实验目的的实现,而且还可能扩散案情,或许泄露侦查秘密,或许给犯罪嫌疑人提供规避法律惩罚的预见,给案件的侦查带来不应有的障碍或者造成其他不良的后果。

(4) 依法实验原则。即侦查实验必须依法进行,不应当发生侮辱人格、有伤风化或危及公众生命、健康和财产安全的行为。对侦查实验可能给他人造成的心理伤害人身伤害,要事先做好充分的防范准备,以免在侦查实验进行中措手不及。依法原则,首先应当遵守法律的明确规定,法律有具体规定的,或者说有关主管部门有具体解释或规定的,都必须依照具体规定办理。在法律和其他有权解释没有规定的情况下,也不得违背法律所确定的基本原则和框架。

### 十二、现场勘验的基本要求有哪些

现场勘验是侦查人员依法对犯罪分子实施犯罪的地点和与犯罪有关的场所进行的勘验检查,以及对有关事项进行现场调查的一项侦查活动。现场勘验是侦破大多数严重刑事犯罪案件的首要环节,特别是在杀人、放火、投放危险物质、爆炸等犯罪案件中,对于迅速侦破这些案件起着十分重要的作用。它的基本任务是:发现和搜集犯罪的痕迹、物证,研究分析案情,判断案件性质,确定侦查方向和范围,为破案提供线索和证据。根据 2005 年 10 月 1 日起施行的《公安机关刑事案件现场勘验检查规则》的规定,现场勘验的基本要求包括以下几个方面:

1. 迅速及时的原则。侦查人员在接到报案后,应当快速反应,迅速到达现场,及时开展勘查工作。"及时"主要体现在:组织力量快、到达现场快、采取紧急措施快、实地勘查快、现场搜索快、分析案情快、突击讯问快。

2. 全面检查的原则。"全面"检查是指对作案现场的各个方面都必须进行勘验检查,不能有任何遗漏。全面主要体现在:只要是与案件有关的证据都要全部收集,不得随意取舍;凡是应当勘查的地方和项目都必须一一地勘查,不得遗漏;勘查所获取的材料都要进行认真全面的分析,不得简单忽视。

3. 具体细致的原则。具体细致是指认真负责、精益求精。"具体细致"主要体现在:要认真查明案件事实的真相,不放过任何细小情节;除了提取那些明显的、常见的痕迹物品外,对那些不明显、不常见的痕迹物品也要注意发现和提取。

4. 客观真实的原则。客观真实主要是指尊重事实、尊重科学,切忌主观臆断。"客观"主要体现在:要正确认识和反映现场实际情况,不得采用主观推测、选择的方法获取事实证据,应当将勘验现场所发生的原物原样作为将来认定事实的证据,使勘验结果符合客观现场实际。

### 十三、现场勘验、检查应当遵守哪些程序

根据《公安机关刑事案件现场勘验检查规则》的规定,现场勘验、检查应当遵守以下程序:

1. 保护好发案现场。案发地公安机关接到刑事案件报警后应当迅速派员赶赴现场，做好现场保护工作。负责保护现场的人民警察应当根据案件具体情况，划定保护范围，设置警戒线和告示牌，禁止无关人员进入现场。

负责保护现场的人民警察除抢救伤员、保护物证等紧急情况外，不得进入现场，不得触动现场的痕迹、物品和尸体。处理紧急情况时，应当尽可能避免破坏现场的痕迹、物品和尸体。负责保护现场的人民警察应当对可能受到自然、人为因素破坏的现场的痕迹、物品和尸体等采取相应的保护措施。

保护现场的时间，从发现刑事案件现场开始，至现场勘验、检查结束。不能完成现场勘验、检查的，应当对整个现场或者部分现场继续予以保护。负责现场保护的人民警察应当将现场保护情况及时报告现场勘验、检查指挥员。

2. 依法履行职责。公安机关对刑事案件现场勘验、检查应当统一指挥，周密组织，明确分工，落实责任，及时完成各项任务。现场勘验、检查的指挥员由具有现场勘验、检查专业知识和组织指挥能力的人民警察担任。

现场勘验、检查的指挥员依法履行下列职责：（1）决定和组织实施现场勘验、检查的紧急措施；（2）制定和实施现场勘验、检查的工作方案；（3）对参加现场勘验、检查人员进行分工；（4）指挥、协调现场勘验、检查工作；（5）确定现场勘验、检查见证人；（6）审核现场勘验、检查工作记录；（7）组织现场分析；（8）决定对现场的处理。

现场勘验、检查人员依法履行下列职责：（1）实施现场紧急处置；（2）进行现场调查访问；（3）发现、固定和提取现场痕迹、物证等；（4）记录现场保护情况、现场原始情况和现场勘验、检查的过程与所见，制作现场勘验、检查工作记录；（5）参与现场分析；（6）提出处理现场的意见。

3. 遵守现场实地勘验的有关规定。公安机关对刑事案件现场进行勘验、检查不得少于2人。勘验、检查现场时，应当邀请1至2名与案件无关的公民做见证人。执行现场勘验、检查任务的人员，应当佩戴《刑事案件现场勘验检查证》。《刑事案件现场勘验检查证》由公安部统一制发。执行现场勘验、检查任务的人员，应当使用相应的个人防护装置，戴帽子或者头套、手套、鞋套等。

现场勘验、检查人员到达现场后，应当了解案件发生、发现和现场保护情况。需要采取搜索、追踪、堵截、鉴别、安全检查和控制销赃等紧急措施的，应当立即报告现场指挥员，并果断处置。具备使用警犬追踪或者鉴别条件的，在不破坏现场痕迹、物证的前提下，立即使用警犬搜索和追踪，提取有关物品、嗅源。

勘验、检查暴力犯罪案件现场，可以视案情部署武装警戒，防止造成新的危害后果。对涉爆、涉枪、放火、中毒、放射性物质、传染性疾病、危险场所等可能危害勘验、检查人员人身安全的，应当先排除险情，在保证勘验、检查人员人身安全的前提下，再进行现场勘验、检查。勘验、检查与电子数据有关的犯罪现场，应当按照有关规范处置相关设备，保护电子数据和其他痕迹、物证。必要时，可以指派或聘请专业技术人员复制有关电子数据。勘验、检查煽动性案件现场时，对涉及反动内容的标语、传单、大小字报等，应当采用适当方法加以遮挡，在取证结束后及时清理现场，防止扩散，造成不良影响。

勘验、检查现场时，非勘验、检查人员不得进入现场。确需进入现场的，须经指挥员同意，并按指定路线进出现场。

4. 遵循现场勘验、检查的工作步骤。进行现场勘验、检查的基本步骤是：（1）巡视现场，划定勘验、检查范围；（2）按照"先静后动，先下后上；先重点后一般，先固定后提取"的原则，根据现场实际情况确定勘验、检查流程；（3）初步勘验、检查现场，固定和记录现场原始状况；（4）详细勘验、检查现场，发现、固定、记录和提取痕迹、物证；（5）记录现场勘验、检查情况。

## 十四、怎样做好现场勘验、检查工作记录

现场勘验、检查结束后，应当及时制作现场勘验、检查工作记录。现场勘验、检查工作记录包括现场勘验、检查笔录，现场图，现场照片，现场录像和现场录音。现场勘验、检查笔录应当客观、全面、详细、准确、规范，能够作为核查现场或者恢复现场原状的依据，符合法定的证据要求。

现场勘验、检查笔录包括以下基本内容：（1）前言部分：笔录文号，接报案件时间和内容，现场地点，现场保护情况，勘验、检查的起止时间，天气情况，勘验、检查利用的光线，组织指挥人员，现场方位和周围环境等；（2）正文部分：与犯罪有关的痕迹和物品的名称、部位、数量、性状、分布等情况，尸体的位置、衣着、姿势、损伤、血迹分布、形状和数量等；（3）结尾部分：提取痕迹、物证情况，扣押物品情况，制图和照相的数量，录像、录音的时间。笔录人、制图人、照相人、录像人、录音人，执行现场勘验、检查任务人员的单位、职务及签名，见证人签名。

根据现场情况选择制作现场平面示意图、现场平面比例图、现场平面展开图、现场立体图和现场剖面图等。绘制现场图应当符合以下基本要求：（1）标明案件名称，案件发生、发现的时间，案发地点；（2）完整反映现场的位置、范围；（3）准确反映与犯罪活动有关的主要物体，标明痕迹、物证、成趟足迹、尸体、作案工具等的具体位置；（4）文字说明简明、准确；（5）布局合

理，重点突出，画面整洁，标识规范；（6）注明测量方法、比例、方向、图例、绘图单位、绘图日期和绘图人。

要做好现场照相和录像工作。现场照相和录像包括方位、概貌、重点部位和细目四种。现场照相和录像应当符合以下基本要求：（1）影像清晰、主题突出、层次分明、色彩真实；（2）清晰、准确记录现场方位、周围环境及原始状态，记录痕迹、物证所在部位、形状、大小及其相互之间的关系；（3）细目照相、录像应当放置比例尺；（4）现场照片贴纸上加注文字说明；（5）符合有关行业标准。

现场绘图，现场照相，录像，现场勘验、检查笔录应当相互吻合。现场绘图，现场照相，录像，现场勘验、检查笔录等现场勘验、检查的原始资料应当妥善保存。

### 十五、怎样提取和扣押现场痕迹、物品与文件

提取和扣押现场痕迹、物品与文件，是侦查所得证据材料和物品得以保存并使其发挥正常证明作用的基本步骤。根据《公安机关刑事案件现场勘验检查规则》的规定，提取和扣押现场痕迹、物品与文件时应当注意以下几个方面：

1. 现场勘验、检查中发现与犯罪有关的痕迹、物品，应当固定、提取。现场勘验、检查中需要扣押物品、文件的，由现场勘验、检查指挥员决定。执行扣押物品、文件时，侦查人员不得少于2人，并持有关法律文书或者侦查人员工作证件。应当有见证人在场。

2. 提取现场痕迹、物品，应当分别提取，分开包装，统一编号，注明提取的地点、部位、日期，提取的数量、名称、方法和提取人。对特殊物品，应当采取相应的方法提取和包装，防止损坏或者污染。提取秘密级以上的文件，应当由县级以上公安机关负责人批准，按照有关规定办理，严防泄密。现场勘验、检查中，发现爆炸物品、毒品、枪支、弹药和淫秽物品以及其他非法违禁物品，应当立即扣押，固定相关证据后，交有关部门处理。扣押物品、文件时，当场开具《扣押物品、文件清单》，写明扣押的日期、地点以及物品、文件的编号、名称、数量、特征和来源等，由扣押经办人、见证人和物品、文件持有人分别签名或者盖章。被扣押物品、文件无持有人或者难以查清持有人的，应当在《扣押物品、文件清单》上注明。

3. 在现场勘验、检查中，应当对能够证明犯罪嫌疑人有罪或者无罪的各种物品和文件予以扣押；但不得扣押与案件无关的物品、文件。对与犯罪有关的物品、文件的持有人无正当理由拒绝交出物品、文件的，现场勘验、检查人

员可以强行扣押。对应当扣押但不便提取的物品、文件，经拍照或者录像后，可以交被扣押物品、文件持有人保管或者封存，并明确告知物品持有人应当妥善保管，不得转移、变卖、毁损。

4.《扣押物品、文件清单》一式三份，一份交物品、文件持有人，一份交公安机关扣押物品、文件保管人员，一份附卷备查。交被扣押物品、文件持有人保管或者封存的，应当开具《扣押物品、文件清单》，在清单上写明封存地点和保管责任人，注明已经拍照或者录像，由扣押经办人、见证人和持有人签名或者盖章。《扣押物品、文件清单》一式两份，一份交给物品持有人，另一份连同照片或者录像带附卷备查。对应当扣押但容易腐败变质以及其他不易保管的物品，可以根据具体情况，经县级以上公安机关负责人批准，在拍照或者录像固定后委托有关部门变卖、拍卖或者销毁。对不需要继续保留或者经调查证实与案件无关的被扣押物品、文件，应当及时退还原主，填写《发还物品、文件清单》一式两份，由承办人、领取人签名或者盖章，一份交物品、文件的原主，另一份附卷备查。对现场扣押的无主物品、文件，与犯罪有关的，在案件未破获前，由主办案件单位负责保管。

5. 对公安机关扣押物品、文件有疑问的，物品、文件持有人可以向扣押单位咨询；认为扣押不当的，可以向扣押物品、文件的公安机关或者其上级公安机关申请纠正。上级公安机关发现下级公安机关扣押物品、文件不当时，应当责令下级公安机关改正，下级公安机关应当立即执行。对于现场提取的痕迹、物品和扣押的物品、文件，应当按照有关规定建档管理，存放于专门场所，由专人负责，严格执行存取登记制度。

### 十六、勘验、检查杀人、伤害案件应当注意哪些问题

根据《公安机关刑事案件现场勘验检查规则》的规定，勘验、检查杀人、伤害案件应当注意以下问题：

1. 为了确定被害人、犯罪嫌疑人的个体特征、伤害情况或者生理状态等，可以进行人身检查。犯罪嫌疑人如果拒绝检查，侦查人员认为有必要的，经办案部门负责人批准，可以进行强制检查。检查妇女的身体，应当由女侦查人员或者医师进行，必要时，可以指派或者邀请法医参加。检查的情况应当制作笔录，由参加检查的侦查人员、检查人员和见证人签名或者盖章。

2. 勘验、检查有尸体的现场，应当有法医参加。为了确定死因，经县级以上公安机关负责人批准，可以解剖尸体。解剖尸体应当通知死者家属到场，并让死者家属在《解剖尸体通知书》上签名或者盖章。死者家属无正当理由拒不到场或者拒绝签名、盖章的，也可以解剖尸体，但是应当在《解剖尸体

通知书》上注明。对于身份不明的尸体,无法通知死者家属的,应当在笔录中注明。解剖外国人尸体应当通知死者家属或者其所属国家驻华使、领馆有关官员到场,并请死者家属或者其所属国家驻华使、领馆有关官员在《解剖尸体通知书》上签名或者盖章。死者家属或者其所属国家驻华使、领馆有关官员无正当理由拒不到场或者拒绝签名、盖章的,也可以解剖尸体,但应当在《解剖尸体通知书》上注明。对于身份不明外国人的尸体,无法通知死者家属或者有关使、领馆的,应当在笔录中注明。

3. 解剖尸体应当在尸体解剖室进行。确因情况紧急,或者受条件限制,需要在现场附近解剖的,应当采取隔离、遮挡措施。移动现场尸体前,应当对尸体的原始状况及周围的痕迹、物品进行照相、录像,并提取有关痕迹、物证。检验、解剖尸体时,应当捺印尸体指纹和掌纹。必要时,提取血、尿、胃内容和有关组织、器官等。检验、解剖尸体时,应当照相、录像。对尸体损伤痕迹和有关附着物等应当进行细目照相、录像。对无名尸体的面貌,生理、病理特征,以及衣着、携带物品和包裹尸体物品等,应当进行详细检查和记录,拍摄辨认照片。

### 十七、侦查阶段办理死刑案件应当注意哪些事项

根据 2007 年 3 月 9 日最高人民法院、最高人民检察院、公安部、司法部作出的《关于进一步严格依法办案确保办理死刑案件质量的意见》规定,侦查阶段办理死刑案件应当注意以下事项:

1. 侦查机关应当依照刑事诉讼法、司法解释及其他有关规定所规定的程序,全面、及时收集证明犯罪嫌疑人有罪或者无罪、罪重或者罪轻等涉及案件事实的各种证据,严禁违法收集证据。对证据的原物、原件要妥善保管,不得损毁、丢失或者擅自处理。对与查明案情有关,需要鉴定的物品、文件、电子数据、痕迹、人身、尸体等,应当及时进行刑事科学技术鉴定,并将鉴定报告附卷。涉及命案的,应当通过被害人近亲属辨认、DNA 鉴定、指纹鉴定等方式确定被害人身份。对现场遗留的与犯罪有关的具备同一认定检验鉴定条件的血迹、精斑、毛发、指纹等生物物证、痕迹、物品,应当通过 DNA 鉴定、指纹鉴定等刑事科学技术鉴定方式与犯罪嫌疑人的相应生物检材、生物特征、物品等作同一认定。侦查机关应当将用做证据的鉴定结论告知犯罪嫌疑人、被害人。如果犯罪嫌疑人、被害人提出申请,可以补充鉴定或者重新鉴定。

2. 对可能属于精神病人、未成年人或者怀孕的妇女的犯罪嫌疑人,应当及时进行鉴定或者调查核实。提讯在押的犯罪嫌疑人,应当在羁押犯罪嫌疑人的看守所内进行。严禁刑讯逼供或者以其他非法方法获取供述。讯问犯罪嫌疑

人，在文字记录的同时，可以根据需要录音录像。侦查人员询问证人、被害人，应当依照新《刑事诉讼法》第122条的规定进行。严禁违法取证，严禁暴力取证。

3. 犯罪嫌疑人在被侦查机关第一次讯问或者采取强制措施之日起，聘请律师或者经法律援助机构指派的律师为其提供法律帮助、代理申诉、控告的，侦查机关应当保障律师依法行使权利和履行职责。危害国家安全犯罪、恐怖活动犯罪、特别重大贿赂犯罪案件，律师会见在押的犯罪嫌疑人，应当经侦查机关批准。律师发现有刑讯逼供情形的，可以向公安机关、人民检察院反映。

4. 侦查机关将案件移送人民检察院审查起诉时，应当将包括第一次讯问笔录及勘验、检查、搜查笔录在内的证明犯罪嫌疑人有罪或者无罪、罪重或者罪轻等涉及案件事实的所有证据一并移送。对于可能判处死刑的案件，人民检察院在审查逮捕工作中应当全面、客观地审查证据，对以刑讯逼供等非法方法取得的犯罪嫌疑人供述、被害人陈述、证人证言应当依法排除。对侦查活动中的违法行为，应当提出纠正意见。

## 十八、如何理解紧急情况下的"不另用搜查证搜查"

新《刑事诉讼法》第136条规定："进行搜查，必须向被搜查人出示搜查证。在执行逮捕、拘留的时候，遇有紧急情况，不另用搜查证也可以进行搜查。"根据上述法律规定，在执行拘留、逮捕时，遇到特殊紧急的情况，来不及办理搜查证时，侦查人员也可以不另用搜查证就可以同时进行搜查。但是，对于不是在执行拘留、逮捕时，无论是否遇到紧急情况，都不能没有搜查证就进行搜查。所谓"紧急情况"，主要是指被执行逮捕、拘留的人身上携带有凶器或者危险物品，在其住处存放有危险物品，可能发生被执行人自杀或凶杀、爆炸等严重事件，或者有毁弃、转移罪证等迹象的情况，不立即进行搜查，可能给社会造成危害或者丧失侦查取证时机，影响或妨碍侦查活动的顺利进行的情况。

根据刑事诉讼法的规定，拘留、逮捕都是由公安机关负责执行，据此有人认为，新《刑事诉讼法》第136条的规定只适用于公安机关，不适用于人民检察院，因为人民检察院不负有执行拘留、逮捕的任务，所以在任何情况下，人民检察院都不能没有搜查证就进行搜查。而《人民检察院刑事诉讼规则》第179条规定："在执行逮捕、拘留的时候，遇有紧急情况，不另用搜查证也可以进行搜查。但搜查结束后，搜查人员应当及时向检察长报告，及时补办有关手续。"对此，如何理解人民检察院遇有紧急情况下的未持有搜查证的搜查权？我们认为，根据新《刑事诉讼法》第136条和《人民检察院刑事诉讼规则》第179条的规定，只要是在执行拘留、逮捕任务时，遇有紧急情况，人民检察院与公安机关一样，同样享有不另用搜查证进行搜查的权力。因为人民检察院直接立案侦查的案件，作出拘留、逮捕决定后，送达公安机关执行时，可以由人民检察院协助执行。因此，人民检察院协助执行拘留、逮捕的时候，遇有紧急情况，不另用搜查证也可以进行搜查。

### 十九、搜查应当注意哪些事项

搜查是刑事诉讼法规定的一种强制性侦查手段，规范性强，必须严格依法进行。在搜查中应当注意的问题主要有以下几个方面：

1. 严格依法办事。严格依法办事主要是要求搜查时必须依照程序法规定的原则进行，各种法律手续必须完备。特殊情况下进行无证搜查，必须是因为现行刑事犯罪情况紧急，来不及办理搜查证，但事后必须及时向有权决定的领导汇报并补办搜查手续。无证搜查在一般情况下应当邀请有关单位人员或者当地群众在旁作证。对于绝大多数案件需要进行搜查，都应当在手续完备的条件下进行。在正常情况下，如果手续不完备，或者程序不符合刑事诉讼法的有关规定，就会直接影响到搜查的合法性和搜查结果的法律效力。

2. 搜查工作必须做到认真细致、一丝不苟。对被搜查人的住所、人身、物品等要进行全面彻底的搜查，不能漏掉任何可能隐匿罪证的地方，不放过任何可疑的对象。对于证据的收集要客观全面，不仅要收集证明犯罪嫌疑人有罪、罪重的证据，还要注意收集证明犯罪嫌疑人无罪、罪轻的证据；既要收集与犯罪嫌疑人犯罪有关的证据，也要收集与犯罪嫌疑人犯罪无关但可能与其他犯罪活动有关的证据。在搜查中发现和得到的各种证据，要妥善地予以保存。

3. 搜查时要提高警惕，不要让无关人员进入搜查现场。即使邀请有关人员在旁作证，作证人员也只能在指定的位置进行观望，不应参与侦查人员的搜查行动。在搜查过程中，侦查人员要注意对被搜查人员进行监视，防止其行凶、自杀、逃跑或者毁灭罪证、串供等。在搜查中发现涉及国家秘密的文件，要注意保密，不能让在场的其他人（包括见证人、被搜查人家属以及应邀参加的有关人员）知晓。

4. 在搜查过程中，如果犯罪嫌疑人或其家属行凶闹事，阻碍搜查活动的顺利进行，可以依照法律规定予以制止。对在进行多方劝阻和细心工作的前提下，仍然阻碍执行搜查任务的在场人，必要的时候可以使用械具。对搜查中发现的易燃易爆、剧毒和其他有害、危险物品，要及时妥善处理；对文物、贵重物品以及其他稀有物品，要注意妥善保管；对淫秽物品要注意保存，防止其传播和扩散。

### 二十、怎样正确行使秘密监听手段

新《刑事诉讼法》第151条第1款规定:"为了查明案情,在必要的时候,经公安机关负责人决定,可以由有关人员隐匿其身份实施侦查。但是,不得诱使他人犯罪,不得采用可能危害公共安全或者发生重大人身危险的方法。""隐匿其身份"侦查,实际上也就是秘密侦查,但它又没有囊括秘密侦查的全部。那么,秘密监听属不属于秘密侦查呢?可以肯定地说,秘密监听应当属于秘密侦查,因为它需要隐匿监听人的身份和行动。如果仅仅属于技术侦查手段的话,就不能完全在保密状态下进行,而这又是秘密监听所无法容纳的。现在《修改决定》规定了"隐匿其身份"和技术侦查两种特殊侦查手段,却没有使用"秘密侦查"来立法,使秘密监听侦查手段跨于法律规定的两种特殊侦查手段之间。

我们认为,秘密监听是采用秘密手段获取与犯罪有关的言词信息的一种技术侦查手段。我国1979年刑事诉讼法和1996年刑事诉讼法均未对秘密监听作出规定。1993年通过的国家安全法和1995年通过的人民警察法对此作了规定,国家安全机关和公安机关经过严格的批准手续,可以采用技术侦查措施。所以,秘密监听应当属于技术侦查措施的一种。法律对秘密侦查方式也只是作了概括性的规定,尚没有明确规定哪些案件可以采用秘密监听以及适用秘密监听应当有哪些程序和条件,因此,秘密监听问题还有待于司法实践和理论上作进一步的探讨。但由于秘密监听直接涉及对公民个人隐私权的干预,因而世界各国对秘密监听的适用都规定了严格的限制条件。我国也不例外,适用秘密监听必须具有一定的条件并作出必要的限制。

1. 秘密监听只能适用于重大复杂的刑事案件。对于一般性的危害不大的刑事案件,是不宜采用秘密监听的侦查手段的,因为采用秘密监听对公民隐私权可能造成较大的损害。而且,秘密监听必须通过法律明文加以规定,在使用秘密监听的侦查手段时,不能随便超越法律规定的监听范围。例如,秘密监听可以适用于间谍罪、叛国罪、黑社会性质犯罪、绑架罪、抢劫罪、贪污贿赂罪、贩毒罪等。国外法律都对此规定了严格的适用条件,如法国《刑事诉讼法典》第100条规定,只有可能判处2年或2年以上监禁的重罪或轻罪案件才能适用通讯截留手段。我国澳门特别行政区《刑事诉讼法典》第172条也对适用秘密监听的案件范围作出了严格限定。因此,我国刑事诉讼法在修改时也引进了秘密侦查手段,但还应当进一步对秘密监听的适用范围作出明确的界定,应当说,只有重大复杂案件才能采用秘密监听手段。

2. 秘密监听必须是在采用常规侦查手段无法查清案件事实时才能采用。

常规侦查手段可分为强制性侦查手段和非强制性侦查手段。强制性侦查手段虽然会导致对诉讼参与人权利的限制，但由于都是公开进行的，实施时能够受到社会公众的广泛监督和法律监督部门的监督制约，并且有长期的司法实践总结，被滥用的可能性相对较小。而秘密监听则是非公开进行的，受到的监督极为有限，而涉及的又是公民个人的隐私权，被滥用的可能性相对较大。因此，只有在常规侦查手段难以达到预期侦查目标时才能采用秘密监听手段。例如，德国《刑事诉讼法典》第100条就规定，只有在以其他方式不能或难以查明案情、侦查被指控的住所的条件下，才允许秘密监视、录制电讯往来。我国也应借鉴国外立法，把秘密监听手段的使用限定在必要的范围内。

3. 必须经过法定的机关批准，这是秘密监听的程序性条件。秘密监听是无须取得犯罪嫌疑人、被告人同意的强制性侦查手段，应当注意防止侦查机关在实施过程中侵犯公民的个人权利，特别是公民的隐私权。由于隐私权是一种不为他人知晓的个人秘密信息，公民不愿公开的目的就是不愿意让别人知道其秘密信息。而秘密监听恰恰是对个人隐私权的致命破坏。如果秘密监听手段使用不慎，一旦将他人的隐私秘密泄露出去，就造成了对他人权利的侵犯。因此，国外立法都规定秘密监听的适用必须经侦查机关提出申请，法官审查批准才能适用。如德国《刑事诉讼法典》第100条b第1款规定：对电讯往来是否监视、录制，只允许由法官决定。在延误有危险时也可以由检察院决定。检察院的命令如果在3日内未获法官确认的，失去效力。目前我国关于秘密监听的审批权由县级以上公安机关负责人行使，具体的执行由公安机关的特定人员实施，当然也包括国家安全机关在内。除此之外，其他任何机关或者团体、个人都没有这个权力。

## 二十一、侦查机关扣押物证、书证应当注意哪些事项

根据新刑事诉讼法以及公安部发布的《公安机关办理刑事案件程序规定》第173条至第187条和最高人民检察院发布的《人民检察院刑事诉讼规则》第136条至第156条的规定，侦查机关讯问犯罪嫌疑人应当注意的事项主要包括以下内容：

1. 在勘验、搜查中发现的可用以证明犯罪嫌疑人有罪或者无罪的各种物品和文件，应当扣押；与案件无关的物品、文件，不得扣押。对于扣押的物品、文件，要妥善保管或者封存，不得使用或者损毁。执行扣押物品、文件的侦查人员不得少于2人，并持有有关法律文书或者侦查人员工作证件。对于扣押的物品和文件，应当会同在场见证人和被扣押物品、文件的持有人查点清楚，当场开列《扣押物品、文件清单》一式二份，写明物品或者文件的名称、

编号、规格、数量、重量、质量、特征及其来源，由侦查人员、见证人和持有人签名或者盖章后，一份交给持有人，另一份交给侦查机关附卷。对查获的下列不宜随案移送的物品、文件，原物不随卷保存，但应当拍成照片存入卷内，原物由公安机关妥为保管或者按照国家有关规定分别移送主管部门处理或者销毁：（1）淫秽物品；（2）武器弹药、管制刀具、易燃、易爆、剧毒、放射等危险品；（3）鸦片、海洛因、吗啡、冰毒、大麻等毒品和制毒原料或者配剂、管制药品；（4）危害国家安全的传单、标语、信件和其他宣传品；（5）秘密文件、图表资料；（6）珍贵文物、珍贵动物及其制品、珍稀植物及其制品；（7）其他大宗的、不便搬运的物品。

2. 对于应当扣押但是不便提取的物品、文件，经拍照或者录像后，可以交被扣押物品持有人保管或者封存，并且单独开具《扣押物品、文件清单》一式二份，在清单上注明已经拍照或者录像，物品、文件持有人应当妥善保管，不得转移、变卖、毁损，由侦查人员、见证人和持有人签名或者盖章，一份交给物品、文件持有人，另一份连同照片或者录像带附卷备查。对不能随案移送的物证，应当拍成照片；容易损坏、变质的物证、书证，应当用笔录、绘图、拍照、录像、制作模型等方法加以保全。对于可以作为证据使用的录音、录像带、电子数据存储介质，应当记明案由、对象、内容、录取、复制的时间、地点、规格、类别、应用长度、文件格式及长度等，并妥善保管。

3. 对于扣押的金银珠宝、文件、名贵字画、违禁品以及其他不易辨别真伪的贵重物品，应当当场密封，并由扣押人员、见证人和被扣押物品持有人在密封材料上签名或者盖章。对容易腐烂变质及其他不易保管的物品，可以根据具体情况，经县级以上公安机关负责人批准，在拍照或者录像后委托有关部门变卖、拍卖，变卖、拍卖的价款暂予保存，待诉讼终结后一并处理。扣押的物品有明确的被害人的，应当通知被害人领取。通知被害人后，超过半年未来领取的，予以没收，上缴国库。如有特殊情况，可以酌情延期处理。凡是已经送交财政部门处理的赃款赃物，如果失主前来认领，并经查证属实，由原没收机关从财政部门提回，予以归还。如原物已经卖掉，应当按拍卖的价格退还价款。

4. 侦查人员认为需要扣押犯罪嫌疑人的邮件、电报的时候，经公安机关或者人民检察院批准，即可通知邮电机关将有关的邮件、电报检交扣押。不需要继续扣押的时候，应即通知邮电机关。对于扣押的物品、文件、邮件、电子邮件、电报或者冻结的存款、汇款，不得使用、调换、毁损或者自行处理。经查明确实与案件无关的，应当在3日以内解除扣押、冻结，退还原主或者原邮电机关、网络服务单位。

5. 侦查机关办理案件需要向本辖区以外的单位和个人调取物证、书证的，办案人员应当携带工作证、单位办案证明信和有关法律文书，及时同当地侦查机关联系，当地侦查机关应当配合、协助执行任务。如果需要调取的证据是比较简单的，可以向证据所在地的侦查机关函调。函调证据应当注明取证对象的具体内容和确切地址。协助函调的侦查机关应当及时派员按调查内容进行调查取证，并且在收到函件的一个月内将调查结果送达请调的侦查机关。调取书证、视听资料应当调取原件。取得原件确有困难或者因保密需要不能调取原件的，可以调取副本或者复制件。调取物证应当调取原物。原物不便搬运、保存，或者依法应当返还被害人，或者因保密工作需要不能调取原物的，可以将原物拍照、录像。对原物拍照或者录像应当足以反映原物的外形、内容。调取书证、视听资料的副本、复制件和物证的照片、录像的，应当附有不能调取原件、原物的原因以及制作过程和原件、原物存放地点的说明，并由制作人员和原书证、视听资料、物证持有人签名或者盖章。

## 二十二、侦查机关查询、冻结、扣押存款、汇款时要注意哪些事项

根据新刑事诉讼法、最高人民检察院公布的《人民检察院刑事诉讼规则》、最高人民检察院《人民检察院扣押、冻结涉案款物工作规定》、公安部《公安机关办理刑事案件程序规定》等规定，侦查机关在刑事诉讼中查询、扣押、冻结存款、汇款主要应当注意以下事项：

1. 侦查机关根据侦查犯罪的需要，可以依照规定查询、冻结犯罪嫌疑人的存款、汇款。犯罪嫌疑人的存款、汇款已经被冻结的，侦查机关不得重复冻结。对于冻结的存款、汇款，经查明确实与案件无关的，应当在3日以内解除冻结。冻结存款的期限为6个月。有特殊原因需要延长的，侦查机关应当在冻结期满前办理继续冻结手续。每次续冻期限最长不超过6个月。逾期不办理继续冻结手续的，视为自动撤销冻结。

2. 向银行或者其他金融机构、邮电部门查询犯罪嫌疑人的存款、汇款，应当经县级以上公安机关负责人批准，制作《查询存款、汇款通知书》，通知银行或者其他金融机构、邮电部门执行。不需要继续冻结犯罪嫌疑人存款、汇款时，应当制作《解除冻结存款、汇款通知书》，通知银行或者其他金融机构、邮电部门执行。对于冻结在银行、其他金融机构或者邮电部门的赃款，应当向人民法院随案移送该银行、其他金融机构或者邮电部门出具的证明文件，待人民法院作出生效判决后，由人民法院通知该银行、其他金融机构或者邮电部门上缴国库。

3. 扣押、冻结涉案款物，必须有严格的法律手续，由两名以上办案人员

进行；扣押、冻结过程中要实行扣押、冻结款项与保管款物相分离的原则，账实必须相符。在搜查、拘留、逮捕、现场勘查过程中发现的可用以证明犯罪嫌疑人有罪或者无罪的各种物品，非法持有的违禁品，可能属于违法所得的款项，应当扣押；不能立即查明是否与案件有关的可疑款物，可以先行扣押并依法审查处理。上级侦查机关发现下级侦查机关冻结、解除冻结存款、汇款有错误时，可以依法作出决定，责令下级侦查机关限期改正，下级侦查机关应当立即执行。对拒不改正的，上级侦查机关可以直接向有关银行或者其他金融机构发出法律文书，纠正下级侦查机关所作的错误决定，并通知原作出决定的侦查机关。

4. 因犯罪嫌疑人死亡而撤销案件，被冻结的存款、汇款应当依法予以没收或者返还被害人的，可以申请人民法院裁定通知冻结犯罪嫌疑人存款、汇款的金融机构上缴国库或者返还被害人；因其他原因撤销案件的，直接通知冻结机构上缴国库或者返还被害人。需要返还犯罪嫌疑人的，应当解除冻结并返还犯罪嫌疑人或者其合法继承人。

### 二十三、对扣押、冻结的款物怎样进行保管和处理

根据最高人民检察院发布的《人民检察院扣押、冻结涉案款物工作规定》第14条至第44条的规定，对扣押、冻结的款物进行保管和处理时应当注意以下事项：

1. 人民检察院对于扣押、冻结的涉案款物及其孳息，应当如实登记，妥善保管。人民检察院负责财务装备的部门是扣押款物的管理部门，负责对扣押款物统一管理。法律和有关规定另有规定的除外。对扣押款应当逐案设立明细账，并及时存入指定银行的专用账户，严格收付手续。对扣押的实物应当建账设卡，一案一账，一物一卡。办案部门对于细小物品，可以根据物品种类分袋、分件、分箱设卡。

2. 办案部门扣押款物后，应当在3日内移交管理部门，并附扣押清单复印件。由于特殊原因不能按时移交的，经检察长批准，可以由办案部门暂时保管，在原因消除后及时移交。办案部门向管理部门移交扣押的款物时，应当列明物品的名称、规格、特征、质量、数量或者现金的数额等，出具法定手续。管理部门应当当场审验，对不符合规定的，应当要求办案部门立即补正；符合规定的，应当在移交清单上签名并向办案部门开具收据。

3. 对扣押物品应当设立符合防火、防盗、防潮、防尘等安全要求的专用保管场所，并配备必要的计量和存储设备。严格封存登记和出入库手续。管理人员应当定期对扣押款物进行检查，防止挪用、丢失、损毁等。

第二章 立案、侦查和提起公诉

4. 为了核实证据，需要临时调用扣押款物时，应当经检察长批准。加封的款物启封时，办案部门和管理部门应当同时派员在场，并应当有见证人或者持有人在场，当面查验。归还时，应当重新封存，由管理人员清点验收。管理部门应当对调用和归还情况进行登记。

5. 扣押、冻结的款物，除依法应当返还被害人或者经查明确实与案件无关的以外，不得在诉讼程序终结之前处理。法律和有关规定另有规定的除外。权利人申请出售被扣押、冻结的股票、债券、基金、权证、期货、仓单、黄金等，不损害国家利益、被害人利益，不影响诉讼正常进行的，经检察长批准或者检察委员会决定，在案件终结前可以依法出售，所得价款由管理部门保管。扣押、冻结汇票、本票、支票的，应当在有效期限内作出处理。经检察长批准或者检察委员会决定，在案件终结前依法变现的，所得价款由管理部门保管，并及时书面告知当事人或者其近亲属。

6. 处理扣押、冻结的涉案款物，应当由办案部门提出意见，报请检察长决定。负责保管扣押、冻结涉案款物的管理部门会同办案部门办理相关的处理手续。人民检察院向其他机关移送的案件需要随案移送扣押、冻结的涉案款物的，按照上述规定办理。

7. 决定撤销案件的，侦查部门应当在撤销案件决定书中写明对扣押、冻结的涉案款物的处理结果。扣押的违法所得需要没收的，应当提出检察意见，移送有关主管机关处理。需要返还原主或者被害人的，应当解除扣押、冻结，直接返还。因犯罪嫌疑人死亡而撤销案件，被冻结的存款、汇款应当依法予以没收或者返还被害人的，可以申请人民法院裁定通知冻结犯罪嫌疑人存款、汇款的金融机构上缴国库或者返还被害人；因其他原因撤销案件的，直接通知冻结机构上缴国库或者返还被害人。需要返还犯罪嫌疑人的，应当解除冻结并返还犯罪嫌疑人或者其合法继承人。

8. 侦查部门移送审查起诉时，应当在侦查终结报告、移送审查起诉意见书中提出对扣押、冻结的涉案款物的处理意见，并列明款物去向存入案卷。

9. 对于应当返还被害人的扣押、冻结款物，无人认领的，应当公告通知。公告满1年无人认领的，依法上缴国库。无人认领的款物在上缴国库后有人认领，经查证属实的，人民检察院应当向人民政府财政部门申请退库或者返还。原物已经拍卖、变卖的，应当退回价款。

10. 人民检察院处理扣押、冻结的款物，应当制作扣押、冻结款物处理决定书并送达当事人或者其近亲属，由当事人或者其近亲属在处理清单上签名或者盖章。当事人或者其近亲属不签名的，应当在处理清单上注明。处理扣押、冻结的单位款物，应当由单位有关负责人签名并加盖公章，单位负责人不签名的，应当在处理清单上注明。扣押、冻结的涉案款物应当依法上缴国库或者返还有关单位和个人的，如果有孳息，应当一并上缴或者返还。

## 二十四、执法机关查询、冻结、扣划证券和证券交易结算资金应当注意哪些事项

根据 2008 年 3 月 1 日最高人民法院、最高人民检察院、公安部、中国证券监督管理委员会发布的《关于查询、冻结、扣划证券和证券交易结算资金有关问题的通知》的规定，执法机关查询、冻结、扣划证券和证券交易结算资金时应当注意以下事项：

1. 人民法院、人民检察院、公安机关在办理案件过程中，按照法定权限需要通过证券登记结算机构或者证券公司查询、冻结、扣划证券和证券交易结算资金的，证券登记结算机构或者证券公司应当依法予以协助。人民法院要求证券登记结算机构或者证券公司协助查询、冻结、扣划证券和证券交易结算资金，人民检察院、公安机关要求证券登记结算机构或者证券公司协助查询、冻结证券和证券交易结算资金时，有关执法人员应当依法出具相关证件和有效法律文书。执法人员证件齐全、手续完备的，证券登记结算机构或者证券公司应当签收有关法律文书并协助办理有关事项。拒绝签收人民法院生效法律文书的，可以留置送达。依法应当予以协助而拒绝协助，或者向当事人通风报信，或者与当事人通谋转移、隐匿财产的，对有关的证券登记结算机构或者证券公司和直接责任人应当依法进行制裁。

2. 人民法院、人民检察院、公安机关可以依法向证券登记结算机构查询客户和证券公司的证券账户、证券交收账户和资金交收账户内已完成清算交收程序的余额、余额变动、开户资料等内容；人民法院、人民检察院、公安机关可依法向证券公司查询客户的证券账户和资金账户、证券交收账户和资金交收账户内的余额、余额变动、证券及资金流向、开户资料等内容。查询自然人账户的，应当提供自然人姓名和身份证件号码；查询法人账户的，应当提供法人名称和营业执照或者法人注册登记证书号码。证券登记结算机构或者证券公司应当出具书面查询结果并加盖业务专用章。查询机关对查询结果有疑问时，证券登记结算机构、证券公司在必要时应当进行书面解释并加盖业务专用章。

3. 人民法院、人民检察院、公安机关按照法定权限冻结、扣划相关证券、资金时，应当明确冻结、扣划证券、资金所在的账户名称、账户号码、冻结期限，所冻结、扣划证券的名称、数量或者资金的数额。扣划时，还应当明确拟划入的账户名称、账号。冻结证券和交易结算资金时，应当明确冻结的范围是否及于孳息。以证券登记结算机构名义建立的各类专门清算交收账户不得整体

冻结，证券公司在银行开立的自营资金账户内的资金可以冻结、扣划。在证券公司托管的证券的冻结、扣划，既可以在托管的证券公司办理，也可以在证券登记结算机构办理；冻结、扣划未在证券公司或者其他托管机构托管的证券或者证券公司自营证券的，由证券登记结算机构协助办理。证券登记结算机构受理冻结、扣划要求后，应当在受理日对应的交收日交收程序完成后，根据交收结果协助冻结、扣划。证券公司受理冻结、扣划要求后，应当立即停止证券交易；冻结时已经下单但尚未撮合成功的应当采取撤单措施。冻结后，根据成交结果确定的用于交收的应付证券和应付资金可以进行正常交收。在交收程序完成后，对于剩余部分可以扣划。同时，证券公司应当根据成交结果计算出等额的应收资金或者应收证券交由执法机关冻结或者扣划。

冻结证券的期限不得超过 2 年，冻结交易结算资金的期限不得超过 6 个月；需要延长冻结期限的，应当在冻结期限届满前办理续行冻结手续，每次续行冻结的期限不得超过上述规定的期限。

## 二十五、司法机关对哪些证券和证券交易结算资金不得冻结、扣划

根据最高人民法院、最高人民检察院、公安部、中国证券监督管理委员会发布的《关于查询、冻结、扣划证券和证券交易结算资金有关问题的通知》第 5 条、第 6 条、第 7 条的规定，司法机关对下列证券和证券交易结算资金不得冻结、扣划：

1. 证券登记结算机构依法按照业务规则收取并存放于专门清算交收账户内的下列证券，不得冻结、扣划：（1）证券登记结算机构设立的证券集中交收账户、专用清偿账户、专用处置账户内的证券；（2）证券公司按照业务规则在证券登记结算机构开设的客户证券交收账户、自营证券交收账户和证券处置账户内的证券。

2. 证券登记结算机构依法按照业务规则收取并存放于专门清算交收账户内的下列资金，不得冻结、扣划：（1）证券登记结算机构设立的资金集中交收账户、专用清偿账户内的资金；（2）证券登记结算机构依法收取的证券结算风险基金和结算互保金；（3）证券登记结算机构在银行开设的结算备付金专用存款账户和新股发行验资专户内的资金，以及证券登记结算机构为新股发行网下申购配售对象开立的网下申购资金账户内的资金；（4）证券公司在证券登记结算机构开设的客户资金交收账户内的资金；（5）证券公司在证券登记结算机构开设的自营资金交收账户内最低限额自营结算备付金及根据成交结果确定的应付资金。

3. 证券登记结算机构依法按照业务规则要求证券公司等结算参与人、投

资者或者发行人提供的回购质押券、价差担保物、行权担保物、履约担保物等担保物,在交收完成之前,不得冻结、扣划。

### 二十六、不同执法机关对同一账户进行冻结、扣划应注意哪些事项

根据最高人民法院、最高人民检察院、公安部、中国证券监督管理委员会发布的《关于查询、冻结、扣划证券和证券交易结算资金有关问题的通知》第9条、第11条、第13条、第14条的规定,不同执法机关对同一账户进行冻结、扣划应当注意以下事项:

1. 不同的执法机关同一交易日分别在证券公司、证券登记结算机构对同一笔证券办理冻结、扣划手续的,证券公司协助办理的为在先冻结、扣划。不同的人民法院、人民检察院、公安机关对同一笔证券或者交易结算资金要求冻结、扣划或者轮候冻结时,证券登记结算机构或者证券公司应当按照送达协助冻结、扣划通知书的先后顺序办理协助事项。

2. 已被人民法院、人民检察院、公安机关冻结的证券或证券交易结算资金,其他人民法院、人民检察院、公安机关或者同一机关因不同案件可以进行轮候冻结。冻结解除的,登记在先的轮候冻结自动生效。轮候冻结生效后,协助冻结的证券登记结算机构或者证券公司应当书面通知作出该轮候冻结的机关。

3. 要求冻结、扣划的人民法院、人民检察院、公安机关之间,因冻结、扣划事项发生争议的,要求冻结、扣划的机关应当自行协商解决。协商不成的,由其共同上级机关决定;没有共同上级机关的,由其各自的上级机关协商解决。在争议解决之前,协助冻结的证券登记结算机构或者证券公司应当按照争议机关所送达法律文书载明的最大标的范围对争议标的进行控制。

### 二十七、什么是"整体冻结"和"轮候冻结"

"整体冻结"和"轮候冻结",是证券行业中的专门术语,在证券管理和证券交易过程中具有其独特的含义和运用范围。根据"最高人民法院有关负责人答记者问"(2008年2月18日发布)中的解释,所谓"整体冻结",是指对各类账户本身进行概括冻结。以登记结算机构名义开立的各类清算交收账户,维系着整个结算系统的正常运转,账户本身是严禁冻结的,除了自营资金交收账户内的部分资金可以冻结以外,实际上所有以登记结算机构名义开立的交收类账户内的证券和资金也都是不能冻结的(担保品限定为交收完成之前)。所谓"轮候冻结",是指不同执法机关对同一笔证券和资金都需要冻结时所采取的一种轮候制度。即为解决不同司法机关之间沟通信息机制不全、法

律又禁止重复冻结的问题,《关于查询、冻结、扣划证券和证券交易结算资金有关问题的通知》吸收了最高人民法院有关司法解释的内容,规定了不同执法机关对同一笔证券和资金冻结时的轮候制度。同时,赋予了协助义务单位在轮候的冻结裁定生效时,书面通知作出轮候冻结的执法机关的义务。如果不同的执法机关同一交易日对同一笔证券分别在证券公司和登记结算机构办理轮候冻结手续的,证券公司协助办理的轮候冻结应当在先生效。

## 二十八、刑事诉讼程序中被害人要求返还合法财产如何处理

《刑法》第64条规定,对被害人的合法财产应当及时返还。最高人民检察院发布的《人民检察院扣押、冻结涉案款物工作规定》第40条规定:扣押、冻结的涉案款物,经审查属于被害人的合法财产,不需要在法庭出示的,人民检察院应当及时返还。诉讼程序终结后,经查明属于犯罪嫌疑人、被不起诉人以及被告人的合法财产,应当及时返还。领取人应当在返还物清单上签名或盖章。返还清单、物品照片应当附入卷宗。但在司法实践中,被害人要求返还自己被侵害的合法财产的情况是复杂的。根据刑法的有关规定,对在办案过程中收缴的财物,如确属被害人的合法财产,应当区别情况分别作出如下处理:

1. 对被害人的合法财产与案件事实没有关联,财产权属方面也没有争议的,并且是生产、生活急需的,应当从实际情况出发及时予以返还,并办理相应的法律手续。所谓与案件事实没有关联,是指该财产并非犯罪违法所得或者需要在诉讼程序中作为证据使用的财产。所谓财产权属方面没有争议,是指财产在所有权方面属于被害人个人的合法财产,与其他人没有财产权属方面的关联性。

2. 对财产权属方面有争议的财产,应当告知被害人依法提起附带民事诉讼,暂时予以扣留,待案结后返还。如果要求予以返还的财产属于被害人与犯罪嫌疑人、被告人之间,或者被害人与其他人之间存在争议的财产,就不能随便予以返还。因为涉及财产权属方面的争议属于民事法律问题,需要经过人民法院处理。所以,只能通过附带民事诉讼或者另行提起民事诉讼来解决。

3. 对被害人的合法财产与案件事实有一定牵连的,待侦查终结后才能决定是否返还。如果被害人要求返还的财产属于犯罪嫌疑人、被告人违法所得需要作为证据使用,或者虽然不作为证据使用,但财产的处理直接关系到犯罪性质和刑事责任的认定等问题,也不能及时返还。而应当等到案件侦查终结或者作出判决后,再根据实际情况来确定是否返还、怎样返还等问题。

### 二十九、办案过程中发现赃款赃物私了如何处理

在刑事办案过程中,一些犯罪嫌疑人将自己犯罪获得的赃款赃物在司法机关尚未收缴之前擅自处理,有的是将赃物进行变卖,有的是将赃款用于偿还债务,也有的是与被害人私下协商交易。无论哪种做法,只要是在案发后司法机关正在对案件进行处理的过程中,犯罪嫌疑人擅自处理自己犯罪获得的赃款赃物都是法律不允许的。因为犯罪分子的赃款赃物既是被害人的合法财产,又是物证,需要作为刑事诉讼过程中的证据使用。在案件处理结束后,对于属于被害人的合法财产部分,应当依法退还给被害人。

《刑法》第64条规定:"犯罪分子违法所得的一切财物,应当予以追缴或者责令退赔;对被害人的合法财产,应当及时返还。"对于犯罪嫌疑人擅自私了的赃款赃物,办案人员一经发现,应当立即依法追缴,并分别作出如下处理:

1. 对变卖赃物的处理办法。如果犯罪嫌疑人已将赃物进行变卖,而买主也不知道是赃物的,公安、司法工作人员应当向购买赃物的人进行法律解释,说明购买赃物是违法的,要求其退还原物。如果犯罪嫌疑人贩卖赃物所得款项尚未挥霍,能够予以归还的,应当将赃款退还给买主。如果买主明知是赃物而予以购买的,情节严重构成《刑法》第312条掩饰、隐瞒犯罪所得、犯罪所得收益罪的,要依法追究刑事责任。

2. 对使用赃款的处理办法。如果犯罪嫌疑人已将赃款用于偿还其他债务或者借与他人使用,应当及时将偿还或借出的赃款收回。如果债主或者借款人拒不退还的,办案人员应当首先向他们讲清楚赃款赃物必须收回并由司法部门进行处理的道理。在司法机关说明情况的前提下,得到赃款的债权人或者借款人仍然拒不交出,可按掩饰、隐瞒犯罪所得、犯罪所得收益罪追究其法律责任,但最终可根据其悔改情况从宽处理。至于债主的债务,可由犯罪嫌疑人用其他财产偿还。

3. 对于私下退还款物的处理办法。如果犯罪嫌疑人与被害人私下协商将赃款赃物作了退还处理,只要不是犯罪嫌疑人为了规避法律责任或者其他违法事由,并且赃款赃物也不是必须由司法机关提取的证据,原则上可以认可,但应当将这种情况详细记录在卷。

### 三十、刑事鉴定的鉴定人具有哪些权利和义务

根据公安部发布的《公安机关办理刑事案件程序规定》的有关规定以及司法实践中的具体做法,刑事侦查鉴定的鉴定人主要具有下列权利和义务:

1. 鉴定人应当享有以下几项主要权利：（1）有权查阅与鉴定有关的案件材料。（2）有权要求侦查人员提供鉴定所必需的文件、物品、痕迹以及其他材料。（3）必要时，鉴定人可以在侦查人员的许可和主持下，参加现场勘查、复验复查和讯问犯罪嫌疑人、被告人、询问证人等活动。（4）有权对非法或不符合法律程序收集的物品拒绝鉴定。（5）有权拒绝任何机关、团体或个人对其鉴定活动提出的不正当要求和倾向性意见，对侵犯其鉴定活动的不法行为，有权提出控告。（6）有几个鉴定人共同鉴定时，可以通过讨论研究共同提出鉴定意见。如果意见不一致，可以分别提出各自不同的鉴定意见。每个鉴定人都有权保留自己的鉴定意见。（7）有权使用本民族的语言文字参与诉讼活动。（8）有权要求进一步明确鉴定目的和补充鉴定材料。确因鉴定条件不足而无法作出肯定性意见的，可以出具分析意见，任何人不得强迫鉴定人作出肯定性结论。（9）对于鉴定人职权范围外或与鉴定无关的问题，鉴定人有权拒绝回答。

2. 鉴定人应当承担以下几项主要义务：（1）接到鉴定通知后，没有正当理由不得拒绝鉴定；（2）根据办案人员的要求，按时准确地作出鉴定意见；（3）就鉴定结论形成的过程和科学依据，向侦查人员作出必要的说明和解释；（4）故意作虚假鉴定，要负法律责任；（5）凡涉及国家秘密、个人隐私和其他不能公开的鉴定材料，必须严格保密；（6）鉴定中必须严格遵守技术操作规程，妥善保管送检物品和材料。

### 三十一、怎样审查鉴定意见的准确度

根据有关规定和刑事司法实践经验，审查鉴定意见一般从以下几个方面进行：

1. 审查鉴定设备是否完善。要作出正确的鉴定意见，首先必须具有完善的鉴定设备。完善的鉴定设备不仅要求硬件设备科学、先进，而且在软件设备方面也必须精确、细致。如果没有合格的、完善的鉴定设备，就难以得出正确的、可靠的鉴定意见。

2. 审查鉴定的方法是否科学。获取正确的鉴定意见必须运用科学的鉴定方法，如果使用的鉴定方法不科学，其鉴定意见的可靠程度就较弱。同时，审查鉴定意见是否规范，手续是否完备，是否符合法定的形式和要求，也是必须审查的重要内容。

3. 审查鉴定人是否具备鉴定资格。作为合格的鉴定人必须具备的要件是：（1）具有解决案件中专门性问题的知识和能力；（2）鉴定人一般应当是自然人主体，如果特殊情况下由单位进行鉴定，也必须由主持和参加鉴定的人员签

名；（3）没有应当回避而未回避的情况；（4）必须经法定机关的指派和聘请，由具有客观公正、实事求是的科学态度和作风的鉴定人进行鉴定。

4. 审查鉴定材料是否充分、可靠。鉴定人作出正确的鉴定意见，重要的一点就是必须有充分可靠的鉴定材料。所谓充分，是指检材的数量能够满足鉴定的要求；所谓可靠，是指提供的检材必须真实。同时，还要注意审查鉴定意见与其他证据是否协调一致。

5. 审查鉴定意见是否符合逻辑。鉴定意见是鉴定人在检验鉴别的基础上，经过观察、分析和概括而得出的科学结论。鉴定材料、鉴定过程与鉴定意见之间必然存在内在的联系。如果鉴定意见与鉴定材料、鉴定过程有矛盾，其鉴定意见就不可靠。

## 三十二、犯罪嫌疑人在诉讼过程中患了精神疾病如何处理

司法实践中常常可能遇到刑事犯罪嫌疑人在侦查过程中突然患了精神疾病，对于这种情况如何处理，刑事诉讼法和有关司法解释没有作出明确规定。早在1982年2月4日，最高人民法院在《关于刑事案件被告人在审理过程中患精神疾病应否中止审理的批复》中曾作过这样的解释："当事人在审判中精神病发作，应中止审理，确定精神病好后恢复审理。"但这一解释目前已经失效。不过，最高人民法院《关于执行〈中华人民共和国刑事诉讼法〉若干问题的解释》第181条又作了同样类似的规定："在审判过程中，自诉人或者被告人患精神病或者其他严重疾病，以及案件起诉到人民法院后被告人脱逃，致使案件在较长时间内无法继续审理的，人民法院应当裁定中止审理。"从这一规定可以看出，犯罪嫌疑人在审判中突然患精神病，应中止审理程序，待精神病患者精神恢复正常后再继续进行审理。司法实践中反映出来的情况也表明，对诉讼过程中才患了精神疾病的犯罪嫌疑人、被告人继续进行侦查、起诉或者审判，所获得的供述是不可靠的，缺乏证据上的证明力，难以作为有效证据使用。尽管司法解释作了上述明确规定，但实践中的情况并非千篇一律，因此应当根据案件的实际情况处理。

1. 对那些社会危害性和人身危险性较轻的精神病犯罪嫌疑人，可以根据新刑事诉讼法的有关规定，对其采取监视居住或者取保候审的措施，由其监护人负责看管和进行医治。在必要的时候，也可以发挥社区矫正机构的协助监护作用，以防止其扰乱当地社会秩序，等病情好转、精神恢复正常后再收监审理。

2. 对那些社会危害性和人身危险性严重的精神病犯罪嫌疑人、被告人，可以暂时中止侦查、起诉或者审判，对其进行强制医疗。待犯罪嫌疑人、被告

人病情恢复后，再继续办理。根据新刑事诉讼法的有关规定，精神病人强制医疗程序由人民检察院提出申请，人民法院审理。在法院作出强制治疗的决定后，应当将精神病患者送强制医疗机构进行治疗。在法院审理期间，可以由公安机关采取临时性保护约束措施。

可以采用强制医疗程序而涉及精神病人的案件主要包括以下几种情况：（1）有杀人、放火、强奸、绑架、投放危险物质、爆炸犯罪的；（2）危害国家安全犯罪以及严重扰乱党政军机关办公秩序和企事业单位生产、工作秩序犯罪的；（3）严重扰乱公共秩序、交通秩序，危害公共安全犯罪的；（4）严重影响社会安定、严重违反社会道德规范，造成严重后果犯罪的。

### 三十三、骨龄鉴定能否作为确定刑事责任年龄的依据

骨龄就是骨骼年龄，是一项人体生长发育的指标尺度，即用骨骼的生长发育成熟和衰老的规律来推断其年龄，比较能够真实地反映人的实际年龄。这种鉴定结论方式最大的用途，是对于在没有任何资料或其他证据和知情人证明的情况下，较为准确地判断出那些户籍登记资料丢失的人的实际年龄。这一科学鉴定方法对于解决未成年人的实际年龄，从而决定他们应不应当承担刑事责任，具有十分重要的作用。所以，骨龄鉴定在司法实践中得到了比较广泛的运用。由于它的科学性和技术性很强，所要解决的问题至关重要，所以，在执法和司法中对其的应用应予慎重。

关于骨龄鉴定能否作为确定刑事责任年龄的依据问题，2000年2月21日最高人民检察院发布的《关于"骨龄鉴定"能否作为确定刑事责任年龄证据使用的批复》曾作过专门批复。根据该批复的规定，对涉及犯罪嫌疑人不讲真实姓名、住址，年龄不明的案件，可以委托进行骨龄鉴定或其他科学鉴定。在作出鉴定后，应当对鉴定意见进行审查，鉴定意见能够准确确定犯罪嫌疑人实施犯罪行为时的年龄的，可以作为判断犯罪嫌疑人年龄的证据使用。如果鉴定意见不能准确确定犯罪嫌疑人实施犯罪行为时的年龄，而且鉴定意见又表明犯罪嫌疑人年龄在刑法规定的应负刑事责任年龄上下的，应当依法慎重处理。

从最高司法机关对骨龄鉴定的解释看，总的来说是对其作用和功能持肯定的态度，但对骨龄鉴定的准确性仍然没有十分肯定。所以，司法实践中还是必须根据实际情况进行综合性的判断。

### 三十四、怎样进行辨认

辨认是刑事办案过程中所常采用的侦查手段之一，特别是在盗窃、抢劫、强奸、诈骗、伤害等案件的侦查中，犯罪嫌疑人在犯罪过程中使用过的犯罪工

具、在犯罪现场遗留下的物品以及被害人、见证人目睹犯罪嫌疑人作案的接触过程等在很多场合下都能够通过辨认来帮助侦查人员查清犯罪事实。因此,刑事案件的侦查破案经常都离不开辨认,刑事公诉和刑事审判也常常使用辨认的形式来确定证据的真实性。所谓辨认,就是由司法工作人员组织被害人、证人或者同案犯罪嫌疑人对某些作案工具、物证、书证及犯罪嫌疑人进行辨识和甄别,通过感官的识别作用,来确认其事物的真实性。辨认主要分为对物品的辨认和对犯罪嫌疑人的辨认:

1. 对物品的辨认。对物品的辨认主要是对现场遗留物、犯罪嫌疑人随身携带的物品、赃物等进行辨认。对物品的辨认一般是采用混杂辨认的方法,即办案人员应当首先把需要辨认的物品作出特定的标记;再把被辨认的物品放到同类若干个物品中让辨认人辨认。辨认前,办案人员应当要求辨认人先详细讲述被辨认物品的特征,然后再让辨认人对物品进行辨认。对与犯罪嫌疑人是亲属关系或者其他利害关系的人,要注意对其辨认目的保密,防止其作虚假辨认。

2. 对犯罪嫌疑人的辨认。对犯罪嫌疑人进行辨认,一般应首先采取照片辨认的形式,即将犯罪嫌疑人的照片混杂在其他容貌体态相似的人的照片中,让辨认人进行辨认。按照《公安机关办理刑事案件程序规定》的要求,辨认的照片不得少于10人的照片。在照片辨认的基础上,如果有必要,还可以直接对犯罪嫌疑人进行辨认。辨认时应将犯罪嫌疑人放到其他人中,被辨认的人数不得少于7人。对犯罪嫌疑人进行辨认时,如果辨认人不愿意公开进行,可以在不暴露辨认人的情况下秘密进行。

## 三十五、哪些物品、文件在案件侦查终结后不宜随案移送

根据有关规定,刑事案件侦查终结后,对与案件事实有关的证据一般都要随同案件材料移送起诉机关,但下列物品、文件不宜随案移送:

1. 淫秽物品;
2. 武器、弹药、管制刀具、易燃、易爆、剧毒、放射性等危险物品;
3. 鸦片、海洛因、吗啡等毒品和制毒配剂、制毒原料、管制的麻醉药品等;
4. 危害国家安全的清单、标语、信件和其他宣传品;
5. 秘密文件、图表资料;
6. 珍贵文物、珍贵动物及其制品、珍稀植物及其制品;
7. 走私的货物、物品;
8. 其他大宗的、不便搬运的物品。

上列物品、文件之所以不宜随案移送，主要是由这些物品、文件的特殊性能或者特殊价值所决定的。例如，像淫秽物品，以及鸦片、海洛因、吗啡等毒品，如果随案移送不利于监管，因为这些物品通常都是由公安机关统一进行管理的。特别是像武器、弹药、易燃、易爆、剧毒、放射等危险物品，更容易在移送过程中发生危害公共安全的事件。而像秘密文件、图表资料，主要是出于保密考虑。珍贵文物、珍贵动物及其制品、珍稀植物及其制品等，主要是考虑到这些物品的特殊价值和作用。对于上述不适宜随案移送的物品，原则上应当由公安机关或者检察机关的侦查部门予以控制和保管。

### 三十六、通缉的对象有哪些

通缉是在一定范围内通令追捕缉拿应当逮捕而在逃的犯罪嫌疑人归案的一种侦查方法。通缉只能由县级以上公安机关公布，其他任何机关、团体、企事业单位和个人都无权发布通缉令。人民检察院在其自侦案件的查处中，需要通缉被告人时，可在作出通缉决定后，送达公安机关发布通缉令。县级以上的公安机关在自己管辖的地区内，可以直接发布通缉令；超出自己管辖的地区，应当报请有权决定的上级机关决定。各级公安机关对全国范围内发布的通缉令都负有响应和积极追捕的责任。国家机关、企事业单位和公民个人都有义务协助追捕。在被通缉人被抓获或通缉原因已消失后，应由发布通缉令的机关撤销通缉令。

通缉的对象必须是依法应当逮捕而又在逃的犯罪嫌疑人、被告人或者正在接受改造、监禁的罪犯，应当逮捕但由于某种原因而改用监视居住或取保候审的犯罪嫌疑人逃避追究刑事责任，也可以采用通缉措施。通缉的对象必须同时具备三个条件：（1）被通缉的人必须是犯罪嫌疑人、被告人或者正在接受改造、监禁的罪犯；（2）该犯罪嫌疑人符合逮捕条件，或者是被监禁罪犯；（3）该犯罪嫌疑人确实在逃避法律责任而下落不明。根据这一条件，通缉的对象主要包括以下三种情况：

1. 应当逮捕，但尚未逮捕的犯罪嫌疑人。包括在重大、特大案件侦查中，通过现场查访、勘查或者侦查实验，公安司法机关已经掌握了初步证据，而正在侦查的案件中的犯罪嫌疑人；经过侦查已掌握证据，破案时机成熟，正待提请批准逮捕，因控制不严而逃跑的犯罪嫌疑人。

2. 已经被采取强制措施的犯罪嫌疑人、被告人。既包括被关押的正在接受侦查、起诉或审判的犯罪嫌疑人、被告人，也包括应当逮捕但由于某种原因而改用监视居住或取保候审的犯罪嫌疑人、被告人。

3. 服刑期间逃跑的罪犯。包括已经判决，正处于刑罚执行中的罪犯，也包括判决生效后,正处于押解途中的罪犯。

对于以上犯罪嫌疑人或者罪犯,一经发觉,任何公民都有权利和义务将其扭送公安、司法机关。

### 三十七、怎样办理刑事案件侦查羁押期限的延长

根据最高人民检察院发布的《人民检察院刑事诉讼规则》第221条至第227条的规定,刑事案件侦查羁押期限的延长应当按照以下程序办理:

公安机关需要延长侦查羁押期限的,应当在侦查羁押期限届满7日前,向同级人民检察院移送延长侦查羁押期限意见书,写明案件的主要案情和延长侦查羁押期限的具体理由。人民检察院直接立案侦查的案件,侦查部门认为需要延长侦查羁押期限的,应当按照上述规定向本院审查逮捕部门移送延长侦查羁押期限的意见及有关材料。人民检察院审查批准或者决定延长侦查羁押期限,由审查逮捕部门办理。受理案件的人民检察院审查逮捕部门对延长侦查羁押期限的意见审查后,应当提出是否同意延长侦查羁押期限的意见,报检察长决定后,将侦查机关延长侦查羁押期限的理由和本院的审查意见层报有决定权的人民检察院审查决定。有决定权的人民检察院应当在侦查羁押期限届满前作出是否批准延长侦查羁押期限的决定,并交由受理案件的人民检察院审查逮捕部门送达公安机关或者本院侦查部门。根据新《刑事诉讼法》第154条的规定,对犯罪嫌疑人逮捕后的侦查羁押期限不得超过2个月。

如果在法律规定的基本羁押期限内不能结案,应当分别情况按照以下原则处理:(1)基层人民检察院,分、州、市人民检察院和省级人民检察院直接立案侦查的案件,案情复杂、期限届满不能终结的案件,可以经上一级人民检察院批准延长1个月。(2)基层人民检察院和分、州、市人民检察院直接立案侦查的案件,属于交通十分不便的边远地区的重大复杂案件、重大的犯罪集团案件、流窜作案的重大复杂案件和犯罪涉及面广、取证困难的重大复杂案件,在依照新《刑事诉讼法》第154条规定的期限届满前不能侦查终结的,经省、自治区、直辖市人民检察院批准,可以延长2个月。省级人民检察院直接立案侦查的案件,属于上述情形的,可以直接决定延长2个月。(3)基层人民检察院和分、州、市人民检察院直接立案侦查的案件,对犯罪嫌疑人可能判处10年有期徒刑以上刑罚,依照新《刑事诉讼法》第156条的规定依法延长羁押期限届满,仍不能侦查终结的,经省、自治区、直辖市人民检察院批准,可以再延长2个月。省级人民检察院直接立案侦查的案件,属于上述情形的,可以直接决定再延长2个月。(4)因为特殊原因,在较长时间内不宜交付审判的特别重大复杂的案件,由最高人民检察院报请全国人民代表大会常务

委员会批准延期审理。

### 三十八、重新计算侦查羁押期限应当符合什么条件

根据新《刑事诉讼法》第 158 条第 1 款的规定，在侦查期间，发现犯罪嫌疑人另有重要罪行的，自发现之日起依照本法第 154 条的规定重新计算侦查羁押期限。从这一规定可以看出，对在押的犯罪嫌疑人重新计算侦查羁押期限，必须符合下列条件：

1. 必须是在侦查期间（包括补充侦查）发现的重要罪行。即在被捕之后至移送起诉之前发现犯罪嫌疑人另有重要罪行。如果在案件移送起诉之后发现犯罪嫌疑人另有重要罪行的，也不能呈请重新计算侦查羁押期限，可采取补充起诉意见书的形式解决。所谓重要罪行，一般是指可能被判处有期徒刑以上刑罚的罪行，并且该罪行可能严重影响到对犯罪嫌疑人判处刑罚的轻重程度。如果不够判处徒刑以上刑罚，不能视为"另有重要罪行"。

2. 这里的重要罪行是指发现的新罪。所谓"新罪"，是指在此之前侦查机关没有发现的罪行，无论办案机关在侦查过程中是因为客观原因没有发现，还是因为主观方面疏忽大意没有发现，只要这些"新罪"尚未进入侦查机关和侦查人员的视野，犯罪嫌疑人也没有主动进行交代，讯问笔录上也没有明确记载，都应当视为新罪。"发现"新罪，一般是指侦查机关在侦查过程中所发现而需要进行追诉的，也包括被害人或者其他人举报、控告的。但在一般情况下，不应当包括犯罪嫌疑人自行坦白交代的罪行。因为犯罪嫌疑人主动交代了原先没有被发现的罪行，是有利于侦查活动进行的，不需要重新计算侦查羁押期限。

3. 有重新计算侦查羁押期限的必要。即所发现的重要罪行情节比较复杂，调查取证工作量大，在原侦查羁押期限内不能侦查终结的。如果发现的重要罪行，情节简单、调查取证工作量不大，在原侦查羁押期限内可以查清新发现的重要罪行的，也不应重新计算侦查羁押期限。一般来说，如果发现的新罪属于复杂的共同犯罪、流窜作案、多次作案，或者贪污、受贿等职务犯罪，只要罪行严重，都应当根据实际情况重新计算侦查羁押期限。

### 三十九、重新计算侦查羁押期限应当注意哪些问题

根据 1998 年 1 月 19 日最高人民法院、最高人民检察院、公安部、国家安全部、司法部、全国人大常委会法制工作委员会联合发布的《关于刑事诉讼法实施中若干问题的规定》第 32 条、最高人民检察院公布的《人民检察院刑事诉讼规则》第 228 条至第 233 条以及公安部发布的《公安机关办理刑事案

件程序规定》第130条、第131条的规定，重新计算侦查羁押期限和变更强制措施应当遵循以下原则：

1. 对侦查期间发现犯罪嫌疑人另有重要罪行的，应当自发现之日起5日内报县级以上侦查机关负责人批准后，重新计算侦查羁押期限，并制作《重新计算羁押期限通知书》，送达看守所。公安机关在侦查期间发现犯罪嫌疑人另有重要罪行重新计算侦查羁押期限的，由公安机关决定，报检察机关原批捕部门备案。"另有重要罪行"是指与逮捕时的罪行不同种的重大犯罪和同种的将影响罪名认定、量刑档次的重大犯罪。

2. 犯罪嫌疑人不讲真实姓名、住址，身份不明的，侦查羁押期限自查清其身份之日起计算，但是不得停止对其犯罪行为的侦查取证。对犯罪事实清楚，证据确实、充分的，也可以按其自报的姓名起诉。

3. 重新计算侦查羁押期限，应当由侦查部门提出重新计算侦查羁押期限的意见移送检察机关审查逮捕部门审查。审查逮捕部门审查后应当提出是否同意重新计算侦查羁押期限的意见，报检察长决定。

4. 公安机关重新计算侦查羁押期限的案件由审查逮捕部门审查，审查逮捕部门认为公安机关重新计算侦查羁押期限不当的，应当提出纠正意见，报检察长决定后，通知公安机关纠正。人民检察院直接立案侦查的案件，不能在法定侦查羁押期限内侦查终结的，应当依法释放犯罪嫌疑人或者变更强制措施。人民检察院监所检察部门对于本院直接立案侦查的案件，发现超过侦查羁押期限的，应当提出纠正意见，报告检察长。

5. 人民检察院批准、决定延长侦查羁押期限或者决定重新计算侦查羁押期限的，审查逮捕部门应当同时书面告知本院监所检察部门。

### 四十、怎样撤销案件

撤销案件是指侦查机关对立案侦查的案件，发现具有某种法定情形，或者经过侦查否定了原来的立案根据，所采取的诉讼行为。新《刑事诉讼法》第161条规定：在侦查过程中，发现不应对犯罪嫌疑人追究刑事责任的，应当撤销案件。

1. 案件撤销应当具备的条件：（1）没有犯罪事实的；（2）犯罪情节显著轻微、危害不大，不认为是犯罪的；（3）犯罪已过追诉时效期限的；（4）经特赦令免除刑罚的；（5）犯罪嫌疑人死亡的；（6）其他法律规定免予追究刑事责任的。

2. 案件撤销的程序：（1）制作《撤销案件报告书》，报告要写明原来立案的根据和来源、案件侦查的结果、撤销案件的理由和根据等；（2）将《撤销案件报告书》报县级以上公安机关负责人或者检察院检察长审批。经领导批准后，撤销所立案件。

对决定撤销的案件，公安机关应当报经上级领导审查批准，然后写出撤销案件报告。检察机关办理直接受理侦查的刑事案件，对依法不应追究刑事责任的被告人，可以决定撤销案件。对决定撤销的案件，应制作《撤销案件决定书》。公安机关对决定撤销的案件，应写出《撤销案件通知书》，报送检察机关。案件撤销后，应当妥善处理案件材料，尤其是扣押、冻结的各种物品、文件等。

## 四十一、什么是侦查中止

侦查中止是指在侦查过程中，因发生特定事由，使侦查不能继续进行时暂时停止侦查的诉讼行为。刑事诉讼法没有明确规定侦查中止的条件和程序，但司法实践中，侦查活动并不是可以一直地进行下去，有时会因为一些特定的妨碍诉讼事由的出现，使侦查工作无法正常进行下去，或者继续下去对完成刑事诉讼活动毫无意义。如在侦查过程中，犯罪嫌疑人长期潜逃，虽然经过通缉、追捕等措施仍较长时期内不能缉拿归案，或者犯罪嫌疑人实施犯罪行为后患了精神病或其他严重疾病，丧失诉讼行为能力，不能承受讯问，使侦查无法进行下去。刑事诉讼过程中遇到这种情况，以往的司法实践中都是采取暂时搁下的办法，这种做法实际上不仅无法律依据，也是不科学的。我们认为，应当采用中止的办法将正在进行的侦查程序暂时予以中止，待阻碍侦查的特定事由消失后，再恢复侦查。这样做既有利于侦查的继续进行，同时也对侦查行为的中断较为规范。

关于侦查中止的条件，根据《人民检察院刑事诉讼规则》第 241 条的规定：侦查过程中，犯罪嫌疑人长期潜逃，采取有效追捕措施仍不能缉拿归案的，或者犯罪嫌疑人患有精神病及其他严重疾病不能接受讯问，丧失诉讼行为能力的，经检察长决定，中止侦查。中止侦查的理由和条件消失后，经检察长决定，应当恢复侦查。中止侦查期间，如果犯罪嫌疑人在押，对符合延长侦查羁押期限条件的，应当依法延长侦查羁押期限；对侦查羁押期限届满的，应当依法变更为取保候审或者监视居住措施。

## 四十二、侦查终结应当具备哪些条件

侦查终结，是指侦查机关或者部门对于自己立案侦查的案件，经过一轮的侦查认为案件事实已经查清，证据确实充分，足以认定犯罪嫌疑人是否犯罪和应否对其追究刑事责任而决定结束侦查，并作出结论和处理的一项诉讼活动。

侦查终结是公安机关办理刑事案件和检察机关办理直接受理侦查案件的最后一道工序,是把好侦查机关办案质量关的重要环节。因此,侦查终结的案件,必须具备以下条件:

1. 案情事实、情节清楚。查清案件的全部事实真相,是侦查终结的首要条件。案件事实既包括犯罪嫌疑人有罪的事实,也包括犯罪嫌疑人无罪的事实。如果犯罪嫌疑人的行为已构成犯罪,不仅要查清对犯罪嫌疑人从重或加重处罚的情节,而且要查清对犯罪嫌疑人从轻或减轻处罚的情节。对犯罪的时间、地点、动机、目的、手段、经过、后果等都要核查清楚。如果是共同犯罪案件,还要查清各个犯罪嫌疑人在共同犯罪中的地位、作用以及各自应负的罪责等。如果犯罪嫌疑人的行为不构成犯罪,也要做到事实、情节清楚。

2. 证据确实、充分。证据确实、充分是保证办案质量的中心环节,认定或者否定某一犯罪行为都要有确实、充分的证据予以证明,对每一罪行、情节的认定或者否定,也要有确实、充分的证据加以证明。证据确实,是指证据具备其"三性"的特征,即客观性、关联性和合法性。作为认定案件事实的每一个证据必须是客观存在的事实,这些客观事实必须与案件事实有内在的联系,并且是经过侦查人员采用合法程序所收集的。证据充分,是指证明案件事实的证据要有一定的数量,形成一个证据体系,使侦查终结的每一个案件,都经得起时间和实践的检验。

3. 认定案件性质准确。正确区分案件性质、确定罪名,这是公正处理犯罪嫌疑人的关键。在侦查终结时,侦查人员必须根据案件事实和所获的证据材料,正确认定案件性质,严格按照犯罪的基本特征来区分罪与非罪的界限。有些案件要以情节是否严重、恶劣,后果是否严重,数额是否较大,是否明知,是否具有特定目的等情节作为区分罪与非罪的界限。如果构成犯罪的,则要根据犯罪构成的四个要件,区分此罪与彼罪之间的界限,正确确定犯罪嫌疑人涉嫌的具体罪名。

4. 法律手续完备。法律手续完备,这是侦查终结必不可少的一个条件。新刑事诉讼法对立案、侦查、搜查、讯问犯罪嫌疑人、询问证人、鉴定、扣押书证物证、复验复查等侦查行为以及取保候审、监视居住、拘传、拘留、逮捕等强制措施均作了严格规定。因此,侦查终结时,要对全案的侦查程序和各种法律文书以及各种证据材料进行一次全面、认真、细致的核查,发现不符合法律要求的,要及时采取补救措施,以达到诉讼程序合法,法律文书完备,证据材料齐全之目的。

侦查终结的案件,负责侦查的人员应写出侦查终结报告。侦查终结报告应当包括以下内容:(1)犯罪嫌疑人的基本情况;(2)是否采取了强制措施及其理由;(3)案件的事实和证据;(4)法律依据和处理意见。公安机关侦查的案件,在侦查终结后,对于依法需要追究被告人刑事责任的,应写出《起诉意见书》;对于依法可以免除刑事责任的被告人,应写出《不予起诉意见书》;对于不应该追究刑事责任的,应当撤销案件,如果被告人已经被羁押,应立即予以释放,发给释放证明,并通知原批准逮捕的人民检察院。由检察机关自行侦查的案件,在侦查终结时也应根据案件具体情况,分别作出提起公诉、不起诉或撤销案件的决定。

### 四十三、案件侦查完毕后应当履行哪些程序

侦查是指公安机关、人民检察院在办理案件过程中,依照法律进行的专门调查工作和采取的相关强制性措施。在我国,侦查程序是刑事诉讼中的一个重要阶段。一个刑事案件办理质量的好坏,往往取决于侦查阶段调查取证的优劣程度。对于大多数刑事案件来说,法院判决的准确性,都是建立在侦查的基础之上的。因为定罪量刑的基本事实依据绝大部分来源于侦查阶段。事实是否清楚,证据是否确实、充分,归根结底讲的就是侦查质量的好坏。侦查是一项严肃的执法活动,但侦查又是一种主动性很强的诉讼行为。所以,法律不仅要对侦查过程规定严格的规则和操作程序,还必须对侦查结果制定必要的处理原则,这样才能保证侦查成果最终为法庭所采纳。这里,我们根据新刑事诉讼法以及有关司法解释、规定中的内容,大致将案件侦查完毕后应当履行的法律程序概括为以下几个方面:

1. 全面系统审查案件事实和证据。侦查终结案件,要由办案人全面系统地审查案件事实和证据,从逻辑上审查证据是否充分确凿,能否推出案件事实;从法律上审查证据来源是否合法;从经验上分析案件事实是否合情合理、情节是否可靠。经审查认为符合侦查终结的全部要件和要求的,提出侦查终结的意见。

2. 制作侦查终结报告。当案件侦查终结时,应当制作侦查终结报告,侦查终结报告由承办案件的侦查人员制作。其主要内容包括:(1)犯罪嫌疑人的基本情况,如姓名、性别、年龄、籍贯、文化程度、住址、有无前科等;(2)是否对犯罪嫌疑人采取强制措施或采取强制措施的理由及羁押场所;(3)犯罪嫌疑人的犯罪事实、证据及认罪表现等情节;(4)根据犯罪事实及适用法律提出的处理意见。

3. 批准侦查终结。侦查终结应经部门负责人审核同意后,由承办人向本机关主管负责人报告。一般案件经审核,认为案件已符合侦查终结的条件,该机关主管负责人审查批准即可终结侦查;对重大、特别重大的案件应由机关负

责人提交有最高决定权的集体领导成员组织讨论、决定。如检察机关，应当提交检察委员会讨论、决定。

**四十四、职务犯罪审查批准逮捕权上提一级制度的含义及内容是什么**

自 2009 年 9 月 4 日最高人民检察院《关于省级以下人民检察院立案侦查的案件由上一级人民检察院审查决定逮捕的规定（试行）》（以下简称《规定》）下发以来，全国检察机关对职务犯罪案件的审查批准逮捕权实行上提一级，即将原由同级检察机关内侦查监督部门负责职务犯罪案件的审查批准逮捕，改为由上一级检察机关侦查监督部门负责审查批准逮捕。这对于解决长期以来一直被学术界诟病的检察机关"既当运动员又当裁判员"的问题，确实是一个难得的出路。至少，它实现了侦查权与侦查监督权的分离。上级检察机关与下级检察机关之间虽然仍属于一个系统，但权力主体毕竟是两个，在某种程度上也基本上解决了裁判员的主体公正问题。

该《规定》的主要内容包括：下级检察院报请审查逮捕程序、上一级检察院审查决定逮捕程序、追捕程序、发现不应当逮捕的纠正程序、下级检察院不服不捕报请重新审查程序、逮捕担任各级人大代表的犯罪嫌疑人的报请许可程序、人民监督员监督程序、报请延长侦查羁押期限程序以及通过检察专网报送案卷材料等。

根据《规定》的要求，下级检察院报请审查逮捕的案件，应当由侦查部门制作《报请逮捕建议书》，经本院侦查监督部门提出审查意见，报检察长或者检察委员会审批后，连同案卷材料、讯问犯罪嫌疑人录音录像资料及本院侦查监督部门审查意见一并报上一级检察院审查，并确保提请审查逮捕的材料齐备、规范。犯罪嫌疑人委托的律师提出不应当逮捕、无逮捕必要、不适合羁押等意见以及相关证据材料的，上一级检察院应当审查，并在《审查逮捕意见书》上说明是否采纳的情况和理由。必要时，可以听取受委托律师的意见，并制作笔录。犯罪嫌疑人不服逮捕决定的，由作出逮捕决定的检察机关启动人民监督员监督程序办理。

大凡事物既然有成功的一面，也就必然有不足的方面。经过 2 年来的检察实践，这一改革在职务犯罪案件审查批准逮捕工作中也暴露出了不少问题。如时间紧张的问题；侦、捕衔接方面存在的问题；造成公诉部门的监督陷于窘境的问题；申请复议、复核制度面临调整的问题等。而更大的问题是没有得到法律的正式承认。所以，这项制度能否最终成为刑事诉讼法规定的诉讼制度之一，目前还很难定论。

## 第三节 起　　诉

### 一、新刑事诉讼法对刑事起诉制度作了哪些修改

刑事起诉，是指国家或者公民个人针对实施了犯罪行为的被告人，依照刑事诉讼法的有关程序向有审判权的机关提起诉讼，要求依法追究被告人的刑事责任。刑事起诉是与民事起诉、行政起诉并存的三大起诉形式。在人类早期弹劾式诉讼形式下，刑事、民事起诉并没有明确区分，任何诉讼都是由公民自行提起，国家不主动进行干预。刑事诉讼是随着国家权力的加强，国家权力向诉讼领域的渗透，才从一般诉讼中分离出来的。因此，刑事起诉制度在世界各国并没有一个统一的模式。大陆法系国家刑事起诉主体的单一化和英美法系国家刑事起诉主体的多样化之间差别就很大。我国对刑事起诉基本上实行国家垄断，但也没有完全排除少数轻微犯罪案件可以由公民自行起诉。但公诉权是由检察机关统一行使。

过去较长时间中，由于我国强调政治方面的原因，在刑事起诉方面一直贯彻从严的刑事政策，起诉方式机械、落后，犯罪嫌疑人、被告人缺乏人权保障，被害人的权利得不到重视，检察官缺少应有的自由裁量权等。近些年来，我国在刑事起诉制度方面进行了许多改革，首先是在司法实践中进行实验和创新，然后再通过理论论证上升为法律和司法解释，从而有效地完善了我国刑事起诉制度。这次刑事诉讼法的修改，吸纳了很多司法实践中的经验和改革成果，弥补了法律的不足。《修改决定》对1996年刑事诉讼法的刑事起诉制度主作了以下几个方面的修改：

1. 修改了人民检察院在提起公诉时，向人民法院随案移送材料的范围。1996年《刑事诉讼法》第141条没有对人民检察院提起公诉时移送材料的范围作出明确规定，其第150条规定，人民法院在审查时，只要公诉机关移送了证据目录、证人名单和主要证据复印件或者照片的，就应当决定开庭。《修改决定》对1996年《刑事诉讼法》第141条作了修改，明确规定了检察机关起诉时应当移交的材料应当包括"案卷材料"和"证据"。即新《刑事诉讼法》第172条规定："人民检察院认为犯罪嫌疑人的犯罪事实已经查清，证据确实、充分，依法应当追究刑事责任的，应当作出起诉决定，按照审判管辖的规定，向人民法院提起公诉，并将案卷材料、证据移送人民法院。"新《刑事诉讼法》第181条还规定："人民法院对提起公诉的案件进行审查后，对于起诉

书中有明确的指控犯罪事实的，应当决定开庭审判。"删除了1996年《刑事诉讼法》第150条规定的"并且附有证据目录、证人名单和主要证据复印件或者照片"的内容。所以，自新刑事诉讼法实施起，检察机关在向法院提交起诉书时，就不能再只移送"证据目录、证人名单和主要证据复印件或者照片"，而应当全案卷移交。

2. 增加了审查起诉材料的具体事项。一是明确规定了检察机关在审查案件时，应当讯问犯罪嫌疑人的辩护人和被害人的诉讼代理人，并且记录在案。二是规定了检察机关要附卷被诉方提出的书面意见。新《刑事诉讼法》第170条规定："辩护人、被害人及其诉讼代理人提出书面意见的，应当附卷。"三是规定了侦查机关对证据合法性进行说明的义务。新《刑事诉讼法》第171条第1款规定："人民检察院审查案件，可以要求公安机关提供法庭审判所必需的证据材料；认为可能存在本法第五十四条规定的以非法方法收集证据情形的，可以要求其对证据收集的合法性作出说明。"

3. 增加了检察机关提起公诉时的法定不起诉范围。1996年《刑事诉讼法》第142条只规定了人民检察院绝对不起诉的对象仅限于《刑事诉讼法》第15条规定的范围。新《刑事诉讼法》第173条增加规定了"犯罪嫌疑人没有犯罪事实"时，人民检察院应当作出不起诉决定。

4. 增加规定了检察机关办理刑事公诉案件过程中，对未成年人犯罪案件起诉的特殊性规定和原则。新刑事诉讼法在第五编中设专章规定了"未成年人犯罪案件诉讼程序"，其中很多内容都与刑事公诉有关。新《刑事诉讼法》第266条明确规定："对犯罪的未成年人实行教育、感化、挽救的方针，坚持教育为主、惩罚为辅的原则。"

5. 规定了对未成年人的附条件不起诉制度。新《刑事诉讼法》第271条规定："对于未成年人涉嫌刑法分则第四章、第五章、第六章规定的犯罪，可能判处一年有期徒刑以下刑罚，符合起诉条件，但有悔罪表现的，人民检察院可以作出附条件不起诉的决定。"将附条件不起诉制度纳入我国刑事诉讼法，是我国立法上推进公诉改革的一个重大步骤。

6. 增加规定了公诉案件和解程序。根据新《刑事诉讼法》第277条的规定，对于符合法律规定的公诉案件，犯罪嫌疑人、被告人真诚悔罪，通过向被害人赔偿损失、赔礼道歉等方式获得被害人谅解，被害人自愿和解的，双方当事人可以和解。但是，我国刑事诉讼中的和解程序与西方国家，特别是美国的辩诉交易相比较，差别还是很大的。

7. 规定了对被通缉人潜逃不到案或者案犯死亡时的财产的没收程序。新《刑事诉讼法》第280条第1款规定："对于贪污贿赂犯罪、恐怖活动犯罪等重大犯罪案件，犯罪嫌疑人、被告人逃匿，在通缉一年后不能到案，或者犯罪嫌疑人、被告人死亡，依照刑法规定应当追缴其违法所得及其他涉案财产的，人民检察院可以向人民法院提出没收违法所得的申请。"

### 二、补充侦查主要有哪些种类

补充侦查，是指人民检察院在审查批捕、审查起诉和人民法院法庭审理过程中，认为案件事实不清、证据不足，需要进一步查清事实、补充证据，根据人民检察院的决定或申请，将案件退回公安机关作进一步侦查或由人民检察院自行侦查的诉讼活动。根据新《刑事诉讼法》第 88 条、第 171 条和第 198 条的规定，程序方面的补充侦查主要有三种类型：

1. 审查批捕时的补充侦查。根据新《刑事诉讼法》第 88 条规定，人民检察院对于公安机关提请批准逮捕的案件进行审查后，对于不批准逮捕的，人民检察院应当说明理由，需要补充侦查的，应当同时通知公安机关。这一规定说明了审查批捕时的退回补充侦查由人民检察院决定和公安机关执行；补充侦查通知是和不批准逮捕决定同时作出的。一般来说，在审查批捕阶段，刑事案件的补充侦查工作应当由侦查机关或部门来完成，审查批捕部门只有决定是否进行补充侦查的权力和义务。

2. 审查起诉时的补充侦查。根据新《刑事诉讼法》第 171 条规定，人民检察院审查案件，对于需要补充侦查的，可以退回公安机关补充侦查，也可以自行侦查。对于补充侦查的案件，应当在 1 个月以内补充侦查完毕。补充侦查以 2 次为限。对于经过 2 次补充侦查的案件，公安机关移送人民检察院经审查后，如果人民检察院仍然认为证据不足，不符合起诉条件的，应当作出不起诉的决定。这里的补充侦查任务，既可以由侦查机关来完成，也可以由检察机关来完成。"补充侦查以 2 次为限"，包括无论是人民检察院自行侦查，还是退回公安机关侦查，抑或是人民检察院自行侦查后认为案件事实无法查清而再退回公安机关补充侦查的，总计均不得超过 2 次。这样规定防止了案件的久侦不结，对缩短羁押犯罪嫌疑人的期限具有重要意义。同时，作为人民检察院提高案件起诉质量的重要手段，审查起诉阶段的补充侦查权也体现了人民检察院对侦查工作的法律监督。

3. 法庭审理的补充侦查。根据新《刑事诉讼法》第 198 条的规定，在法庭审判过程中，检察人员发现提起公诉的案件需要补充侦查，提出建议的，可以由人民法院延期审理。同时，新《刑事诉讼法》第 199 条又规定，因为补充侦查而延期审理的案件，人民检察院应当在 1 个月以内补充侦查完毕。因为在司法实践中，检察人员进入了公诉阶段往往才会发现提起公诉的案件有些事实还不清楚，或者有的证据不充分、不确实，所以，为了进一步查清案件事实，提高控诉质量，检察机关应当决定进行补充侦查。法院无权强制要求检察机关撤回案件补充侦查，但在客观情况下还可以作适当的建议。法院在案件事实不清、证据不足的情况下，自己能够有权独立进行的是作出无罪判决。因此，对于在法庭审理中发现的确有问题的案件，人民检察院应积极主动地向人民法院建议补充侦查，摒弃"面子"观念，以便真正做到打击犯罪、保护人民。

### 三、补充侦查应当注意哪些事项

根据 2000 年 8 月 28 日最高人民检察院、公安部印发的《关于适用刑事强制措施有关问题的规定》、公安部发布的《公安机关办理刑事案件程序规定》以及最高人民检察院公布的《人民检察院刑事诉讼规则》的规定，补充侦查案件应当注意以下几点：

1. 人民检察院审查公安机关移送起诉的案件，认为需要补充侦查的，可以退回公安机关补充侦查，也可以自行侦查。在多数情况下，审查起诉阶段的补充侦查一般以侦查机关补充侦查为主，因为侦查机关在侦查力量和对案件的掌握程度上都要比公诉机关有优势。但检察机关作为法律监督机关，认为需要补充的问题涉及诉讼监督方面的，则应当主动进行补充侦查。人民检察院退回公安机关补充侦查的，公安机关接到人民检察院退回补充侦查的法律文书后，应当按照补充侦查提纲的要求在 1 个月以内补充侦查完毕。

2. 补充侦查以 2 次为限。人民检察院依法改变管辖，符合新《刑事诉讼法》第 171 条第 2 款规定的案件，可以通过原受理案件的人民检察院退回原侦查的公安机关补充侦查，也可以自行侦查。改变管辖前后退回补充侦查的次数总共不得超过 2 次。人民检察院对已经返回公安机关二次补充侦查的案件，在审查起诉中又发现新的犯罪事实的，应当移送公安机关立案侦查，对已经查清的犯罪事实依法提起公诉。人民检察院提起公诉后，发现案件需要补充侦查的，由人民检察院自行侦查，公安机关应当予以协助。

3. 对人民检察院退回补充侦查的案件，原侦查部门应当对案件的事实、证据和定性处理意见进行认真、全面的审查，分析研究人民检察院退回补充侦查意见，根据不同情况，报县级以上公安机关负责人批准，分别作如下处理：

（1）原认定犯罪事实清楚，证据不够充分的，在补充证据后，应当制作《补充侦查报告书》，移送人民检察院审查；对有些证据无法补充的，应当作出说明。

（2）在补充侦查过程中，发现新的同案犯或者新的罪行，需要追究刑事责任的，应当重新制作《起诉意见书》，移送人民检察院审查。

（3）发现原认定的犯罪事实有重大变化，不应当追究刑事责任的，应当重新提出处理意见，并将处理结果通知退查的人民检察院。

（4）原认定犯罪事实清楚、证据确实充分，人民检察院退回补充侦查不当的，应当说明理由，移送人民检察院审查。

4. 人民检察院审查起诉部门在审查中发现侦查人员以非法方法收集犯罪嫌疑人供述、被害人陈述、证人证言的，应当提出纠正意见，同时应当要求侦查机关另行指派侦查人员重新调查取证，必要时人民检察院也可以自行调查取证。在侦查机关未另行指派侦查人员重新调查取证的情况下，人民检察院还可以依法退回侦查机关补充侦查。

5. 人民检察院认为犯罪事实不清、证据不足或者遗漏罪行、遗漏同案犯罪嫌疑人等情形，认为需要补充侦查的，应当提出具体的书面意见，连同案卷材料一并退回公安机关补充侦查；人民检察院也可以自行侦查，必要时可以要求公安机关提供协助。

6. 人民检察院审查起诉部门对本院侦查部门移送审查起诉的案件审查后，认为犯罪事实不清、证据不足或者遗漏罪行、遗漏同案犯罪嫌疑人等情形，需要补充侦查的，应当向侦查部门提出补充侦查的书面意见，连同案卷材料一并退回侦查部门补充侦查。

## 四、能否对共同犯罪案件中部分犯罪嫌疑人先行移送起诉

在共同犯罪案件中，有的犯罪嫌疑人已被捕获归案并侦查终结，而有的同案犯罪嫌疑人还在逃，对已经捕获的同案犯罪嫌疑人能否先行移送起诉？根据最高人民检察院公布的《人民检察院刑事诉讼规则》的有关规定，共同犯罪案件中部分犯罪嫌疑人潜逃或其他原因致使诉讼无法进行时，对其他在案犯罪嫌疑人可以按照以下办法处理：

1. 共同犯罪中的部分犯罪嫌疑人潜逃的，对潜逃犯罪嫌疑人可以中止审查；对其他犯罪嫌疑人的审查起诉应当照常进行。对在押的犯罪嫌疑人犯罪事实已查清并有确实、充分证据的，应按照刑事诉讼法规定的诉讼程序，该移送起诉的，即可移送人民检察院审查起诉。如果在逃的同案犯罪嫌疑人被追捕归案后，又查明已判处的犯罪分子还有其他罪行没有判处时，可以按照刑事诉讼法规定的诉讼程序对所查明的罪行移送人民检察院审查起诉。

2. 由于同案犯罪嫌疑人在逃，在押的犯罪嫌疑人主要犯罪事实、情节不清并缺乏证据的，可根据不同情况，对在押的犯罪嫌疑人分别采取延长羁押期限、监视居住、取保候审等办法，继续采取侦查措施，充分收集能够证明犯罪成立的证据。但必须注意不得超过刑事诉讼法规定的侦查期限和对犯罪嫌疑人

的羁押期限。

3. 由于同案犯罪嫌疑人在逃，没有确实证据证明在押的犯罪嫌疑人的犯罪事实，或已查明的情节显著轻微的，应予先行释放；对先有证据证明在押犯罪嫌疑人犯罪情节严重的，也可以通过延长羁押期限解决，但羁押期限必须在法律允许的范围内，不得采取超期羁押。待在逃的同案犯罪嫌疑人追捕归案，查明犯罪事实后再一并作出处理。

根据上述原则，共同犯罪案件中，有的同案犯罪嫌疑人在逃，有的犯罪嫌疑人已被捕获归案并侦查终结，对于已经捕获的同案犯罪嫌疑人应当根据实际情况确定可否先行移送起诉。总的原则是，公安机关移送人民检察院审查起诉的案件，要求犯罪事实、情节清楚，证据确实、充分，不能因同案犯罪嫌疑人在逃而降低办案质量或者影响对在押的犯罪嫌疑人及时打击处理。

### 五、暂予监外执行犯在异地又犯罪应由何地检察机关受理审查起诉

1998年11月26日最高人民检察院发布的《关于对服刑罪犯暂予监外执行期间在异地又犯罪应由何地检察院受理审查起诉问题的批复》，对罪犯在暂予监外执行期间在异地又犯罪应由何地检察机关受理审查起诉问题作出如下规定：对罪犯在暂予监外执行期间在异地犯罪，如果罪行是在犯罪地被发现、罪犯是在犯罪地被捕获的，由犯罪地人民检察院审查起诉；如果案件由罪犯暂予监外执行地人民法院审判更为适宜的，也可以由罪犯暂予监外执行地的人民检察院审查起诉；如果罪行是在暂予监外执行的情形消失，罪犯被继续收监执行剩余刑期时发现的，由罪犯服刑地的人民检察院审查起诉。

我们认为，根据上述司法解释的规定，在异地又实施犯罪行为的暂予监外执行罪犯，如果犯罪被发现之日，该犯罪分子还处于暂予监外执行地之外，原则上应当由犯罪地人民检察院受理审查起诉；但是，如果认为由罪犯暂予监外执行地人民法院审判更为适宜的，也可以由罪犯暂予监外执行地的人民检察院审查起诉。这一规定实际上是参照我国刑事诉讼法关于犯罪地域管辖的规定来执行的。如果犯罪被发现之日，该犯罪分子已经回到暂予监外执行地之内，或者罪犯已经被收监继续执行剩余刑罚，则应当由罪犯服刑地的人民检察院审查起诉。

### 六、进入审判程序的公诉案件能否退回公安机关补充侦查

新《刑事诉讼法》第171条第2款规定："人民检察院审查案件，对于需要补充侦查的，可以退回公安机关补充侦查，也可以自行侦查。"但是，人民检察院已经提起公诉进入审判程序的案件，能否再将案件返回公安机关补充侦

查？根据新《刑事诉讼法》第 172 条的规定，人民检察院认为犯罪嫌疑人的犯罪事实已经查清，证据确实、充分，依法应当追究刑事责任的，应当作出起诉决定，按照审判管辖的规定，向人民法院提起公诉。这说明已经进入审判程序的案件，是在人民检察院认为犯罪嫌疑人的犯罪事实已经查清，证据确实、充分的情况下实现的，人民检察院对公安机关移送起诉的案件事实的真实性已经作了肯定和认可。因此，在审判过程中，检察人员发现提起公诉的案件需要补充侦查提出补充侦查建议的，应当由人民检察院补充侦查，而不应当再根据新《刑事诉讼法》第 171 条第 2 款的规定，将案件退回公安机关补充侦查。同时，根据新《刑事诉讼法》第 171 条第 4 款的规定，对于二次补充侦查的案件，人民检察院仍然认为证据不足，不符合起诉条件的，应当作出不起诉的决定。根据新刑事诉讼法的上述规定，人民检察院在案件提起公诉后，如果发现其证据不足，需要补充侦查的，应由人民检察院自行补充侦查。经过二次补充侦查仍然认为证据不足，不符合起诉条件的，应当作出不起诉的决定。2000 年 8 月 18 日最高人民检察院、公安部印发的《关于适用刑事强制措施有关问题的规定》也有类似规定，即人民检察院提起公诉后，发现案件需要补充侦查的，由人民检察院自行侦查，公安机关应当予以协助。

### 七、作为证据使用的扣押物品应否一律移送

根据新《刑事诉讼法》第 160 条的规定，公安机关侦查终结的案件……连同案卷材料、证据一并移送同级人民检察院审查决定。因此，对于已确定为本案证据的扣押物品，原则上应连同案卷材料和《起诉意见书》一并移送同级人民检察院审查处理。但是，我们认为，作为证据使用的并非一律都应当移送。那些对公共安全、人身财产安全和社会伦理道德具有严重威胁和影响的物品，如果随案移送，会引起很多负面作用，反而会给刑事诉讼增添许多麻烦。所以，根据有关规定，下列物品、文件不宜随案移送：（1）淫秽物品；（2）武器、弹药、管制刀具、易燃、易爆、剧毒、放射性等危险物品；（3）鸦片、海洛因、吗啡等毒品和制毒配剂、制毒原料、管制的麻醉药品等；（4）危害国家安全的清单、标语、信件和其他宣传品；（5）秘密文件、图表资料；（6）珍贵文物、珍贵动物及其制品、珍稀植物及其制品；（7）走私的货物、物品；（8）其他大宗的、不便搬运的物品。

上列物品在移交案件时不同时移交，主要是考虑到物品的特殊价值。因为在这些物品中，有的是对人的身体健康具有严重损害作用的物品，如鸦片、海洛因、放射性等危险物品；有的是对人的精神具有严重腐蚀作用，特别是影响青少年的身心健康的，如淫秽物品；有的是可能对社会秩序和管理产生冲击的

物品，如武器、弹药、管制刀具、易燃、易爆物品；还有的是社会价值、经济价值十分突出的物品，如文件、图表资料、珍贵文物等。对由这些物品所构成的扣押品，如果随案移送，就有可能脱离公安机关的监管，不利于加强管理。所以，应当由承担主要侦查任务的公安机关统一管理。在对这些东西进行移交时，侦查人员应制作《随案移交物品清单》一式两份，按所列项目写明编号、名称、数量、特征，最后由交接双方签名并加盖公章，同时注明交接日期。《随案移交物品清单》一份随案移交人民检察院，一份留侦查部门存档备查。对不便移动的罪证物品，可拍成照片，装入案卷，在移交清单上注明实物存放或封存的地点。

### 八、对犯罪嫌疑人身份不明的案件能否提起公诉

新《刑事诉讼法》第158条第2款规定："犯罪嫌疑人不讲真实姓名、住址，身份不明的，应当对其身份进行调查，侦查羁押期限自查清其身份之日起计算，但是不得停止对其犯罪行为的侦查取证。对于犯罪事实清楚，证据确实、充分，确实无法查明其身份的，也可以按其自报的姓名起诉、审判。"司法实践中，公安机关按其自报的姓名移送人民检察院审查起诉的案件时有发生。有人认为，在犯罪嫌疑人的真实姓名、住址、身份没有查清之前，人民检察院以犯罪嫌疑人自报的姓名向人民法院提起公诉的案件，人民法院在受理后将可能遇到很多麻烦，所以不应当受理。

新刑事诉讼法规定对于犯罪事实清楚，证据确实、充分的案件，确实无法查明其身份的，可以按其自报的姓名起诉，人民法院应当依法受理。不过，对于处于14至18周岁年龄段的犯罪嫌疑人以及奸淫幼女案件中被害人的年龄，由于其年龄的大小涉及是否追究刑事责任问题，应当将其年龄查明并附有关证据材料，否则不应批捕和提起公诉。法律规定对这类案件从查清其身份之日起重新计算侦查羁押期限，但同时又规定"不得停止对其犯罪行为的侦查取证"，这主要是为了避免办案部门可能因犯罪嫌疑人身份不明而将案件长期搁置。在影响犯罪嫌疑人身份的事实一时无法查清，而侦查羁押期限又已经用完的情况下，犯罪嫌疑人又不适合采取监视居住或者取保候审等变更性强制措施，既然法律规定这种情况可以"按其自报的姓名起诉"，只要不影响对案件事实的认定和对犯罪嫌疑人的定罪量刑，检察机关应当可以依法向法院提起公诉。

### 九、在审查起诉中应否认真听取被害人及其诉讼代理人的意见

新《刑事诉讼法》第170条规定："人民检察院审查案件，应当讯问犯罪

嫌疑人,听取辩护人、被害人及其诉讼代理人的意见,并记录在案。辩护人、被害人及其诉讼代理人提出书面意见的,应当附卷。"这是对1996年刑事诉讼法的进一步修改。随着修改内容的不断增加,对于增强审查起诉程序的透明度、提高犯罪嫌疑人、被害人及其诉讼代理人在审查起诉阶段的诉讼地位都起到了重要作用。因而这一程序不是可有可无的,而是法定的必经程序,不得任意简省和取消。从目前司法实践的情形来看,由于刑事诉讼法明确规定自侦查阶段起犯罪嫌疑人就可以委托辩护人介入诉讼,并且明确规定了犯罪嫌疑人及其委托的辩护人介入诉讼的权利、义务。与此相对应的突出问题,便是如何在诉讼中认真听取被害人及其诉讼代理人的意见。

国外许多国家为了加强对刑事被害人的保护,也都设立了审查起诉阶段应当听取被害人意见的程序。如英国法律规定被害人有权在预审法庭上向预审法官陈述自己对证据及其案件处理的意见。① 美国法律规定,检察官为了听取对联邦刑事案件的处理意见,应当与被害人及其家属协商。协商的范围包括:(1)撤回公诉;(2)释放被告发人;(3)辩诉交易;(4)审判前变更程序等。我们认为,完善并实践我国审查起诉阶段听取被害人及其诉讼代理人意见的程序要注意做好以下几点:一是公诉人应当注意将被害人及其诉讼代理人的意见进行认真梳理,进行妥善保存;二是应当正确履行检察机关的告知义务,告知被害人及其诉讼代理人向检察机关陈述意见的权利;三是应当坚持被害人在向检察机关陈述意见时,享有其委托的律师或者其他诉讼代理人在场的权利;四是应当明确规定检察机关不履行告知义务或者没有听取被害人或其诉讼代理人意见时应当承担相应的法律后果。

## 十、处理不起诉案件应注意哪些事项

根据最高人民检察院公布的《人民检察院刑事诉讼规则》第286条至第306条、2000年8月28日最高人民检察院、公安部印发的《关于适用刑事强制措施有关问题的规定》第36条、1998年12月3日最高人民法院、最高人民检察院、公安部、司法部、海关总署联合作出的《关于走私犯罪侦查机关办理走私犯罪案件适用刑事诉讼程序若干问题的通知》以及1999年2月3日最高人民检察院发出的《关于走私犯罪侦查机关提请批准逮捕和移送审查起诉的案件由分、州、市级人民检察院受理的通知》的规定,检察机关在处理不起诉案件时,应当注意以下几点:

---

① 参见卞建林:《刑事起诉制度的理论与实践》,中国检察出版社1993年版,第193~195页。

1. 检察机关对于符合新《刑事诉讼法》第 15 条规定的情形之一的案件，经检察长决定，应当作出不起诉决定；对于犯罪情节轻微，依照刑法规定不需要判处刑罚或者免除刑罚的，经检察委员会讨论决定，可以作出不起诉决定；对于退回补充侦查的案件，仍然认为证据不足，不符合起诉条件的，经检察委员会讨论决定，可以作出不起诉决定。

2. 检察机关作出不起诉决定前应当根据案件情况在法律规定的范围内确定补充侦查的次数。检察机关根据新《刑事诉讼法》第 171 条第 4 款规定决定不起诉的案件，在发现新的证据，符合起诉条件时，可以提出公诉。

3. 人民检察院作出不起诉决定后，应当制作不起诉决定书。不起诉决定书的主要内容包括：（1）被不起诉人的基本情况，包括姓名、出生年月日、出生地、民族、文化程度、职业、住址、身份证号码，是否受过刑事处罚，拘留、逮捕的年月日和关押处所等；（2）案由和案件来源；（3）案件事实，包括否定或者指控被不起诉人构成犯罪的事实以及作为不起诉决定根据的事实；（4）不起诉的根据和理由，写明作出不起诉决定适用的法律条款；（5）有关告知事项。不起诉决定书自公开宣布之日起生效。

4. 人民检察院决定不起诉的案件，可以根据案件的不同情况，对被不起诉人予以训诫或者责令具结悔过、赔礼道歉、赔偿损失。对被不起诉人需要给予行政处罚、行政处分或者需要没收其违法所得的，人民检察院应当提出检察意见，连同不起诉决定书一并移送有关主管机关处理。

5. 人民检察院根据新《刑事诉讼法》第 171 条第 4 款、第 173 条第 2 款对直接立案侦查的案件决定不起诉后，审查起诉部门应当将不起诉决定书副本以及案件审查报告报送上一级人民检察院备案。

6. 人民检察院决定不起诉的案件，需要对侦查中查封、扣押、冻结的财物解除查封、扣押、冻结的，应当书面通知作出查封、扣押、冻结决定的机关或者执行查封、扣押、冻结决定的机关解除查封、扣押、冻结。

7. 不起诉的决定，由人民检察院公开宣布。公开宣布不起诉决定的活动应当记明笔录。不起诉决定书应当送达被害人或者其近亲属及其诉讼代理人、被不起诉人以及被不起诉人的所在单位。送达时，应当告知被害人或者其近亲属及其诉讼代理人，如果对不起诉决定不服，可以自收到不起诉决定书后 7 日以内向上一级人民检察院申诉，也可以不经申诉，直接向人民法院起诉。对于依照新《刑事诉讼法》第 173 条第 2 款规定被不起诉的，应当告知被不起诉人如果对不起诉决定不服，可以自收到不起诉决定书后 7 日以内向人民检察院申诉。对于公安机关移送起诉的案件，人民检察院决定不起诉的，应当将不起诉决定书送达公安机关。

8. 公安机关认为人民检察院的不起诉决定有错误的，应当在收到人民检察院不起诉决定书后7日内制作要求复议意见书，要求同级人民检察院复议。人民检察院应当在收到公安机关要求复议意见书后30日内作出复议决定。公安机关对人民检察院的复议决定不服的，可以在收到人民检察院复议决定书后7日内制作提请复核意见书，向上一级人民检察院提请复核。上一级人民检察院应当在收到公安机关提请复核意见书后30日内作出复核决定。

9. 对经侦查不构成走私罪和人民检察院依法不起诉的走私案件，依照《中华人民共和国海关法》的规定，移送海关调查部门处理，同时将不起诉决定书送达移送案件的走私犯罪侦查机关。

## 十一、什么是法定不起诉，其适用范围是什么

法定不起诉是指在符合法律明文规定的情形时，公诉机关必须作出不起诉决定。法定不起诉对于公诉机关来说没有什么自由裁量的空间可言，只要案件的事实情节和犯罪人的人身危险性程度、个人情况符合法律规定的条件，检察机关都必须无条件作出不起诉处理。所以，法定不起诉也被称为绝对不起诉。根据新《刑事诉讼法》第173条第1款的规定，法定不起诉适用于犯罪嫌疑人没有犯罪事实或者有新《刑事诉讼法》第15条规定的情形之一的案件。对这类案件，人民检察院属于在本质上没有诉权或者已丧失诉权，所以，应当依法不再追究犯罪人的刑事责任。具体包括以下几种情形：

1. 情节显著轻微、危害不大，不认为是犯罪的。这里的"情节显著轻微、危害不大"，是指犯罪嫌疑人虽然实施了通常意义上的犯罪行为，但其社会危害性不大，没有对社会造成严重损害和经济损失，没有达到或者勉强达到刑法规定的构成犯罪的程度。一般来说，这些所谓犯罪，大多是属于情节较轻的违法行为，或者说是介于违法与犯罪之间的一些事实。

2. 犯罪已过追诉时效期限的。追诉时效是指法律明确规定的司法机关追究犯罪人刑事责任的有效期限。具体案件是否超过追诉时效期限，应依刑法的有关规定加以认定。根据《刑法》第87条的规定，犯罪经过下列期限不再追诉：（1）法定最高刑为不满5年有期徒刑的，经过5年；（2）法定最高刑为5年以上不满10年有期徒刑的，经过10年；（3）法定最高刑为10年以上有期徒刑的，经过15年；（4）法定最高刑为无期徒刑、死刑的，经过20年。如果20年后认为必须追诉的，须报请最高人民检察院核准。

3. 经特赦令免除刑罚的。它是指国家元首或者最高国家权力机关对已受罪刑宣告的特定犯罪人免除其全部或部分刑罚的制度。我国发布特赦令的权力属于全国人大常委会，由国家主席发布。自新中国成立以来，我国共实行了7

次特赦，其中包括新中国成立初期对确已改恶从善的蒋介石集团和伪满州国战争犯、反革命犯和普通刑事犯实行特赦。现已将在押我国的全部战争罪犯特赦释放。经特赦后的罪犯即可获得公民权。对于我国法定机关作出特赦决定的案件，人民检察院不能再提起公诉。在国家或者社会发展进程中遇到特殊情况时，国家根据社会管理的需要，往往要采取一些特赦的办法来免除对某一类或几类犯罪分子继续进行追究。

4. 依照刑法告诉才处理的。对于刑法规定的告诉才处理的案件，控诉权由被害人行使，人民检察院没有控诉权。对于这类案件，控诉权人应当直接向人民法院起诉。告诉才处理的案件属于自诉案件的一个类型，是指刑法分则中明确规定的四个罪名，即侮辱诽谤罪、暴力干涉婚姻自由罪、虐待罪、侵占罪。其中，侮辱、诽谤严重危害社会利益和国家利益的不属于告诉才处理的范围，暴力干涉婚姻致人死亡及虐待致人死亡也不属于告诉才处理的范围。人民检察院在审查的公诉案件中发现属于刑法规定告诉才处理的，应当作出不起诉决定。

5. 犯罪嫌疑人、被告人死亡的。犯罪嫌疑人、被告人的死亡，表明作为犯罪主体的人体生命已经消失，因社会关系问题而产生的犯罪及其刑事责任也就失去了依托。因此，也没有必要再对其提起诉讼。

6. 犯罪嫌疑人没有犯罪事实。所谓没有犯罪事实，是指现有证据不能证明行为人实施了犯罪，行为人不具有承担法律责任的义务。

## 十二、什么是微罪不起诉，其适用于什么情形

微罪不起诉又称相对不起诉，也有的学者将其称为酌定不起诉，是指在公诉机关对符合法定情形的案件进行权衡，认为不将犯罪嫌疑人交付审判更为适宜的，可以作出不起诉决定。这是1996年刑事诉讼法在1979年刑事诉讼法确立的法定不起诉的基础上，增加的一种不起诉形式。微罪不起诉适用的案件范围是：（1）犯罪情节轻微，即犯罪嫌疑人的行为已构成犯罪，但情节轻微。如手段不恶劣或危害后果并不严重等。（2）依照刑法不需要判处刑罚或者免除刑罚的。

其实，刑事诉讼法规定的上述两个条件并不是决然分开的。比如，犯罪情节轻微，在某种程度也就属于不需要判处刑罚。根据《刑法》第37条的规定，对于不需要判处刑罚而免予刑事处罚的，均属于"犯罪情节轻微"的案件。但要注意的是，有的刑法分则条文中规定的应当或者可以免除处罚的案件，则不一定属于"犯罪情节轻微"的案件。如《刑法》第68条规定的犯罪分子有揭发他人犯罪行为，查证属实的，或者提供重要线索，从而得以侦破其

他案件等有重大立功表现的，可以减轻或者免除处罚。这些情形下犯罪分子可能犯有较重的罪行，但依法也可以免除刑罚。刑事诉讼法在规定微罪不起诉的条件时用"犯罪情节轻微"限定"不需要判处刑罚或者免除刑罚"，表明"犯罪情节轻微"是不需要判处刑罚和免除刑罚两种情节都必须具备的要件，即不是刑法规定的所有免除刑罚的情形都可以适用微罪不起诉。只有对于犯罪情节轻微，依照刑法不需要判处刑罚和免除刑罚的，才能适用新《刑事诉讼法》第173条第2款的规定。对于犯罪较重或严重的犯罪分子，即使依照刑法可以免除刑罚，也不得予以不起诉。

是否需要判处刑罚应当根据犯罪情节来加以判断。免除刑罚的情形一般包括：在中华人民共和国领域外犯罪，依照我国刑法规定应当负刑事责任，但在外国已经受过刑事处分的；嫌疑人是聋哑人或者是盲人的；因防卫过当或者紧急避险而超过必要限度，造成不应有损失的；为犯罪准备工具，制造条件的预备犯；在犯罪过程中自动放弃犯罪或自动有效地防止犯罪结果发生的中止犯；共同犯罪中被胁迫、诱骗参加犯罪的胁从犯等。

微罪不起诉是起诉便宜主义原则在刑事诉讼中的贯彻和体现，体现了党和国家宽大处理的刑事政策。为实现立法意图和精神，检察机关应当转变诉讼观念，严格按照新刑事诉讼法的规定办理案件，准确把握微罪不起诉的适用条件，对于符合该条件的案件，应当综合全案情况，考虑适用微罪不起诉的处理方法，不能对其适用率人为地加以限制，从而充分体现新刑事诉讼法对犯罪嫌疑人的人权保障。

### 十三、什么是证据不足不起诉，其适用范围如何

证据不足不起诉，是指对于犯罪嫌疑人是否犯有应当被起诉的罪行，在不能证实也不能否定的时候作出的不起诉决定。根据新刑事诉讼法的规定，证据不足不起诉适用于经过补充侦查仍然证据不足，不符合起诉条件的情况。证据不足不起诉，在司法实践部门和理论界也被称为"存疑不起诉"。这种称谓虽然在一定程度上能表明该种不起诉的基本特征，但是我们认为，以"证据不足不起诉"取代"存疑不起诉"更准确、更科学。这是因为，"证据不足不起诉"能更直截了当地表明新《刑事诉讼法》第171条第4款的规定。同时，"证据不足不起诉"不仅含有终止诉讼程序的效力，而且实质上对犯罪嫌疑人也是一种无罪处理决定，其效力相当于人民法院的无罪判决，在称谓方面与人民法院的"证据不足的无罪判决"相对应。

证据不足不起诉的适用范围，主要是犯罪事实、证据没有达到起诉的条件，公诉机关才无奈作出的不起诉选择。根据《人民检察院刑事诉讼规则》

第286条的规定，人民检察院对于退回补充侦查的案件，仍然认为证据不足，不符合起诉条件的，经检察委员会讨论决定，可以作出不起诉决定。不能确定犯罪嫌疑人构成犯罪和需要追究刑事责任的，属于证据不足，不符合起诉条件。主要包括以下情形：（1）据以定罪的证据存在疑问，无法查证属实的；（2）犯罪构成要件事实缺乏必要的证据予以证明的；（3）据以定罪的证据之间的矛盾不能合理排除的；（4）根据证据得出的结论具有其他可能性的。

证据不足不起诉在司法实践的应用中是存在争议的。因为证据不足不起诉并非根据犯罪的事实和证据或者依照法律的规定不应当起诉而作出的不起诉处理，而是对一些原本就应当提起诉讼的犯罪嫌疑人、被告人，因为证据的收集难以证明犯罪成立的情况下所作出的变通性处理。其理论根据在于无罪推定原则。从客观上说，无罪推定原则与事实上构成犯罪而坚持实体正义的原则是相互矛盾的。但是从保障人权出发，即使犯罪嫌疑人事实上有罪，在没有查获有效证据来证明犯罪的前提下，司法机关也不应当冒法律应用上的风险仅凭主观判断认定行为人有罪。所以，由证据不足不起诉的本质特点，便引申出了以下两点问题：其一，检察机关已经作出了证据不足不起诉的案件，事后又查获或者发现了足以证明犯罪嫌疑人、被告人的行为构成犯罪的，是否可以再进行起诉？这个问题在理论上也存在不同的观点。有人认为，既然刑事诉讼法没有明确规定证据不足不起诉后发现新证据可以再行起诉，该不起诉对该案件来说就发生了法律效力，不应再行提起诉讼。但也有人认为，如果发现了足以证明犯罪构成的新证据，就说明原不起诉决定是错误的，应当予以推翻，再重新提起诉讼。于是就有人提出建立公诉时效制度的问题，即对证据不足不起诉后再起诉权的行使规定一个合理的期限，在规定的期间内，检察机关仍然保持起诉权。这样做对于我国刑事诉讼中对类似案件的再行提起诉讼也是一个很好的制约。其二，能否继续进行侦查和使用强制措施？这个问题在本质上与上述问题是一致的。如果承认证据不足不起诉的绝对效力，无论是发现证据后重新起诉，还是继续进行侦查或采取强制措施，都是不可以的。而相反，这些诉讼行为都可以比照一个新案件的程序而重新开始。

### 十四、什么是附条件不起诉，其适用范围是什么

关于什么是附条件不起诉，目前我国学术界对其的看法和认识尚未统一。有人认为，附条件不起诉是指对于行为已经构成犯罪，但情节较轻的犯罪嫌疑人，附条件和附期限暂时不予起诉，后根据被不起诉人的表现来决定是否终止诉讼程序。还有人认为，附条件不起诉，是指公诉机关对符合提起公诉条件的犯罪嫌疑人，综合其涉嫌犯罪事实和人身危险性，认为暂时不提起公诉适当并

确实不致再危害社会的，可以暂时不予起诉，而对其施加强制命令和行为规则，若犯罪嫌疑人在规定期限内履行义务，没有发生法定撤销的情形，期满就不再提起公诉的制度。事实上，附条件不起诉与法定不起诉、证据不足不起诉、酌定不起诉、暂缓起诉以及缓刑之间存在不同程度的区别。所谓附条件不起诉制度，是指检察机关对移送审查起诉的犯罪嫌疑人，根据其犯罪行为和人身危险性，认为不起诉更有利于维护社会整体利益，在作出不起诉决定的同时附加一定条件，当被不起诉人满足这些条件并履行完毕时，不起诉决定立即生效，追诉活动便到此终止的一种刑事不起诉制度。

这次刑事诉讼法的修改首次规定附条件不起诉制度，这不仅有利于完善我国的不起诉制度，同时也有利于发挥检察机关在刑事起诉过程中的自由裁量作用。新《刑事诉讼法》第271条规定了附条件不起诉制度的适用范围，是指"未成年人涉嫌刑法分则第四章、第五章、第六章规定的犯罪，可能判处一年有期徒刑以下刑罚，符合起诉条件，但有悔罪表现"的情况。可以看出，我国当今刑事诉讼法所规定附条件不起诉制度，还不是完全意义上的附条件不起诉制度，至少，它在适用范围上仅仅限于未成年人犯罪，而不包括所有人犯罪。

"附条件不起诉制度"与上述法定不起诉、微罪不起诉、证据不足不起诉的明显区别，就在于通过附加一定条件来实现并保证不起诉裁量权的运用和实现。而且这些条件是制约和决定是否起诉的关键性因素，只有符合或者履行了这些条件，不起诉决定才会生效，否则，起诉将会照常进行。可见，所附条件对于起诉与否的重要作用。如果我们把现在所建立的附条件不起诉，像学术界有的所混淆的那样叫做"暂缓不起诉"，或者"酌情不起诉"，或者"追诉适当性"等，那都有不妥之处，无法准确反映我们所希望建立这种制度的本来意图。所以，我们只能把它称为"附条件不起诉制度"。

## 十五、新刑事诉讼法对附条件不起诉制度作了哪些规定

前面已经说过，我国现行刑事诉讼法所建立的附条件不起诉制度，是一种不彻底的附条件不起诉制度，它的内容和形式，与我国创立的缓刑制度和国外的所谓保护观察制度等实质上是一脉相承的。它的主要意义在于加强对青少年犯罪的社会帮助，有利于对违法犯罪的青少年进行教育和挽救。尽管这是一种比较保守的、带有很大局限性的附条件不起诉形式，但它毕竟开创了我国附条件不起诉制度的先例，也充分体现了我国教育、改造和挽救的刑事政策在刑事起诉工作中的具体体现。

新《刑事诉讼法》第271条至第273条设置的附条件不起诉制度，主要

规定了以下几个方面的内容：

1. 规定了附条件不起诉的适用对象。对于未成年人涉嫌刑法分则第四章、第五章、第六章规定的犯罪，可能判处1年有期徒刑以下刑罚，符合起诉条件，但有悔罪表现的，人民检察院可以作出附条件不起诉的决定。

2. 规定了所"附条件"的内容：一是经过6个月以上1年以下的考验期。考验期从人民检察院作出附条件不起诉的决定之日起计算。二是有悔罪表现，即未成年犯罪嫌疑人已经认识到自己违法犯罪对社会造成的危害，并努力通过社会实践来进行自我改造。三是在考验期内应当遵守以下规定：（1）遵守法律法规，服从监督；（2）按照考察机关的规定报告自己的活动情况；（3）离开所居住的市、县或者迁居，应当报经考察机关批准；（4）按照考察机关的要求接受矫治和教育。

3. 规定了检察机关在作出附条件不起诉后应当起诉的情形。一是未成年犯罪嫌疑人及其法定代理人对人民检察院决定附条件不起诉有异议的，人民检察院应当作出起诉的决定。二是被附条件不起诉的未成年犯罪嫌疑人，在考验期内发现有下列情形之一的，人民检察院应当撤销附条件不起诉的决定，提起公诉：（1）实施新的犯罪或者发现决定附条件不起诉以前还有其他犯罪需要追诉的；（2）违反治安管理规定或者考察机关有关附条件不起诉的监督管理规定，情节严重的。被附条件不起诉的犯罪嫌疑人，在考验期内没有上述情形，考验期满的，人民检察院应当作出不起诉的决定。

4. 规定了对附条件不起诉对象进行考察监督的机构。即规定"在附条件不起诉的考验期内，由人民检察院对被附条件不起诉的未成年犯罪嫌疑人进行监督考察。未成年犯罪嫌疑人的监护人，应当对未成年犯罪嫌疑人加强管教，配合人民检察院做好监督考察工作"。

## 十六、对公安机关要求复议、被害人也提出申诉的不起诉案件如何处理

当检察机关作出不起诉决定时，公安机关要求复议、被害人又提出申诉的，人民检察院应当严格按照新刑事诉讼法的有关规定，分别由不同的人民检察院办理复议或复查，并且作出一致的复议、复查决定后，答复公安机关和被害人。

1. 根据新《刑事诉讼法》第175条和第176条的规定，公安机关认为人民检察院的不起诉决定有错误要求复议，向其同级人民检察院提出，由同级人民检察院进行复议；被害人不服人民检察院不起诉决定的申诉，向上一级人民检察院提出，由上一级人民检察院进行复查。

2. 人民检察院办理公安机关要求复议的不起诉案件，由审查起诉部门另行指定检察人员承办；被害人对不起诉决定不服，在收到决定书 7 日内的，由上一级人民检察院审查起诉部门办理，在收到决定书 7 日后的，由作出不起诉决定的人民检察院控告申诉部门受理。

3. 对不起诉决定的复议、复查，都应当报请本院检察长或者检察委员会决定，一般不会出现复议、复查结论不一致的问题。由两级人民检察院分别办理复议、复查的案件，下级人民检察院应当服从上级人民检察院的决定，不得出现复议、复查结论不一致的情况。

公安机关对不起诉决定提出复议、被害人同时又直接向人民法院起诉的案件，不能因人民法院受理了自诉案件，人民检察院就停止复议，而应当依法继续进行复议。因为人民检察院决定不起诉的案件属于公诉案件，公安机关依法有权要求复议、复核，被害人向法院起诉不能当然地终止复议程序。

### 十七、不起诉决定作出后哪些情况下可以再行提起公诉

不起诉是人民检察院终止刑事诉讼的主要方式。人民检察院不起诉决定一经确定，便具有终止诉讼的法律效力。但是不起诉属于公诉权的一部分，适用于诉讼程序问题，与审判权所解决的实体上的刑罚权问题不同。刑罚上的判决一经确定，即产生实体上的既判力，根据一事不再理原则，不得对之再行起诉。而不起诉决定作出后，如果发现符合起诉条件的情形，可以再行提起公诉。所以，人民检察院根据新《刑事诉讼法》第 171 条第 4 款规定决定不起诉的，在发现新的证据，符合起诉条件时，可以提起公诉。但对于绝对不起诉、相对不起诉决定作出后，是否可以再行提起公诉没有作出规定。可见，对于作出不起诉决定后可否再行起诉，应当根据案件的具体情况作不同的处理。

1. 对于根据新《刑事诉讼法》第 15 条第（一）项"情节显著轻微、危害不大，不认为是犯罪的"和第（四）项"依照刑法告诉才处理的犯罪，没有告诉或者撤回告诉的"，人民检察院作出不起诉决定，又发现符合诉讼条件的，可以再行提起公诉。

2. 对于并非告诉才处理的案件，人民检察院误认为属于告诉才处理的案件，而告诉人撤回告诉作出不起诉决定后，又有人控告、举报发现属于公诉案件，经审查认为应当起诉时，可以提起公诉。

3. 对于根据新《刑事诉讼法》第 171 条第 4 款规定的证据不足，不符合起诉条件的案件，人民检察院决定不起诉后，又发现新的证据，符合起诉条件的，可以再行提起公诉。原不起诉决定也不必撤销。

4. 对于根据新《刑事诉讼法》第 173 条第 2 款犯罪情节轻微决定不起诉

的,由于公安机关提出复议、复核,或者被害人提出申诉,人民检察院经过复议、复核、复查或自行发现不起诉决定错误的,应当撤销不起诉决定,再行提起公诉。

5. 对于根据新《刑事诉讼法》第 15 条第(二)项、第(三)项、第(五)项决定不起诉的,犯罪已过追诉时效期间,或者经特赦令免除刑罚的,或者犯罪嫌疑人、被告人死亡的,由于这些情形缺乏实质诉讼条件,公诉权已经不存在,不起诉决定具有实质的确定力,不得再行提起公诉。

## 十八、新刑事诉讼法规定的不起诉救济程序有哪些

各法治国家刑事诉讼法中都对不起诉制度设置了救济程序。如日本通过设立检察审查会来审查不起诉处分的妥当性;德国通过司法制约性质的"强制起诉"来限制不起诉。我国新刑事诉讼法对不起诉决定规定了以下三条救济途径:

一是根据新《刑事诉讼法》第 176 条规定,被害人如果不服人民检察院的不起诉决定,可以自收到不起诉决定书后 7 日以内向上一级人民检察院申诉,请求提起公诉。人民检察院应当将复查决定告知被害人。被害人申诉后,如果对上一级人民检察院的复查结果不服,可以向人民法院起诉。被害人也可以不经申诉,直接向人民法院起诉。这是将公诉转化为自诉的救济途径。

二是根据新《刑事诉讼法》第 177 条规定,对于人民检察院依照新《刑事诉讼法》第 173 条第 2 款规定作出的不起诉的决定,被不起诉人如果不服,可以自收到不起诉决定书后 7 日内向人民检察院申诉。人民检察院应当作出复查决定,通知被不起诉人,同时报送公安机关。这是被不起诉人对检察机关作出的轻罪不起诉决定不服时的救济途径。

三是根据新《刑事诉讼法》第 175 条规定,对于公安机关移送起诉的案件,人民检察院作出不起诉决定的,应当将不起诉决定书送达公安机关。公安机关认为不起诉决定有错误时,可以要求复议,如果意见不被接受,可以向上一级人民检察院提请复核。这是公安机关的监督制约途径。

我国 1996 年刑事诉讼法对不起诉决定规定的救济途径,有利于防止不起诉权的滥用以及适应了刑法打击犯罪的需要。但是,由于法律本身的疏漏和概括性,加之有些救济途径在我国尚属于首创,从而致使不起诉救济途径在实际运作过程中出现了一些问题,因此,对不起诉决定的救济程序仍需要进行改革和完善。

## 十九、公诉阶段办理死刑案件应当注意哪些事项

根据 2007 年 3 月 9 日最高人民法院、最高人民检察院、公安部、司法部发布的《关于进一步严格依法办案确保办理死刑案件质量的意见》规定，公诉阶段办理死刑案件应当注意以下事项：

1. 人民检察院在收到移送审查起诉的案件材料后，对尚没有聘请辩护律师的，应当告知犯罪嫌疑人有权委托辩护人；犯罪嫌疑人经济困难的，应当告知其可以向法律援助机构申请法律援助。辩护律师自审查起诉之日起，可以查阅、摘抄、复制本案所指控的犯罪事实的材料，可以同在押的犯罪嫌疑人会见和通信。其他辩护人经人民检察院许可，也可以查阅、摘抄、复制上述材料，同在押的犯罪嫌疑人会见和通信。人民检察院应当为辩护人查阅、摘抄、复制材料提供便利。

2. 人民检察院审查案件，应当讯问犯罪嫌疑人，听取被害人和犯罪嫌疑人、被害人委托的人的意见，并制作笔录附卷。被害人和犯罪嫌疑人、被害人委托的人在审查起诉期间没有提出意见的，应当记明附卷。人民检察院对证人证言笔录存在疑问或者认为对证人的询问不具体或者有遗漏的，可以对证人进行询问并制作笔录。

人民检察院讯问犯罪嫌疑人时，既要听取犯罪嫌疑人的有罪供述，又要听取犯罪嫌疑人无罪或罪轻的辩解。犯罪嫌疑人提出受到刑讯逼供的，可以要求侦查人员作出说明，必要时进行核查。对刑讯逼供取得的犯罪嫌疑人供述和以暴力、威胁等非法方法收集的被害人陈述、证人证言，不能作为指控犯罪的根据。

3. 人民检察院审查案件的时候，对可能属于精神病人、未成年人或者怀孕的妇女的犯罪嫌疑人，应当及时委托鉴定或者调查核实；对公安机关的勘验、检查，认为需要复验、复查的，应当要求公安机关复验、复查，人民检察院可以派员参加，也可以自行复验、复查，商请公安机关派员参加，必要时也可以聘请专门技术人员参加；对物证、书证、视听资料、勘验、检查笔录存在疑问的，可以要求侦查人员提供获取、制作的有关情况。必要时可以询问提供物证、书证、视听资料的人员，对物证、书证、视听资料委托进行技术鉴定。询问过程及鉴定的情况应当附卷。

4. 人民检察院审查案件的时候，认为事实不清、证据不足或者遗漏罪行、遗漏同案犯罪嫌疑人等情形，需要补充侦查的，应当提出需要补充侦查的具体意见，连同案卷材料一并退回公安机关补充侦查。公安机关应当在 1 个月以内补充侦查完毕。人民检察院也可以自行侦查，必要时要求公安机关提供协助。

人民检察院对案件进行审查后，认为犯罪嫌疑人的犯罪事实已经查清，证据确实、充分，依法应当追究刑事责任的，应当作出起诉决定。具有下列情形之一的，可以确认犯罪事实已经查清：（1）属于单一罪行的案件，查清的事实足以定罪量刑或者与定罪量刑有关的事实已经查清，不影响定罪量刑的事实无法查清的；（2）属于数个罪行的案件，部分罪行已经查清并符合起诉条件，其他罪行无法查清的；（3）作案工具无法查获或者赃物去向不明，但有其他证据足以对犯罪嫌疑人定罪量刑的；（4）证人证言、犯罪嫌疑人的供述和辩解、被害人陈述的内容中主要情节一致，只有个别情节不一致且不影响定罪的。对于符合第（2）项情形的，应当以已经查清的罪行起诉。

人民检察院对于退回补充侦查的案件，经审查仍然认为不符合起诉条件的，可以作出不起诉决定。具有下列情形之一，不能确定犯罪嫌疑人构成犯罪和需要追究刑事责任的，属于证据不足，不符合起诉条件：（1）据以定罪的证据存在疑问，无法查证属实的；（2）犯罪构成要件事实缺乏必要的证据予以证明的；（3）据以定罪的证据之间的矛盾不能合理排除的；（4）根据证据得出的结论具有其他可能性的。

5. 人民法院认为人民检察院起诉移送的有关材料不符合刑事诉讼法相关规定的条件，向人民检察院提出书面意见要求补充提供的，人民检察院应当在收到通知之日起3日以内补送。逾期不能提供的，人民检察院应当作出书面说明。

## 二十、在押的外国籍犯罪嫌疑人或人犯与外界会见和通信如何处理

在押的外国籍犯罪嫌疑人、被告人或人犯与外界会见和通信，应当按照1981年6月19日公安部、外交部、最高人民法院、最高人民检察院发布的《关于会见在押外国籍案犯以及外国籍案犯与外界通信的内部规定》和《关于会见在押案犯以及案犯与外界通信的规则》的规定办理。具体内容包括以下几个方面：

1. 会见的原则。对于已作出判决和未经判决的普通刑事案犯以及已作出判决的危害国家安全罪罪犯，一般允许会见。对于未经判决的危害国家安全罪犯罪嫌疑人，不妨碍侦查或审判的，也可准予会见；有碍侦查或审判的，暂不准会见，但要经省、自治区、直辖市公安厅（局）或高级人民法院决定并报公安部、外交部、最高人民法院、最高人民检察院备案。对因有碍侦查或审判而暂不准会见的，可以根据刑事诉讼法的规定，应暂不将外国人被拘捕的情况通知被拘捕人的家属及其所在单位。

2. 会见的范围。一般只限于外国籍犯罪嫌疑人、被告人或人犯的直系亲

属、监护人以及犯罪嫌疑人、被告人或人犯所属国驻华使、领馆人员。每次会见只限于1人,属于犯罪嫌疑人、被告人或人犯的16岁以下的直系亲属可允许随同会见。不属于以上人员或2人以上要求会见犯罪嫌疑人、被告人或人犯的,须经案犯所在地省、自治区、直辖市公安厅、局批准。外国驻华使、领馆人员要求会见外国籍犯罪嫌疑人、被告人或人犯,须向我外交部或省、自治区、直辖市外事办公室提出,经由外事部门与公安部门做好安排后,监狱(包括看守所,下同)当局凭其外交官证、领事证、公务人员证办理会见手续。

3. 会见的规则。准许会见外国籍犯罪嫌疑人、被告人或人犯的时间,一般每月2次,每次30分钟。即每月第一、第三周的星期二下午2时至5时。会见时,应当派翻译人员到场监督,规定使用语言。在会见前,要向犯罪嫌疑人、被告人或人犯本人和会见人宣布《关于会见在押案犯以及案犯与外界通信的规则》,并要他们遵守,不得违反,然后填写《会见证》。会见地点应在接待室会见,不宜安排在监舍内,以防泄露监狱情况。

4. 准许交谈的条件。已审结的案件,可以允许交谈案情。如果他们的谈话涉及案情,所谈内容符合犯罪嫌疑人、被告人或人犯的犯罪事实,可以不加干涉;如果进行串通或者歪曲事实,应当进行制止。

5. 通信的问题。犯罪嫌疑人、被告人或人犯邮寄或者接收信件,应当经过监狱管理机关的检查。未决犯罪嫌疑人、被告人邮寄或者接收信件,要经过原送押机关或审判机关检查,或者由原送押机关或审判机关委托监狱管理机关检查。如果发现有串通案情或者妨碍对犯人教育改造的情形,应当扣留。

6. 会见人要求参观监舍和关押外国籍犯罪嫌疑人、被告人或人犯的处所,属于对外开放的,可允许参观,否则均应加以拒绝。如果要与外国籍犯罪嫌疑人、被告人或人犯合影,由监狱当局酌情决定;如认为可以,可指定合适的摄影场所。会见人如果需要看在押外国籍犯罪人的判决书,可不加以干涉。

## 二十一、驱逐出境如何适用

驱逐出境是任何一个独立的主权国家都享有的一种权力,主要是指政府以命令的形式指令一个外国人出境的行政措施,由政府主管当局通过发布驱逐令的形式来完成。可以不经过司法程序,但它也可以作为刑事判决的一种刑罚来执行,具有刑事强制力,同时也属于保安处分的一种手段。

1. 驱逐出境的对象。根据国际法和相关的法律规定,驱逐出境的对象主要有以下几种:(1)犯罪的普通外国人或者无国籍人,是指在所住国就业、生活、旅行、留学期间,不遵守所驻国法律,实施了某种违法犯罪行为时,所驻国可将这些违法犯罪的外国人驱逐出境。（2）以享有外交特权和豁免权作掩护，从事间谍、特务活动，或者从事颠覆所驻国政府的活动，而为所驻国所不容，只好将其驱逐出境。（3）实施了违法行为的外国人或者无国籍人。此种系指非法入境者、非法停留者、麻疯病患者、艾滋病患者、性病患者、精神病人等。对这些在居留国极不受欢迎，易于引起社会严重不安或对当地社会秩序造成混乱的外国人，所驻国政府可以将其驱逐出境。

2. 驱逐出境的方式。根据国际法和有关的国际条约，驱逐出境的执行方式有以下几种：（1）宣告驱逐出境。由政府有关当局，如外交部、公安部、司法部发布驱逐令，限令被驱逐的人在规定的期限内必须离境。被宣告驱逐的人在接到通知后应自动离开驱逐国。（2）强制驱逐出境。驱逐国派出军警，用强制手段将某外国人驱赶出国境。按强制程序来分，有驱赶出境和递解出境两种。驱赶出境是由驻在国派人强制收缴被驱逐的外国人的居住证，剥夺其居住便利权，使其无法继续居住在驱逐国。递解出境，是驻在国军警将被驱逐的人临时拘留或逮捕，将其押解到边界驱逐出国，这种做法主要用于驱逐违法犯罪分子。我国的一些潜逃国外的犯罪分子，就是通过这种手段由有关国家警方将其押解到边界后，递解回国的。（3）移送出境。这种做法是由驱逐国将被驱逐的外国人移交给其所属国官员，将其遣送回国。如前不久由加拿大引渡回国的厦门特大走私集团主犯赖昌星就是如此。

## 二十二、在押外籍犯要求保外就医如何处理

外籍犯是指具有外国国籍或无国籍的人在我国境内犯罪后被判刑关押的犯人。随着我国国际交往的日益扩大，来华的外国人越来越多，因此，触犯我国刑法构成犯罪的外国人也逐渐增多。但由于外国人犯罪涉及国与国之间的国际关系问题，同时，由于不同国家的社会政治、经济、文化和风俗习惯方面存在差异，在处理外国外籍人犯的过程中，既与处理本国人犯有一些相似的地方，也存在一些特殊的处理原则。所以，尽管外籍犯与国内其他人犯一样，都是属于被改造监管的对象。但由于考虑到国际关系、外国人生活习惯和语言文字等特殊问题，监狱对外籍犯的关押一般都是采取单独关押的形式，并且根据被关押的外籍犯的国籍或语言文字，派懂外文的干部进行管理教育。

在通常情况下，外国人犯罪同样适用中华人民共和国法律，外籍犯与国内其他人犯一样，同样可以享有我国刑法规定的权利。对符合刑法、刑事诉讼法有关规定条件的外籍犯，同样可以要求保外就医。我国监狱法规定，监狱应当对交付执行刑罚的罪犯进行身体检查。经检查，被判处无期徒刑、有期徒刑的罪犯有下列情形之一的，可以暂不收监：（1）有严重疾病需要保外就医的；

(2) 怀孕或者正在哺乳自己婴儿的妇女。对前款所列暂不收监的罪犯，应当由交付执行的人民法院决定暂予监外执行。根据这些规定，遇有外籍犯在服刑期间病势严重，需要保外就医实行监外执行的，监狱或者其他劳改管理部门应当将情况报经审判机关批准，并通知居住地公安机关外管部门。如果该外籍犯属于长期居住在我国的外国侨民，外事管理部门要落实其保外就医期间的监管工作。如系临时来华的外国人，该国政府要求将其送回外籍犯本国治疗和执行剩余刑期的，要通过外交途径解决。同意该国政府请求的，由劳改管理部门办妥法律手续后，外事管理部门配合将人犯移交请求国，必要时可以派执行外事的警察监视其出境。

## 二十三、检察机关怎样依法快速办理轻微刑事案件

根据2006年12月28日最高人民检察院通过的《关于依法快速办理轻微刑事案件的意见》规定，检察机关快速办理轻微刑事案件应当注意以下事项：

1. 快速办理轻微刑事案件的原则。主要包括以下几项原则：（1）严格依法原则。快速办理轻微刑事案件，必须严格执行法律规定的程序。快速办理可以简化内部工作流程，缩短各个环节的办案期限，但不能省略法定的办案程序。（2）公正与效率相统一原则。快速办理轻微刑事案件，必须把公正与效率相统一原则贯彻始终，保证既好又快地办理轻微刑事案件。（3）充分保障诉讼参与人诉讼权利原则。在快速办理轻微刑事案件过程中，必须充分保障法律规定的诉讼参与人特别是犯罪嫌疑人、被告人、被害人的诉讼权利；对于法律规定的诉讼参与人行使诉讼权利的期限，不能缩短。绝不能为了追求快速办理而忽视对诉讼参与人诉讼权利的保护。（4）及时化解社会矛盾原则。把办理轻微刑事案件同解决社会矛盾紧密结合起来，通过建立快速办案机制，提高化解社会矛盾的效率。

2. 适用快速办理刑事案件的条件。主要包括以下几个条件：（1）案情简单，事实清楚，证据确实、充分；（2）可能判处3年以下有期徒刑、拘役、管制或者单处罚金；（3）犯罪嫌疑人、被告人承认实施了被指控的犯罪；（4）适用法律无争议。

3. 认罪前提下应当快速办理的案件范围。主要是指以下范围：（1）未成年人或者在校学生涉嫌犯罪的案件；（2）70岁以上的老年人涉嫌犯罪的案件；（3）盲聋哑人、严重疾病患者或者怀孕、哺乳自己未满1周岁婴儿的妇女涉嫌犯罪的案件；（4）主观恶性较小的初犯、过失犯；（5）因亲友、邻里等之间的纠纷引发的刑事案件；（6）当事人双方已经就民事赔偿、化解矛盾等达成和解的刑事案件；（7）具有中止、未遂、自首、立功等法定从轻、减轻或

者免除处罚情节的案件；(8) 其他轻微刑事案件。

对于危害国家安全犯罪的案件、涉外刑事案件、故意实施的职务犯罪案件以及其他疑难、复杂的刑事案件，不适用快速办理机制。对于严重刑事犯罪案件，应当贯彻依法从重从快方针，集中力量及时办理，不适用快速办理机制。

4. 快速办理案件的程序。对于符合快速办理条件和范围的轻微刑事案件，应当在法定期限内，缩短办案期限，提高诉讼效率：审查批捕时，犯罪嫌疑人已被拘留的，应当在 3 日内作出是否批准逮捕的决定；未被拘留的，应当在 5 日内作出是否批准逮捕的决定。审查起诉时，应当在 20 日内作出是否提起公诉的决定；办案任务重、案多人少矛盾突出的，应当在 30 日内作出决定，不得延长办理期限。

对于适用快速办理机制的轻微刑事案件，应当简化制作审查逮捕意见书和审查起诉终结报告。认定事实与侦查机关一致的，应当予以简要说明，不必重复叙述；可以简单列明证据的出处及其所能证明的案件事实，不必详细抄录；应当重点阐述认定犯罪事实的理由和处理意见。

对于侦查机关提请批准逮捕的轻微刑事案件，经审查认为符合快速办理条件的，在作出批准逮捕或者因无逮捕必要而作出不批准逮捕决定时，可以填写《快速移送审查起诉建议书》，建议侦查机关及时移送审查起诉；认为证据有所欠缺的，可以建议侦查机关补充证据后及时移送审查起诉。《快速移送审查起诉建议书》应当同时抄送本院公诉部门。

要根据案情的繁简程度，对刑事案件实行繁简分流，分工办理，指定人员专门办理轻微刑事案件，具备条件的可以在侦查监督部门和公诉部门成立相应的办案组。对于具体案件是否适用快速办理机制，由承办部门的负责人决定。确定为快速办理的案件，办案人员经审查发现不符合快速办理条件的，应当及时报告部门负责人决定，转为按普通审查方式办理。对于符合适用简易程序的轻微刑事案件，应当建议人民法院适用简易程序审理。公安机关、检察机关和人民法院应加强彼此间的联系与配合，共同建立依法快速办理轻微刑事案件的工作机制，以实现对轻微刑事案件在侦查、批捕、起诉、审判各个诉讼环节依法快速办理。

# 第三章 审 判

## 第一节 审判组织及第一审程序

### 一、新刑事诉讼法对一审程序作了哪些修改

新刑事诉讼法对一审程序作了较大范围的修改，特别是关于简易审判程序方面修改得最多。修改的内容主要有以下几个方面：

1. 新《刑事诉讼法》第181条将1996年《刑事诉讼法》第150条规定人民法院审查公诉案件时所要审查的"证据目录、证人名单和主要证据复印件或者照片"的内容删除，仅保留了"起诉书中有明确的指控犯罪事实"。这似乎比1996年《刑事诉讼法》第150条规定的条件要求更低，其实不然。如果我们把这一规定与新《刑事诉讼法》第172条联系起来就明白了。因为新《刑事诉讼法》第172条规定，人民检察院在提起公诉时，要将案卷材料、证据移送人民法院。也就是说，所谓"明确的指控犯罪事实"，必须依靠移送的这些案卷材料、证据来证实。

新刑事诉讼法的上述规定，对于法庭开庭前审查公诉案件的移送程序和要求来说，在移送方式和对证据的要求方面是一个较大的变动。应当说，修改后的所谓"有明确的指控犯罪事实"更加富有证据要求方面的弹性，但也反映出立法对公诉案件移送时犯罪事实清楚、证据充分、可靠的要求更进一步。按照这一规定，检察机关在提起公诉时，就必须一改过去业已形成的做法，在移送的案卷中必须保证有能够证明犯罪成立的各类基本证据，而不仅仅是主要证据，并且这些证据和材料能够提出一个"明确的指控犯罪事实"。

2. 规定了法庭开庭前的专门听取意见程序。新《刑事诉讼法》第182条第2款规定："在开庭以前，审判人员可以召集公诉人、当事人和辩护人、诉讼代理人，对回避、出庭证人名单、非法证据排除等与审判相关的问题，了解情况，听取意见。"这一规定是否有利于公正审判，还有待于司法实践的检验。

3. 完善了鉴定人、证人出庭作证制度。主要有：

一是规定了鉴定人出庭作证程序。根据新《刑事诉讼法》第187条第3

款规定,公诉人、当事人或者辩护人、诉讼代理人对鉴定意见有异议,人民法院认为鉴定人有必要出庭的,鉴定人应当出庭作证。经人民法院通知,鉴定人拒不出庭作证的,鉴定意见不得作为定案的根据。

二是规定了强制证人出庭作证制度。根据新《刑事诉讼法》第188条第1款规定,经人民法院通知,证人没有正当理由不出庭作证的,人民法院可以强制其到庭,但是被告人的配偶、父母、子女除外。根据新《刑事诉讼法》第188条第2款规定,证人没有正当理由逃避出庭或者出庭后拒绝作证,予以训诫,情节严重的,经院长批准,处以10日以下的拘留。被处罚人对拘留决定不服的,可以向上一级人民法院申请复议。复议期间不停止执行。

三是对警察作证问题作出了明确规定。根据新《刑事诉讼法》第187条第2款规定,人民警察就其执行职务时目击的犯罪情况作为证人出庭作证,适用有关证人作证的相关规定。

四是规定了鉴定救济程序。新《刑事诉讼法》第192条规定:"公诉人、当事人和辩护人、诉讼代理人可以申请法庭通知有专门知识的人出庭,就鉴定人作出的鉴定意见提出意见。"这一规定可以防止鉴定意见的片面性和不准确性,从而采取纠正办法。

4. 扩大了判决书的送达范围。根据新《刑事诉讼法》第196条第2款规定,人民法院在对案件作出判决后,在送达判决书时,"应当同时送达辩护人、诉讼代理人。"这一规定有利于加强对被告人上诉权利的保护,也有利于发挥辩护人、诉讼代理人的作用。

5. 增加了一审程序的审理时间。一是将人民法院一审审理公诉案件的基本时限,从1996年刑事诉讼法规定的1个月,延长到了2个月;二是规定一般的最长期限从原来的1个半月增加到了3个月;三是规定具有新《刑事诉讼法》第156条情形之一的审理延长时间,从原来规定的1个月增加到了3个月。而且还规定,经最高人民法院批准,特殊情况还可以继续延长。即第202条规定:"人民法院审理公诉案件,应当在受理后二个月以内宣判,至迟不得超过三个月。对于可能判处死刑的案件或者附带民事诉讼的案件,以及有本法第一百五十六条规定情形之一的,经上一级人民法院批准,可以延长二个月;因案件特殊情况还需要延长的,报请最高人民法院批准。"

6. 对简易审判程序作了大范围的修改。新《刑事诉讼法》第208条至第214条对法院审理简易案件程序中的适用条件、禁止性条件、适用程序、审理期间等作了明确规定。这些规定有利于法院按照简易程序审理案件过于简化和随意化,有利于维护刑事诉讼当事人的合法权益和诉讼权利。例如,新《刑事诉讼法》第210条第1款规定:"适用简易程序审理案件,对可能判处三年有期徒刑以下刑罚的,可以组成合议庭进行审判,也可以由审判员一人独任审判。"

7. 明确规定了由法院判决对诉讼中财物的处理。新《刑事诉讼法》第234条第3款规定:"人民法院作出的判决,应当对查封、扣押、冻结的财物及其孳息作出处理。"这一规定将过去在诉讼程序中处理的问题纳入实体处理程序,有利于避免对公民和单位财产造成损失。

8. 增加了中止审判程序。新《刑事诉讼法》第200条规定:法院在审判过程中,有下列情形之一,致使案件在较长时间内无法继续审理的,可以中止审理:(1)被告人患有严重疾病,无法出庭的;(2)被告人脱逃的;(3)自诉人患有严重疾病,无法出庭,未委托诉讼代理人出庭的;(4)由于不能抗拒的原因。中止审理的原因消失后,应当恢复审理。中止审理的期间不计入审理期限。这一规定解决了司法实践中部分案件长期搁置而没有法律依据的问题,至少从数据统计上能够把这个问题说明白。

9. 增加了未成年人审判程序的内容。即新《刑事诉讼法》设专章规定了"未成年人刑事案件诉讼程序"。其中包括未成年人必须享有的辩护权、法庭讯问未成年人的特别程序、审判未成年时须有其他人或单位在场和参加、对相关犯罪记录予以封存并保密、应当了解未成年犯罪被告人的经历及犯罪原因等。

10. 增加了刑事公诉案件中的当事人和解程序。根据新《刑事诉讼法》第277条规定,对因民间纠纷引起,涉嫌刑法分则第四章、第五章规定的犯罪案件,可能判处3年有期徒刑以下刑罚的;除渎职犯罪以外的可能判处7年有期徒刑以下刑罚的过失犯罪案件等,可以在审判程序中进行刑事和解。对和解的案件,法院应从宽处理。

11. 增加了对涉案财产的处理程序。例如,新《刑事诉讼法》第280条至第283条规定了对犯罪嫌疑人、被告人潜逃、死亡的案件,可以分别情况对其违法和涉案财产进行没收;人民法院可以在必要的时候,查封、扣押、冻结申请没收的财产。对于没收犯罪嫌疑人、被告人财产确有错误的,应当予以返还。

12. 增加规定了对依法不负刑事责任的精神病人的强制医疗程序。根据新《刑事诉讼法》第284条规定,人民法院对于精神病人实施暴力行为,危害公共安全或者严重危害公民人身安全,经法定程序鉴定依法不负刑事责任的精神病人,有继续危害社会可能的,可以决定强制医疗。

## 二、新刑事诉讼法对简易审理程序作了哪些修改

根据新《刑事诉讼法》第208条至第214条规定，对简易审理程序的修改主要包括以下几个方面：

1. 规定了适用简易程序审理案件的范围。新《刑事诉讼法》第208条规定：基层人民法院管辖的案件，符合下列条件的，可以适用简易程序审判：(1)案件事实清楚、证据充分的；(2)被告人承认自己所犯罪行，对指控的犯罪事实没有异议的；(3)被告人对适用简易程序没有异议的。人民检察院在提起公诉的时候，可以建议人民法院适用简易程序。

同时，新《刑事诉讼法》第209条还规定，有下列情形之一的，不适用简易程序：(1)被告人是盲、聋、哑人，或者是尚未完全丧失辨认或者控制自己行为能力的精神病人的；(2)有重大社会影响的；(3)共同犯罪案件中部分被告人不认罪或者对适用简易程序有异议的；(4)其他不宜适用简易程序审理的。

2. 规定了简易程序案件审理的审判组织形式。新《刑事诉讼法》第210条第1款规定：适用简易程序审理案件，对可能判处3年有期徒刑以下刑罚的，可以组成合议庭进行审判，也可以由审判员一人独任审判；对可能判处的有期徒刑超过3年的，应当组成合议庭进行审判。

3. 规定了审理简易程序公诉案件人民检察院应当出庭的原则。第210条第2款对1996年《刑事诉讼法》第175条规定的"适用简易程序审理公诉案件，人民检察院可以不派员出席法庭"的内容进行了修改，改为"适用简易程序审理公诉案件，人民检察院应当派员出席法庭。"

4. 具体设定了简易案件的审理程序。一是规定了询问和告知程序，即新《刑事诉讼法》第211条规定：适用简易程序审理案件，审判人员应当询问被告人对指控的犯罪事实的意见，告知被告人适用简易程序审理的法律规定，确认被告人是否同意适用简易程序审理。二是规定了陈述和辩论程序，即新《刑事诉讼法》第212条规定：适用简易程序审理案件，经审判人员许可，被告人及其辩护人可以同公诉人、自诉人及其诉讼代理人互相辩论。三是明确了相比普通程序可以简化的程序，即新《刑事诉讼法》第213条规定：适用简易程序审理案件，不受本章第一节关于送达期限、讯问被告人、询问证人、鉴定人、出示证据、法庭辩论程序规定的限制。但在判决宣告前应当听取被告人的最后陈述意见。

5. 规定了简易程序审理的期间。新《刑事诉讼法》第214条规定：适用简易程序审理案件，人民法院应当在受理后20日以内审结；对可能判处的有期徒刑超过3年的，可以延长至1个半月。

### 三、怎样理解合议庭审判案件的决定权

过去,由于我国司法体制与行政体制没有截然区分,法院审判一直奉行对案件的判决实行"先定后审"的内部审批体制。任何一个刑事案件,审判人员在开庭之前,都必须将案件的基本情况向庭长汇报,庭长认为案情重大疑难的,要将案件提交院长或者主管院长决定,如果院长或者主管院长认为案情重大疑难,还要将案件提交审判委员会讨论通过。所以,一个案件一般要通过四级关口,即合议庭(或独任审判的审判员)、庭长、院长、审判委员会,即使不是一个复杂的案件,也因为程序烦琐复杂而常常弄得争议不下,久拖不决。这样,就出现了一个奇怪的现象,作为对案件事实了如指掌的审判者——合议庭或者独任审判员对案件常常没有决定权,而决定权却往往掌握在对案件事实一知半解的庭长、院长或审判委员会委员手中。形成了"只判不审"或"只审不判"的现象。新刑事诉讼法纠正了合议庭"先定后审"或"只判不审"的弊端,使合议庭或者独任审判的审判员对案件的处理享有自主决定权。合议庭或审判员可以根据法庭调查、辩论后确认的事实和证据,依照有关法律规定,对被告人的行为是否构成犯罪、构成何种罪以及罪轻罪重作出判决。对于一般案件事实清楚、证据充分、案情简单的案件,合议庭可以在开庭审理并且评议后,当庭作出判决;对于需要进一步调查核实,当庭不宜作出判决的案件,可在调查核实后定期宣判;对于疑难、复杂、重大的案件,合议庭认为难以作出决定的,则再提请院长决定提交审判委员会讨论,合议庭应当服从审判委员会的决定。

新刑事诉讼法赋予了合议庭较大的自主裁决权,那么院长、庭长是否还应当对案件进行审核、把关呢?对此,实践中有不同的观点,有的人认为,为了保证案件质量,仍有必要对合议庭、庭长、院长权限进行划分,以刑期或者案情的疑难重大程度为标准,对合议庭、庭长、院长的审核权进行规定。也有人认为,应当赋予合议庭完全的裁决权,合议庭能定的案件由合议庭定,合议庭不能定的就提交审判委员会定,再无须经过庭长、院长这一关。我们认为,我国目前刑事诉讼体制的改革并没有完全取消法院的行政化管理体制,如果案件都由合议庭或审判员来审定,那么庭长、院长还有什么工作职责呢?所以,完全取消庭长、院长对案件的审核权也是不现实的。尚且,一些法院审判员尚未达到独立作出正确裁决的水平和能力,人员素质参差不齐,对案件的把握程度也有差别。因此,不能对院长、庭长的审核把关制度进行简单的否定,更不能在院长、庭长与合议庭之间划分管辖范围。法院院长、庭长作为法院内部的组织机构,有权利也有义务加强对案件的组织、指导和监督。而刑事诉讼法也并

没有明确规定院长、庭长在刑事审判中的职责。应当肯定的是，院长、庭长对案件的审核把关是保证案件质量的重要一环。在审判工作中，院、庭长应采取查阅案卷、旁听开庭、案件质量评查等方式，指导和督促审判人员正确行使裁判权。在审核案件时，对未当庭宣判的案件，如与合议庭的意见不一致，可建议合议复议，复议后意见仍有分歧，合议庭可以提请院长决定提交审判委员会讨论；对当庭宣判的案件，院长发现案件在认定事实或适用法律上确有错误的，应提交审判委员会按审判监督程序再审。但是，也要防止院长、庭长等行政领导机构对合议庭具体审判行为的过多干预。对于过去那种逐级审批，逐级裁决的"先定后审"、"只判不审"或"只审不判"的陋习应当坚决摒弃。

### 四、哪些案件属于应当提交审判委员会讨论的案件

新刑事诉讼法赋予了合议庭或者独任审判的审判员对案件处理的相对自主决定权。合议庭或审判员可以根据确认后的事实和证据，依法对被告人作出判决。对于一般案件事实清楚、证据充分、案情简单的案件，合议庭可以在开庭审理并进行评议后当庭判决。但是，新《刑事诉讼法》第180条规定："对于疑难、复杂、重大的案件，合议庭认为难以作出决定的，由合议庭提请院长决定提交审判委员会讨论决定。审判委员会的决定，合议庭应当执行。"那么，哪些案件属于"疑难、复杂、重大的案件"呢？最高人民法院发布的《关于执行〈中华人民共和国刑事诉讼法〉若干问题的解释》第114条对此作了如下解答："对下列疑难、复杂、重大的案件，合议庭认为难以作出决定的，可以提请院长决定提交审判委员会讨论决定：（一）拟判处死刑的；（二）合议庭成员意见有重大分歧的；（三）人民检察院抗诉的；（四）在社会上有重大影响的；（五）其他需要由审判委员会讨论决定的。对于合议庭提请院长决定提交审判委员会讨论决定的案件，院长认为不必要的，可以建议合议庭复议一次。独任审判的案件，开庭审理后，独任审判员认为有必要的，也可以提请院长决定提交审判委员会讨论决定。"

上述司法解释规定的各类应当提交审判委员会讨论的疑难、复杂、重大案件，都必须经过合议庭开庭审理并进行评议后方可由院长提交审判委员会讨论决定。未经开庭审理或未经合议庭作出评议的案件，既不能提交院长，也不能提请审判委员会讨论。

### 五、怎样追加、变更和撤回起诉

在刑事诉讼中，起诉方不仅有权决定起诉与不起诉，同时也可以根据案件的发展和变化的实际情况来确定是否可以追加、变更和撤回起诉。审判机关对

于起诉方在法定范围内的诉权变化，没有干预的权力。当然，作为公诉方在提起诉讼后要变更起诉内容或者起诉方式，需要具备法律上的根据。只要得到法律的明确授权和许可，法院才能同意公诉机关追加、变更、撤销诉讼请求。根据最高人民检察院发布的《人民检察院刑事诉讼规则》第351条至第353条规定，检察机关追加、变更和撤回起诉时应当注意以下事项：

1. 在人民法院宣告判决前，人民检察院发现被告人的真实身份或者犯罪事实与起诉书中叙述的身份或者指控犯罪事实不符的，可以要求变更起诉；发现遗漏的同案犯罪嫌疑人或者罪行可以一并起诉和审理的，可以要求追加起诉；发现不存在犯罪事实、犯罪事实并非被告人所为或者不应当追究被告人刑事责任的，可以要求撤回起诉。

2. 在法庭审理过程中，人民法院建议人民检察院补充侦查、补充或者变更起诉的，人民检察院应当审查有关理由，并作出是否退回补充侦查、补充或者变更起诉的决定。人民检察院不同意的，可以要求人民法院就起诉指控的犯罪事实依法作出裁判。

3. 变更、追加或者撤回起诉应当报经检察长或者检察委员会决定，并以书面方式在人民法院宣告判决前向人民法院提出。在法庭审理过程中，公诉人认为需要变更、追加或者撤回起诉的，应当要求休庭，并记明笔录。变更、追加起诉需要给予被告人、辩护人必要时间进行辩护准备的，公诉人可以建议合议庭延期审理。撤回起诉后，没有新的事实或者新的证据不得再行起诉。

## 六、人民法院开庭前审查案件的具体范围有哪些

1996年《刑事诉讼法》第150条规定了人民法院审查公诉机关起诉材料，只需要具备起诉书、证人目录、证人名单和主要证据的复印件或者照片即可。1996年刑事诉讼法和"两高"的司法解释也没有赋予上述案卷材料不全的情况下人民法院不予受理的权利，司法实践的操作中分歧也较大。这次刑事诉讼法的修改，将1996年《刑事诉讼法》第150条规定的人民检察院提起公诉时，应当向法院移送起诉书、证人目录、证人名单和主要证据的复印件或者照片的内容，修改成了应当随案移交案卷材料和证据。所以，对提起公诉的案件，法院可以进行程序性审查，对不符合新刑事诉讼法相关规定的，可以要求补充材料，但是不能不予受理。

根据新刑事诉讼法和最高人民法院《关于执行〈中华人民共和国刑事诉讼法〉若干问题的解释》规定，人民法院开庭前审查的范围包括以下内容：（1）案件是否属于本院管辖。（2）起诉书指控的被告人的身份、实施犯罪的时间、地点、手段、犯罪事实、危害后果和罪名以及其他可能影响定罪量刑的

情节等是否明确。(3) 起诉书中是否载明被告人被采取强制措施的种类、羁押地点、是否在案以及有无查封、扣押、冻结在案的被告人的财物及存放地点；是否列明被害人的姓名、住址、通讯处，为保护被害人而不宜列明的，应当单独列明被害人名单。(4) 是否附有起诉前收集的证据的目录。(5) 是否附有能够证明指控犯罪行为性质、情节等内容的主要证据复印件或者照片。(6) 是否附有起诉前提供了证言的证人名单；证人名单应当分别列明出庭作证和拟不出庭作证的证人的姓名、性别、年龄、职业、住址和通讯处。(7) 已委托辩护人、代理人的，是否附有辩护人、代理人的姓名、住址、通讯处明确的名单。(8) 提起附带民事诉讼的，是否附有相关证据材料。(9) 侦查、起诉程序的各种法律手续和诉讼文书复印件是否完备。(10) 有无新《刑事诉讼法》第15条第（二）至（六）项规定的不追究刑事责任的情形。

上述所说的证据包括：起诉书中涉及的新《刑事诉讼法》第48条规定的证据种类中的证据；作为法定量刑情节的自首、立功、累犯、中止、未遂、防卫过当的证据。

要注意不要把开庭前审查的对象与开庭前依法进行准备工作所应知悉的情况混为一谈，前者是提起诉讼的法定程序，后者是一般性工作程序。还应当注意的是，人民法院对于检察机关移送起诉的案卷材料经审查不齐备，要求检察机关补送后认为仍不齐备的，不能以此为理由而拒绝受理或者违反程序延迟开庭。但是，如果属于最高人民法院《关于执行〈中华人民共和国刑事诉讼法〉若干问题的解释》第117条中规定的下列几种情况可不予受理：(1) 不属于本院管辖或者被告人不在案的，应当决定退回人民检察院；(2) 依照本解释第177条规定，人民法院裁定准许人民检察院撤诉的案件，没有新的事实、证据，人民检察院重新起诉的，人民法院不予受理；(3) 符合新《刑事诉讼法》第15条第（二）至（六）项规定情形的，应当裁定终止审理或者决定不予受理。除了上述所列各项外，人民法院对于人民检察院提起公诉的案件，都应当依法予以受理。

## 七、法院开庭前审查应对哪些情况分别作出处理

根据最高人民法院《关于执行〈中华人民共和国刑事诉讼法〉若干问题的解释》第117条的有关规定，人民法院在开庭前审查案件后应当根据不同情况作出如下处理：

1. 对于不属于本院管辖或者被告人不在案的，应当决定退回人民检察院。不属于本院管辖，有可能是不符合级别管辖原则，如应当由上级法院或者下级法院管辖；也有可能是不符合地域管辖原则，如犯罪行为、犯罪结果或者被告

人居住地都不在管辖区内；也可能不符合职能管辖原则，如案件不属于普通管辖范围，而是属于专门管辖，如军人犯罪、铁路系统犯罪等。被告人不在案，是指被告人已经潜逃或正处于通缉之中，检察机关在移送案件时尚无法判断被告人的去向和居所。对于上述案件，法院经审查后应当将案件退回检察机关，由检察机关重新向有管辖权的法院起诉或补充侦查。

2. 对于不符合下列几种情况之一的，需要补送材料的，应当通知人民检察院在3日内补送：（1）起诉书指控的被告人的身份，实施犯罪的时间、地点、手段、犯罪事实、危害后果和罪名以及其他可能影响定罪量刑的情节等是否明确；（2）起诉书中是否载明被告人被采取强制措施的种类、羁押地点、是否在案以及有无查封、扣押、冻结在案的被告人的财物及存放地点；是否列明被害人的姓名、住址、通讯处，为保护被害人而不宜列明的，应当单独移送被害人名单；（3）是否附有能够证明指控犯罪行为性质、情节等内容的证据；（4）是否附有起诉前提供了证言的证人；证人应当分别列明出庭作证和拟不出庭作证的证人的姓名、性别、年龄、职业、住址和通讯处；（5）已委托辩护人、代理人的，是否附有辩护人、代理人的姓名、住址、通讯处明确的名单；（6）提起附带民事诉讼的，是否附有相关证据材料；（7）侦查、起诉程序的各种法律手段和诉讼文书是否完备。

3. 对于根据新刑事诉讼法规定证据不足，不能认定被告人有罪的，作出证据不足、指控的犯罪不能成立的无罪判决。宣告被告人无罪后，人民检察院依据新的事实，证据材料重新起诉的，人民法院应当依法受理。所谓证据不足，是指能够证明起诉犯罪事实的主要证据不够确实、充分，没有达到证明犯罪的程度。如果检察机关坚持起诉，人民法院可以依法作出无罪判决。对被告人宣告无罪后，如果公诉机关在时效期内又发现了新的，足以证明犯罪成立的证据，可以再行提起公诉，人民法院应当受理。所谓新的证据，是指证明原起诉事实证据之外的证据，并且是足以证明犯罪成立的证据。

4. 具有以下几种情况之一，人民法院裁定准许人民检察院撤诉的案件，没有新的事实、证据，人民检察院重新起诉的，人民法院不予受理：（1）不属于本院管辖或者被告人不在案的；（2）不符合有关规定，需要补送材料在3日内不能补送的；（3）对于根据新《刑事诉讼法》第195条第（三）项规定宣告被告人无罪的；（4）依照有关规定，人民法院裁定准许人民检察院撤诉的案件；（5）符合新《刑事诉讼法》第15条第（二）至（六）项规定情形的；（6）除新《刑事诉讼法》第158条第2款规定的情形之外，被告人真实身份不明的。

5. 对于符合新《刑事诉讼法》第15条第（二）至（六）项规定的情形的，人民法院不予受理。包括：（1）犯罪已过追诉时效期限的；（2）经特赦令免除刑罚的；(3) 依照刑法告诉才处理的犯罪，没有告诉或者撤回告诉的；(4) 犯罪嫌疑人、被告人死亡的；(5) 其他法律规定免予追究刑事责任的。

6. 对于被告人真实身份不明，但符合新《刑事诉讼法》第158条第2款规定的，人民法院应当依法受理。即根据新《刑事诉讼法》第158条第2款规定，犯罪嫌疑人不讲真实姓名、住址，身份不明的……犯罪事实清楚，证据确实、充分的，也可以按其自报的姓名移送人民检察院审查起诉。

## 八、对没有被起诉的同案共犯人认为需要追究刑事责任如何处理

实践中，共同犯罪案件中的同案人没有被起诉的情况较多。如果公诉机关与审判机关看法一致，事情往往就过去了。但如果检、法两家对此意见不统一，发生了分歧，案件就难以得到妥善处理。早在1981年7月21日，最高人民法院、最高人民检察院在对湖南、安徽、山西、辽宁、云南、湖北、内蒙古等地人民法院和人民检察院《关于共同犯罪案件中对检察院没有起诉、法院认为需要追究刑事责任的同案人应如何处理问题的联合批复》中，曾对没有被起诉的共同犯罪案件的同案人，人民法院认为应当追究刑事责任的问题如何处理作过解释。结合该解释，对于没有起诉的共同犯罪同案人，法院认为需要追究刑事责任，可以按照以下原则处理：

1. 人民法院按照第一审程序在审理共同犯罪中，如果发现人民检察院遗漏了应当追究刑事责任的同案人，可以依照刑事诉讼法的有关规定，提出意见，要求人民检察院对遗漏部分补充侦查，由人民检察院查清事实后补充起诉。人民检察院如果发现已经起诉的共同犯罪案件中有需要追究刑事责任的同案人没有起诉的，应当补充侦查后补充起诉。如果人民法院认为人民检察院遗漏了应当追究刑事责任的同案人，而人民检察院仍认为不应起诉时，应当首先尊重公诉机关的意见，贯彻不告不理原则，由人民检察院作出不起诉的决定。

2. 第一审人民法院认为同级人民检察院对共同犯罪案件中有的被告人作出的不起诉决定有错误时，应当提出意见，建议同级人民检察院改变原来的决定，重新起诉或补充起诉。人民法院不应当直接对不起诉的被告人进行逮捕、审判。人民法院在向同级人民检察院提出书面意见时，如果认为必要，可以抄送上一级人民检察院。人民检察院接到同级人民法院上述意见后，如果认为原来作出的不起诉决定确有错误，应当改变原来的决定，重新起诉或补充起诉；如果认为原决定正确不需改变时，在报请上一级人民检察院之后，答复同级人民法院。被害人不服人民检察院作出的不起诉决定，直接向人民法院提出控告时，人民法院应在接受控告后移送人民检察院处理，并告知控告人。

3. 第二审人民法院对于上诉或抗诉的共同犯罪案件，依照刑事诉讼法的

有关规定对全案进行审查时，如果发现人民检察院起诉时遗漏了应当追究刑事责任的同案人或者对有的被告人作出的不起诉决定确有错误，应当依照刑事诉讼法的有关规定，以案件犯罪事实认定不清，作出撤销原判决的决定，发回原审人民法院重新审判，并由原审人民法院按照前述两项规定办理。

### 九、对被告人在法庭审理中突然翻供如何处理

被告人在法庭上翻供的现象是经常发生的。对于证据充分，能够起佐证作用的证据材料较多的案件，被告人即使翻供，要么无力来推翻证据确凿的犯罪事实，要么所进行的辩解毫无说服力而没有证明力。但是，被告人翻供仍然是一个不容忽视的问题，一旦公诉案件中的证据存有矛盾，或者赖以证明主要犯罪事实的证据匮乏时，被告人的翻供则会出现"小鱼翻大浪"的局面。司法实践中就有许多案件由于被告人的翻供而前功尽弃、事倍功半，影响了刑事诉讼的顺利进行。究其被告人翻供的原因，可谓是复杂多样。有的是由于被告人心存侥幸心理，企图逃避和减轻个人的罪责；有的是由于受到一些辩护人的诱使，试图在诉讼中采用规避法律的方式，从而达到不受刑罚制裁的目的；有的是由于司法工作人员在讯问时采用了诱供、骗供或刑讯逼供手段，违心地作了虚假"供述"；有的是由于某些被告人出于"悔罪"心理，以求"立功"，把并不符合事实的"罪行"予以供述；有的是由于被告人为了掩盖同案其他犯罪嫌疑人或被告人的罪行，而将本属于他人的犯罪行为揽在自己身上；等等。由于被告人庭审时翻供，常常弄得公诉人在法庭上措手不及，十分尴尬。

那么，应当如何处置和应付庭审中遇到被告人翻供的现象呢？我们认为，首先，不要惊慌失措，不战自乱。要镇静自若，从容对待，相信翻供的真实原因是一定能够查清的。其次，要冷静地分析被告人翻供的原因、目的、动机，从实际出发，深入调查研究，克服主观片面性，正确地判断口供的真伪程度。从司法实践看，被告人翻供大致有3种情况：原供真实、现供是虚假的；原供是虚假的，现供是真实的；原供和现供都是不真实的。不论是真是假，都要本着认真负责的态度查证核实与此相关的各类证据材料并作出准确的判断。判断的方法可以将口供与其他证据加以印证。被告人供述用于定案的证据，必须具备3个条件：一是要经过查证属实。二是必须有其他证据佐证。凡是被告人供述的有关案件事实的情况，都应当从其他旁证中得到证明。三是在对被告人翻供的供词进行分析判断后，再根据现有证据材料对照，确定哪些供述是证据，哪些供述不是证据；哪些供述是真实的，哪些供述是不真实的。将真实的供述和不真实的供述相互比较，然后确定出被告人的翻供是否应当推翻和如何推翻。必须经过查证，方能作出正确的判断。

有的人提出，在分析和判断被告人翻供的口供之后，可能会出现这样一些问题：被告人在庭外的交代是真的，而在法庭上翻供所作陈述和辩解是假的，法庭可否采用庭外的供述。也有人认为，只要有其他证据可以加以核实，庭外的供述仍然可以用做证据。我们认为，被告人在法庭调查时推翻了在侦查、起诉时的供述，法庭应当庭对此进行调查。审判人员可以要求公诉人宣读被告人原来的供述。在宣读之后，审问被告人推翻原供的理由，再要求公诉人出示证据。如果原有证据能充分证明被告人的犯罪事实，被告人的翻供从证明力和事实理由上都不能否定法庭所出示的各项证据和原有的供述，法庭完全可以采用原有的供述。但是，如果被告人的翻供足以证明公诉人指控的犯罪事实不存在，而公诉人在法庭上又举不出证据来证明原有的供述是真实的，法庭则不能采纳被告人原有的供述以及其他证据来对被告人作出有罪判决。

因此，如何处置被告人在法庭上当庭翻供，如何准确判断被告人前后不一致的口供，不仅关系到能否公正、客观地查明案件事实，正确对被告人定罪量刑，同时还关系到刑事诉讼应当保证被告人实现诉讼权利的问题。因此，无论是合议庭还是公诉人，对被告人的翻供是出于何种原因，翻供内容是否真实，都必须认真查证核实。不能凭自己的好恶心理作出简单的主观判断，必须查清被告人前后供认的事实到底哪一个是真实的，哪一个是虚假的。只有真正查清被告人翻供后的陈述是否真实，才能准确判断之前所进行的诉讼程序的公正性、合法性和有效性。

## 十、法庭审理时发问应当注意哪些事项

法庭审理时发问是诉讼参与人的一项诉讼权利，任何人都无权剥夺。但是，由于诉讼参与人往往对案件的看法和处理意见各持己见，容易引起分歧，在发问时会产生争先恐后或无休止的盘问，这样就会影响到正常的法庭审理秩序。但是，法庭发问在法庭开庭审理中又占有比较重要的位置，它不仅涉及诉讼参与人诉权的行使，更重要的是能够通过各方发问来进一步查清犯罪事实，保证法庭能够准确判明案情。根据最高人民法院发布的《关于执行〈中华人民共和国刑事诉讼法〉若干问题的解释》的规定，法庭开庭审理时，审判人员、公诉人、辩护人、被害人、法定代理人、诉讼代理人的发问应当注意以下事项：

1. 在审判长主持下，公诉人可以就起诉书中指控的犯罪事实讯问被告人；被害人及其诉讼代理人经审判长准许，可以就公诉人讯问的情况进行补充性发问；附带民事诉讼的原告人及其法定代理人或者诉讼代理人经审判长准许，可以就附带民事诉讼部分的事实向被告人发问；经审判长准许，被告人的辩护人

及其法定代理人或者诉讼代理人可以在控诉一方就某一具体问题讯问完毕后向被告人发问；控辩双方经审判长准许，可以向被害人、附带民事诉讼原告人发问；审判人员认为有必要时，可以向被告人、被害人及附带民事诉讼原告人、被告人讯问或者发问。

2. 审判长对于控辩双方讯问、发问被告人、被害人和附带民事诉讼原告人、被告人的内容与本案无关或者讯问、发问的方式不当的，应当制止；对于控辩双方认为对方讯问或者发问的内容与本案无关或者讯问、发问的方式不当并提出异议的，应当判明情况予以支持或者驳回。

3. 向证人发问，应当先由提请传唤的一方进行；发问完毕后，对方经审判长准许，也可以发问；向鉴定人发问，应当先由要求传唤的一方进行；发问完毕后，对方经审判长准许，也可以发问。

4. 审判人员认为有必要时，可以询问证人、鉴定人。向证人和鉴定人发问应当分别进行。证人、鉴定人经控辩双方发问或者审判人员询问后，审判长应当告其退庭。询问证人应当遵循以下规则：（1）发问的内容应当与案件的事实相关；（2）不得以诱导方式提问；（3）不得威胁证人；（4）不得损害证人的人格尊严。对被告人、被害人、附带民事诉讼原告人和被告人、鉴定人的讯问、发问或者询问，亦应遵照上述方式进行。审判长对于向证人、鉴定人发问的内容与本案无关或者发问的方式不当的，应当制止。对于控辩双方认为对方发问的内容与本案无关或者发问的方式不当并提出异议的，审判长应当判明情况予以支持或者驳回。

### 十一、对违反法庭审理秩序的行为怎样处理

人民法院是代表国家行使审判权，法庭是法律公正化的象征，因此必须保持必要的威严。古今中外，历来的审判场所都是严肃和神圣不可侵犯的。不仅国家要保证审判场所的肃静和威严，社会和参与大众也应当自觉维护严肃的审判秩序；不仅要依法制止一般违反法庭审理秩序的行为，而且还要严厉惩罚那些故意违反法庭秩序，造成严重后果和恶劣影响的犯罪行为。对此，我国《刑法》第309条还专门规定了"扰乱法庭秩序罪"。最高人民法院发布的《关于执行〈中华人民共和国刑事诉讼法〉若干问题的解释》第184条中对违反法庭审理秩序的行为如何处理作了如下规定：

在法庭审判过程中，如果诉讼参与人或者旁听人员违反法庭秩序，合议庭应当按照下列情形分别处理：

1. 对于违反法庭秩序情节较轻的，应当当庭警告制止并进行训诫；
2. 对于不听警告制止的，可以指令法警强行带出法庭；

3. 对于违反法庭秩序情节严重的，经报请院长批准后，对行为人处1000元以下的罚款或者15日以下的拘留；

4. 对于严重扰乱法庭秩序，构成犯罪的，应当依法追究刑事责任。

当事人对人民法院罚款、拘留的决定不服，可以向上一级人民法院申请复议。复议申请可以直接向上一级人民法院提出，也可以通过作出罚款、拘留决定的人民法院提出。通过作出罚款、拘留决定的人民法院向上一级人民法院申请复议，该人民法院应当自收到复议申请之日起3日内，将申请人的复议申请、罚款或者拘留决定书和有关事实、证据材料一并报送上一级人民法院复议。上一级人民法院复议期间，不停止决定的执行。

**十二、审判人员应当对法庭审理中的哪些行为加以制止**

新刑事诉讼法对控辩双方及其他诉讼参与人的诉讼权利作了明确的规定。合议庭或者独任审判员对他们的诉讼权利应当依法保障，不得限制或者剥夺。但是，对于影响法庭审理顺利进行的不当诉讼行为，法庭应当进行制止。根据最高人民法院发布的《关于执行〈中华人民共和国刑事诉讼法〉若干问题的解释》的规定，发生在法庭审理中的下列行为，合议庭、审判人员应当根据实际情况分别采取不同的措施予以制止或驳回：

1. 控辩双方讯问、发问被告人、被害人和附带民事诉讼原告人、被告人的内容与本案无关，或者讯问、发问的方式不当的，审判人员应当予以制止。

2. 控辩双方认为对方讯问或者发问的内容与本案无关，或者讯问、发问的方式不当而提出异议，请示合议庭加以制止的，合议庭应当在判明情况的基础上，当庭表态予以支持或者驳回。对于向证人、鉴定人发问的内容与方式不当的，审判人员应当予以制止。

3. 公诉人、辩护人在庭审中的发问带有明显的诱导性，可能导致被告人的口供或其他人的证言不真实时，审判人员应当制止其继续发问。

4. 在法庭辩论中，控辩双方所争执的事实和证据已经清楚，双方辩论的观点已经很明确，但仍然陈述与案件无关的事实或者重复发表意见，甚至互相指责进行人身攻击的，审判人员应当予以制止。

5. 对公开审理案件涉及国家秘密、个人隐私、侦查机关侦破案件的手段，以及不适宜在法庭上公布的其他情况，凡庭审中涉及这些情况，审判人员应予以制止。当庭审中的各种诉讼行为不规范时，法庭也应当予以制止或纠正。

**十三、检察机关怎样向法院移送案卷材料**

人民检察院提起公诉时，案件材料主要分为两大类：一类是案件的诉讼材料，包括对犯罪嫌疑人立案、侦查、起诉等过程中的全部诉讼文书和指控犯罪的证据材料，这部分材料称为检察正卷；另一类是人民检察院在审查批捕、审查起诉工作中，内部形成的请示、报告、讨论案件记录等工作材料，这部分材料形成检察内卷。检察内卷按照1979年刑事诉讼法和1996年刑事诉讼法规定都不移送；而案件材料的移送，1996年刑事诉讼法对1979年刑事诉讼法规定的案件材料的移送范围作了限制，规定人民法院在决定是否开庭审理时，要求人民检察院提起公诉时应当向法庭提供的案件材料只限于4种：起诉书、证据目录、证人名单、主要证据复印件或者照片。新《刑事诉讼法》对1996年《刑事诉讼法》第141条和第150条进行了修改。其规定，人民检察院在提起公诉时，应当"将案卷材料、证据移送人民法院"；人民法院对公诉案件进行立案审查时，"对于起诉书中有明确的指控犯罪事实的，应当决定开庭审判。"从《修改决定》的规定看，新刑事诉讼法对人民法院审查立案的前提，是"有明确的指控犯罪事实并且附有证据"。实际上，这次刑事诉讼法修改后检察机关起诉案件移送材料的范围，又基本上回到了1996年刑事诉讼法修改以前的状况。

在新的司法解释尚未作出之前，仍然应当参考1999年9月21日最高人民检察院《人民检察院刑事诉讼规则》对公诉案卷移送的有关规定。其移送的主要方法和程序主要有：

1. 人民检察院应当将起诉书中所指控犯罪事实的证据材料移交人民法院。对于在法庭上出示、宣读、播放未到庭证人的证言的，如果该证人提供过不同的证言，人民检察院应当将该证人的全部证言在休庭后3日内移交。

2. 对于当庭出示、宣读、播放的证据材料，在审判长宣布休庭后，公诉人应当与合议庭办理交接手续。休庭后向法院移交有关证据材料的，即时办理交接手续。

3. 人民检察院对封存保管的扣押、冻结的被告人财物及其孳息，应当根据不同情况作以下处理：

（1）对作为证据使用的实物，应当依法随案移送。对不宜移送的，应当将其清单、照片或者其他证明文件随案移送。

（2）冻结在金融机构的赃款，应当向人民法院随案移送该金融机构出具的证明文件，待人民法院作出生效判决后，由人民法院通知该金融机构上缴国库。

（3）查封、扣押的赃款、赃物，对依法不移送的，应当随案移送证据清单、照片或者其他证明文件，待人民法院作出生效判决后，由人民检察院根据人民法院的通知上缴国库，并向人民法院送交执行回单。

对于最高人民检察院作出的关于案卷及其有关证据移送的规定，人民法院和人民检察院都应当执行。

## 十四、"被害人有证据证明的轻微刑事案件"的范围怎样确定

新《刑事诉讼法》第 204 条第（二）项规定"被害人有证据证明的轻微刑事案件"，属于人民法院管辖的刑事自诉案件。一般认为，"被害人有证据证明的轻微刑事案件"，应当具备以下几个条件：一是被害人已有证据证明发生了犯罪；二是不需要进行侦查；三是被害人可以直接向法院提起诉讼；四是案件属于犯罪情节轻微的刑事案件。但如何具体界定刑事自诉案件中"被害人有证据证明的轻微刑事案件"的范围，理论界和实践中都存在不同的看法。

在刑事诉讼法没有明确划分"被害人有证据证明的轻微刑事案件"范围的情况下，最高人民法院发布的《关于执行〈中华人民共和国刑事诉讼法〉若干问题的解释》第 1 条第 1 款第（二）项对此作了具体规定：

人民检察院没有提起公诉，被害人有证据证明的轻微刑事案件包括：

1. 故意伤害案（《刑法》第 234 条第 1 款规定的）；
2. 非法侵入住宅案（《刑法》第 245 条规定的）；
3. 侵犯通信自由案（《刑法》第 252 条规定的）；
4. 重婚案（《刑法》第 258 条规定的）；
5. 遗弃案（《刑法》第 261 条规定的）；
6. 生产销售伪劣商品案（刑法分则第三章第一节规定的，严重危害社会秩序和国家利益的除外）；
7. 侵犯知识产权案（刑法分则第三章第七节规定的，严重危害社会秩序和国家利益的除外）；
8. 属于刑法分则第四章（侵犯公民人身权利、民主权利罪）、第五章（侵犯财产罪）规定的，对被告人可能判处 3 年有期徒刑以下刑罚的案件。

## 十五、人民检察院对审判活动进行监督的范围和方法有哪些

人民检察院作为国家法律监督机关，有权对人民法院的刑事审判活动进行监督。根据新刑事诉讼法《人民检察院刑事诉讼规则》第 391 条至第 395 条规定，人民检察院对审判活动进行监督主要包括以下几个方面：

1. 人民法院对刑事案件的受理违反管辖规定的。人民法院违反管辖规定，主要是指违反以下几个方面的管辖规定：一是违反级别管辖规定。即基层人民法院应当管辖的第一审案件；中级人民法院管辖的危害国家安全犯罪案件、恐

怖活动案件、可能判处无期徒刑和死刑的普通刑事案件；高级人民法院管辖的全省（自治区、直辖市）范围内的重大刑事案件；最高人民法院管辖的全国范围内的重大刑事案件。各级法院都必须依照自己的管辖原则行使管辖权，但上级法院认为有必要，可以将所属下级法院管辖的案件由自己管辖。二是违反地域管辖，即没有按照刑事诉讼法规定的由犯罪地或居所地管辖的原则进行管辖。三是违反指定管辖或职能管辖的规定。指定管辖主要是指上级法院针对管辖权有争议的案件，确定由某一下级法院进行审判的一种管辖方式。职能管辖是指依照案件涉及的部门、行业等来确定管辖权，如军事审判管辖、铁路运输审判管辖等。

2. 人民法院审理案件违反法定审理和送达期限的。即法院审理案件违反了刑事诉讼法规定法院审判各类刑事案件所应当遵循的法定期限以及诉讼文书送达期限。违反法定审理和送达期限的，主要是指那些审理和送达期限超期的问题，因为在正常期限范围内，审判机关有权根据案件的具体情况来确定期限的实际长短。

3. 法庭组成人员不符合法律规定的。即法定组成人员必须合法，不能违反刑事诉讼法关于回避的规定，关于应当组成合议庭审理以及合议庭人员数量的规定等。

4. 法庭审理案件违反法定程序的。即法庭审理案件必须严格依照刑事诉讼法规定的程序进行，审判人员不能随心所欲地增加或减少其中任何程序。例如，应当适用普通程序审理，就不能适用简易程序审理；法庭审理结束时需要由被告人作最后陈述，不得无故剥夺被告人陈述的权利。

5. 侵犯当事人和其他诉讼参与人的诉讼权利和其他合法权利的。这里既包括当事人和其他诉讼参与人的诉讼权利，如被告人享有辩护的权利，享有查阅庭审记录的权利；也包括虽然不属于诉讼权利，但仍然是依法所享有的其他合法权利，如在法庭上人身应受到保护的权利，不得被非法羁押和扣留等。

6. 法庭审理时对有关程序问题所作的决定违反法律规定的。主要是指审判人员或合议庭组成人员没有得到法律的授权，而擅自就程序问题自作主张来决定。如法庭审判时审判长没有依照法律规定自行决定中止对案件的审理。

7. 其他违反法律规定审理程序的行为。除了上述几种违反法律规定的问题外，如果审判人员在庭审过程中实施的行为明显与法律规定不相符，也应当进行监督。

人民检察院可以通过庭外调查、审阅案卷、受理申诉等活动，监督审判活动是否合法。人民检察院在对审判活动进行监督中，如果发现人民法院或者审判人员审理案件违反法律规定的诉讼程序，应当向人民法院提出纠正意见。出席法庭的检察人员发现法庭审判违反法律规定的诉讼程序,应当在休庭后及时向本院检察长报告。

人民检察院对违反程序的庭审活动的纠正意见,应当在庭审后提出。审判监督由审查起诉部门承办,对于人民法院审理案件违反法定期限的,由监所检察部门承办。

### 十六、检察机关向法院提出违法纠正意见应当是在什么时候

新《刑事诉讼法》第203条规定:"人民检察院发现人民法院审理案件违反法律规定的诉讼程序,有权向人民法院提出纠正意见。"《人民检察院刑事诉讼规则》第394条作了如下规定:"人民检察院在审判活动监督中,如果发现人民法院或者审判人员审理案件违反法律规定的诉讼程序,应当向人民法院提出纠正意见。出席法庭的检察人员发现法庭审判违反法律规定的诉讼程序,应当在休庭后及时向本院检察长报告。人民检察院对违反程序的庭审活动提出纠正意见,应当由人民检察院在庭审后提出。"

从上述有关规定可以看出,检察机关为了达到法律监督的目的,应当对审判机关违反法律的审判活动进行监督,并通过必要的具体监督形式来纠正法院审判活动中的违法现象。但是,审判活动是一项严肃的法律活动,为了维护法律的尊严,保证正常审判程序的进行,任何人在法庭开庭审判过程中,都必须严格遵循法庭纪律,不得干扰和影响法庭的审判活动。鉴于维护法庭正常审判的需要,有关司法解释将检察机关的监督措施推后到庭审后进行是恰当的。这样既能保证正常法庭秩序,又达到了监督的目的,同时也有利于社会主义法律的正确实施。

司法实践中也曾出现过这样的现象,当出席法庭的公诉人在自己的公诉意见没有得到法庭审判人员采纳的情况下,就产生了一些报复心理。如果一旦发现法庭在审理过程有违反法律程序规定的现象,就在法庭审理中当面进行驳斥。我们认为,法庭审理必须保持高度的严肃状态,参与诉讼的任何一方都不应把争论的矛头对准法官或者法庭,否则,法庭居中裁判的公正性就难以得到保证。当然,法庭自身也必须保持公平和正义,不能采取偏袒一方当事人的做法,这样才能保持法庭的崇高威信。实践中之所以出现这种现象,是因为司法工作人员缺乏严格执法的法治观念。国家有关最高司法机关也应当对这一问题作出统一的规定,依靠单方面的规定难以从根本上杜绝这种现象。

### 十七、遇到哪些情况审判人员可以宣布休庭

所谓休庭,是指审判活动的暂时停止。引起休庭的原因虽然是多方面的,

但至少都会对案件的审理产生不同程度的影响,有的甚至会对处理结果或者判决结论产生较大影响。比如说,被告人认为参与合议庭的审判人员可能不公正审判,突然提出要求回避;辩护人对公诉机关提交的证人证言产生怀疑,要求法庭通知证人到庭当面进行询问。而在法庭审理过程中,这些事项是无法与审判事项同时解决的,所以只能暂时宣布休庭。宣布休庭,是指审判人员在法庭审理和宣判过程中,根据法律规定的情形,宣布审判活动暂停,待引起休庭的事由结束或者消失后,再继续审理。

根据有关司法解释以及审判实践中的具体做法,法庭宣布休庭的事由主要包括以下情形:

1. 当事人申请回避而不能继续进行审判活动的;
2. 经审判长同意,当事人和辩护人、诉讼代理人申请通知新的证人到庭,调取新的物证,申请重新鉴定或者勘验的;
3. 合议庭对证据有疑问,需要对证据进行必要的调查核实的;
4. 检察人员提起公诉案件需要补充侦查,提出建议的;
5. 发生严重扰乱法庭秩序的行为,致使审判活动无法继续进行的;
6. 被告人最后陈述后,审判长宣布休庭,合议庭进行评议;
7. 遇有其他使审判活动无法继续进行的情况。

### 十八、遇到哪些情况时法庭可以延期审理

所谓延期审理,是指人民法院在开庭审理过程中,由于遇到某些特殊情况,而决定将案件的审理期限予以推迟,待造成延期审理的事由消除后,再继续审理该案的一种程序性措施。新《刑事诉讼法》第198条规定,法庭在审判过程中,遇有下列情形之一,影响审判进行的,可以延期审理:

1. 需要通知新的证人到庭,调取新的物证,重新鉴定或者勘验的;
2. 检察人员发现提起公诉的案件需要补充侦查,提出建议的;
3. 由于申请回避而不能进行审判的。

从司法实践看,下列情况也可能导致延期审理:

1. 审判过程中,公诉人或自诉人变更指控范围,被告人及其辩护人要求重新进行辩护准备的;
2. 被告人以正当理由提出更换辩护人的要求,经过法庭允许的。

根据最高人民法院《关于执行〈中华人民共和国刑事诉讼法〉若干问题的解释》第156条规定,延期审理的时间不得超过1个月,延期审理的时间不计入审理期限。

对于检察人员依照新《刑事诉讼法》第198条第(二)项规定提出建议,

要求对正在审理的公诉案件进行补充侦查并经审判长同意的，补充侦查的期限为 1 个月。超过 1 个月没有补充侦查完毕，人民法院延期审理到期的，应当决定继续开庭审理，并就庭审中已经查明、认定的事实和证据依法作出判决。如果仍不能作出判决，需要继续调查核实证据、审理的，被告人如果在押，根据新《刑事诉讼法》第 96 条规定，可以依法变更强制措施，对被告人取保候审或者监视居住。

延期审理的开庭日期，可以由审判人员当庭确定，也可以在休庭后另行确定。当庭确定的，审判人员应当公开宣布下次开庭的时间、地点；当庭不能确定的，在休庭确定后亦应将开庭的时间、地点通知公诉人、当事人及其他诉讼参与人。

## 十九、法院能否受理不服治安管理处罚提起的自诉案件

治安管理处罚是公安机关对妨害社会管理秩序的行为人，所作出的一种行政性处罚结果；而自诉案件的法庭审理，是人民法院对符合起诉条件的轻微刑事案件进行司法确认的过程。对于同一事件来说，在上述两种处理方式下，一般是治安管理处罚在先，而提起刑事起诉在后。但当事人也可以不经过治安管理处罚而直接向法院提起诉讼。在我国现有社会管理模式下，大多数因为社会治安管理出现的矛盾和纠纷，首先都是通过公安机关来解决，而公安机关解决这些纠纷的形式就是依照治安管理处罚程序办理。

刑事诉讼法没有对经过治安管理处罚后的轻微刑事案件，当事人是否可以就此再向法院提起自诉作出明确规定。但按照自诉案件的基本性质，法律是持允许态度的。1993 年 9 月 3 日最高人民法院《关于人民法院应否受理当事人不服治安管理处罚而提起的刑事自诉问题的批复》中，针对法院应否受理当事人不服治安管理处罚而提起自诉案件的问题，作了这样的解释：治安管理处罚决定生效后，当事人在法定期间内未就治安管理处罚决定提起行政诉讼，而就同一事实向人民法院提起刑事自诉的，只要符合刑事诉讼法的有关规定，并且被告人的行为是在追诉时效期限内的，人民法院均应受理。经审理如果认为被告人的行为构成犯罪，应当依法追究刑事责任。被告人被判处管制、拘役或者有期徒刑的，如果其在原治安管理处罚决定中已受过拘留处罚，应当将拘留处罚天数折抵刑期。对于自诉人提起附带民事诉讼，人民法院经调解或判决被告人赔偿损失的，应当将原治安管理处罚决定中的赔偿部分一并考虑。人民法院审理这类自诉案件所制作的调解书、裁定书或判决书，应当在生效后立即送达作出原治安管理处罚决定的公安机关。

### 二十、人民法院审理单位犯罪案件要注意哪些事项

单位犯罪与自然人犯罪是有区别的。在自然人犯罪案件中,行为人与享有法律上权利义务的主体是统一的,而单位犯罪中的具体行为人与权利义务主体是分离的。单位是一个群体,自然人是个体,个体可以由自己来行使法律上的权利,单位则必须由具有法律资格的自然人来代表。基于这些原因,法律和司法解释对单位参与法律活动和具体的法律程序,都规定了一些特别的条款。根据最高人民法院发布的《关于执行〈中华人民共和国刑事诉讼法〉若干问题的解释》(以下简称《解释》)第207条至第216条的规定,人民法院审理单位犯罪案件应当注意以下事项:

1. 人民法院受理单位犯罪案件,除依照《解释》第116条(即公诉案件一审程序中的有关内容)的有关规定进行审查外,还应当审查起诉书中是否列明被告单位的名称、住所地,以及代表被告单位出庭的诉讼代表人的姓名、职务、通讯处。未按规定列明的,应当按《解释》第117条第(二)项(亦为公诉案件一审程序中的有关内容)的规定办理。

2. 代表被告单位出庭的诉讼代表人,应当是单位的法定代表人或者主要负责人;法定代表人或者主要负责人被指控为单位犯罪直接负责的主管人员的,应当由单位的其他负责人作为被告单位的诉讼代表人出庭。被告单位的诉讼代表人与被指控为单位犯罪直接负责的主管人员是同一人的,人民法院应当要求人民检察院另行确定被告单位的诉讼代表人出庭。被告单位需要委托辩护人的,参照解释有关辩护的规定办理。

3. 人民法院决定开庭审理单位犯罪案件,应当通知被告单位的诉讼代表人出庭。接到出庭通知的被告单位的诉讼代表人应当出庭。拒不出庭的,人民法院在必要的时候,可以拘传到庭。被告单位的诉讼代表人享有刑事诉讼法规定的有关被告人的诉讼权利。开庭时,诉讼代表人的席位置于审判台前左侧。

4. 被告单位的违法所得及其产生的收益,尚未依法追缴或者查封、扣押、冻结的,人民法院应当根据案件具体情况,决定追缴或者查封、扣押、冻结。人民法院为了保证判决的执行,根据案件具体情况,可以先行查封、扣押、冻结被告单位的财产或者由被告单位提出担保。

5. 人民法院审理单位犯罪案件,被告单位被注销或者宣告破产,但单位犯罪直接负责的主管人员和其他直接责任人员应当负刑事责任的,应当继续审理。

### 二十一、哪些案件人民检察院不予建议或者不予同意适用简易程序

根据新刑事诉讼法和1999年9月21日最高人民检察院《人民检察院刑事

诉讼规则》第312条至第314条规定，具有下列情形之一的，人民检察院应当不建议或者不同意适用简易程序：

1. 被告人是盲、聋、哑人或者尚未完全丧失辨认或者控制自己行为能力的精神病人的。聋、哑、盲人和未完全丧失行为能力的精神病人，都是属于限制责任能力的人，刑法在处罚这类人时都是从有利于犯罪人的角度进行考虑。因此，对这类人适用法律应当谨慎，选择审判程序时也应当加以注重。

2. 有重大社会影响的。所谓"有重大社会影响"，包括有重大社会影响的人和事。因为有重大影响的人或者事容易引起社会的广泛关注，对执行国家的法律和刑事政策都具有一定的诱导作用。如果处理得当，就会产生良性效果，否则，也可能对社会产生负面效应。所以应当采用普通程序审理。

3. 共同犯罪案件中部分被告人不认罪或者对适用简易程序有异议，以及比较复杂的共同犯罪案件。共同犯罪案件涉及对参与犯罪的各个行为人的处理，而且共同犯罪案件的案情往往比较复杂，为了保证法律适用的公正和公平，在大多数情况下都应当采用普通程序审理。

4. 依法可能判处3年以上有期徒刑的。被判处3年以上有期徒刑的犯罪，一般都是犯罪性质或者犯罪情节较为严重的犯罪。从法律保障被告人合法权利的角度考虑，应当避免对这类犯罪案件采用简易程序审理。

5. 对于案件事实、证据存在较大争议的。凡是对于案件的处理在事实认定和法律适用方面存在较大争议的案件，都是属于刑事诉讼中的疑案。疑案包含着疑罪的成分，刑事诉讼中对于疑罪的处理一般都是采取"疑罪从无"的原则。所以，对于疑案的处理必须采取更加谨慎的态度，适用普通程序审理。

6. 被告人是否犯罪、犯有何罪存在争议的。与前述的问题具有相似之处，对于疑罪问题的处理应当具有充分的时间来进行判断和分析，所以不应当适用审理时间相对较短的简易审理程序。

7. 被告人要求适用普通程序的。尊重被告人对审判程序的选择，是保障被告人人权的具体体现。如果连被告人要求适用普通程序进行审理的选择都不能满足，刑事诉讼要实现真正的人权保障是很难做到的。因此，刑事审判应当尊重被告人对是否适用简易程序审理进行选择。

8. 辩护人作无罪辩护的。辩护人作无罪辩护，表明了辩方对控方指控的犯罪事实或者适用的法律存在认识上的根本分歧。无论辩护人作无罪辩护的理由是否成立，从保障人权和谨慎用刑的角度考虑，都应当适用较为慎重的普通程序审理。

9. 其他不宜适用简易程序的。这样规定，主要是考虑到司法机关在刑事诉讼中可能会遇到法律没有明确规定适用普通程序，而根据案件审理的需要，适用简易程序审理又不合适，而应当采取谨慎态度，适用普通程序审理。

适用简易程序审理的公诉案件，人民法院发现不应适用简易程序，决定按照公诉案件第一审普通程序重新审理的，人民检察院应当派员出席法庭。转为普通程序审理的案件，人民法院应当将全案卷宗和证据材料退回人民检察院。人民检察院审查起诉的期限应当从收到人民法院有关案件材料之日起计算。

### 二十二、哪些案件在人民法院审理过程中可以变更审理程序

刑事诉讼法规定的审理程序是按照固定的模式进行的分类设置，并且依照案件的性质和难易程度进行归类，目标在于既要充分利用司法资源，节约诉讼时间，达到刑罚经济的目的；又要达到准确司法，公正司法，做到证据确凿，事实清楚，处理恰当。但案件在尚未彻底查清之前，很多模糊的事实和证据成为掩盖案件真相的障碍物，要万无一失地在所有案件之间划定犯罪的性质，确定案件适用何种程序是非常困难的，也是不能完全做到的。因此，当案件进入审判程序后，少数案件就会因为原来的判断不准确而需要改变审判程序，将原决定适用的普通程序改为简易程序或将原已适用的简易程序改为普通程序。当然，改变审判程序是一个严肃的过程，不是可以随心所欲的，需要法律或司法解释的明确规定。根据最高人民法院发布的《关于执行〈中华人民共和国刑事诉讼法〉若干问题的解释》第229条、第230条，最高人民检察院发布的《人民检察院刑事诉讼规则》第354条规定，人民法院在审理过程中发现不应适用简易程序的，应当决定中止审理，并按照公诉案件或者自诉案件的第一审普通程序重新审理；或者在人民法院作出判决前，人民检察院发现已经决定适用简易程序审理的案件中有不应适用简易程序的，应当要求人民法院按照普通第一审程序审理。

1. 下列案件在人民法院审理过程中发现不应适用简易程序，应当由适用简易程序转为适用普通程序的案件：

（1）公诉案件被告人的行为不构成犯罪的；

（2）公诉案件被告人应当判处3年以上有期徒刑的；

（3）公诉案件被告人当庭翻供，对于起诉指控的犯罪事实予以否认的；

（4）事实不清或者证据不充分的；

（5）其他依法不应当或者不宜适用简易程序的。

转为普通程序审理的案件，审理期限应当从决定转为普通程序之日起计算。

2. 下列案件在人民法院作出判决前，人民检察院发现有下列情形之一的，应当要求人民法院从适用简易程序转为适用普通程序的案件：

(1) 发现依法应当判处 3 年以上有期徒刑的；
(2) 案件事实、证据存在较大争议的；
(3) 被告人是否犯罪，犯有何罪存在疑问的；
(4) 人民检察院发现被告人有新的犯罪事实需要追加起诉一并审理的。

## 二十三、法院处理查封、扣押、冻结的在案财物应当注意哪些事项

根据最高人民法院发布的《关于执行〈中华人民共和国刑事诉讼法〉若干问题的解释》第 288 条至第 295 条规定，法院处理查封、扣押、冻结的在案财物应当注意以下事项：

1. 人民法院对于查封、扣押、冻结在案的被告人的财物及其孳息，应当妥善保管，以供核查；任何单位和个人不得挪用或者自行处理。依法查封、扣押的货币、有价证券，应当登记写明货币、有价证券的名称、数额、面额，货币应当存入银行专户，并登记银行存款凭证的名称、内容，入卷备查；依法查封、扣押的物品，应当登记写明物品名称、型号、规格、数量、重量、质量、成色、纯度、颜色、新旧程度、缺损特征和来源等，入卷备查；依法查封、扣押的文物、金银、珠宝、名贵字画等以及违禁品，应当及时鉴定；对于查封、扣押的物品应当及时依照有关规定作价。

2. 对于被害人的合法财产，有明确的被害人的，扣押、冻结机关应当依法及时返还。但应当按照有关规定进行拍照、鉴定、作价，并在案卷中注明返还的理由，将原物照片、清单和被害人的领取手续入卷备查。

3. 对作为证据使用的实物，包括作为物证的货币、有价证券等，应当随案移送。开庭审判时，经向法庭出示、质证后移送法庭。休庭或者闭庭时办理证据交接手续，清点、核对无误的，由经手人在清单上分别签名后予以封存。对因上诉、抗诉引起第二审程序的，第一审人民法院应当将上述证据移送第二审人民法院，并办理证据交接手续。

4. 下列不宜移送的实物，人民法院受理案件时，应当审查是否附有相关证据材料；需要鉴定（包括作价）的，应当附有鉴定结论：（1）大宗的、不便搬运的物品，由于查封、扣押机关开列清单，并附原物照片和封存手续，注明存放地点；（2）易腐烂、霉变和不易保管的物品，由查封、扣押机关变卖处理后，随案移送原物照片、清单、变价处理的凭证（复印件）；（3）违禁品、枪支弹药、易燃易爆物品、剧毒物品以及其他危险品，查封、扣押机关依照国家有关规定处理后，随案移送原物照片和清单。对于查封、扣押的货币、有价证券等依法不移送的，人民法院受理案件时，应当审查是否附有原物照片、清单或者其他证明文件。

对于查封、扣押的赃款、赃物依法不移送的,人民法院作出的判决生效后,由原审的人民法院通知查封、扣押机关上缴国库,同时将通知及判决书送达有关财政机关。查封、扣押机关应当在接到执行通知书后15日内向人民法院送交执行回单。

对于扣押、冻结的与本案无关的财物,已列入清单的,人民法院应当通知扣押、冻结机关依法处理。被告人被判处财产刑的,人民法院应当通知扣押、冻结机关将拟返还被告人的财物移交人民法院执行刑罚。

5. 人民法院受理案件时,对于侦查机关冻结在金融机构的存款,应当审查是否附有金融机构出具的证明文件原件。人民法院作出生效判决后,通知该金融机构上缴国库,同时将判决书送达有关财政机关。金融机构应当在接到执行通知书后15日内向人民法院送交执行回单。

对于人民法院查封、扣押、冻结的赃款、赃物及其孳息,人民法院作出的判决生效后,由原审人民法院依照生效的法律文书进行处理。除依法返还被害人的以外,应当一律没收,上缴国库。法律另有规定的除外。

对人民检察院、公安机关因犯罪嫌疑人死亡,申请人民法院裁定通知冻结犯罪嫌疑人存款、汇款等的金融机构,将该犯罪嫌疑人的存款、汇款等上缴国库或者返还被害人的案件,人民法院应当经过阅卷、审查有关证据材料后作出裁定。

## 二十四、人民法院审理涉外刑事案件应当注意哪些一般性问题

根据最高人民法院发布的《关于执行〈中华人民共和国刑事诉讼法〉若干问题的解释》(以下简称《解释》)规定,人民法院审理涉外刑事案件应当注意对以下问题的处理:

1. 国籍问题。外国人的国籍以其入境时的有效证件予以确认;国籍不明的,以公安机关会同外事部门查明的为准。国籍确实无法查明的,以无国籍人对待,适用涉外刑事案件审理程序。享有外交特权和豁免权的外国人的刑事责任问题,通过外交途径解决。

2. 翻译问题。人民法院审判涉外刑事案件,使用中华人民共和国通用的语言、文字,应当为外国籍被告人提供翻译。如果外国籍被告人通晓中国语言、文字,拒绝他人翻译的,应当由本人出具书面声明,或者将他的口头声明记录在卷。诉讼文书为中文本,应当附有被告人通晓的外文译本,译本不加盖人民法院印章,以中文本为准。翻译费用由被告人承担。如果外国籍被告人拒收诉讼文书的,应当依照本《解释》第104条第3款(有关送达的规定)的规定处理。

3. 辩护问题。外国籍被告人委托律师辩护的，以及附带民事诉讼的原告人、自诉人委托律师代理诉讼的，应当委托具有中华人民共和国律师资格并依法取得执业证书的律师。外国籍被告人没有委托辩护人的，人民法院可以为其指定辩护人。被告人拒绝辩护人为其辩护的，应当由其提出书面声明，或者将其口头声明记录在卷后，人民法院予以准许。在中华人民共和国领域外居住的外国人寄给中国律师或者中国公民的授权委托书，必须经所在国公证机关证明、所在国外交部或者其授权机关认证，并经中国驻该国使、领馆认证，才具有法律效力。但中国与该国之间有互免认证协定的除外。

## 二十五、人民法院审理涉外刑事案件中的限制出境问题

所谓涉外刑事案件，是指犯罪行为、犯罪结果、犯罪主体或刑事诉讼过程中包含有涉外因素的刑事案件。它主要包括以下几种情况：一是在国家领土范围内，外国人犯罪的或者本国公民侵犯外国人合法权利的刑事案件；二是在国家领土范围外对主权国家或者国内公民犯罪，依法应当承担刑事责任的案件；三是实施了某一国家缔结或者参加的国际条约所规定的罪行，该国根据所承担条约义务的范围内行使刑事管辖权的案件。可见，涉外刑事案件相比国内公民犯罪案件来说，在诉讼程序和刑罚的适用方面都会有较大的区别。其中一个比较敏感的问题，就是限制出境问题。根据最高人民法院发布的《关于执行〈中华人民共和国刑事诉讼法〉若干问题的解释》（以下简称《解释》）第322条至第324条的规定，人民法院审理涉外刑事案件时处理限制出境问题应当注意以下方面：

1. 对涉外刑事案件的被告人及人民法院认定的其他相关犯罪嫌疑人，可以决定限制出境；对开庭审理案件时必须到庭的证人，可以要求暂缓出境。限制出境的决定应当通报同级公安机关或者国家安全机关。

2. 人民法院决定限制外国人和中国公民出境的，应当口头或者书面通知被限制出境的人，也可以采取扣留其护照或者其他有效出入境证件的办法，在案件审理终结前不得离境。

3. 对需要在边防检查站阻止外国人和中国公民出境的，人民法院应当填写口岸阻止人员出境通知书。控制口岸在本省、自治区、直辖市的，应当向本省、自治区、直辖市公安厅（局）办理交控手续。控制口岸不在本省、自治区、直辖市的，应当通过有关省、自治区、直辖市公安厅（局）办理交控手续。在紧急情况下，如确有必要，也可以先向边防检查站交控，然后补办交控手续。

## 第二节 第二审程序

### 一、新刑事诉讼法对第二审程序作了哪些修改

1. 明确了人民法院应当组成合议庭审理的案件范围。1996年刑事诉讼法只对法院应当组成合议庭审理的案件范围作了原则性规定，没有完全具体化。新《刑事诉讼法》第223条对此作了具体规定。新《刑事诉讼法》第223条第1款规定：第二审人民法院对于下列案件，应当组成合议庭，开庭审理：（1）被告人、自诉人及其法定代理人对第一审认定的事实、证据提出异议，可能影响定罪量刑的上诉案件；（2）被告人被判处死刑的上诉案件；（3）人民检察院抗诉的案件；（4）其他应当开庭审理的案件。

2. 新《刑事诉讼法》第223条第2款条明确规定，第二审人民法院决定不开庭审理的，应当讯问被告人，听取其他当事人、辩护人、诉讼代理人的意见。

3. 规定了人民检察院查阅案卷的时间。新《刑事诉讼法》第224条规定，人民检察院提出抗诉的案件或者第二审人民法院开庭审理的公诉案件，人民检察院应当在一个月以内查阅完毕。人民检察院查阅案卷的时间不计入审理期限。

4. 规定了二审法院对部分重审上诉案件只能依法判决，不得发回重审。新《刑事诉讼法》第225条第2款规定："原审人民法院对于依照前款第三项规定发回重新审判的案件作出判决后，被告人提出上诉或者人民检察院提出抗诉的，第二审人民法院应当依法作出判决或者裁定，不得再发回原审人民法院重新审判。"

5. 规定了重审案件没有新的犯罪事实不得加重被告人的刑罚。新《刑事诉讼法》第226条在1996年刑事诉讼法规定的上诉案件中不得加重被告人刑罚的基础上，进一步规定了对于发回重新审理的案件，如果没有发现新的犯罪事实，没有经过人民检察院补充起诉，也不得加重被告人的刑罚。

6. 修改增加了上诉审的审理期限。新《刑事诉讼法》第232条规定："第二审人民法院受理上诉、抗诉案件，应当在二个月以内审结。对于可能判处死刑的案件或者附带民事诉讼的案件，以及有本法第一百五十六条规定情形之一的，经省、自治区、直辖市高级人民法院批准或者决定，可以延长二个月；因特殊情况还需要延长的，报请最高人民法院批准。最高人民法院受理上诉、抗诉案件的审理期限，由最高人民法院决定。"该规定将1996年《刑事诉讼法》第196条规定的二审案件审理基本最高期限由1个半月延长到2个月；将有法

定情形的延长期限从原规定的1个月,增加到了2个月。并且规定具有特殊情况的,报请最高人民法院批准后还可以再延长。

## 二、人民法院审理哪些第二审案件应当组成合议庭

在过去的司法实践中,哪些二审案件应当独任审判,哪些二审案件应当组成合议庭审判,刑事诉讼法并没有规定一个明确界限和范围。这次刑事诉讼法的修改,对人民法院审理哪些二审案件应当组成合议庭审理作了一个大致明确的界限划分。根据新《刑事诉讼法》第223条规定,人民法院审理下列案件应当组成合议庭审理:

1. 被告人、自诉人及其法定代理人对第一审认定的事实、证据提出异议,可能影响定罪量刑的上诉案件。当被告人、自诉人及其法定代理人对原审判决认定的事实和证据提出异议时,二审法院要认真进行审查,只要认为提出的建议合理,而且的确有可能影响到对被告人的定罪量刑,就应当依法组成合议庭进行审理。

2. 被告人被判处死刑的上诉案件。该款对二审案件采用合议庭审理是没有考虑余地的,也就是说二审法院在决定采用审判组织形式时,只能采用合议庭形式审判。即只要是一审判决判处了被告人死刑,被告人在法定上诉期限内提出上诉的,二审法院都应当依法组成合议庭进行审理。

3. 人民检察院抗诉的案件。这对于二审法院在选择审判组织形式来说,也没有自行考虑的余地,只要是人民检察院提起抗诉的案件,都应组成合议庭审理。对人民检察院提起抗诉,当事人也提起上诉的案件,同样也要组成合议庭审理。

4. 应当开庭审理的其他案件。法律规定该款是为了给二审法院一个缓冲的余地,主要是考虑到案件的复杂性和多样化,即使不属于上述几种类型的案件,刑事审判中也还是有可能存在一些复杂疑难的问题,依靠独任审判很难以保证对案件的准确和公正处理。这也是法律在设定各类事项处理时所一贯采用的方法,目的是为应对社会实践中出现的新情况、新问题,而这些问题又是法律所始料未及的事情。

## 三、人民检察院可以对哪些一审裁定提起抗诉

新《刑事诉讼法》第217条规定:"地方各级人民检察院认为本级人民法院第一审的判决、裁定确有错误的时候,应当向上一级人民法院提出抗诉。"按照我国刑事诉讼中的两审终审制原则,只要检察机关认为第一审裁判确有错误,在法定期限内提出抗诉,上级法院都必须依法进行第二审,即产生上诉审

程序，这是我国刑事诉讼法关于两审终审制的法定要求。但是，由于刑事诉讼法和相关的司法解释都没有明确规定是否各种类型的裁定都可以提起抗诉，司法实践中，检察机关和法院对此分歧较大。有人认为，由检察机关对裁定提起的抗诉应当从广义上看，它既包括有关实体内容的裁定，也包括关于程序方面的裁定；既包括对公诉案件的裁定，也包括对自诉案件的裁定。无论属于何种类型的裁定，只要不是法律明确规定不允许提出抗诉的裁定，人民检察院认为裁定确有错误，都应当按照新《刑事诉讼法》第217条的规定提起抗诉。也有人认为，应当对准许和不准许提起抗诉的裁定进行分类，凡是涉及实体性裁定或具有终结案件效力的终局性裁定，如驳回起诉、终止审理、撤销案件等，都应当准许抗诉；凡在诉讼过程中就某一问题作出不涉及当事人实体利益的程序性裁定，如中止审理、管辖及其减刑、假释等，对于这些不会侵犯当事人合法权益的裁定，则不应当准许抗诉。

我们认为，上述第一种意见比较正确。理由是，刑事诉讼法明确规定了人民检察院认为确有错误的裁定都可以依法提起抗诉，相关的司法解释也并没有划定能够提起抗诉和不能提起抗诉的范围。如果毫无根据地划定可以和不可以提起抗诉的裁定范围，是违反法律规定的。对于人民法院作出的第一审裁定，不论涉及实体问题还是涉及程序问题，也不管是关于公诉案件的裁定，还是关于自诉案件的裁定，除刑事诉讼法有明文规定不准抗诉外，只要人民检察院认为确有错误提出抗诉的，原则上都应当允许。人民法院处理诉讼程序问题时，有的并不是必须采用裁定，如申请回避、调取新的证据、重新勘验等，可以改为使用决定的形式。当然，这并不是为了回避检察机关的抗诉，而是因为对于程序中的问题使用决定可以灵活快速，减少诉讼环节，避免案件因为裁定上诉而久拖不决。

## 四、对上诉的共同犯罪案件中部分被告人的羁押期可能超刑期如何处理

在共同犯罪案件中，主犯和从犯、胁从犯之间的刑期相差较大。有的主犯可能被判处最长有期徒刑或者无期徒刑，而有的从犯被判处的刑期则可能只有几个月。如果遇到复杂的共同犯罪案件，侦查起诉和审判的时间都会比较长。对于那些可能判处短期徒刑的被告人来说，如果继续关押就可能超过了应当被监禁的期间。特别是案件的上述阶段，这个问题表现得最为突出。为了解决司法实践中出现的这一问题，1990年6月5日最高人民法院在回复广东省高级人民法院的请示时作出的《关于已提出上诉的共同犯罪案件，在第一审判决宣告时其中被判较短有期徒刑或拘役的被告人的刑期已满，是否立即将其解除

羁押的批复》(以下简称《批复》)中对这一问题曾作过解答。该《批复》至今没有被废除,因此,在不与法律和其后司法解释相冲突的情况下,仍然可以在司法实践中作为依据。该《批复》的主要内容是:刑事诉讼法已明确规定,第一审判决宣判后,共同犯罪的案件只有部分被告人上诉的,第二审人民法院"应当对全案进行审查,一并处理"。所述案件的第一审判决尚未发生法律效力,部分被告人提出了上诉,该案正在第二审期间,故不应将另一部分被告人解除羁押。但是,为避免有的被告人的羁押期已达到甚至超过第一审判处的刑期还继续被关押,人民法院可视案件具体情况,对这类被告人依法变更强制措施,即改为监视居住或者取保候审,待第二审人民法院对全案进行审查并作出终审裁判之后,再依法处理。

**五、刑事案件的被告人提出上诉在期满后能否撤回上诉**

上诉权是法律赋予被告人的合法权利。新《刑事诉讼法》第216条第3款规定:"对被告人的上诉权,不得以任何借口加以剥夺。"既然上诉权是被告人应当享有的合法权利,那么被告人对自己的权利具有法律上的处分权,被告人既可以行使这一权利,也可以放弃对这一权利的行使。所以,被告人在法定期限内可以提起上诉,同样也可以放弃上诉。对于刑事案件的被告人不服一审判决,在法定期限内提出上诉,而在期限届满后又要求撤回上诉的,人民法院能否准许撤回上诉?刑事诉讼法对这一问题没有明确规定,司法实践中对此也有不同看法。有人认为:被告人在法定期限内提出上诉,而在期限届满后又要求撤回上诉的,在一般情况下人民法院不应当准许撤回上诉。理由是,1992年4月8日最高人民法院在回复上海市高级人民法院的请示时作出的《关于被判处死刑的被告人在上诉期满后又提出撤回上诉的应当如何处理问题的批复》中对此曾作了这样的解答:被中级人民法院判处死刑的被告人在上诉期间提出上诉,上诉期后又提出撤回上诉的,应当由高级人民法院决定不准撤回上诉,并按照第二审程序继续审理。这一解释虽然是适用于死刑犯,但从刑事诉讼程序上讲,在法定期限内提出上诉,而期限已满要求撤回上诉是违反法定程序的。

我们认为,对于刑事案件被告人在期限届满后又要求撤回上诉的情形,应当严格按照最高人民法院发布的《关于执行〈中华人民共和国刑事诉讼法〉若干问题的解释》的规定办理,该《解释》第239条规定:"被告人、自诉人、附带民事诉讼的原告人和被告人及其法定代理人在上诉期满后要求撤回上诉的,应当由第二审人民法院进行审查。如果认为原判决认定事实和适用法律正确,量刑适当,应当裁定准许被告人撤回上诉;如果认为原判决事实不清、证据不足或者将无罪判为有罪、轻罪重判等,应当不准撤回上诉,并按照上诉程序进行审理。"根据上述规定,处理被告人在期限届满后又要求撤回上诉的案件,应当分别两种情况作出准许撤诉和不准许撤诉的处理。

### 六、被告人在判决未生效期间死亡如何处理

在刑事诉讼中,有时会出现被告人在一审刑事判决作出之后,尚未提出上诉之前便死亡的情况。实践中对这类情况如何处理存在分歧。有人认为一审判决应当视为生效判决,也有人认为应当视为刑事诉讼终结。事实上,被告人在一审判决作出后没有发生法律效力之时死亡,一般都是由于突发事件或者急病所引起。其中又可能分为两种情况:一种情况是被告人具有提起上诉的要求,只是因为突然死亡来不及办理上诉手续或者向司法机关表达自己的愿望;另一种是被告人并没有提起上诉的愿望。如果被告人没有死亡,被告人的这两种愿望将会产生两种不同的法律后果。

对于上述可能存在的这两种情况,我们认为应当分别加以处理。如果被告人在一审判决尚未生效前死亡之时,本人具有提出上诉的要求,或者已经委托自己的辩护人,或者已经向司法机关亲口表明,只是没有履行正式的程序。对于这种情况,如果没有附带民事诉讼的,可以终止刑事诉讼;如果存在附带民事诉讼,则应当继续二审程序,但在二审程序中只审判附带民事诉讼部分,刑事诉讼部分因被告人死亡而终止。

如果被告人生前没有委托辩护人或近亲属提起上诉,本人也没有上诉的要求,一审判决的既判效力发生作用只是迟早问题。但是,从诉讼程序上讲,该案件的审理仍然没有终结。由于该判决尚未发生法律效力,可以由作出一审判决的人民法院裁定终止审理。理由是,根据新《刑事诉讼法》第15条第(五)项规定:犯罪嫌疑人、被告人死亡的,不追究刑事责任,已经追究的,应当撤销案件,或者不起诉,或者终止审理,或者宣告无罪。对于存在刑事附带民事诉讼的案件,在刑事案件被撤销后,如果确实因为被告人的行为给被害方造成了损害,且死亡被告人也有个人遗产,可以将附带民事诉讼部分移交法院民事审判部门处理。

### 七、检察机关对哪些情形的案件可以提起刑事抗诉

根据2001年3月2日最高人民检察院发布的《关于刑事抗诉工作的若干意见》规定,检察机关提起刑事抗诉的范围主要包括以下几个方面:

1. 人民法院刑事判决或裁定在认定事实、采信证据方面确有下列错误的,人民检察院应当提出抗诉和支持抗诉:

(1)刑事判决或裁定认定事实有错误,导致定性或者量刑明显不当的。

主要包括：刑事判决或裁定认定事实与证据不一致；认定的事实与裁判结论有重大矛盾；有新的证据证明刑事判决或裁定认定事实确有错误。

（2）刑事判决或裁定采信证据有错误，导致定性或者量刑明显不当的。
主要包括：刑事判决或裁定据以认定案件事实的证据不确实；据以定案的证据不足以认定案件事实，或者所证明的案件事实与裁判结论之间缺乏必然联系；据以定案的证据之间存在矛盾；经审查犯罪事实清楚、证据确实充分，人民法院以证据不足为由判决无罪错误的。

2. 人民法院刑事判决或裁定在适用法律方面确有下列错误的，人民检察院应当提出抗诉和支持抗诉：

（1）定性错误，即对案件进行实体评判时发生错误，导致有罪判无罪、无罪判有罪，或者混淆此罪与彼罪、一罪与数罪的界限，造成适用法律错误，罪刑不相适应的。

（2）量刑错误，即重罪轻判或者轻罪重判，量刑明显不当的。主要包括：未认定有法定量刑情节超出法定刑幅度量刑；认定法定量刑情节错误，导致未在法定刑幅度内量刑或者量刑明显不当；适用主刑刑种错误；应当判处死刑立即执行而未判处，或者不应当判处死刑立即执行而判处；应当并处附加刑而没有并处，或者不应当并处附加刑而并处；不具备法定的缓刑或免予刑事处分条件，而错误适用缓刑或判处免予刑事处分。

（3）对人民检察院提出的附带民事诉讼部分所作判决、裁定明显不当的。

3. 人民法院在审判过程中严重违反法定诉讼程序，有下列情形之一，影响公正判决或裁定的，人民检察院应当提出抗诉和支持抗诉：

（1）违反有关回避规定的；

（2）审判组织的组成严重不合法的；

（3）除另有规定的以外，证人证言未经庭审质证直接作为定案根据，或者人民法院根据律师申请收集、调取的证据材料和合议庭休庭后自行调查取得的证据材料没有经过庭审辨认、质证直接采纳为定案根据的；

（4）剥夺或者限制当事人法定诉讼权利的；

（5）具备应当中止审理的情形而作出有罪判决的；

（6）当庭宣判的案件，合议庭不经过评议直接宣判的；

（7）其他严重违反法律规定的诉讼程序，影响公正判决或裁定的。

4. 审判人员在案件审理期间，有贪污受贿、徇私舞弊、枉法裁判行为，影响公正判决或裁定，造成上述第1、2、3项规定的情形的，人民检察院应当提出抗诉和支持抗诉。

## 八、检察机关不宜提起抗诉的情形有哪些

根据最高人民检察院发布的《关于刑事抗诉工作的若干意见》的规定，检察机关对下列情形的刑事案件不宜提起抗诉：

1. 原审刑事判决或裁定认定事实、采信证据有下列情形之一的，一般不宜提出抗诉：

（1）判决或裁定采信的证据不确实、不充分，或者证据之间存有矛盾，但是支持抗诉主张的证据也不确实、不充分，或者不能合理排除证据之间的矛盾的；

（2）被告人提出罪轻、无罪辩解或者翻供后，有罪证据之间的矛盾无法排除，导致起诉书、判决书对事实的认定分歧较大的；

（3）人民法院以证据不足、指控的犯罪不能成立为由，宣告被告人无罪的案件，人民检察院如果发现新的证据材料证明被告人有罪，应当重新起诉，不能提出抗诉；

（4）刑事判决改变起诉定性，导致量刑差异较大，但没有足够证据证明人民法院改变定性错误的；

（5）案件基本事实清楚，因有关量刑情节难以查清，人民法院从轻处罚的。

2. 原审刑事判决或裁定在适用法律方面有下列情形之一的，一般不宜提出抗诉：

（1）法律规定不明确、存有争议，抗诉的法律依据不充分的；

（2）刑事判决或裁定认定罪名不当，但量刑基本适当的；

（3）具有法定从轻或者减轻处罚情节，量刑偏轻的；

（4）未成年人犯罪案件量刑偏轻的；

（5）被告人积极赔偿损失，人民法院适当从轻处罚的。

3. 人民法院审判活动违反法定诉讼程序，但是未达到严重程度，不足以影响公正裁判，或者判决书、裁定书存在某些技术性差错，不影响案件实质性结论的，一般不宜提出抗诉。必要时可以以检察建议书等形式，要求人民法院纠正审判活动中的违法情形，或者建议人民法院更正法律文书中的差错。

4. 认为应当判处死刑立即执行而人民法院判处被告人死刑缓期2年执行的案件，具有下列情形之一的，除原判认定事实、适用法律有严重错误或者罪行极其严重、必须判处死刑立即执行，而判处死刑缓期2年执行明显不当的以外，一般不宜按照审判监督程序提出抗诉：

（1）因被告人有自首、立功等法定从轻、减轻处罚情节而判处其死刑缓

期2年执行的；

（2）因婚姻家庭、邻里纠纷等民间矛盾激化引发的故意杀人案件，由于被害人一方有明显过错或者对矛盾激化负有直接责任，人民法院根据案件具体情况，判处被告人死刑缓期2年执行的；

（3）被判处死刑缓期2年执行的罪犯入监劳动改造后，考验期将满，认罪服法，狱中表现较好的。

### 九、法院对既有抗诉又有上诉的刑事案件怎样审理

根据新《刑事诉讼法》第216条、第217条规定，被告人、自诉人、附带民事诉讼的当事人和他们的法定代理人，不服地方人民法院的第一审裁判，可以提起上诉；人民检察院认为人民法院的第一审裁判确有错误，可以提起抗诉。在大多数情况下，就同一案件而言，要么是被告方提出上诉，要么是检察机关提出抗诉，较少出现对同一判决既有当事人上诉，又有检察机关抗诉的情况。因为在大多数案件中，检察机关和刑事案件的被告人在利益观点上常常处于对立状态，很难在对基本问题的看法上完全达成一致，很少出现在一方认为有利的时候另一方也表示赞同的情况。但在一些特定案件中，当事人和检察机关对审判机关的判决和裁定可能都有不满意的地方，如果双方都认为需要通过第二审程序来解决，于是就出现既有上诉又有抗诉的第二审现象发生。

实践中有人认为，检察机关是代表国家提起抗诉，并得到上级人民检察院的支持和同意，在一般情况下其抗诉意见和理由比较正确；而当事人的上诉一般是出于个人恩怨，对证明自己实施犯罪行为的事实证据存有偏见，不能准确反映案件的真实性。因此，第二审人民法院审理应以抗诉程序为主重点审查检察机关的抗诉理由。我们认为，对于被告人提出上诉、人民检察院也提出抗诉的案件，上诉审法院都应当合并审理，无论是被告人的上诉事实和理由，还是检察机关的上诉事实和理由，都要全面审查。经过全面审查后，根据案件的不同情况，按照新《刑事诉讼法》第225条的规定作出如下处理：（1）对原判决认定事实和适用法律正确、量刑适当的，应当裁定驳回上诉或者抗诉，维持原判；（2）原判决认定事实没有错误，但适用法律有错误，或者量刑不当的，应当改判；（3）原判决事实不清或者证据不足的，可以在查清事实后改判；也可以裁定撤销原判，发回原审人民法院重新审理。对于二审人民法院在审理时，认为原判决量刑过轻，可以按照新《刑事诉讼法》第226条第2款的规定，直接改判，加重被告人的刑罚。但是，对于基层人民法院第一审判决为有期徒刑，中级人民法院第二审审查时，认为应判无期徒刑或死刑的案件，为了保证案件质量，并严格执行刑事诉讼法关于保护被告人上诉权利的规定，应根

据新《刑事诉讼法》第 225 条的规定，对适用法律错误或者量刑不当的，应当改判；认为原判决事实不清或者证据不足的，可以改判或发回重审。

### 十、对上诉、抗诉案件的审查主要包括哪些内容

根据最高人民法院发布的《关于执行〈中华人民共和国刑事诉讼法〉若干问题的解释》第 245 条至第 251 条的规定，人民法院在对上诉、抗诉案件审查时应当关注以下几个方面：

1. 重点审查上诉、抗诉案件的下列主要内容，并在审查后写出审查报告：

（1）第一审判决认定事实是否清楚，证据是否确实、充分，证据之间有无矛盾；

（2）第一审判决适用法律是否正确，量刑是否适当；

（3）在侦查、起诉、第一审程序中，有无违反法律规定的诉讼程序的情形；

（4）上诉、抗诉是否提出了新的事实和证据；

（5）被告人供述、辩解的情况；

（6）辩护人的辩护意见以及采纳的情况；

（7）附带民事部分的判决、裁定是否适当；

（8）第一审法院合议庭、审判委员会讨论的意见。

2. 第二审人民法院对第一审人民法院移送上诉、抗诉的案卷，应当审查是否包括下列内容：（1）移送上诉、抗诉案件函；（2）上诉状或者抗诉书；（3）第一审判决书或者裁定书 8 份（每增加 1 名被告人增加 1 份）；（4）全部案卷材料和证据，包括案件审结报告和其他应当报送的材料。上述所列材料齐备，第二审人民法院应当接收案件；材料不齐备的，应当通知第一审人民法院及时补送。第二审人民法院应当就第一审判决、裁定认定的事实和适用法律进行全面审查，不受上诉或者抗诉范围的限制。

3. 共同犯罪案件，只有部分被告人提出上诉的，或者人民检察院只就第一审人民法院对部分被告人的判决提出抗诉的，第二审人民法院应当对全案进行审查，一并处理；共同犯罪案件，如果提出上诉的被告人死亡，其他被告人没有提出上诉，第二审人民法院仍应当对全案进行审查。死亡的被告人不构成犯罪的，应当宣告无罪；审查后认为构成犯罪的，应当终止审理。对其他同案被告人仍应当作出判决或者裁定。

4. 审理附带民事诉讼的上诉、抗诉案件，应当对全案进行审查；如果第一审判决的刑事部分并无不当，第二审人民法院只需就附带民事诉讼部分作出处理；如果第一审判决附带民事部分事实清楚，适用法律正确的，应当以刑事

附带民事裁定维持原判，驳回上诉、抗诉。附带民事诉讼案件，只有附带民事诉讼的当事人和他们的代理人提出上诉的，第一审刑事部分的判决，在上诉期满后即发生法律效力。应当送监执行的第一审刑事被告人是第二审附带民事诉讼被告人的，在第二审附带民事诉讼案件审结前，可以暂缓送监执行。

### 十一、哪些第二审案件可以不开庭审理

法庭审理案件有多种形式，有开庭审理、书面审理和讯问审理等。其中最为普遍的是开庭审理。开庭审理是指合议庭通过开庭的方式，在控辩双方及其他诉讼参与人的直接参加下，审核证据，查明事实，作出裁决。法庭审理是法院审判活动的中心，其公开性、直接性和规范性，最能体现审判的公正与权威。书面审理是指既不开庭，也不讯问被告人，合议庭成员通过审阅全部案卷材料和上诉人、辩护人、检察员的书面意见后进行评议，作出实体裁判的审理方式。由于书面审理违反直接原则，当事人重要的诉讼权利无法实现，二审法庭的审判依赖于间接材料。讯问审理是指合议庭采取阅卷，讯问上诉人、原审被告人及询问其他当事人，进行必要的调查核实证据，听取或阅读检察员和辩护人的意见后，进行评议，或者由审判长询问当事人并进行必要的核实证据后向合议庭成员汇报，进行评议，作出终审裁判。

新《刑事诉讼法》第223条用列举式的方式规定了二审案件开庭审理的原则。但新《刑事诉讼法》只是对"应当组成合议庭，开庭审理"的案件范围作了明确规定，而对于哪些案件可以不开庭审理没有具体规定。言下之意，除了新《刑事诉讼法》第223条第1款所规定的4种情况外，其他的案件都可以不开庭审理。但我们认为，可以不开庭审理的案件，至少应当是"事实清楚的"上诉案件。即"可以不开庭审理"应当符合两个基本条件：一是事实清楚；二是属于上诉案件，不包括抗诉案件。实践中也有人提出，对于下列情形可以不开庭审理：一是对于事实清楚，争议不大的上诉案件，可以不开庭审理；二是提起上诉案件中主要是因程序违法而发回重审的案件，因为程序违法一般不涉及事实不清楚，可以不开庭审理；三是对原判事实不清、证据不足，不符合开庭审理条件，需要发回原审法院重新审理的案件，可以不开庭审理；四是上诉审法院发现案件不符合管辖规定，应发回原审法院处理的案件，可以不开庭审理。我们也同意类似案件可以不开庭审理。

### 十二、哪些第二审死刑案件法庭应当开庭审理

从审判的顺序和特点上讲，一审程序中以事实审为主，因为初审的主要任务在于查清犯罪事实，只有在犯罪事实清楚的基础上，才谈得上如何准确适用

法律。而二审程序中则以法律审为主，因为大量的犯罪事实都在一审程序中基本查清。我们说二审程序主要是法律审，是相对一审程序来说的。事实上，二审程序中所需要花费的很大精力也可能毫无例外地集中在审查犯罪事实方面。但二审程序中对于法律适用的判断却是十分重要的。二审程序的另一个特点，是采用书面审理为主，不像初审程序那样都必须开庭审理。因为经过一审程序开庭审理后，大部分犯罪事实都已经查清，再开庭审理意义并不很大。而且案件到了上级法院，开庭在召集诉讼参与人和证人，甚至传唤当事人方面，都有很多不便。所以不需要每一案件都开庭审理。但是，对于法律规定特定条件下的案件以及二审法院认为必须开庭审理的案件，也应当开庭审理。根据2006年9月25日最高人民法院、最高人民检察院发布的《关于死刑第二审案件开庭审理程序若干问题的规定（试行）》第1条、第2条规定，下列第二审死刑案件，二审法庭在审理过程中应当开庭审理：

1. 第二审人民法院审理第一审判处死刑立即执行的被告人上诉、人民检察院抗诉的案件，应当依照法律和有关规定开庭审理。

2. 第二审人民法院审理第一审判处死刑缓期2年执行的被告人上诉的案件，有下列情形之一的，应当开庭审理：（1）被告人或者辩护人提出影响定罪量刑的新证据，需要开庭审理的；（2）具有新《刑事诉讼法》第223条规定的开庭审理情形的。

3. 人民检察院对第一审人民法院判处死刑缓期2年执行提出抗诉的案件，第二审人民法院应当开庭审理。

### 十三、人民法院开庭审理死刑第二审案件应注意哪些事项

根据最高人民法院、最高人民检察院发布的《关于死刑第二审案件开庭审理程序若干问题的规定（试行）》规定，人民法院开庭审理上诉、抗诉的死刑案件应当注意以下程序：

1. 被判处死刑的被告人提出上诉的案件，原审人民法院应当在上诉期满后3日以内将上诉状连同案卷、证据移送上一级人民法院，同时将上诉状副本送交同级人民检察院和当事人，收到上诉状副本的人民检察院应当在3日以内将上诉状副本及有关材料报送上一级人民检察院。对第一审的死刑判决抗诉的案件，提出抗诉的人民检察院向原审人民法院提交抗诉书后，应当在3日以内将抗诉书副本及有关材料报送上一级人民检察院。原审人民法院应当在抗诉期满后3日以内将抗诉书连同案卷、证据移送上一级人民法院，并将抗诉书副本送交当事人。

2. 对死刑判决提出上诉的被告人，在上诉期满后第二审开庭前要求撤回

上诉的,第二审人民法院应当进行审查。合议庭经过阅卷、讯问被告人、听取其他当事人、辩护人、诉讼代理人的意见后,认为原判决事实清楚,适用法律正确,量刑适当的,不再开庭审理,裁定准许被告人撤回上诉;认为原判决事实不清、证据不足或者将无罪判为有罪、轻罪重判的,应当不准许撤回上诉,按照第二审程序开庭审理。

3. 第二审人民法院应当及时查明被判处死刑立即执行的被告人是否委托了辩护人,没有委托辩护人的,应当告知被告人可以自行委托辩护人或者通知法律援助机构指定承担法律援助义务的律师为其提供辩护;被告人拒绝法律援助机构指定的辩护人为其辩护,有正当理由的,人民法院应当准许,被告人可以另行委托辩护人,被告人没有委托辩护人的,人民法院应当通知法律援助机构为其另行指定辩护人。

4. 第二审人民法院开庭审理死刑上诉、抗诉案件,应当在开庭10日以前通知人民检察院查阅案卷;审理死刑上诉、抗诉案件应当由审判员3人至5人组成合议庭,对于疑难、复杂、重大的死刑案件,应当由院长或者庭长担任审判长。合议庭应当在开庭前查明有关情况并做好以下准备工作:(1)在第一审判决宣判后,被告人是否有检举、揭发行为需要查证核实的;(2)是否存在可能导致延期审理的情形;(3)必要时应当讯问被告人;(4)拟定庭审提纲,确定需要开庭审理的内容;(5)将开庭的时间、地点在开庭3日以前通知人民检察院;(6)通知人民检察院、被告人及其辩护人在开庭5日以前提供出庭作证的证人、鉴定人名单;(7)将传唤当事人和通知辩护人、证人、鉴定人和翻译人员的传票和通知书,在开庭3日以前送达;(8)公开审判的案件,在开庭3日以前先期公布案由、被告人姓名、开庭时间和地点。

5. 人民检察院向第二审人民法院提交新证据的,第二审人民法院应当通知被告人的辩护律师或者经许可的其他辩护人在开庭前到人民法院查阅;被告人及其辩护人向第二审人民法院提交新证据的,第二审人民法院应当通知人民检察院在开庭前到人民法院查阅;人民检察院在审查期间进行重新鉴定或者补充鉴定的,作出的鉴定应当及时提交人民法院,人民法院应当在开庭3日以前将鉴定意见告知当事人及其诉讼代理人、辩护人;被害人及其诉讼代理人或者被告人及其辩护人提出重新鉴定、补充鉴定要求并经第二审人民法院同意的,作出的鉴定应当及时提交人民法院,人民法院应当在开庭3日以前将鉴定意见告知对方当事人及其诉讼代理人、辩护人并通知人民检察院。

6. 第二审人民法院开庭审理死刑上诉、抗诉案件,具有下列情形之一的,应当通知证人、鉴定人、被害人出庭作证:(1)人民检察院、被告人及其辩护人对鉴定意见有异议、鉴定程序违反规定或者鉴定意见明显存在疑点的;

(2) 人民检察院、被告人及其辩护人对证人证言、被害人陈述有异议,该证人证言或者被害人陈述对定罪量刑有重大影响的;(3) 合议庭认为其他有必要出庭作证的。

7. 第二审人民法院应当全面审理死刑上诉、抗诉案件。但在开庭时,可以根据具体情况围绕人民检察院、被告人及其辩护人提出争议的问题和人民法院认为需要重点审查的问题进行。在第二审程序中,检察人员或者辩护人发现证据出现重大变化,可能影响案件定罪量刑的,可以建议延期审理。

二审法院应当在裁判文书中写明人民检察院的意见、被告人的辩解和辩护人的意见,以及是否采纳的情况并说明理由。法院作出判决、裁定后,当庭宣判的,应当在5日以内将判决书或者裁定书送达当事人、辩护人和同级人民检察院;定期宣判的,应当在宣判后立即送达。二审法院可以委托一审法院代为宣判,并向当事人送达二审判决书或者裁定书。

### 十四、第二审法庭审理上诉、抗诉死刑案件应重点查明哪些内容

我国刑事诉讼程序中的司法审判实行两审终审制,当事人对初审裁判不服,或者人民检察院认为初审裁判确有错误,都有权要求上级法院启动第二审程序审理。所以,这里的上诉,是指刑事案件的被告人、自诉人、附带民事诉讼的当事人和他们的法定代理人,不服地方各级人民法院第一审的判决、裁定,采用口头或者书面的形式向上一级人民法院提起要求启动二审程序的过程。这里的抗诉,是指地方各级人民检察院认为本级人民法院第一审的判决、裁定确有错误的时候,向上一级人民法院提起要求启动二审程序的过程。根据最高人民法院、最高人民检察院发布的《关于死刑第二审案件开庭审理程序若干问题的规定(试行)》第5条规定,第二审法庭审理上诉、抗诉的死刑案件应当重点查明以下内容:

1. 上诉、抗诉的理由及是否提出了新的事实和证据;
2. 被告人供述、辩解的情况;
3. 辩护人的意见以及原审人民法院采纳的情况;
4. 原审判决认定的事实是否清楚,证据是否确实、充分;
5. 原审判决适用法律是否正确,量刑是否适当;
6. 在侦查、起诉及审判中,有无违反法律规定的诉讼程序的情形;
7. 原审人民法院合议庭、审判委员会讨论的意见;
8. 其他对定罪量刑有影响的内容。

### 十五、人民检察院参与第二审法庭审理死刑案件应当注意哪些事项

根据最高人民法院、最高人民检察院发布的《关于死刑第二审案件开庭审理程序若干问题的规定（试行）》第 8 条至第 10 条、第 18 条等规定，第二审法庭审理上诉、抗诉的死刑案件应当注意以下事项：

1. 人民检察院办理死刑上诉、抗诉案件，应当在开庭前对案卷材料进行全面审查，重点围绕抗诉或者上诉的理由，审查第一审判决认定案件事实、适用法律是否正确，证据是否确实、充分，量刑是否适当，审判活动是否合法，并进行下列工作：（1）应当讯问被告人，听取被告人的上诉理由或者辩解；（2）必要时听取辩护人的意见；（3）核查主要证据，必要时询问证人；（4）对鉴定意见有疑问的，可以重新鉴定或者补充鉴定；（5）根据案件情况，可以听取被害人的意见。

2. 第二审人民法院开庭审理的死刑上诉、抗诉案件，同级人民检察院应当派员出庭。出庭人员应当在开庭前拟定庭审中的讯问、询问、举证、质证、答辩提纲和出庭意见书等；出席法庭的检察人员发现法庭审判活动违反法律规定的诉讼程序，休庭后由人民检察院向人民法院提出纠正意见。人民检察院在审查期间进行重新鉴定或者补充鉴定的，作出的鉴定意见应当及时提交人民法院。

### 十六、一审、二审程序办理死刑案件应当注意哪些问题

根据 2007 年 3 月 9 日最高人民法院、最高人民检察院、公安部、司法部发布的《关于进一步严格依法办案确保办理死刑案件质量的意见》规定，审判阶段办理死刑案件应当注意以下事项：

1. 人民法院受理案件后，应当告知因犯罪行为遭受物质损失的被害人、已死亡被害人的近亲属、无行为能力或者限制行为能力被害人的法定代理人，有权提起附带民事诉讼和委托诉讼代理人。经济困难的，还应当告知其可以向法律援助机构申请法律援助。在审判过程中，注重发挥附带民事诉讼中民事调解的重要作用，做好被害人、被害人近亲属的安抚工作，切实加强刑事被害人的权益保护。

人民法院应当通知下列情形的被害人、证人、鉴定人出庭作证：（1）人民检察院、被告人及其辩护人对被害人陈述、证人证言、鉴定意见有异议，该被害人陈述、证人证言、鉴定意见对定罪量刑有重大影响的；（2）人民法院认为其他应当出庭作证的。经人民法院依法通知，被害人、证人、鉴定人应当出庭作证；不出庭作证的被害人、证人、鉴定人的书面陈述、书面证言、鉴定

意见经质证无法确认的，不能作为定案的根据。

人民法院审理案件，应当注重审查证据的合法性。对有线索或者证据表明可能存在刑讯逼供或者其他非法取证行为的，应当认真审查。人民法院向人民检察院调取相关证据时，人民检察院应当在3日以内提交。人民检察院如果没有相关材料，应当向人民法院说明情况。

2. 第一审人民法院和第二审人民法院审理死刑案件，合议庭应当提请院长决定提交审判委员会讨论。最高人民法院复核死刑案件，高级人民法院复核死刑缓期2年执行的案件，对于疑难、复杂的案件，合议庭认为难以作出决定的，应当提请院长决定提交审判委员会讨论决定。审判委员会讨论案件，同级人民检察院检察长、受检察长委托的副检察长均可列席会议。

人民法院应当根据已经审理查明的事实、证据和有关的法律规定，依法作出裁判。对案件事实清楚，证据确实、充分，依据法律认定被告人有罪的，应当作出有罪判决；对依据法律认定被告人无罪的，应当作出无罪判决；证据不足，不能认定被告人有罪的，应当作出证据不足、指控的犯罪不能成立的无罪判决；定罪的证据确实，但影响量刑的证据存有疑点，处刑时应当留有余地。

3. 第二审人民法院应当及时查明被判处死刑立即执行的被告人是否委托了辩护人。没有委托辩护人的，应当告知被告人可以自行委托辩护人或者通知法律援助机构指定承担法律援助义务的律师为其提供辩护。人民法院应当通知人民检察院、被告人及其辩护人在开庭5日以前提供出庭作证的证人、鉴定人名单，在开庭3日以前送达传唤当事人的传票和通知辩护人、证人、鉴定人、翻译人员的通知书。

审理死刑第二审案件，应当依照法律和有关规定实行开庭审理。人民法院必须在开庭10日以前通知人民检察院查阅案卷。同级人民检察院应当按照人民法院通知的时间派员出庭。

第二审人民法院作出判决、裁定后，当庭宣告的，应当在5日以内将判决书或者裁定书送达当事人、辩护人和同级人民检察院；定期宣告的，应当在宣告后立即送达。

4. 复核死刑案件，应当对原审裁判的事实认定、法律适用和诉讼程序进行全面审查。死刑案件复核期间，被告人委托的辩护人提出听取意见要求的，应当听取辩护人的意见，并制作笔录附卷。辩护人提出书面意见的，应当附卷。复核死刑案件，合议庭成员应当阅卷，并提出书面意见存查。对证据有疑问的，应当对证据进行调查核实，必要时到案发现场调查。最高人民法院复核死刑案件，原则上应当讯问被告人。

## 第三节 死刑复核程序和审判监督程序

### 一、新刑事诉讼法对死刑复核程序作了哪些修改

死刑复核权全部收归最高人民法院后,在复核过程中所暴露出来的一些问题,比较集中地反映了法律规定与司法实践之间的不协调,需要通过法律对死刑复核中存在的问题作出新的规定。《修改决定》第93条对死刑复核作了修改规定,其中增加了一些新的内容。主要包括以下几个方面:

1. 明确规定对死刑复核案件应当作出裁定。新《刑事诉讼法》第239条增加规定:"最高人民法院复核死刑案件,应当作出核准或者不核准死刑的裁定。对于不核准死刑的,最高人民法院可以发回重新审判或者予以改判。"根据该规定,对于核准死刑的案件,应当作出核准死刑的裁定;对于不核准死刑的案件,可以发回原审法院重新审判,也可以直接进行改判。

2. 明确规定了核准死刑中的讯问被告人和征求律师意见的程序。新《刑事诉讼法》第240条第1款增加规定:"最高人民法院复核死刑案件,应当讯问被告人,辩护律师提出要求的,应当听取辩护律师的意见。"根据该条规定,复核死刑案件程序中,审判人员必须对被告人进行讯问,如果没有进行讯问,就是程序上的违法。同时,如果辩护律师提出明确要求的,还应当听取他们的意见。《修改决定》将"草案"中的"可以"讯问,修改为"应当"讯问,表明了法律对人权重视程度的加强。

3. 明确规定了最高人民检察院对死刑复核程序的监督。新《刑事诉讼法》第240条第2款增加规定:"在复核死刑案件过程中,最高人民检察院可以向最高人民法院提出意见。最高人民法院应当将死刑复核结果通报最高人民检察院。"

### 二、新刑事诉讼法对审判监督程序作了哪些修改

《修改决定》对审判监督程序,主要作了以下几个方面的修改:

1. 对1996年《刑事诉讼法》第204条规定的应当重新审判的条件作了修改。根据新《刑事诉讼法》第242条规定的内容:一是在原规定的第(一)项中,增加了"可能影响定罪量刑的"内容,从而把案件的事实和证据错误与定罪量刑联结起来;二是在原规定的第(二)项中增加了"依法应当予以排除"的证据内容,体现了证据排除规则在整个刑事诉讼法体系中的应用;

三是增加了一项新内容，即把"违反法律规定的诉讼程序，可能影响公正审判的"，作为人民法院重新审理案件的情形之一。

2. 排除了在一般情况下按照审判监督程序由原审人民法院对案件进行再审的审理权。新《刑事诉讼法》第244条规定："上级人民法院指令下级人民法院再审的，应当指令原审人民法院以外的下级人民法院审理；由原审人民法院审理更为适宜的，也可以指令原审人民法院审理。"根据上述规定，在一般情况下，应当指令原审法院以外的法院审理发回重新审理的案件。只有在"由原审人民法院审理更为适宜的"情况下，才能够排除上述一般性规定。也就是说，由原审法院以外的法院审理再审案件是大多数的、普遍的情况；而由原审法院审理再审案件只是少数的、特殊的情况。

3. 增加规定了人民检察院应当派员出庭参与法庭再审。新《刑事诉讼法》第245条第2款规定："人民法院开庭审理的再审案件，同级人民检察院应当派员出席法庭。"这一规定有利于加强检察机关对再审案件的诉讼监督。

4. 规定了再审案件审理程序中的强制措施权。新《刑事诉讼法》第246条第1款规定："人民法院决定再审的案件，需要对被告人采取强制措施的，由人民法院依法决定；人民检察院提出抗诉的再审案件，需要对被告人采取强制措施的，由人民检察院依法决定。"该规定将再审案件的强制措施决定权一分为二，即按照决定启动再审判的主体，分别由人民法院或人民检察院行使。

5. 规定了对再审案件的中止执行程序。新《刑事诉讼法》第246条第2款规定："人民法院按照审判监督程序审判的案件，可以决定中止原判决、裁定的执行。"该规定有利于纠正和阻止因错误判决给被告人的人身和财产造成的不应有损失。因为凡是进行再审的案件，特别是检察机关提起抗诉的案件，至少在实体或者程序方面都存在或多或少的问题，如果待再审程序审理完毕，有的案件也已经执行完毕。如果再审判决比原审判决轻，甚至无罪，就可能给被告人或者公民造成不必要的损失。所以，对提起再审的案件中止执行是很必要的。

### 三、怎样正确适用死刑复核程序

死刑复核程序，是指对于死刑的判决和裁定进行复审核准的一种特殊程序，其适用的案件范围包括判处死刑立即执行的案件和判处死刑缓期2年执行的案件。死刑作为极刑，具有严厉性和不可挽回性，在适用上必须十分慎重。我国刑事审判实行两审终审制度，一般刑事案件经两级人民法院审判后即告终结。但是对于死刑案件，除了要经过第一审程序和第二审程序外，还必须经过死刑复核这一特别程序进行复查。只有经过复核并且核准的死刑判决才能发生法律效力,才能交付执行。可见,我国不仅在实体法上对死刑的适用进行了限制并创造了死刑缓期2年执行的刑罚执行方式,而且在程序法中也作了特别的规定。死刑复核程序作为我国刑事诉讼中特有的诉讼程序,是两审终审制度的例外,对于保证死刑的正确适用,防止错杀具有重要的意义。

由于死刑复核程序对保证死刑的正确适用发挥了重要作用,所以,除了法律作出明确规定外,在具体适用过程中,国家最高司法机关也作了详尽的解释。根据2007年2月27日最高人民法院发布的《最高人民法院关于复核死刑案件若干问题的规定》,正确适用死刑复核应当注意以下事项:

1. 原判认定事实和适用法律正确、量刑适当、诉讼程序合法的,裁定予以核准。原判判处被告人死刑并无不当,但具体认定的某一事实或者引用的法律条款等不完全准确、规范的,可以在纠正后作出核准死刑的判决或者裁定。

2. 最高人民法院复核后认为原判认定事实不清、证据不足的,裁定不予核准,并撤销原判,发回重新审判;最高人民法院复核后认为原判认定事实正确,但依法不应当判处死刑的,裁定不予核准,并撤销原判,发回重新审判;最高人民法院复核后认为原审人民法院违反法定诉讼程序,可能影响公正审判的,裁定不予核准,并撤销原判,发回重新审判。

3. 最高人民法院裁定不予核准死刑的,根据案件具体情形可以发回第二审人民法院或者第一审人民法院重新审判。高级人民法院依照复核程序审理后报请最高人民法院核准死刑的案件,最高人民法院裁定不予核准死刑,发回高级人民法院重新审判的,高级人民法院可以提审或者发回第一审人民法院重新审判。

4. 发回第二审人民法院重新审判的案件,第二审人民法院可以直接改判;必须通过开庭审理查清事实、核实证据的,或者必须通过开庭审理纠正原审程序违法的,应当开庭审理。发回第一审人民法院重新审判的案件,第一审人民法院应当开庭审理。

5. 依照《最高人民法院关于复核死刑案件若干问题的规定》第3条(最高人民法院复核后认为原判认定事实不清、证据不足的,裁定不予核准,并撤销原判,发回重新审判)、第5条(最高人民法院复核后认为原审人民法院违反法定诉讼程序,可能影响公正审判的裁定不予核准,并撤销原判,发回重新审判)、第6条(数罪并罚案件,一人有两罪以上被判处死刑,最高人民法院复核后,认为其中部分犯罪的死刑裁判认定事实不清、证据不足的,对全案裁定不予核准,并撤销原判,发回重新审判;认为其中部分犯罪的死刑裁判认定事实正确,但依法不应当判处死刑的,可以改判并对其他应当判处死刑的犯罪作出核准死刑的判决)、第7条(一案中两名以上被告人被判处死刑,最高人民法院复核后，认为其中部分被告人的死刑裁判认定事实不清、证据不足的，对全案裁定不予核准，并撤销原判，发回重新审判；认为其中部分被告人的死刑裁判认定事实正确，但依法不应当判处死刑的，可以改判并对其他应当判处死刑的被告人作出核准死刑的判决）发回重新审判的案件，原审人民法院应当另行组成合议庭进行审理。最高人民法院依照本规定核准或者不予核准死刑的，裁判文书应当引用相关法律和司法解释条文，并说明理由。

## 四、共同犯罪案件部分被告人被判处死刑，对其他同案犯是否一并进行复核

新刑事诉讼法没有对这个问题作出明确规定，在最高人民法院的司法解释尚未作出之前，实践中做法不一，理论上也各持己见。有人认为，对于共同犯罪案件的死刑复核应当全案上报，全案审查，分别处理；也有人认为，不仅要全案上报，一并复核，并且所有判决都要在死刑复核程序之后才能发生法律效力；还有人认为，死刑复核的对象是死刑人犯的裁判，无须全案上报。

最高人民法院发布的《关于执行〈中华人民共和国刑事诉讼法〉若干问题的解释》第287条规定：共同犯罪案件中，部分被告人被判处死刑的，最高人民法院或者高级人民法院复核时，应当对全案进行审查，但不影响对其他被告人已经发生法律效力的判决、裁定的执行；发现对其他被告人已经发生法律效力的判决、裁定确有错误时，可以指令原人民法院再审。根据最高人民法院的上述规定，对共同犯罪案件中部分被告人被判处死刑的，应全案上报，全面审查，复核时不影响对其他被告人已经发生法律效力的判决、裁定的执行。司法解释作这样规定的理由主要是：共同犯罪人是存在于共同犯罪案件整体之中，共同犯罪事实上是一个相互联系的整体，只有对全案进行审查，才能保证复核结论的正确性。但是，根据司法解释规定的精神，共同犯罪案件即使全案上报、全案复核，也不能影响其他没有判处死刑被告人的判决、裁定发生法律效力，不能影响对其他被告人执行刑罚。当然，经过死刑复核程序，如果发现同案其他被告人已经发生法律效力的判决、裁定确有错误，可以按照审判监督程序予以纠正。

## 五、死刑复核时对数罪并罚中数个死刑认定不一致怎么办

此处所指数罪并罚案件，是指一人在同一案件中犯有数罪，触犯了数个罪名，应当以数罪论处，在刑罚适用时，将行为人所犯数罪按照一定的原则合并处罚的案件。实践中经常遇到这样的案件，一人在同一案件中触犯了数个死罪，并且都可以同时适用死刑，如被告人同时实施了贩毒、杀人、强奸致人死

亡三罪行，并且都构成了死刑。最高人民法院在复核时，如果认为数罪都事实清楚、证据确凿，达到了死刑复核的标准，则不存在疑难问题；如果认为全案都事实不清、证据不足，不足以认定行为人构成死罪，则可以发回原审人民法院重新审理。但如果其中有的罪已经达到了死刑复核的标准，而有的罪因部分事实不清或者证据不足，尚难以准确认定其构成该罪的死刑，该怎么办？实践中曾有人认为，对于一人犯有数个死罪，只要其中一个死罪达到了复核死刑的标准就够了，就可以裁定适用死刑了，至于其他死罪是否成立，并没有本质上的影响。从实用主义观点看，这种说法似乎有一定的道理。但死刑复核是一个十分严肃的问题，关系到对一个人的生杀予夺问题，必须慎之又慎。为了保证绝不错杀一个，法律才对死刑的适用规定了许多审查程序，一审、二审、死刑复核、死刑核准等，这是其他刑罚适用程序都无可比拟的。所以，那种认为数罪并罚案件中数个死刑只要有一个死刑构成就可以适用死刑，而不论其他死刑是否成立的观点是错误的。对此，2007年2月27日最高人民法院发布的《最高人民法院关于复核死刑案件若干问题的规定》第6条规定：数罪并罚案件，一人有两罪以上被判处死刑，最高人民法院复核后，认为其中部分犯罪的死刑裁判认定事实不清、证据不足的，对全案裁定不予核准，并撤销原判，发回重新审判；认为其中部分犯罪的死刑裁判认定事实正确，但依法不应当判处死刑的，可以改判并对其他应当判处死刑的犯罪作出核准死刑的判决。从上述最高人民法院的司法解释中可以看出，对一人犯有两罪以上被判处死刑的，在复核时只要认为其中部分犯罪的死刑裁判认定事实不清、证据不足的，就必须裁定全案不予核准，并发回重审。但如果复核时认为其中部分死刑犯罪虽然事实清楚、正确充分，但适用法律不当，不应当判处死刑的，则可以改判并对其他应当判处死刑的犯罪作出核准死刑的判决。简单地说，就是数罪并罚案件的全案都必须是在事实清楚、证据确实充分的前提下，死刑复核才可能作出；也只有在这种情况下，死刑复核时才可以就案件部分适用法律不当作出改判。

  同理，对于一案中两名以上被告人被判处死刑的上述情况，也应当按照上述原则办理。《最高人民法院关于复核死刑案件若干问题的规定》第7条也对此作了类似规定：一案中两名以上被告人被判处死刑，最高人民法院复核后，认为其中部分被告人的死刑裁判认定事实不清、证据不足的，对全案裁定不予核准，并撤销原判，发回重新审判；认为其中部分被告人的死刑裁判认定事实正确，但依法不应当判处死刑的，可以改判并对其他应当判处死刑的被告人作出核准死刑的判决。

## 六、减刑后发现原判决确有错误予以改判，原减刑裁定应否撤销

1989年1月3日最高人民法院在回复江西省高级人民法院的请示时作出的《关于对无期徒刑犯减刑后原审法院发现原判决确有错误予以改判，原减刑裁定应否撤销问题的批复》中，对无期徒刑犯减刑后原审法院发现原判决确有错误予以改判，原减刑裁定应否撤销问题作了如下解答：被判处无期徒刑的罪犯由服刑地的高级人民法院依法裁定减刑后，原审人民法院发现原判决确有错误，并按照审判监督程序改判为有期徒刑的，应当将改判的判决书送达罪犯所在的劳改部门和罪犯服刑地的高级人民法院，按照改判的刑期执行，并由罪犯服刑地的高级人民法院裁定撤销原减刑裁定。如果罪犯在原判执行期间确有悔改或者立功表现，还需要依法减刑的，应当重新办理对改判后有期徒刑减刑的法律手续。

从上述司法解释的规定看，在犯罪分子被依法减刑后才发现原作出的判决有错误，原则上应当由罪犯服刑地的高级人民法院裁定撤销原减刑裁定。但是对于重新作出的判决是否应当继续进行减刑，司法解释只是片面地规定了如果罪犯在原判执行期间确有悔改或者立功表现，还需要依法减刑的，应当重新办理对改判后有期徒刑减刑的法律手续。而如果重新作出的判决属于法定减刑条件以外的情形，比如被判处无期徒刑，怎么办？还有一种可能就是重新作出的判决轻于原判决，按照犯罪分子服刑时间已经服满刑罚，对于原减刑裁定如何处理？都是一个问题。我们认为，如果重新作出的判决在判决作出时，属于阻却减刑适用条件的，如判处无期徒刑的情况，就应当撤销原减刑裁定，待以后在观察罪犯改造的基础上再决定是否应当减刑。如果从新作出的判决刑期已经服满，也应当从程序上作出一个撤销减刑裁定的手续，作为对原先没有执行的减刑裁定的交代。

## 七、一审判处死缓检察院抗诉的案件，二审能否直接改判死刑

新《刑事诉讼法》第225条规定：第二审人民法院对不服第一审判决的上诉、抗诉案件，经过审理后，应当按照下列情形分别处理：（1）原判决认定事实和适用法律正确、量刑适当的，应当裁定驳回上诉或者抗诉，维持原判；（2）原判决认定事实没有错误，但适用法律有错误，或者量刑不当的，应当改判；（3）原判决事实不清楚或者证据不足的，可以在查清事实后改判；也可以裁定撤销原判，发回原审人民法院重新审判。那么，假如一审判决被告人死刑缓期2年执行人民检察院提出抗诉的案件，符合新《刑事诉讼法》第225条第2款规定，二审法院是否可以进行改判，实践中也有不同看法。有人

认为，只要原判决认定事实没有错误，二审法院同样可以直接判决。但我们认为，死刑判决不同于一般刑事判决，因为它涉及剥夺一个人的生命，所以法律程序上必须采取十分谨慎的态度。如果二审法院认为原判决量刑过重，要进行从轻改判，只要原判决事实清楚，可以依法进行改判；但是，如果二审法院认为原判决量刑过轻，需要加重判处死刑，则不能直接进行改判。理由是，对于判处死刑的案件，应当用足用够审判程序的各个环节，这样才能力保死刑判决准确无误。所以，无论出于什么情况，只要是二审法院在原审判决的基础上要直接改判死刑，都应当发回原审法院重新审理，以进一步确认犯罪事实。1996年3月19日最高人民法院在回复福建省高级人民法院的请示时作出的《关于第一审人民法院判处被告人死刑缓期二年执行人民检察院提出抗诉的，二审人民法院可否直接改判死刑立即执行的答复》中作了这样的解答：第一审人民法院判处被告人死刑缓期2年执行，人民检察院提出抗诉，第二审人民法院经审理，认为应当判处被告人死刑立即执行的，应当裁定撤销原判，发回重新审判。那么，对于发回原法院重新审理后，原审法院是否可以改判并加重被告人的刑罚？在新刑事诉讼法修改之前，司法实践中就存在一些通过发回重新来改判，从而达到加重被告人刑罚的目的。为了防止这种问题的发生，新《刑事诉讼法》第226条第1款明确规定，第二审人民法院审理被告人或者他的法定代理人、辩护人、近亲属上诉的案件，不得加重被告人的刑罚。第二审人民法院发回原审人民法院重新审判的案件，除有新的犯罪事实，人民检察院补充起诉的以外，原审人民法院也不得加重被告人的刑罚。上述法律虽然只规定了在被告人或者他的法定代理人、辩护人、近亲属上诉案件的情况下，原审人民法院重新审理才不得加重被告人的刑罚。但如果被告人上诉，检察机关也抗诉的案件呢？我们认为，只要是被告人或者他的法定代理人、辩护人、近亲属提起上诉的案件，无论检察机关是否提起抗诉，法院在重新审理时都不应当加重被告人的刑罚，更不存在直接改判更重刑罚的问题。除非在重新审判过程中，检察机关提出了新的犯罪事实而补充起诉，才可以加重被告人的刑罚。

## 八、对审判时患上精神病的人能否适用死刑

《刑法》第18条规定，"精神病人在不能辨认或者不能控制自己行为的时候造成危害结果，经法定程序鉴定确认的，不负刑事责任"，"间歇性的精神病人在精神正常的时候犯罪，应当负刑事责任"，"尚未完全丧失辨认或者控制自己行为能力的精神病人犯罪的，应当负刑事责任，但是可以从轻或者减轻处罚"。根据上述立法精神，患有精神病的被告人只有在不能辨认或者不能控制自己行为的时候造成的危害结果，才依法不受刑事处分。因此，被告人在实

施危害行为时没有患有精神病，应当负刑事责任，而在审判时患了精神病，丧失了辨认和控制能力，也应当负刑事责任。但是，审判时患上精神病的人能否适用死刑？有人认为，如果其实施危害行为时法律规定应当负刑事责任，即使在审判时成为精神病人，也应当承担应负的责任，罪该处死的，应依法判处死刑；也有人认为，在这种情况下对其适用死刑没有意义，达不到刑罚的目的。

对审判时患上精神病的人能否适用死刑的问题，根据最高人民法院发布的《关于执行〈中华人民共和国刑事诉讼法〉若干问题的解释》第181条第1款规定，在审判过程中，自诉人或者被告人患精神病或者其他严重疾病……致使案件在较长时间内无法继续审理的，人民法院应当裁定中止审理。根据这一规定，被告人审判时患精神病的，应当中止诉讼程序。如果被告人的精神病不能治好，诉讼程序不能恢复，在这种情况下，就不存在对其适用死刑的问题。如果经过强制治疗，被告人恢复了正常，根据案件事实和证据，对被告人确需判处死刑的，在恢复诉讼程序后，再继续进行审判，经法庭查证属实，依法对其适用死刑。不过，我们认为，对于审判时患上精神病的人，经过强制医疗后仍然难以痊愈，或者在诉讼间被告人的人身危险性程度已经大大降低，只要不是罪大恶极非杀不可，就不应当对其适用死刑，至少不要对其适用死刑立即执行。这样也体现了法律的宽容和人道主义。实践中应当特别注意的是，有的被告人在犯罪的时候精神正常，进入诉讼程序后突然患上了精神病，对这种情况应当进行严密科学的鉴定，在确实证实被告人患有精神病时，才能适用最高人民法院《关于执行〈中华人民共和国刑事诉讼法〉若干问题的解释》第181条第1款规定，中止诉讼程序。

## 九、法院处理再审案件应当注意哪些事项

根据最高人民法院发布的《关于执行〈中华人民共和国刑事诉讼法〉若干问题的解释》第308条至第312条规定，法院处理再审案件应当注意以下事项：

1. 人民法院按照审判监督程序重新审判的案件，应当对原判决、裁定认定的事实、证据和适用法律进行全面审查。人民法院按照审判监督程序重新审判的案件，如果原来是第一审案件，应当依照第一审程序进行审判，所作的判决、裁定，可以上诉、抗诉；如果原来是第二审案件，或者是上级人民法院提审的案件，应当依照第二审程序进行审判，所作的判决、裁定，是终审的判决、裁定。按照审判监督程序进行再审的刑事自诉案件，应当依法作出判决、裁定；附带民事部分可以调解结案。

2. 再审案件经过重新审理后，应当按照下列情形分别处理：（1）原判决、裁定认定事实和适用法律正确、量刑适当的，应当裁定驳回申诉或者抗诉，维

持原判；（2）原判决、裁定认定事实没有错误，但适用法律有错误，或者量刑不当的，应当改判。按照第二审程序审理的案件，认为必须判处被告人死刑立即执行的，直接改判后，应当报请最高人民法院核准；（3）应当对被告人实行数罪并罚的案件，原判决、裁定没有分别定罪量刑的，应当撤销原判决、裁定，重新定罪量刑，并决定执行的刑罚；（4）按照第二审程序审理的案件，原判决、裁定认定事实不清或者证据不足的，可以在查清事实后改判，也可以裁定撤销原判，发回原审人民法院重新审判。原判决、裁定认定事实不清，证据不足，经再审仍无法查清，证据不足，不能认定原审被告人有罪的，应当参照最高人民法院《关于执行〈中华人民共和国刑事诉讼法〉若干问题的解释》第176条第（四）项规定，判决宣告被告人无罪。

3. 根据新《刑事诉讼法》第226条第1款规定，第二审人民法院审理被告人或者他的法定代理人、辩护人、近亲属上诉的案件，不得加重被告人的刑罚。第二审人民法院发回原审人民法院重新审判的案件，除有新的犯罪事实，人民检察院补充起诉的以外，原审人民法院也不得加重被告人的刑罚。那么，对于按照审判监督程序重新审理的案件，如果是被告人申诉的案件，法院在重新审判后能否加重原审被告人的刑罚？我们认为，新《刑事诉讼法》第226条第1款的上诉重审后不得加重刑罚的规定，同样也应当适用于申诉重审后的改判。对于类似情况法院同样也不应该加重被告人的刑罚，除非检察机关能够提出新的证据并补充起诉。

### 十、刑事申诉有无时间和受理机关方面的限制

新刑事诉讼法对申诉的期限未作规定。有人认为，对申诉的期限不作限制存在如下弊端：一是可能导致申诉人滥用申诉权；二是不利于判决、裁定的稳定性；三是时过境迁，不利于申诉权人及时行使申诉权；四是拖延时间太长，也容易造成大量案件材料积压，给司法机关复查处理工作造成压力。因此主张对申诉作出必要的时间限制。也有人认为，由于法律没有明确规定，社会上情况也比较复杂，如果工作中作出限定申诉时间的规定，一是不符合法律的规定，二是不利于保护当事人的诉讼权利，与实事求是、有错必纠的方针相悖，因此，不能对申诉作出限制性时间规定。

对于申诉的级别管辖，新刑事诉讼法也没有作明确规定。有人认为，申诉应当向作出该判决、裁定的人民法院或同级人民检察院提出，也可以向上一级人民法院、人民检察院提出；也有人认为，申诉只能向作出判决、裁定的人民法院或同级人民检察院提出。我们认为，由于新刑事诉讼法以及相应的司法解释都没有规定和限制申诉的级别管辖，因此，对申诉的受理不应规定级别限

制。对申诉的处理，应实行分级负责、就地解决的原则。申诉原则上由作出生效判决、裁定的人民法院或者其同级人民检察院负责审查处理；同时，上级人民法院、人民检察院认为需要直接处理的申诉案件，也可以直接处理，这样就可以防止和避免由于原审地法院或者检察院因各方面原因，使正当合法的申诉得不到纠正的现象发生。

我们认为，考虑到刑事申诉的数量、特点等方面的情况，为了及时迅速地处理申诉案件，使申诉人不致受诉讼拖累，提高司法机关的工作效率，促使司法人员增强责任心，对人民法院、人民检察院处理申诉期限予以必要限制是应当的。从司法实践看，对申诉规定比较合适的期限是：人民法院、人民检察院受理申诉后，一般应当在3~6个月内作出决定，特殊情况下可以再延长3~6个月。

### 十一、什么是判决、裁定在认定事实上确有错误

根据新《刑事诉讼法》第243条规定，各级人民法院和上级人民检察院发现已经发生法律效力的判决、裁定在认定事实上确有错误的，应当提起再审或者提出抗诉。但如何理解什么是"判决、裁定在认定事实上确有错误"，实践中存在不同的看法，有人认为，在认定事实上确有错误，应当是原判决、裁定对主要事实或者重大情节认定有错误。如果主要事实或者重大情节的认定没有错误，只是个别情节有错误或证据不足，就不能作为原判决、裁定在认定事实上确有错误而提起审判监督程序。也有人认为，在认定事实上确有错误，是指新《刑事诉讼法》第242条规定的前两种情形，即：（1）有新的证据证明原判决、裁定认定的事实确有错误的，可能影响定罪量刑的；（2）据以定罪量刑的证据不确实、不充分、依法应当予以排除，或者证明案件事实的主要证据之间存在矛盾的。还有人认为，只要原判决、裁定在认定事实上有错误，并查证属实，无论属于何种情况的错误事实，都应当视为"在认定事实上确有错误"，应依法提起审判监督程序。

我们认为，所谓"在认定事实上确有错误"，是指原判决、裁定对案件中的主要犯罪事实和重大情节没有查清、缺乏足够和充分的证据或者对案件事实作了错误的认定等。具体包括3个方面：（1）对构成犯罪的事实没有查清或者作了错误认定。例如，将意外事件认定为过失犯罪；将正当防卫认定为故意伤害罪等。根据刑法规定，"事实"主要包括两部分内容：一是有关犯罪的事实，二是有关犯罪人个人情况和犯罪后表现的事实。（2）作为认定案件事实的证据不确实、充分。例如，案件材料中只有被告人的口供或者旁证，而没有其他证明被告人是否构成犯罪或量刑轻重的直接证据。（3）对与量刑有关的重要事实没有查清或者作了错误认定。例如，将犯罪中止认定为犯罪未遂；将

被告人的自首情节予以否认等。

根据新刑事诉讼法规定，人民法院、人民检察院如果认为已经发生法律效力的判决、裁定在认定事实上确有错误，就要提起审判监督程序。即对在认定事实上确有错误的理解，直接关系到对案件提起审判监督程序的范围和质量。对于审判监督程序的适用，既应贯彻有罪必纠的精神，又应注意维护生效判决、裁定的严肃性。判决、裁定中关于事实上的任何错误，都应当是在认定事实上的错误，但并不是说所有在认定事实上有错误的案件都经过审判监督程序。对于原判决、裁定在认定事实上对定罪量刑没有影响的错误，即使重新审判仍会作出同样的判决、裁定，那么在这种情况下就没有必要提起审判监督程序，这样既不违背立法精神，又有利于维护生效判决、裁定的权威。因此，原判决、裁定在认定事实上确有错误，应当是指那些对定罪量刑有决定意义的事实错误。

## 十二、什么是判决、裁定在适用法律上确有错误

根据新《刑事诉讼法》第243条规定，各级人民法院院长对本院已经发生法律效力的判决、裁定，如果发现在认定事实上或者在适用法律上确有错误，必须提交审判委员会处理。如何理解"适用法律上确有错误"，实践中也有不同的看法。一种观点认为，适用法律上确有错误，应当是指原判决、裁定在定罪量刑上不符合或没有正确适用刑事实体法的规定。另一种观点则认为，适用法律上确有错误，不应包括量刑不当的情况。

我们认为，所谓适用法律上确有错误，是指原判决、裁定所依据的法律不正确，没有准确地适用法律。主要包括无罪判有罪或有罪判无罪、重罪轻判或轻罪重判、一罪判数罪或数罪判一罪、严重违反法律规定的诉讼程序、错误地适用免除刑事处罚或缓刑、审判人员在审判过程中有贪污受贿、徇私舞弊、枉法裁判等情况。例如，将无罪当做有罪认定，就混淆了罪与非罪的界限；将这种犯罪认定为他种犯罪，混淆了此罪与彼罪的界限；将被告人所犯数罪当做一罪处理，混淆了一罪与数罪的界限等。我国刑法分则对各种具体犯罪应处什么刑罚以及量刑幅度，都作了具体规定。因此，定罪上的错误，往往导致量刑上的错误。根据我国法律规定，影响量刑的因素是非常广泛的，除犯罪性质以外，我国刑法还规定了许多从轻、减轻、免除和从重等方面的量刑情节。因此，并不是所有量刑不当都是对案件定罪不准确的结果。所以，判决、裁定在适用法律上确有错误，应当是指在定罪量刑上确有错误，另外还应当包括在适用程序法方面的严重错误，以及审判人员在审理案件时有贪污受贿、徇私舞弊、枉法裁判行为，从而影响到对法律正确适用的情况。

## 十三、对自诉案件的生效判决、裁定人民检察院能否提出抗诉

根据新《刑事诉讼法》第204条的规定,自诉案件包括3种:一是告诉才处理的案件;二是被害人有证据证明的轻微刑事案件;三是被害人有证据证明对被告人侵犯自己人身、财产权利的行为应当依法追究刑事责任,而公安机关或者人民检察院不予追究被告人刑事责任的案件。有人认为,对人民法院已经发生法律效力的自诉案件的判决、裁定,人民检察院不能抗诉,因为国家已把自诉案件的追诉权赋予被害人及其法定代理人、近亲属,人民检察院既然不参加自诉案件的审判,人民检察院也就不能以抗诉的方式进行干预,但可以通过当事人的申诉和法院的复查来解决。也有人认为,人民检察院对已经发生法律效力的自诉案件的判决、裁定可以提出抗诉,因为新刑事诉讼法关于审判监督程序的规定,既应适用于公诉案件,也应适用于自诉案件。

我们认为,人民检察院作为国家专门的法律监督机关,对整个刑事诉讼活动都有权实行监督,对法院的全部审判活动是否合法有权进行监督,新刑事诉讼法在总则中明确规定了人民检察院的刑事诉讼法律监督职能。对生效判决、裁定的监督是刑事诉讼法律监督的重要方面,不能因为人民检察院没有参与某些案件的具体审判,就可以取消人民检察院对这类案件的审判监督,也不能以案件危害性的大小及当事人的意愿来确定人民检察院监督职能的取舍。自诉案件虽然是法律赋予了当事人自行处理有关刑事诉讼的权利,但它仍然属于刑事诉讼活动的组成部分,仍然属于刑事法律关系的调整范围。刑事诉讼法规定的审判监督程序是一种特别程序,其适用于对一切类型的刑事判决、裁定的监督。所以,立法在审判监督程序中关于再审抗诉的规定,应当适用于所有的刑事案件,包括自诉案件。

## 十四、哪些再审案件可以由上级人民法院提审

所谓提审,是指上级人民法院在认为该案由原审人民法院审判不适合时,可以将该案调整为自行审判的诉讼活动。根据新《刑事诉讼法》第243条第2款规定:最高人民法院对各级人民法院已经发生法律效力的判决和裁定,上级人民法院对下级人民法院已经发生法律效力的判决和裁定,如果发现确有错误,有权提审或者指令下级人民法院再审。按照审判监督程序审理的案件,上级人民法院有权提审或者指令下级人民法院再审。新《刑事诉讼法》第243条第4款明确规定,人民检察院抗诉的案件,接受抗诉的人民法院应当组成合议庭重新审理,对于原判决事实不清楚或者证据不足的,可以指令下级法院再审。即对抗诉案件原则上都应当由接受抗诉的人民法院提审,只有原判决事实

不清楚或者证据不足的，才可以指令下级人民法院再审。但是，新刑事诉讼法没有对于上级人民法院发现下级人民法院已经发生法律效力的判决和裁定确有错误，在哪些具体情况下提审作出规定。在最高人民法院的司法解释出台之前，实践中对此认识不统一。最高人民法院发布的《关于执行〈中华人民共和国刑事诉讼法〉若干问题的解释》第305条规定：最高人民法院对各级人民法院已经发生法律效力的判决、裁定，上级人民法院对下级人民法院已经发生法律效力的判决和裁定，如果发现确有错误，可以指令下级人民法院再审；对于原判决、裁定认定事实正确，但是在适用法律上有错误，或者案情疑难、复杂、重大的，或者有其他不宜由原审人民法院审理的情况的案件，也可以提审。根据最高人民法院的上述规定，可以由上级人民法院提审的案件应当包括以下几种：（1）原判决、裁定认定事实正确，但是在适用法律上有错误；（2）案情疑难、复杂、重大；（3）新《刑事诉讼法》第243条第4款规定的人民检察院抗诉案件原判决事实不清楚或者证据不足的；（4）其他不宜由原审人民法院审理的情况。

## 十五、按照审判监督程序重审的案件有哪些条件和程序

1. 应当具备的条件。根据新《刑事诉讼法》第242条规定，当事人及其法定代理人、近亲属的申诉符合下列情形之一的，人民法院应当重新审判：

（1）有新的证据证明原判决、裁定认定的事实确有错误的，可能影响定罪量刑的；

（2）据以定罪量刑的证据不确实、不充分、依法应当予以排除，或者证明案件事实的主要证据之间存在矛盾的；

（3）原判决、裁定适用法律确有错误的；

（4）违反法律规定的诉讼程序，可能影响公正审判的；

（5）审判人员在审理该案件的时候，有贪污受贿，徇私舞弊，枉法裁判行为的。

根据新刑事诉讼法的规定，对于人民检察院提起抗诉的案件，接受抗诉的人民法院应当组成合议庭重新审理；各级人民法院认为本院发生法律效力的判决、裁定确有错误，或者上级人民法院认为下级人民法院发生法律效力的判决确有错误，可以按照审判监督程序提起再审。

2. 应当遵守的程序。根据新《刑事诉讼法》第245条第1款规定："人民法院按照审判监督程序重新审判的案件，由原审人民法院审理的，应当另行组成合议庭进行。如果原来是第一审案件，应当依照第一审程序进行审判，所作的判决、裁定，可以上诉、抗诉；如果原来是第二审案件，或者是上级人民法院

提审的案件，应当依照第二审程序进行审判，所作的判决、裁定，是终审的判决、裁定。"

根据新刑事诉讼法的规定以及最高人民法院的有关司法解释规定，依照审判监督程序重新审判案件，应当遵守下列程序：

（1）再审的法院，既可以是原来的第一审人民法院或第二审人民法院，也可以是任何上级人民法院。

（2）由原审人民法院审理的再审案件，必须另行组成合议庭，原合议庭审判人员一般不应当参与案件的再审，以防止影响案件的公正处理。如果不是原审人民法院审理，就不需要另行组成合议庭。

（3）人民法院决定再审的案件，除由人民检察院提起抗诉的案件以外，应当制作再审决定书，送达原审被告人及其法定代理人、被害人及其代理人以及人民检察院；并应当告知原审被告人可以委托辩护人，告知被害人可以委托诉讼代理人参加再审程序；对需要委托辩护人而没有委托辩护人的被告人，也可以由人民法院通知法律援助机构指定承担法律援助义务的律师为其提供辩护。

（4）再审的程序应依原来的审级确定，如果原来是第一审案件，应当依照第一审程序进行审判，所作的判决、裁定，可以上诉、抗诉；如果原来是第二审案件，或者上级人民法院提审案件，应当依照第二审程序进行审判，所作的判决、裁定，是终审的判决、裁定。

（5）按照审判监督程序进行再审的自诉案件，应当依法作出判决、裁定；附带民事部分可以依法进行调解，并且可以按照调解的结果结案。

### 十六、再审的刑事案件应当作出哪些处理

根据最高人民法院发布的《关于执行〈中华人民共和国刑事诉讼法〉若干问题的解释》第312条规定，人民法院按照审判监督程序对案件重新审理以后，应当分别案件的不同情况作出如下处理：

1. 原判决、裁定认定事实和适用法律正确、量刑适当的，应当裁定驳回申诉或者抗诉。

2. 原判决、裁定认定事实没有错误，但适用法律有错误，或者量刑不当的，应当改判。按照第二审程序审理的案件，认为必须判处被告人死刑立即执行的，直接改判后，应当报请最高人民法院核准。

3. 应当对被告人实行数罪并罚的案件，原判决、裁定没有分别定罪量刑的，应当撤销原判决、裁定，重新定罪量刑，并决定执行的刑罚。

4. 按照第二审程序审理的案件，原判决、裁定认定事实不清或者证据不足的，可以在查清事实后改判，也可以裁定撤销原判，发回原审人民法院重新

审判。原判决、裁定认定事实不清,证据不足,经再审仍无法查清,不能认定原审被告人有罪的,应当作出证据不足、指控的犯罪不能成立的无罪判决。

根据新《刑事诉讼法》第226条规定,人民法院按照上诉程序审理第二审人民法院发回重新审理的案件,如果是被告人或者他的法定代理人、辩护人、近亲属上诉的案件,不得加重被告人的刑罚。那么这一规定是否可以适用于按照审判监督程序重新审理的案件呢?我们的观点是,如果是被告人申诉的案件,法院在重新审判后也不得加重刑罚。除有新的犯罪事实,人民检察院补充起诉的,原审人民法院才可以加重被告人的刑罚。

**十七、案件再审时原判决、裁定能否暂停执行**

案件再审程序属于审判监督程序的内容,主要是针对已经发生法律效力的案件,在确认有错误的情况下,根据特定的诉讼程序由人民法院进行再次审理的情形。所以,按照再审程序审理案件不是刑事诉讼中的必经程序,属于选择性程序之一。如果案件的当事人及其法定代理人、近亲属提出申诉,或者人民检察院提出抗诉,或者各级人民法院院长提出要求,在具备法律规定条件的情况下,人民法院就要启动再审程序,对案件进行重新审理。这里就涉及原生效判决的执行问题。即依照审判监督程序对案件重新审理时,原判决、裁定应否暂停执行?

1996年刑事诉讼法没有对这一问题作出明确规定,新《刑事诉讼法》第246条第2款规定:"人民法院按照审判监督程序审判的案件,可以决定中止原判决、裁定的执行。"这一规定不仅符合司法实践中的实际情况,而且更重要的是有利于加强对被告人合法权利的保证,避免给他们造成不应有的人身和财产损失。道理很简单,如果再审的结果可能是改判无罪,或者再审结果可能是减刑,而预期再审所判刑罚会相当于或少于已经执行的刑罚,在这种情况下,如果不暂停对原判决、裁定的执行,被告人本来不应当受到的人身或者财产损失,也可能因为没有及时停止对其执行而无法挽回。当然法律在这里规定的是"可以"中止原判决、裁定的执行,而不是"必须"中止原判决、裁定的执行。是否中止对原判决、裁定的执行,还必须由人民法院根据实际情况来判定。但是,我们认为,既然法律作了明文规定,在大多数情况下,案件提起再审后,都应当停止对原判决、裁定的执行。只是在少数特殊情况下,才可以继续对原判决、裁定保持执行状态。而且,根据新《刑事诉讼法》第246条第1款的规定,人民法院或者人民检察院在案件再审时,如果停止了原审的判决、裁定的执行,对被告人还可以采取适当的强制措施,以保障再审的顺利进行和再审裁判的执行。

# 第四章 执行程序

## 一、新刑事诉讼法对刑事执行程序作了哪些修改

《修改决定》对刑事执行程序作了较大范围的修改,主要包括以下几个方面:

1. 填补了1996年刑事诉讼法关于人民法院在移交刑罚执行案件时所遗漏的执行机关——公安机关。新《刑事诉讼法》第253条第1款规定:"罪犯被交付执行刑罚的时候,应当由交付执行的人民法院在判决生效后十日以内将有关的法律文书送达公安机关、监狱或者其他执行机关。"1996年《刑事诉讼》第213条中只规定了"监狱或者其他执行机关"。

2. 鉴于目前各地看守所人满为患以及犯罪分子之间的交互感染问题,《修改决定》重新限定了由看守所代为执行的范围。新《刑事诉讼法》第253条第2款规定:"对被判处有期徒刑的罪犯,在被交付执行刑罚前,剩余刑期在三个月以下的,由看守所代为执行。"将1996年刑事诉讼法规定的1年以下有期徒刑罪犯由看守所代为执行改为了"剩余刑期在三个月以下"的有期徒刑罪犯。

3. 增加了暂予监外执行的特定对象,即根据新《刑事诉讼法》第254条第2款规定,被判处无期徒刑的罪犯,如果属于"怀孕或者正在哺乳自己婴儿的妇女",可以暂予监外执行。

4. 明确规定了暂予监外执行的决定机关。新《刑事诉讼法》第254条第5款规定:"在交付执行前,暂予监外执行由交付执行的人民法院决定;在交付执行后,暂予监外执行由监狱或者看守所提出书面意见,报省级以上监狱管理机关或者设区的市一级以上公安机关批准。"

5. 明确规定了人民检察院对暂予监外执行的监督。新《刑事诉讼法》第255条规定:"监狱、看守所提出暂予监外执行的书面意见的,应当将书面意见的副本抄送人民检察院。人民检察院可以向决定或者批准机关提出书面意见。"

6. 规定对暂予监外执行采取收监措施的具体对象。新《刑事诉讼法》第257条规定:"对暂予监外执行的罪犯,有下列情形之一的,应当及时收监:

（一）发现不符合暂予监外执行条件的；（二）严重违反有关暂予监外执行监督管理规定的；（三）暂予监外执行的情形消失后，罪犯刑期未满的。"

7. 规定暂予监外执行中的期限问题。新《刑事诉讼法》第257条第3款规定："不符合暂予监外执行条件的罪犯通过贿赂等非法手段被暂予监外执行的，在监外执行的期间不计入执行刑期。罪犯在暂予监外执行期间脱逃的，脱逃的期间不计入执行刑期。"

8. 增加了社区矫正及其矫正对象和案件范围。新刑事诉讼法将1996年刑事诉讼法规定的，被判处管制、宣告缓刑、被假释由公安机关负责执行改为由社区矫正。新《刑事诉讼法》第258条规定："对被判处管制、宣告缓刑、假释或者暂予监外执行的罪犯，依法实行社区矫正，由社区矫正机构负责执行。"

## 二、发生法律效力的判决、裁定有哪些

人民法院发生法律效力的判决和裁定，是执行机关对罪犯实施惩罚和改造的执法依据。判决和裁定只有在发生法律效力以后才能交付执行。根据刑事诉讼法的有关规定，下列判决和裁定是发生法律效力的判决和裁定：

1. 已过法定期限没有上诉、抗诉的判决和裁定。即地方各级人民法院作出的上诉期满而没有上诉或抗诉的第一审判决和裁定。

2. 终审的判决和裁定。即中级、高级人民法院第二审案件的判决和裁定，最高人民法院第一审和第二审案件的判决和裁定。

3. 最高人民法院的死刑判决，最高人民法院复核和核准的死刑判决和裁定。

4. 最高人民法院核准的裁量减轻刑罚判决。《刑法》第63条第2款规定，犯罪分子虽然不具有刑法规定的减轻处罚情节，但是根据案件的特殊情况，经最高人民法院核准，也可以在法定刑以下判处刑罚。即地方各级人民法院对犯罪分子不具有法定减轻处罚情节，而根据案件的特殊情况在法定刑以下判处刑罚的判决，经最高人民法院核准后发生法律效力。

5. 最高人民法院的裁量减轻刑罚判决。根据《刑法》第63条第2款规定，最高人民法院应当有权决定对犯罪分子裁量减轻刑罚。所以，最高人民法院对犯罪分子虽然不具有刑法规定的减轻处罚情节，但是，根据案件的特殊情况，在法定刑以下判处刑罚的判决，应当是生效的判决，不需要再经过核准程序。但是为了保证量刑的正确性，最高人民法院作出这样的判决应当经审判委员会讨论决定。

6. 减刑、假释的裁定。根据新刑事诉讼法规定，被判处管制、拘役、有

期徒刑或者无期徒刑的罪犯,在执行期间确有悔改或者立功表现,应当依法予以减刑、假释的时候,由执行机关提出建议,报请人民法院审核裁定。根据立法规定的精神,人民法院减刑、假释的裁定一经作出,即发生法律效力。

另外,根据新刑事诉讼法规定,人民法院对自诉案件可以进行调解。调解达成协议的,人民法院应当制作刑事自诉案件调解书。调解书经双方当事人签收后即发生法律效力。

### 三、罪犯服刑期间又犯罪按照什么程序处理

新《刑事诉讼法》第262条第1款规定:"罪犯在服刑期间又犯罪的,或者发现了判决的时候所没有发现的罪行,由执行机关移送人民检察院处理。"从这一规定中我们可以看出,在罪犯服刑期间再犯罪或者又发现还有新的罪行没有处理的,应当由人民检察院来处理。但这一规定仅仅是指那些不需要进行侦查的罪犯再犯罪案件,可以直接由人民检察院进行审查后向人民法院起诉。这样规定的目的,主要是因为加强检察机关对监狱劳改场所的监督作用。所以,现在各级检察机关中的监所检察部门都成了检察机关的一个"公诉"部门,承担着对监狱新犯罪行为的起诉任务。

新《刑事诉讼法》第290条明确规定,对罪犯在监狱内犯罪的案件由监狱进行侦查。同时,新《刑事诉讼法》第262条又规定,罪犯在服刑期间又犯罪的,由执行机关移送人民检察院处理。这两条法律规定看上去似乎有点矛盾。其实,前者单纯指的是对犯罪行为的侦查;而后者主要是从检察职能的角度作出的规定。我们知道,检察机关的主要职能就是提起公诉、职务犯罪侦查、审查批准逮捕和法律监督。所以,对新《刑事诉讼法》第262条的理解,只能是认为检察机关有权对罪犯在服刑期间再犯罪负责审查批准逮捕和提起诉讼。根据新《刑事诉讼法》和《人民检察院刑事诉讼规则》的有关规定,结合司法实践经验,我们认为,对罪犯在服刑期间又犯罪的案件,或者发现了判决时所没有发现的罪行而应当追究刑事责任的案件,由犯人所在的监狱侦查机关负责侦查,但需要进行逮捕的应当通过检察机关审查批准逮捕。侦查终结后写出起诉意见书,连同案卷材料、证据一并移送同级检察机关监所部门向法院提起诉讼。凡属基层人民法院管辖的第一审刑事案件,由当地县市人民检察院或派出的人民检察院,向当地县、市人民法院起诉。凡属中级人民法院管辖的第一审刑事案件,应由当地的省辖州、市人民检察院分院向中级人民法院起诉。

## 四、对没有逮捕的罪犯是否应当收监执行

新《刑事诉讼法》第253条第2款规定："对被判处死刑缓期二年执行、无期徒刑、有期徒刑的罪犯，由公安机关依法将该罪犯送交监狱执行刑罚。对被判处有期徒刑的罪犯，在被交付执行刑罚前，剩余刑罚在三个月以下的，由看守所代为执行。对被判处拘役的罪犯，由公安机关执行。"根据刑事诉讼法的规定，无论是已经逮捕的犯罪嫌疑人，还是未经逮捕的犯罪嫌疑人，只要是经过人民法院审判，被依法判处死刑缓期2年执行、无期徒刑、有期徒刑或拘役的罪犯，均由公安机关收监后交付执行。司法实践中对这一问题也存在不同看法，有人认为，对于被判处拘役或者有期徒刑以上刑罚而未逮捕的罪犯，应先办理逮捕手续，再收监执行。这种观点也不是没有道理，因为诉讼过程中都没有被逮捕的罪犯，而到了执行阶段被收归监狱实行监禁，的确有点叫人难以接受。

但问题是，逮捕属于刑事诉讼中所采用的强制措施，侦查机关可以根据案件的具体情况决定是否采取强制措施以及采取何种强制措施，法律并没有要求必须对将要判处拘役以上刑罚的采取逮捕的措施。在刑事诉讼过程中没有采取逮捕措施，并没有违反法律规定。而法院的有罪判决作出后，需要对被告人收监执行，其根据是人民法院的生效判决。而是否采取过逮捕的强制措施，并不影响对被判处死刑缓期2年执行、无期徒刑、有期徒刑、拘役而未逮捕羁押的罪犯的执行。所以，根据法律规定，在刑事诉讼阶段没有采用逮捕措施的罪犯，法院判决后应当服刑的，仍然应当由有权采取强制措施的公安机关根据刑事案件执行通知书和已经发生法律效力的判决书、裁定书等有关的法律文书，依法将罪犯收监后送交监狱或者拘役所执行刑罚。而在刑事诉讼中具有羁押性质的逮捕措施，在执行阶段已经当然失去其效力，而不必再去理会。

## 五、对外国人犯罪案件怎样执行刑罚

这里所指的外国人犯罪案件，是指没有中国国籍的外国人或者无国籍人，在中华人民共和国领域内犯罪，或者在中华人民共和国领域外对中国国家和公民犯罪，依照中华人民共和国法律应当受到处罚的犯罪案件。但是从执行的角度看，一般都是讲的外国人在中华人民共和国领域内犯罪案件的执行。由于公民身份隶属关系方面存在的差别，外国人犯罪后的执行与本国人犯罪后的执行存在一定程度上的差异。又由于二者都会受到犯罪国法律的约束，所以在很多方面又有相同之处。例如，对于被判处徒刑的普通外国刑事犯罪分子，也都是通过国家的监狱和劳动改造场所执行，只不过是在关押和生活管理方面，与本

国犯罪分子的看管存在一些区别。但对于一些享有特殊身份或者被判处特殊刑种的外国犯罪人，在执行方面却显示了很多不同之处。

根据1998年5月14日公安部发布的《公安机关办理刑事案件程序规定》（以下简称《规定》）的规定，对下列情况下的外国人犯罪案件的执行，按照以下方式办理：对判处独立适用驱逐出境刑罚的外国人，省级公安机关在收到人民法院的刑事判决书、执行通知书的副本后，应当指定罪犯所在地的地（市）级公安机关执行。被判处徒刑的外国人，其主刑执行期满后应执行驱逐出境附加刑的，省级公安机关在收到原执行监狱的上级主管部门转交的原刑事判决书、执行通知书副本或者复印本后，应当指定罪犯所在地的地（市）级公安机关执行。我国政府已按照国际条约或《中华人民共和国外交特权与豁免条例》的规定，对实施犯罪，但享有外交或领事特权和豁免的外国人宣布为不受欢迎的人或者不接受并拒绝承认其外交或领事人员身份，责令限期出境的人，无正当理由逾期不自动出境的，由公安部凭外交部公文指定该外国人所在的省级公安机关负责执行或者监督执行。

### 六、人民检察院怎样对监狱进行执法监督

根据1995年7月20日最高人民检察院发布的《关于执行〈监狱法〉有关问题的通知》规定，检察机关对监狱进行执法监督应当注意以下事项：

1. 对监狱执行刑事案件判决、裁定，以及狱政管理、教育改造和生活卫生等活动是否合法实行监督。对于一般违法行为，可以口头提出纠正；对于严重违法行为，应当发纠正违法通知书，并要求告知纠正结果；对于构成犯罪的，依法追究刑事责任。

2. 要通过对监狱收押、释放活动的检察，保障监狱正确执行刑事案件判决、裁定。在工作中，要检察监狱收押的是不是被判处死刑缓期2年执行、无期徒刑和有期徒刑的罪犯；收押的法律文书是否齐全，手续是否完备；对刑满人员及依法应予释放的罪犯，监狱是否按期予以释放，并开具释放证明书。对应收押而不收押，不应收押而收押；应释放而不按期释放，不应释放而释放的，都应当依法提出纠正；情节严重的，应追究有关人员的法律责任。

3. 对监狱办理罪犯保外就医活动的监督，主要是检察被保外就医罪犯是否符合法定条件，保外就医的证明是否真实，办理保外就医的程序是否合法。对监狱办理罪犯保外就医活动的监督，可以通过向有关人员调查、调阅监督有关资料、列席监狱有关会议等方式了解情况。对监狱将不符合法定条件的罪犯呈报保外就医的，要及时提出纠正意见；对于已经监狱管理机关批准不符合法定条件罪犯保外就医的，应自接到通知之日起1个月内将书面纠正意见送交批

准保外就医的机关（意见副本送监狱）。对利用办理保外就医的职权，收受贿赂或徇私舞弊的要追究有关人员的法律责任。

4. 对监狱办理罪犯减刑、假释工作的监督，重点是提出减刑、假释建议的对象是否符合法定条件，证明材料是否真实，提出建议的程序是否符合规定。对监狱办理罪犯减刑、假释活动是否合法的监督，可以通过向有关人员调查、调阅有关资料、列席监狱有关会议等方式了解情况；发现监狱在办理罪犯减刑、假释活动中有违反法律或有关规定的情况，应当及时向监狱提出纠正意见。对人民法院减刑、假释的裁定，如认为确有错误，应当在刑事诉讼法规定的期间向人民法院提出抗诉。对于利用办理减刑、假释的职权索贿受贿或徇私舞弊的，要依法追究法律责任。

5. 人民检察院接到监狱关于罪犯在服刑期间死亡的通知后，应即派员到现场进行检察，并根据罪犯死亡性质，分别作出以下处理：（1）对罪犯因病死亡的，人民检察院应对监狱的医疗鉴定进行认真的检查，如有疑义，可以重新对死亡原因作出鉴定。死亡罪犯家属对监狱作出的医疗鉴定有疑义，并向人民检察院提出的，人民检察院应当认真地进行调查。经查，认为罪犯家属提出的意见无理的，应予驳回，并配合监狱做好说服教育工作；认为罪犯家属提出的意见有理的，可以重新对死亡原因作出鉴定。（2）对罪犯非正常死亡的，人民检察院应在接到监狱通知后24小时内对尸体进行检验，对死亡原因作出鉴定。人民检察院对罪犯死亡原因的鉴定，由担负该罪犯所在监狱检察任务的人民检察院负责，如该人民检察院缺乏鉴定的专门技术，可请上一级人民检察院或聘请有关部门具有法定资格的专门技术人员作出鉴定。

6. 罪犯不服生效的刑事判决向人民检察院提出的申诉，以及监狱在执行刑罚过程中，根据罪犯的申诉，认为判决可能有错误而提请人民检察院处理的申诉案件，人民检察院均应依照《人民检察院复查刑事申诉案件规定》处理；对监狱提请处理的申诉案件，应在收到监狱提请处理意见书之日起6个月内将结果通知监狱。罪犯向人民检察院提出或由监狱转送的罪犯控告、检举材料，应按案件管辖分工，自行查处或请有管辖权的机关处理。

7. 认真办理监狱管理范围中发生的刑事案件，主要包括如下几个方面：（1）直接受理监狱中发生的贪污、受贿、侵权、渎职的犯罪案件；（2）对罪犯在服刑期间又犯罪等案件负责批捕、起诉；（3）对罪犯及其家属向检察机关提出的申诉案件负责复查；（4）对人民法院错误的减刑、假释裁定提出抗诉。对人民法院减刑、假释裁定的抗诉，重点是因受贿、徇私或伪造罪犯的有关材料等违法犯罪行为导致错误的减刑、假释裁定的案件。

## 七、执行死刑案件应当注意哪些事项

根据 2007 年 3 月 9 日最高人民法院、最高人民检察院、公安部、司法部发布的《关于进一步严格依法办案确保办理死刑案件质量的意见》规定，执行死刑案件应当注意以下事项：

1. 人民法院向罪犯送达核准死刑的裁判文书时，应当告知罪犯有权申请会见其近亲属。罪犯提出会见申请并提供具体地址和联系方式的，人民法院应当准许；原审人民法院应当通知罪犯的近亲属。罪犯近亲属提出会见申请的，人民法院应当准许，并及时安排会见。

2. 第一审人民法院将罪犯交付执行死刑前，应当将核准死刑的裁判文书送同级人民检察院，并在交付执行 3 日以前通知同级人民检察院派员临场监督。第一审人民法院在执行死刑前，发现有新《刑事诉讼法》第 251 条规定的情形，应当停止执行，并且立即报告最高人民法院，由最高人民法院作出裁定。临场监督执行死刑的检察人员在执行死刑前，发现有新《刑事诉讼法》第 251 条规定的情形的，应当建议人民法院停止执行。执行死刑应当公布。禁止游街示众或者其他有辱被执行人人格的行为。禁止侮辱尸体。

3. 人民法院、人民检察院、公安机关办理死刑案件，应当切实贯彻"分工负责，互相配合，互相制约"的基本诉讼原则，既根据法律规定的明确分工，各司其职，各负其责，又互相支持，通力合作，以保证准确有效地执行法律，共同把好死刑案件的质量关。

人民法院、人民检察院、公安机关应当按照诉讼职能分工和程序设置，互相制约，以防止发生错误或者及时纠正错误，真正做到不错不漏，不枉不纵。人民法院、人民检察院和公安机关的互相制约，应当体现在各机关法定的诉讼活动之中，不得违反程序干扰、干预、抵制其他机关依法履行职权的诉讼活动。

4. 在审判过程中，发现被告人可能有自首、立功等法定量刑情节，需要补充证据或者补充侦查的，人民检察院应当建议延期审理。延期审理的时间不能超过 1 个月。查证被告人揭发他人犯罪行为，人民检察院根据犯罪性质，可以依法自行查证，属于公安机关管辖的，可以交由公安机关查证。人民检察院应当将查证的情况在法律规定的期限内及时提交人民法院。

## 八、对判处死缓的罪犯变更执行死刑应当具备哪些条件和程序

新《刑事诉讼法》第 250 条第 2 款规定："被判处死刑缓期二年执行的罪犯，在死刑缓期执行期间，如果没有故意犯罪，死刑缓期执行期满，应当予以

减刑,由执行机关提出书面意见,报请高级人民法院裁定;如果故意犯罪,查证属实,应当执行死刑,由高级人民法院报请最高人民法院核准。"最高人民法院发布的《关于执行〈中华人民共和国刑事诉讼法〉若干问题的解释》第339条规定:"被判处死刑缓期二年执行的罪犯,在死刑缓期执行期间,如果故意犯罪的,应当由人民检察院提起公诉,罪犯服刑地的中级人民法院依法审判,所作的判决可以上诉、抗诉。认定构成故意犯罪的判决、裁定发生法律效力后,由作出生效判决、裁定的人民法院,依照本解释第二百七十五条第(四)项或者第二百七十七条的规定报请上级人民法院或者由本院核准犯罪分子死刑立即执行。上级人民法院或者本院核准后,交罪犯服刑地的中级人民法院执行死刑。"根据上述法律和司法解释的规定,"故意犯罪"是将判处死刑缓期2年执行的罪犯变更为执行死刑的前提条件,在这个前提条件具备后,再依法通过法定程序执行死刑。可见,判处死刑缓期2年执行的罪犯,在死刑缓期执行期间又故意犯罪应当执行死刑,需要具备以下条件和程序:

1. 必须是故意犯罪。罪犯在死缓执行期间的故意犯罪应当包括直接故意犯罪和间接故意犯罪,即罪犯实施了明知自己的行为会发生危害社会的结果,希望或者放任了这种结果发生,因而构成犯罪的行为。有人将这里所规定的"故意犯罪"称为"再犯新罪",也有的人称为"再犯新的较重的罪"。我们认为,"再犯新罪"的提法是可以的,"再犯新的较重的罪"的提法是不符合立法原意的,这里所指故意犯罪并不要求再犯的罪必须重于原罪,而是泛指一般故意犯罪。

2. 故意犯罪必须是发生在死缓执行期间。即是指罪犯在死刑缓期执行的2年期间内实施的犯罪。如果在死缓期执行期满被裁定减刑后或者死缓期执行期满尚未裁定减刑前,都不应当视为发生在死缓执行期间的犯罪。

3. 必须查证属实。即对罪犯故意犯罪的犯罪事实,必须经司法机关依照规定侦查核实,并经审判机关裁判确认。从法律条文规定看,"故意犯罪"必须经"查证属实",而查证属实的必须是故意犯罪。未经审判的指控,或经审判确认构成了过失犯罪的都不属查证属实。在查证时,要注意罪犯在实施故意犯罪过程中,是否具有中止犯罪情节,如果罪犯虽然实施了故意犯罪,但自动放弃了犯罪或者自动有效地防止了犯罪结果发生,根据我国《刑法》第24条的立法精神,也不应执行死刑。因为中止犯罪表明罪犯主观恶性的减小,具有悔改态度,我国立法对中止犯也是很宽大的,所以不应执行死刑。这符合我国关于死刑适用的立法精神,也有利于罪犯的改造。但是,对于死缓罪犯在缓刑执行期间故意犯罪的预备,不能成为不执行死刑的条件。因为预备犯罪不能说明罪犯的主观恶性的减小,如果有必要,仍然应当依法执行死刑。

4. 死缓执行期间的故意犯罪必须经过审判程序予以确认。最高人民法院《关于执行〈中华人民共和国刑事诉讼法〉若干问题的解释》第339条规定：被判处死刑缓期2年执行的罪犯，在死刑缓期执行期间，如果故意犯罪，需要执行死刑的，应当按照刑事诉讼程序由人民检察院提起公诉，再由对该死刑具有管辖权的中级人民法院依法审判，所作的判决是一审判决，罪犯可以提起上诉，人民检察院也可以提起抗诉。经过上诉审法院审理判决后，所作的判决才是终审的判决或者裁定。

5. 死刑缓期2年执行的罪犯变更为执行死刑要经过最高人民法院核准。根据新刑事诉讼法和有关司法解释的规定，认定构成故意犯罪的判决、裁定发生法律效力后，由作出生效判决、裁定的人民法院，报请最高人民法院核准犯罪分子死刑立即执行。最高人民法院核准后，交罪犯羁押地的中级人民法院执行死刑。

## 九、死缓期满后裁定减刑前故意犯罪如何处理

被判处死刑缓期2年执行罪犯，在死刑缓期执行期满后，司法机关依照法定程序裁定减刑前，罪犯又故意犯罪的情况如何处理？新《刑事诉讼法》第250条规定："被判处死刑缓期二年执行的罪犯，在死刑缓期二年执行期间，如果没有故意犯罪，死刑缓期执行期满，应当予以减刑，由执行机关提出书面意见，报请高级人民法院裁定……"从新刑事诉讼法的上述规定看，死刑缓期执行期满后才能办理减刑手续，这样缓期执行期满后、人民法院作出减刑裁定以前便有一个时间间隔。但是，被判处死刑缓期2年执行的罪犯，只有在死刑缓期执行期间故意犯罪，查证属实的，才应当执行死刑；只要在死刑缓期执行期间没有故意犯罪，均应当依法减刑，即死缓罪犯在缓期执行期满后裁定减刑前又故意犯罪的，不能执行死刑。所以，最高人民法院发布的《关于执行〈中华人民共和国刑事诉讼法〉若干问题的解释》第361条对此作了进一步的解释："被判处死刑缓期二年执行的罪犯，在死刑缓期二年执行期间，如果没有故意犯罪，死刑缓期二年执行期满后，即应当裁定减刑。如果死刑缓期二年执行期满后尚未裁定减刑前又犯新罪的，应当依法减刑后对其所犯新罪另行审判。"根据最高人民法院上述司法解释的规定，司法机关在处理这种情况时，应当在办理减刑手续的同时，对其新的故意犯罪进行侦查、起诉和审判。在对罪犯量刑时，应当以死刑缓期2年执行期满减刑后的刑罚和新罪所判处的刑罚，实行数罪并罚，决定应当执行的刑罚。

## 十、已签发执行死刑命令的案件又发现原审判决有错误如何处理

新《刑事诉讼法》第251条第1款规定:"下级人民法院接到最高人民法院执行死刑的命令后,应当在七日以内交付执行。但是发现有下列情形之一的,应当停止执行,并且立即报告最高人民法院,由最高人民法院作出裁定:(一)在执行前发现判决可能有错误的;(二)在执行前罪犯揭发重大犯罪事实或者有其他重大立功表现,可能需要改判的;(三)罪犯正在怀孕。"新《刑事诉讼法》第252条第4款规定:"指挥执行的审判人员,对罪犯应当验明正身,讯问有无遗言、信札,然后交付执行人员执行死刑。在执行前,如果发现可能有错误,应当暂停执行,报请最高人民法院裁定。"要正确理解新刑事诉讼法的上述规定,在执行前发现判决可能有错误,是说"可能",而不是"一定"。只要是执行人员在执行时,发现判决在认定事实或者适用法律上可能有错误,并且将影响到判决的正确性,无论以后经过查证属实是否确实有错误,都属于应当停止执行的情况。这主要是本着对人的生命高度负责的态度。

由高级人民法院判决、最高人民法院核准的死刑案件,已签发了执行死刑的命令,并向罪犯宣布后,发现原一审、二审判决有错误,其具体处理程序是:(1)依法经过高级人民法院、最高人民法院二审判决并核准死刑,已由院长签发了执行死刑命令的案件,如果已经向罪犯宣布后,发现原一审、二审判决可能有错误,或者发现其他不能执行的情况,应当由最高人民法院院长签发停止执行死刑命令,停止或者暂停执行死刑。(2)如果经审查认为原判决确有错误,或者有其他不应执行的情况,经高级人民法院、最高人民法院二审的,可以依照审判监督程序,由高级人民法院、最高人民法院重新审判;原经一审后,报经最高人民法院核准死刑的,最高人民法院可以提审,或者发回原审法院再审。(3)如经审查原判决正确,应当执行死刑的,由最高人民法院院长重新签发执行死刑命令,执行死刑。

## 十一、执行死刑后如何处理死刑犯的遗物

新《刑事诉讼法》第252条第4款规定:"指挥执行的审判人员,对罪犯应当验明正身,讯问有无遗言、信札,然后交付执行人员执行死刑。"根据司法实践和有关程序法的规定,执行死刑后对死刑犯的遗书遗物应按以下办法处理:

对于死刑犯的遗书、遗言,应由交付执行的人民法院及时进行审查、分别作出处理:(1)执行时遇到喊冤的,应迅速查明事实,依法处理,有关内容

不应告诉其家属；（2）涉及案件线索，属于证言性质和涉及有关方面的工作问题的，应抄送有关机关，有关文件或资料不应让其家属知晓；（3）涉及继承、债务清偿、家属嘱托等内容的遗书、遗言，交给死刑犯家属保存，但应复制存卷备查；（4）属于恶意攻击或者陷害他人的言词应当注意保密。上述死刑犯的遗书、遗言，其原件或者复制件应存卷备查。

对于死刑罪犯执行前身边的遗物、遗款，应由看守所或者监狱等羁押场所有关人员进行清点后，交给其家属收领，并将收领遗物、遗款的收条移送交付执行的人民法院存卷备查。如果死刑犯在被关押期间有欠款或者其他债务，经核实后，人民法院通知看守所或者监狱协助从遗款中扣除，并通知死刑犯家属。

在罪犯被执行死刑后，交付执行的人民法院应当通知罪犯家属在限期内领取罪犯尸体或骨灰；逾期无人领取的，由人民法院通知有关单位处理。对于死刑犯的尸体或骨灰处理情况，应记录存卷。

### 十二、刑罚执行中剥夺政治权利的期限如何计算

《刑法》第56条第2款规定，独立适用剥夺政治权利的，依照本法分则的规定。第57条规定，对于被判处死刑、无期徒刑的犯罪分子，应当剥夺政治权利终身。在死刑缓期徒刑减为有期徒刑或者无期徒刑减为有期徒刑的时候，应当把附加剥夺政治权利的期限改为3年以上10年以下。第58条第1款规定，附加剥夺政治权利的刑期，从徒刑、拘役执行完毕之日或者从假释之日起计算；剥夺政治权利的效力当然施用于主刑执行期间。

根据上述刑法的规定，剥夺政治权利的期限，除判处死刑、无期徒刑的犯罪分子剥夺政治权利终身外，在死刑缓期执行减为有期徒刑或者无期徒刑减为有期徒刑的时候，应当把附加剥夺政治权利的期限改为3年以上10年以下；判处管制附加剥夺政治权利的犯罪分子，剥夺政治权利的期限与管制的期限相等并同时执行；其余为1年以上5年以下。

根据上述刑法的规定，剥夺政治权利的刑期起算，分为以下几种情况：（1）单独判处剥夺政治权利时，剥夺政治权利的刑期应从判决确定之日起算；（2）主刑是管制时，附加剥夺政治权利的刑期与管制的期限同时起算；（3）主刑是拘役或有期徒刑时，附加剥夺政治权利的刑期，从徒刑、拘役执行完毕之日或者从假释之日起计算；（4）主刑是死刑缓期执行减为有期徒刑或者无期徒刑减为有期徒刑的，从徒刑执行完毕之日或假释之日起计算。

## 十三、被剥夺政治权利的罪犯不能享有哪些权利

剥夺政治权利是一种剥夺犯罪人参加国家管理和政治活动权利的刑罚方法。在西方国家的刑法中，一般被称为剥夺公权。由于剥夺政治权利是一种资格刑，它以剥夺犯罪人的一定资格为内容。所以，在我国刑法中，该刑罚就是以剥夺政治权利这种资格为内容的。所谓政治权利，从大体上看它属于一种公民权，但在我国又带有传统的浓厚政治色彩，而且在享有社会管理资格方面又明显地区别于公民权，所以被习惯地称为政治权利。根据《刑法》第54条的规定，剥夺政治权利是指剥夺犯罪分子下列四项权利：（1）选举权和被选举权；（2）言论、出版、集会、结社、游行、示威自由的权利；（3）担任国家机关职务的权利；（4）担任国有公司、企业、事业单位和人民团体领导职务的权利。凡是被剥夺政治权利的犯罪分子，上述权利都不能享有。

刑法关于剥夺犯罪分子政治权利范围的规定只是一个总体上的规范，不可能概括实践中的各种情况，因此需要通过有关解释和规定来加以细化。根据《刑法》第54条、新《刑事诉讼法》第32条第2款和公安部发布的《公安机关办理刑事案件程序规定》第288条规定，被剥夺政治权利的罪犯，在执行期间不能享有下列权利：

1. 不得享有选举权和被选举权；
2. 不得享有组织或者参加集会、游行、示威、结社活动的权利；
3. 不得享有出版、制作、发行书籍、音像制品的权利；
4. 不得享有接受采访、发表演说的权利；
5. 不得在境内外发表有损国家荣誉、利益或者其他具有社会危害性的言论；
6. 不得享有担任国家机关职务的权利；
7. 不得享有担任国有公司、企业、事业单位和人民团体的领导职务的权利；
8. 不得享有为他人辩护的权利。

## 十四、什么是法定减刑和酌定减刑

减刑是指对于被判处管制、拘役、有期徒刑、无期徒刑的犯罪分子，在刑罚执行期间，由于确有悔改或者立功表现，因而将原判刑罚予以适当减轻的一种刑罚执行制度。

适用减刑犯罪人必须是在刑罚执行期间确有悔改或者立功表现。《刑法》第78条和《监狱法》第29条对减刑的实体条件作了规定，据此，减刑可以

分为法定减刑和酌定减刑两种情形:

1. 法定减刑。就是犯罪人在刑罚执行期间有重大立功表现,法律或者司法解释明确规定应当减刑的,执行机关只能依法执行,没有选择的余地。根据监狱法和刑法的规定,所谓重大立功表现是指:(1)阻止他人重大犯罪活动的;(2)检举监狱内外重大犯罪活动,经查证属实的;(3)有发明创造或者重大技术革新的;(4)在日常生产、生活中舍己救人的;(5)在抗御自然灾害或者排除重大事故中,有突出表现的;(6)对国家和社会有其他重大贡献的。犯罪人只要具备以上法定减刑条件的其中一种,刑罚执行机关就必须对其作出减刑处理,而不能以任何理由不予减刑,否则就属违法。

2. 酌定减刑,就是犯罪人在刑罚执行期间确有悔改或者立功表现的,有关机关根据具体情况以及刑罚执行期间对罪犯的考核结果,可以减刑。从实践中看,酌定减刑应当具备的条件有:(1)犯罪人在刑罚执行期间认罪服法;(2)一贯遵守监规纪律;(3)积极参加政治、文化、技术学习;(4)积极参加劳动,爱护公物,完成劳动任务。犯罪人符合以上4个酌定减刑条件的,经刑罚执行机关考核后,就可以考虑对其适用减刑。

### 十五、适用减刑应当具备哪些程序

根据有关法律和司法解释的规定,适用减刑的主要程序是:

1. 无期徒刑犯的减刑由犯罪人服刑地的高级人民法院管辖;有期徒刑犯(包括原判死缓、无期徒刑已经减为有期徒刑的犯罪人以及判处3年以下有期徒刑宣告缓刑的犯罪人)、拘役犯(包括判处拘役宣告缓期的犯罪人)、管制犯的减刑,由中级以上人民法院管辖。

2. 对于管制犯、拘役犯、有期徒刑以及无期徒刑犯的减刑,应当由犯罪人所在的监狱、拘役所或者其他刑罚执行机关提出书面意见,其中无期徒刑的减刑意见应当报请本省、自治区直辖市的司法厅(局)审查同意,分别提请相应的人民法院依法裁定。

3. 人民法院应当审查刑罚执行机关申报的减刑手续是否齐全、完备,申报的材料包括提请减刑意见书、罪犯评审鉴定表、奖惩审批表及终审法院判决书、裁定书、历次减刑裁定书的复制件,以及犯罪人悔改或者立功表现具体事实的证明材料,等等。经过审查之后,认为材料不齐或者手续不全的,应当通知刑罚执行机关补充材料或退回补查。

4. 人民法院在审理减刑案件时,要认真审查犯罪人确有悔改或者立功表现的具体事实,在必要时,可以有重点地选择一些案件,深入到刑罚执行场所核实了解犯罪人在服刑期间的改造表现。

5. 人民法院审理减刑案件，应当组成合议庭进行。依照《监狱法》第 30 条的规定，人民法院应当自收到减刑建议书之日起 1 个月内予以审核裁定；案情复杂或者情况特殊的，可以延长 1 个月。

6. 减刑裁定书应当扼要地写明犯罪人确有悔改或者立功表现的事实，引用刑法、刑事诉讼法、监狱法的有关条文，同时，注明减刑后的刑期起止日期，减刑的裁定书既可以由人民法院直接宣告，也可以委托刑罚执行机关代为宣告。人民法院应当将减刑裁定书的副本同时送达原判人民法院和担负执行监督任务的人民检察院。对减刑的裁定，本院的院长或者上级人民法院发现确有错误的，或者人民检察院提出抗诉的，应当按照审判监督程序处理。

7. 对于被判处无期徒刑的犯罪人由服刑地的高级人民法院依法裁定减刑后，原审人民法院发现原判决确有错误，按照审判监督程序改判为有期徒刑的，应当将改判的判决书送达犯罪人所在的监狱和犯罪人服刑地的高级人民法院，按照改判的刑期执行，并由犯罪人服刑地的高级人民法院裁定撤销原来的减刑裁定。如果犯罪人在原判决刑罚执行期间的悔改或者立功表现仍然应当适用减刑的，应重新办理对改判后有期徒刑减刑的法律手续。

### 十六、适用假释应当具备哪些程序

根据有关法律和司法解释的规定，适用假释的主要程序是：

1. 对无期徒刑（包括原判死刑缓期执行减为无期徒刑的犯罪人）和有期徒刑犯（包括原判死刑缓期执行或原判无期徒刑已经减为有期徒刑的犯罪人）的假释，应当由犯罪人所在的监狱提出假释的书面意见，报请本省、自治区、直辖市的司法厅（局）审查同意后，提请当地中级以上人民法院依法裁定。

2. 监狱对符合法定条件可以适用假释的人，应当写出详细的书面材料，说明犯罪人在服刑期间的表现状况，重点是写明犯罪人对所犯罪行是否具有悔改表现，今后不致再对社会造成危害。这些材料应当提交人民法院，由人民法院作出假释裁定。

3. 监狱在收到人民法院的假释裁定书以后，应当召开所有正在服刑改造的犯罪人大会，宣布人民法院所作的假释裁定，并借此机会对犯罪人进行认罪服法教育，以推动尚在服刑中的犯罪人的改造工作。

4. 犯罪人被假释时，应当将其有关材料转送其居住地的公安机关，以便对其进行监督考察。如果犯罪人的居住地不在本省、自治区、直辖市，则应当将其材料提交本省、自治区、直辖市的公安机关，由本省、自治区、直辖市的公安机关转送给犯罪人居住地的公安机关。

5. 人民法院对犯罪人所作的假释裁定书，除交给监狱执行外，还应当将裁定书的副本送交给人民检察院。人民检察院如果发现适用假释不当时，应当按照新刑事诉讼法规定的期间提出抗诉。对于人民检察院抗诉假释案件，人民法院应当重新审理。

6. 被假释的犯罪人在假释考验期限内又犯新罪，这是撤销假释的法定条件之一，应当按照案件的管辖范围和管理方法的规定，对犯罪人采取必要的强制措施，依法侦查、起诉、审理，如果属于刑事自诉案件，则由人民法院直接受理。人民法院应当在判决书中宣布对又犯新罪的犯罪人撤销假释，将后罪所判处的刑罚与前罪没有执行的刑罚，依照数罪并罚的原则决定应当执行刑罚，对被假释的犯罪人，在假释考验期限内，如果发现其还有判决宣告以前的罪没有判决，这是撤销假释的又一个法定条件，应当按照案件的管辖范围和管理方法的规定，对犯罪人采取必要的强制措施，或者侦查、起诉、审判。

7. 对于经人民法院依法裁定适用假释的犯罪人，在假释考验期限内又犯新罪，或者发现有判决宣告以前没有判决的罪，而要撤销假释的，原来宣告的假释应当由审判新罪或漏罪的人民法院予以撤销的，原则上应当由审判新罪或漏罪的人民法院在判决新罪或漏罪时宣布撤销假释。但是，如果被假释的犯罪人在假释考验期限内所犯新罪或新发现的漏罪依照案件管辖范围属于基层人民法院审理时，基层人民法院应当报请高级人民法院或者中级人民法院审批后，根据授权在判决书中宣布撤销假释。

8. 被假释的犯罪人虽然在假释考验期限内没有再犯新罪或没有发现其有判决宣告以前没有判决的罪，但有违法行为尚未构成犯罪的，属于撤销假释酌定条件，应当由负责监督执行的公安机关根据犯罪人的具体情况，决定是否向人民法院提出撤销假释的建议。如果认为有必要提出撤销假释的建议，应当将犯罪人违反法律和规定的具体情况写成书面材料提交人民法院，由人民法院依法作出是否撤销假释的裁定。经人民法院裁定撤销假释的，应当将犯罪人送回原服刑监狱继续执行刑罚。

### 十七、假释应当具备哪些条件

根据刑法的有关规定，适用假释应当同时符合以下几个条件：

1. 必须是被判处无期徒刑或者有期徒刑的犯罪分子。被判处管制、拘役的犯罪分子和被判处死缓未减为无期徒刑或者有期徒刑的犯罪分子，均不能适用假释。假释与被判处管制的犯罪分子具有同样的效力和作用，如果对管制刑适用假释毫无意义；假释与拘役在执行时间上完全不对等，因为拘役刑最长不超过1年，适用假释毫无意义；死刑缓期2年执行本质上仍然属于死刑，不能适用假释。所以，假释只适用于刑期较长的有期徒刑或者无期徒刑。

2. 必须是执行一定刑期的犯罪分子。所谓执行一定刑期，是指被判处有期徒刑的罪犯，必须执行原判刑期的 1/2 以上，被判处无期徒刑的罪犯必须执行 13 年以上。法律之所以这样规定，是为了防止让那些给社会造成严重危害的人在较短的时间内就脱离刑罚的惩罚，这样对社会、对被害人都是不公平的，同时也难以体现人民法院判决的严肃性和法律的相对稳定性。

3. 必须确有悔改表现，假释后不致再危害社会。所谓不致再危害社会，是指不至于重新犯罪和能够遵守《刑法》第 84 条的规定，不会发生《刑法》第 86 条规定的严重违法情形。判断被假释人是否具有悔改表现，以及假释后是否会继续实施危害社会的行为，要根据被假释人的一贯表现和改造的情况来进行综合判断。如果行为人在被监禁期间能够遵守法纪，努力改造，积极劳动，说明他的人身危险性程度已经开始降低，如果符合假释的其他条件，就可以考虑对其实施假释。

4. 犯罪分子必须不是累犯以及因故意杀人、强奸、抢劫、绑架、放火、爆炸、投放危险物质或者有组织的暴力性犯罪被判处 10 年以上有期徒刑、无期徒刑的犯罪分子。因为被假释的犯罪分子回归社会后，其人身自由是基本上不受限制的，如果犯罪分子本身恶性很深，在短时间内是难以得到彻底改造的。所以，应当对被假释人的身份状况进行必要限制。但是，如果是未成年人触犯前述罪行的，可以不在此限。

## 十八、"减刑、假释的裁定不当"包括哪些情况

根据新《刑事诉讼法》第 263 条规定，人民法院对罪犯减刑、假释的裁定书副本应当送达人民检察院；人民检察院认为人民法院减刑、假释的裁定不当，应当在收到裁定书副本 20 日以内，向人民法院提出书面纠正意见，这里的"减刑、假释的裁定不当"，主要是指人民法院裁定减刑、假释的罪犯不符合法律规定的减刑、假释条件。主要包括以下几种情形：

1. 违反了法律规定的特定条件。如刑法规定对累犯以及因杀人、爆炸、抢劫、强奸、绑架等暴力性犯罪被判处 10 年以上有期徒刑、无期徒刑的犯罪分子，不得假释。如果人民法院裁定对累犯或因暴力性犯罪被判处 10 年以上有期徒刑、无期徒刑的犯罪分子假释，则属于假释的裁定不当。

2. 罪犯不符合法定的减刑、假释的条件。如刑法规定犯罪分子具有阻止他人重大犯罪活动，检举监狱内外重大犯罪活动，经查证属实的情形的，可以减刑。如果罪犯不具备这些情形而裁定对其予以减刑的，则属于减刑裁定不当。

3. 减刑的频度、幅度不符合法律规定。如根据刑法规定,减刑以后实际执行的刑期,判处管制、拘役、有期徒刑的,不能少于原判刑期的1/2,判处无期徒刑的,不能少于13年。如果人民法院对罪犯裁定减刑超过了这一规定幅度,则属于对罪犯减刑的裁定不当。

4. 被假释的罪犯实际执行的刑期没有达到法律规定的要求。根据刑法规定,被判处有期徒刑的犯罪分子,执行原判刑期1/2以上;被判处无期徒刑的犯罪分子,实际执行13年以上的,才可以假释。特殊情况,经最高人民法院核准,可以不受上述执行刑期的限制。人民法院裁定假释的犯罪分子已经执行的刑期如果没有达到上述规定,又没有特殊情况,即属于假释的裁定不当。

## 十九、人民法院处理减刑、假释案件应当注意哪些事项

根据最高人民法院发布的《关于执行〈中华人民共和国刑事诉讼法〉若干问题的解释》规定,人民法院处理减刑、假释案件应当注意以下事项:

1. 人民法院对于应当减刑、假释的案件按照下列情形分别处理:

(1) 对于被判处死刑缓期2年执行的罪犯的减刑,由罪犯服刑地的高级人民法院根据省、自治区、直辖市监狱管理机关审核同意的监狱减刑建议书裁定。

(2) 对于被判处无期徒刑的罪犯的减刑、假释,由罪犯服刑地的高级人民法院根据省、自治区、直辖市监狱管理机关审核同意的监狱减刑、假释建议书裁定。高级人民法院应当自收到减刑、假释建议书之日起1个月内依法裁定;案情复杂或者情况特殊的,可以延长1个月。

(3) 对于被判处有期徒刑(包括减为有期徒刑)的罪犯的减刑、假释,由罪犯服刑地的中级人民法院根据当地执行机关提出的减刑、假释建议书裁定。中级人民法院应当自收到减刑、假释建议书之日起1个月内依法裁定;案情复杂或者情况特殊的,可以延长1个月。

(4) 对于被判处拘役的罪犯的减刑,由罪犯服刑地的中级人民法院根据当地同级执行机关提出的减刑建议书裁定。

(5) 对于被判处管制的罪犯的减刑,由罪犯服刑地的中级人民法院根据当地同级执行机关提出的减刑建议书裁定。

(6) 被宣告缓刑的罪犯,在缓刑考验期限内确有重大立功表现,需要予以减刑,并相应缩短缓刑考验期限的,应当由负责考察的公安派出所同罪犯的所在单位或者基层组织提出书面意见,由罪犯所在地的中级人民法院根据当地同级执行机关提出的减刑、假释建议书裁定。

(7) 对于公安机关看守所监管的罪犯的减刑、假释，由罪犯所在的看守所提出意见，由当地中级人民法院根据当地同级执行机关提出的减刑、假释建议书裁定。

2. 人民法院受理减刑、假释案件，应当审查执行机关移送的材料是否包括下列内容：

(1) 减刑、假释建议书；
(2) 终审法院的判决书、裁定书、历次减刑裁定书的复制件；
(3) 罪犯确有悔改或者立功、重大立功表现的具体事实的书面证明材料；
(4) 罪犯评审鉴定表、奖惩审批表等。

经审查，如果前款规定的材料齐备的，应当收案；材料不齐备的，应当通知提请减刑、假释的执行机关补送。

3. 人民法院审理减刑、假释案件，应当依法组成合议庭。减刑、假释的裁定，应当及时送达执行机关、同级人民检察院、负责监督假释罪犯的公安机关以及罪犯本人。人民检察院认为人民法院的减刑、假释裁定不当，应当在收到裁定书副本后20日内，向人民法院提出书面纠正意见。人民法院收到书面纠正意见后，应当重新组成合议庭进行审理，并在1个月内作出最终裁定。

## 二十、人民检察院处理减刑、假释案件应当注意哪些事项

根据《人民检察院刑事诉讼规则》第427条至第431条规定，人民检察院处理减刑、假释案件应当注意以下事项：

1. 人民检察院对执行机关报请人民法院裁定减刑、假释的活动实行监督，发现有下列违法情况，应当提出纠正意见：

(1) 将不具备法定条件的罪犯报请人民法院裁定减刑、假释的；
(2) 对依法应当减刑、假释的罪犯不报请人民法院裁定减刑、假释的，或者罪犯被裁定假释后，应当交付监外执行而不交付监外执行的；
(3) 报请人民法院裁定对罪犯减刑、假释没有完备的合法手续的。

2. 人民检察院接到人民法院减刑、假释的裁定书副本后，应当进行审查。审查的内容包括：

(1) 被减刑、假释的罪犯是否符合法定条件；
(2) 执行机关呈报减刑、假释的程序是否合法；
(3) 人民法院裁定减刑、假释的程序是否合法。

检察人员可以向罪犯所在单位和有关人员调查，可以向有关机关调阅有关材料。经审查认为人民法院减刑、假释的裁定不当，应当在收到裁定书副本后20日内，由检察长决定后，向作出减刑、假释裁定的同级人民法院提出书面

纠正意见。人民检察院对人民法院减刑、假释的裁定提出纠正意见后，应当监督人民法院是否在收到纠正意见后1个月内重新组成合议庭进行审理，并监督重新作出的最终裁定是否符合法律规定。对最终裁定不符合法律规定的，应当向同级人民法院提出纠正意见。

## 二十一、"确有悔改和立功表现"主要是指哪些情形

根据《刑法》第78条第1款的规定，被判处管制、拘役、有期徒刑、无期徒刑的犯罪分子，在执行期间，如果认真遵守监规，接受教育改造，确有悔改表现的，或者有立功表现的，可以减刑，有重大立功表现的，应当减刑。

1. "确有悔改表现"是指同时具备以下四个方面情形：一是认罪服法；二是认真遵守监规，接受教育改造；三是积极参加政治、文化、技术学习；四是积极参加劳改，完成生产任务。对罪犯在刑罚执行期间提出申诉的，要依法保护其申诉权利。对罪犯申诉应当具体情况具体分析，不应当一概认为是不认罪服法。

2. "立功表现"是指具有下列情形之一的：

（1）检举、揭发监狱内外犯罪活动，或者提供重要的破案线索，经查证属实的；

（2）阻止他人犯罪活动的；

（3）在生产、科研中进行技术革新，成绩突出的；

（4）在抢险救灾或者排除重大事故中表现积极的；

（5）有其他有利于国家和社会的突出事迹的。

3. "重大立功表现"是指具有下列情形之一的：

（1）阻止他人重大犯罪活动的；

（2）检举监狱内外重大犯罪活动，经查证属实的；

（3）有发明创造或者重大技术革新的；

（4）在日常生产、生活中舍己救人的；

（5）在抗御自然灾害或者排除重大事故中，有突出表现的；

（6）对国家和社会有其他重大贡献的。

## 二十二、在法定刑以下判处刑罚和适用特殊情况假释的核准程序有哪些

根据最高人民法院发布的《关于执行〈中华人民共和国刑事诉讼法〉若干问题的解释》规定，对法定刑以下判处刑罚和适用特殊情况假释的核准程序主要有以下几个方面：

1. 根据《刑法》第 63 条第 2 款规定报请最高人民法院核准在法定刑以下判处刑罚的案件，按下列情形分别处理：

（1）被告人不提出上诉、人民检察院不提出抗诉的，在上诉、抗诉期满后 3 日内报请上一级人民法院复核。上一级人民法院同意原判的，应当逐级报请最高人民法院核准；上一级人民法院不同意原判的，应当裁定发回重新审判或者改变管辖，按照第一审程序重新审理。原判是由基层人民法院作出的，高级人民法院可以指定中级人民法院按照第一审程序重新审理。

（2）被告人提出上诉或者人民检察院提出抗诉的案件，应当按照第二审程序审理。上诉或者抗诉无理的，应当裁定驳回上诉或者抗诉，维持原判，并按照本条第（1）项规定的程序逐级报请最高人民法院核准。上诉或者抗诉有理的，应当依法改判。改判后仍判决在法定刑以下处以刑罚的，按照本条第（1）项规定的程序逐级报请最高人民法院核准。

报请最高人民法院核准在法定刑以下判处刑罚的案件，应当报送报请核准案件的结案报告、判决书各 15 份，以及全案诉讼卷宗和证据。最高人民法院对在法定刑以下判处刑罚的案件，予以核准的，作出核准裁定书；不予核准的，应当撤销原判决、裁定，发回原审人民法院重新审判或者指定其他下级人民法院重新审判。

2. 根据《刑法》第 81 条第 1 款规定报请最高人民法院核准因犯罪分子具有特殊情况，不受执行刑期限制的假释案件，按下列情形分别处理：

（1）中级人民法院依法作出假释裁定后，应即报请高级人民法院复核。高级人民法院同意假释的，应当报请最高人民法院核准；高级人民法院不同意假释的，应当裁定撤销中级人民法院的假释裁定。

（2）高级人民法院依法作出假释裁定的，应当报请最高人民法院核准。

## 二十三、如何理解"暂予监外执行不当"

监外执行是刑罚执行的一种变通方法，是指被判处有期徒刑或者拘役的罪犯，有严重疾病需要保外就医，或者妇女怀孕或正在哺乳自己的婴儿，或者生活不能自理，适用暂予监外执行不致危害社会，可以允许暂不在看守所或劳改场所、监狱执行，而由公安机关委托罪犯原居住地派出所执行，并由罪犯原属的基层组织或所在单位协助进行监督。根据新《刑事诉讼法》第 256 条规定，决定或者批准罪犯暂予监外执行的机关应当将暂予监外执行决定抄送检察院。人民检察院认为暂予监外执行不当的，应当自接到通知之日起 1 个月以内将书面意见送交决定或者批准暂予监外执行的机关，决定或者批准暂予监外执行的机关接到人民检察院的书面意见后，应当立即对该决定进行重新核查。这里的

"暂予监外执行不当",根据新刑事诉讼法规定是指被暂予监外执行的罪犯不符合下列情形之一的:(1)有严重疾病需要保外就医的;(2)怀孕或者正在哺乳自己婴儿的妇女;(3)生活不能自理,适用暂予监外执行不致危害社会的。新刑事诉讼法还明确规定,暂予监外执行只适用于判处有期徒刑、拘役的罪犯,但被判处无期徒刑的罪犯如果是怀孕或者正在哺乳自己婴儿的妇女,也可以监外执行。对适用保外就医可能有社会危险性的罪犯,或者自伤自残的罪犯,不得保外就医。如果执行机关对被判处无期徒刑的怀孕或者正在哺乳自己婴儿妇女以外的罪犯,或者适用保外就医可能有社会危险性的罪犯或自伤自残的罪犯,决定批准暂予监外执行,则是违反立法规定的,当然也属于"暂予监外执行不当"的范围。

### 二十四、暂予监外执行罪犯能否离开居住地外出经商

新《刑事诉讼法》第254条规定,对被判处有期徒刑或者拘役的罪犯,有下列情形之一的,可以暂予监外执行:一是有严重疾病需要保外就医的;二是怀孕或者正在哺乳自己婴儿的妇女;三是生活不能自理,适用暂予监外执行不致危害社会的。可见,暂予监外执行是因罪犯具备法律规定的特殊情况,不宜在监狱或者其他执行场所执行刑罚,而对其采取的一种暂时变通执行的方法。

尽管在监外执行的状况下,被执行刑罚的人没有被关押,而是像未犯罪的人一样行动自由,但被监外执行刑罚的人在人身自由和个人行动方面是受到有关监督管理部门控制的。也就是说,如果他能够遵守监督管理规定,他就可以像自由人一样享受生活中的某些自由,而与关押在监狱中具有完全不同的情况。但是这些自由是建立在被约束、被监管的基础之上的,他们的所谓自由是被限制和约束的自由,而不是像正常人那样享有绝对的自由。所以,暂予监外执行仍然属于刑罚执行的一种方式,被监外执行人仍然处于刑罚执行阶段,并且随时都存在因为违反监督规定或者再犯罪被重新收监执行的可能。从对犯罪进行改造和监管的角度上讲,对于暂予监外执行罪犯,原则上应当不允许离开居住地外出经商。但社会问题是复杂多变的,例如实践中,有的被监外执行的罪犯原来本身就是一个商人,如果允许他在监外执行期间从事工作或者劳动,他的工作性质就决定了他可能到外地去采购、贩卖商品,这将在他的本职工作与遵守监管规定之间产生矛盾。还有如一些被执行人的家庭确实困难,需要去贩卖一些物品来换取生活开支等。这些都是监外执行中需要解决的现实问题。我们认为,如果被暂予监外执行罪犯确因生活困难,在不影响对其实行监督考察的情况下,经执行机关(即居住地公安机关)批准,可以在居住地附近从

事一定范围的经营，如农副业和个体小商贩活动。对于有的被暂予监外执行的罪犯确因医治疾病或接受护理而需要离开居住地的，必须经过执行机关批准。经过批准外出的暂予监外执行的罪犯，其外出期间应计入服刑期；对于未经批准，擅自离开居住地的，不能计入服刑期，情节严重的，要依照有关规定严肃处理。

### 二十五、罪犯减刑、假释案件的管辖和处理程序

根据最高人民法院发布的《关于执行〈中华人民共和国刑事诉讼法〉若干问题的解释》规定，对罪犯减刑、假释案件的管辖和处理程序按照以下原则办理：

1. 减刑、假释案件的管辖

（1）对于被判处死刑缓期2年执行的罪犯的减刑，由罪犯服刑地的高级人民法院根据省、自治区、直辖市监狱管理机关审核同意的监狱减刑建议书裁定。

（2）对于被判处无期徒刑的罪犯的减刑、假释，由罪犯服刑地的高级人民法院根据省、自治区、直辖市监狱管理机关审核同意的监狱减刑、假释建议书裁定。高级人民法院应当自收到减刑、假释建议书之日起1个月内依法裁定；案情复杂或者情况特殊的，可以延长1个月。

（3）对于被判处有期徒刑（包括减为有期徒刑）的罪犯的减刑、假释，由罪犯服刑地的中级人民法院根据当地执行机关提出的减刑、假释建议书裁定。中级人民法院应当自收到减刑、假释建议书之日起1个月内依法裁定；案情复杂或者情况特殊的，可以延长1个月。

（4）对于被判处拘役的罪犯的减刑，由罪犯服刑地的中级人民法院根据当地同级执行机关提出的减刑建议书裁定。

（5）对于被判处管制的罪犯的减刑，由罪犯服刑地的中级人民法院根据当地同级执行机关提出的减刑建议书裁定。

（6）被宣告缓刑的罪犯，在缓刑考验期限内确有重大立功表现，需要予以减刑，并相应缩短缓刑考验期限的，应当由负责考察的公安派出所会同罪犯的所在单位或者基层组织提出书面意见，由罪犯所在地的中级人民法院根据当地同级执行机关提出的减刑、假释建议书裁定。

（7）对于公安机关看守所监管的罪犯的减刑、假释，由罪犯所在的看守所提出意见，由当地中级人民法院根据当地同级执行机关提出的减刑、假释建议书裁定。前款第（4）至（7）项规定的减刑、假释，人民法院应当自收到减刑、假释建议书之日起1个月内依法裁定。

2. 减刑、假释案件的处理程序

（1）人民法院受理减刑、假释案件，应当审查执行机关移送的材料是否包括下列内容：①减刑、假释建议书；②终审法院的判决书、裁定书、历次减刑裁定书的复制件；③罪犯确有悔改或者立功、重大立功表现的具体事实的书面证明材料；④罪犯评审鉴定表、奖惩审批表等。经审查，如果前款规定的材料齐备的，应当收案；材料不齐备的，应当通知提请减刑、假释的执行机关补送。

（2）人民法院审理减刑、假释案件，应当依法组成合议庭。

（3）减刑、假释的裁定，应当及时送达执行机关、同级人民检察院、负责监督假释罪犯的公安机关以及罪犯本人。人民检察院认为人民法院的减刑、假释裁定不当，应当在收到裁定书副本后20日内，向人民法院提出书面纠正意见。人民法院收到书面纠正意见后，应当重新组成合议庭进行审理，并在1个月内作出最终裁定。

### 二十六、保外就医应当具备哪些条件

保外就医，是指罪犯在服刑期间确有严重疾病经批准取保在监狱、劳改队、看守所以外医治的一种临时性执行刑罚的措施，它是监外执行的一种。根据新《刑事诉讼法》第254条规定，适用保外就医的罪犯必须具备以下条件：

1. 保外就医的人是属于被判处有期徒刑或者拘役的罪犯，对于被判处死缓、无期徒刑的罪犯，不能适用保外就医，但属于怀孕或者正在哺乳自己婴儿的妇女除外。

2. 有严重疾病需要保外就医。有严重疾病需要保外就医包括如下情况：患有严重疾病，在短期内有死亡危险的；监狱无法医治的病症或长期医治无效的严重慢性疾病；需要隔离治疗的传染病；罪犯的亲属有扶养条件并愿意保外就医的其他严重疾病。对于虽患有严重疾病但执行机关有条件治疗的，应当在监狱治疗，不得予以保外就医。

3. 适用保外就医没有社会危险性或者疾病不属于罪犯自伤自残造成的。新《刑事诉讼法》第254条第3款明确规定，对适用保外就医可能有社会危险性的罪犯，或者自伤自残的罪犯，不得保外就医。适用保外就医可能有社会危险性，是指对罪犯适用保外就医可能使其继续危害社会；罪犯自伤自残，是指其在劳动中故意使自己受伤或致残，或者是为了逃避刑罚、获得保外就医而故意伤害自己。

另外，新刑事诉讼法还明确规定，罪犯确有严重疾病，必须保外就医的，应当由省级人民政府指定的医院诊断并开具证明文件。省级人民政府指定的医院必须是统一规定的医院，不是临时指定的某一医院。对于没有省级人民政府

指定的医院开具的证明文件的，不得予以保外就医。在执行中如果发现罪犯不符合保外就医条件的，或者严重违反保外就医规定的，应当及时收监。

## 二十七、患有哪些疾病的留所已决犯可以保外就医

根据最高人民法院、最高人民检察院和公安部、司法部的有关规定，留所已决犯有下列情况之一者，可准予保外就医：身患严重疾病，短期内有死亡危险的；患严重慢性疾病，长期医治无效的；身体残疾，生活难以自理的；年老多病，不具有危害社会可能的。1990年12月31日司法部、最高人民检察院、公安部关于印发《罪犯保外就医执行办法》对患有疾病可准予保外就医的诸种情形作了如下规定：

1. 经精神病专科医院司法鉴定确诊的经常发作的各种精神病；

2. 各种器质性心脏病，心脏功能在三级以上。器质性心脏病所致的心律失常。心肌梗塞经治疗后，仍有严重的冠状动脉供血不足或合并症者；

3. 高血压病Ⅲ期；

4. 空洞型肺结核、反复咯血，且经两个疗程治疗不愈者，支气管扩张、反复咯血，合并肺感染者。患有肺胸膜性疾病，同时存在严重呼吸功能障碍者；

5. 各种肝硬变所致的失代偿期；

6. 各种导性肾脏疾病引起的肾功能不全，经治疗不能恢复者；

7. 脑血管疾病、颅内器质疾病所致的肢体瘫痪、明显语言障碍或视力障碍等，经治疗不愈者；

8. 各种脊髓疾病及周围神经所致的肢体瘫痪、大小便失禁、生活不能自理者；

9. 癫痫频繁大发作，伴有精神障碍者；

10. 糖尿病合并心、脑、肾病变或严重继发感染者；

11. 胶原性疾病造成脏器功能障碍，治疗无效者；

12. 内分泌腺病症，难以治愈，达到丧失劳动能力者；

13. 白血病、再生障碍性贫血者；

14. 寄生虫病侵犯肺、脑、肝等重要器官，造成继发性损害，生活不能自理者；

15. 心、肝等重要脏器损伤或遗有严重障碍，各种重要脏器手术治疗后，遗有严重功能障碍、丧失劳动能力者；

16. 消化器官及其腹部手术后有严重并发症者；

17. 肺、肾、肾上腺等器官一侧切除，对侧仍有病变或有明显功能障

碍者；

18. 严重骨盆骨折合并尿道损伤，经治疗后在骨关节遗有运动功能障碍，或遗有尿道狭窄和尿路感染久治不愈者；

19. 脑、脊髓外伤治疗后遗有痴呆、失语（包括严重语言不清）、截瘫或一个肢体功能丧失、大小便不能控制、功能难以恢复者；

20. 双上肢、双下肢、一个上肢和一个下肢因伤、病截肢或推动功能，不能恢复者；

21. 双手完全失去功能或病致双手手指缺损六个以上者，且六个缺损的手指中有半数以上在指掌关节处，必须包括双拇指全失；

22. 两个以上重要关节因伤病发生强直畸形，经治疗不见好转，相当于双下肢或双上肢或一个上肢和一个下肢丧失功能的程度，脊柱功能完全丧失者；

23. 各种恶性肿瘤经过治疗不见好转者；

24. 其他各类肿瘤，严重影响肌体功能而不能彻底治疗，或者全身状态不佳、肿瘤和主要脏器有严重粘连等原因而不能手术治疗或有严重后遗症者；

25. 伤病后所致的双目失明或接近失明者；

26. 上下颌伤、病经治疗后有语言不清、严重咀嚼障碍，两者存在者；

27. 经省、市职业病防治院所确定的二、三期矽肺、煤矽肺、石棉肺，各种职业性中毒性肺病及其他职业病治疗后，遗有肢体瘫痪、癫痫、失语、痴呆、失明、精神病等，职业性放射线病所致重要器官有严重损伤者；

28. 同时患有两种或两种以上疾病，其中一种病情必须接近上述各项疾病程序；

29. 艾滋病毒反应阳性者；

30. 其他需要保外就医的疾病。

## 二十八、看守所怎样办理留所已决犯保外就医手续

根据公安部关于保外就医有关问题的规定，看守所办理留所已决犯保外就医手续应当按照以下程序进行：

1. 必须有省级人民政府指定的医院开具的证明文件。证明文件要加盖公章，并附化验单、照片等有关病历档案。

2. 要履行保外就医的审批手续。先由看守所填写《罪犯保外就医征求意见书》，然后应当征得罪犯家属和当地公安派出所同意并确定保证人。保证人资格由看守所负责审查，保证人应当具有一定的经济条件和管束及教育保外就医罪犯的能力。保证人和被保人应当在《罪犯保外就医取保书》上签名或者盖章。

3. 看守所应当写出有关保外就医时限的书面意见并填写《罪犯保外就医审批表》，连同其他有关材料报经县级以上公安机关负责人批准。

4. 罪犯保外就医，应写出罪犯出所鉴定意见，办理登记和领取私人财物等手续，发给《罪犯保外就医证明书》，并要对罪犯进行遵守法纪和接受公安机关监督的教育。同时，须将《罪犯保外就医审批表》、《保外就医罪犯出监所鉴定表》及人民法院判决书的抄件或复印件，及时送达罪犯家属所在地的县级公安机关和人民检察院。

5. 保外就医的罪犯由保证人领回后，应立即到当地公安派出所报到。保外就医罪犯在规定的时间内不报到的，派出所应及时通知看守所，由看守所负责寻找。

6. 罪犯保外就医的时间，应当计算执刑刑期。刑期届满时由承办保外就医单位按期办理释放手续。保外就医罪犯，未经公安机关批准擅自外出的时间或采取非法报告骗取保外就医的时间，不得计入刑期。

## 二十九、涉及财产的刑罚执行应当注意哪些事项

根据最高人民法院发布的《关于执行〈中华人民共和国刑事诉讼法〉若干问题的解释》第358条至第360条规定，涉及财产的刑罚执行应当注意以下事项：

1. 对发生法律效力的刑事判决、裁定和调解书中涉及财产内容需要执行的，由原审人民法院执行；附带民事判决中财产的执行，依照民事诉讼法和最高人民法院的有关规定办理。

2. 罚金在判决规定的期限内一次或者分期缴纳。期满无故不缴纳的，人民法院应当强制缴纳。经强制缴纳仍不能全部缴纳的，人民法院在任何时候，包括在判处的主刑执行完毕后，发现被执行人有可以执行的财产的，应当追缴；如果由于遭遇不能抗拒的灾祸缴纳罚金确实有困难的，犯罪分子可以向人民法院申请减少或者免除。人民法院查证属实后，可以裁定对原判决确定的罚金数额予以减少或者免除；行政机关对被告人就同一事实已经处以罚款的，人民法院判处罚金时应当予以折抵。

3. 对判处财产刑的犯罪分子或者附带民事诉讼的判决、裁定有执行财产内容的被告人，在本地无财产可供执行的，原判人民法院可以委托其财产所在地人民法院代为执行。代为执行的人民法院执行后或者无法执行的，应当将有关情况及时通知委托的人民法院。代为执行的人民法院可以将执行财产刑的财产直接上缴国库；需要退赔的财产，应当由执行的人民法院移交委托人民法院依法退赔。

根据最高人民法院发布的《关于严格执行案件审理期限制度的若干规定》第 5 条第 3 款、第 4 款规定，没收财产、罚金刑的执行期限是：刑事案件没收财产刑应当即时执行；刑事案件罚金刑，应当在判决、裁定发生法律效力后 3 个月内执行完毕，至迟不超过 6 个月。

### 三十、能否用罚款折抵罚金

罚款与罚金在法律上是两个不同的概念。罚款是一个程序上的概念，它主要有两种形式：一种是诉讼程序中公安、司法机关依法对人犯作出的强制性处罚措施；另一种是行政执法机关在执法过程依法对违法行为人作出的行政处罚措施。罚金是一种实体性处罚，是刑法规定的刑罚种类之一，是指由人民法院强制被判了刑的人在一定的期限内交纳一定数量的金钱的刑罚。罚款与罚金的显著区别是：罚款是对违法者的处罚；罚金是对犯罪分子的处罚。即使二者在金额上可能比较接近，但在处罚的性质上却是有原则性区别的。

在有的案件中，行为人的行为已经构成犯罪，根据刑法规定，应当单处或者并处罚金，但是在人民法院判决前，行政机关已经对行为人适用了罚款处罚。这种情况下，罚款能否折抵罚金，即考虑行为人已经缴纳一定数额的金钱而免除再次缴纳罚金款？我们认为，人民法院在判决时，应考虑犯罪人已经受罚款处罚及其数额，在判处罚金时，应当将已缴纳的罚款折抵相应数额的罚金额。主要理由是：(1)《行政处罚法》第 28 条第 2 款明确规定："违法行为构成犯罪，人民法院判处罚金时，行政机关已经给予当事人罚款的，应当折抵相应罚金。"这是罚款折抵罚金的立法依据。(2) 罚款与罚金虽然在性质上有所区别，罚款属于行政处罚，罚金则属于刑罚，但都是财产性的惩罚措施，都要求行为人履行特定的金钱给付义务，并且是在同一案件中针对同一行为，所以，罚款是可以折抵罚金的。

### 三十一、对判处的罚金刑难以执行应当怎样处理

判处的罚金刑难以执行如何处理在刑事诉讼法理论上又称为罚金刑空判。1997 年刑法将适用罚金刑的罪名从 1979 年刑法规定的 20 条增加到近 150 条。罚金刑的处罚对象主要是贪财图利型犯罪，不仅对犯罪情节轻微的可以单处罚金，而且对犯罪情节严重的可在剥夺其人身自由的刑罚基础上并科以相应的罚金。由于罚金刑的广泛使用，罚金刑也已成为法院对犯罪分子进行经济制裁的主要手段。罚金等财产刑虽然能从经济上打击犯罪分子，但是，由于没有制定有效的收缴办法，罚金刑在司法实践中缺乏可行性，很多罚金刑判决在执行过程中被搁浅。原因是多种多样的，主要有以下几个方面：有的是因为罪犯家属

或者犯罪单位不愿意缴罚金；有的是因为被判处罚金的罪犯家庭经济条件差而确实无法缴纳；还有的少数罪犯隐藏赃款、赃物、逃避缴纳。由于这些原因，法院的判决往往就成为法律的"白条"，判决的罚金内容如同一纸空文。要依法执行罚金刑，确保法院判决后的罚金刑如期履行，从司法实践的具体情况看，我们认为应当采取以下办法：（1）采取财产先行扣押制。为防止犯罪嫌疑人抽逃资金或转移财产，案件在侦查过程中就应当对可能被判处罚金的案件中的财产部分采取查封等强制措施，为判决后的执行创造条件。新《刑事诉讼法》第 100 条规定：人民法院在必要的时候，可以采取保全措施，查封、扣押或者冻结被告人的财产。这一规定为解决罚金刑执行难问题创造了空间。（2）实行责任追究处罚制。对抽逃资金、转移财产，或有能力而拒不执行罚金的行为人，依法追究民事、经济直至刑事责任。（3）建立财产状况附卷移送制。即只要是可能判处罚金的案件，一经立案，就应当对涉案犯罪嫌疑人、被告人的财产状况，包括其银行存款、固定资产、流动资金、各种债权、抵押情况列出清单，登记在案，在起诉时一并移送法院，使法院在判决罚金时作为参考，做到适用罚金胸中有数。同时也可以防止被告人及其家属转移和隐匿财产。

### 三十二、哪些属于国家刑事赔偿的受案范围

根据 2010 年 4 月 29 日全国人大常委会第 14 次会议通过的《中华人民共和国国家赔偿法》第 3 条至第 5 条规定，国家赔偿的范围是：

1. 行政机关及其工作人员在行使行政职权时有下列侵犯人身权情形之一的，受害人有取得赔偿的权利：（1）违法拘留或者违法采取限制公民人身自由的行政强制措施的；（2）非法拘禁或者以其他方法非法剥夺公民人身自由的；（3）以殴打、虐待等行为或者唆使、放纵他人以殴打、虐待等行为造成公民身体伤害或者死亡的；（4）违法使用武器、警械造成公民身体伤害或者死亡的；（5）造成公民身体伤害或者死亡的其他违法行为。

2. 行政机关及其工作人员在行使行政职权时有下列侵犯财产权情形之一的，受害人有取得赔偿的权利：（1）违法实施罚款、吊销许可证和执照、责令停产停业、没收财物等行政处罚的；（2）违法对财产采取查封、扣押、冻结等行政强制措施的；（3）违法征收、征用财产的；（4）造成财产损害的其他违法行为。

3. 属于下列情形之一的，国家不承担赔偿责任：（1）行政机关工作人员与行使职权无关的个人行为；（2）因公民、法人和其他组织自己的行为致使损害发生的；（3）法律规定的其他情形。

### 三十三、再审改判无罪的案件如何确定赔偿机关

国家赔偿是在国家权力行使过程中造成了对公民人身财产权利损害所进行的赔偿。刑事诉讼中的公安机关、人民检察院和人民法院分别履行着侦查、起诉和审判职能，这些职能的核心定位在于国家权力本位。由于公安、司法机关承担着维护社会稳定和打击刑事犯罪的职能，是国家的暴力统治机器，与其他国家机关相比较，更容易在权力运行中对公民人身和财产造成损害。所以，在国家赔偿法规定的赔偿内容中，都把刑事赔偿问题列为国家的主要赔偿内容。《国家赔偿法》第21条规定，行使侦查、检察、审判职权的机关以及看守所、监狱管理机关及其工作人员在行使职权时侵犯公民、法人和其他组织的合法权益造成损害的，该机关为赔偿义务机关。……再审改判无罪的，作出原生效判决的人民法院为赔偿义务机关。二审改判无罪，以及二审发回重审后作无罪处理的，作出一审有罪判决的人民法院为赔偿义务机关。

国家赔偿法比较详细地规定了公安、司法机关承担刑事赔偿的范围和赔偿的主体。但法律主要是从国家赔偿的整体义务上作出的规定，不可能概括司法实践中的全部内容。1996年5月6日最高人民法院发布的《关于人民法院执行〈中华人民共和国国家赔偿法〉几个问题的解释》第5条，对按照审判监督程序重新进行审判后作出无罪判决案件的刑事赔偿问题作了如下规定：根据《国家赔偿法》第19条第4款（修订后的《国家赔偿法》第21条——编者注）"再审改判无罪的，作出原生效判决的人民法院为赔偿义务机关"的规定，原一审人民法院作出判决后，被告人没有上诉，人民检察院没有抗诉，判决发生法律效力的，原一审人民法院为赔偿义务机关；被告人上诉或者人民检察院抗诉，原二审人民法院维持一审判决或者对一审人民法院判决予以改判的，原二审人民法院为赔偿义务机关。

### 三十四、国家赔偿的方式和计算标准是如何规定的

根据《国家赔偿法》第32条至第37条的规定，国家赔偿以支付赔偿金为主要方式，能够返还财产或者恢复原状的，予以返还财产或者恢复原状。侵犯公民人身自由的，每日赔偿金按照国家上年度职工日平均工资计算。侵犯公民生命健康权的，赔偿金按照下列规定计算：（1）造成身体伤害的，应当支付医疗费、护理费，以及赔偿因误工减少的收入。减少的收入每日的赔偿金按照国家上年度职工日平均工资计算，最高额为国家上年度职工年平均工资的5倍；（2）造成部分或者全部丧失劳动能力的，应当支付医疗费、护理费、残疾生活辅助具费、康复费等因残疾而增加的必要支出和继续治疗所必需的费

用，以及残疾赔偿金。残疾赔偿金根据丧失劳动能力的程度，按照国家规定的伤残等级确定，最高不超过国家上年度职工年平均工资的 20 倍。造成全部丧失劳动能力的，对其扶养的无劳动能力的人，还应当支付生活费；（3）造成死亡的，应当支付死亡赔偿金、丧葬费，总额为国家上年度职工年平均工资的 20 倍。对死者生前扶养的无劳动能力的人，还应当支付生活费。前述第（2）、（3）项规定的生活费的发放标准，参照当地最低生活保障标准执行。被扶养的人是未成年人的，生活费给付至 18 周岁止；其他无劳动能力的人，生活费给付至死亡时止。

具有《国家赔偿法》第 3 条或者第 17 条规定情形之一，致人精神损害的，应当在侵权行为影响的范围内，为受害人消除影响，恢复名誉，赔礼道歉；造成严重后果的，应当支付相应的精神损害抚慰金。

侵犯公民、法人和其他组织的财产权造成损害的，按照下列规定处理：（1）处罚款、罚金、追缴、没收财产或者违法征收、征用财产的，返还财产；（2）查封、扣押、冻结财产的，解除对财产的查封、扣押、冻结，造成财产损坏或者灭失的，依照本条第（3）项、第（4）项的规定赔偿；（3）应当返还的财产损坏的，能够恢复原状的恢复原状，不能恢复原状的，按照损害程度给付相应的赔偿金；（4）应当返还的财产灭失的，给付相应的赔偿金；（5）财产已经拍卖或者变卖的，给付拍卖或者变卖所得的价款；变卖的价款明显低于财产价值的，应当支付相应的赔偿金；（6）吊销许可证和执照、责令停产停业的，赔偿停产停业期间必要的经常性费用开支；（7）返还执行的罚款或者罚金、追缴或者没收的金钱，解除冻结的存款或者汇款的，应当支付银行同期存款利息；（8）对财产权造成其他损害的，按照直接损失给予赔偿。

赔偿费用列入各级财政预算。赔偿请求人凭生效的判决书、复议决定书、赔偿决定书或者调解书，向赔偿义务机关申请支付赔偿金。赔偿义务机关应当自收到支付赔偿金申请之日起 7 日内，依照预算管理权限向有关的财政部门提出支付申请。财政部门应当自收到支付申请之日起 15 日内支付赔偿金。赔偿费用预算与支付管理的具体办法应参照国务院下发的有关规定。

### 三十五、要求国家赔偿的时效规定有哪些

国家赔偿是出于管理社会的角度进行考虑，对国家不慎管理行为的一种反思。由国家来承担对公民个人的损害赔偿，实际上是国家在承担社会福利性质的补偿责任。因为国家是由一定范围内的社会全体成员形成的一个整体，这个整体的财产在本质上属于全体社会成员，如果由国家来承担对某一个别公民的损害赔偿，实际上是由全体社会成员来承担赔偿。所以，对国家赔偿的时间范

围应当作必要的限制,这样对大多数社会成员来说才算公平。

任何追究他人责任的诉求行为都应当受到一定时间范围的限制。国家也不例外。例如,刑法规定的追诉时效就是这样,对于什么样性质、应当处多重刑罚的犯罪行为,分别经过多少年就应当不予追诉。法律规定时效,实际是规定一个对承担责任的免除原则,只要符合这些原则的,就可以免除其责任和义务。追诉人如果在规定的时效范围内没有提起请求,就应当视为自动放弃了追诉要求,不能因为同一诉讼请求再提出要求解决。这对于限制无限追诉和强调矛盾及时解决的原则,都是十分必要的。

《国家赔偿法》第39条对国家赔偿的时效也作了明确规定。根据《国家赔偿法》第39条的规定:赔偿请求人请求国家赔偿的时效为2年,自其知道或者应当知道国家机关及其工作人员行使职权时的行为侵犯其人身权、财产权之日起计算,但被羁押等限制人身自由期间不计算在内。在申请行政复议或者提起行政诉讼时一并提出赔偿请求的,适用行政复议法、行政诉讼法有关时效的规定。赔偿请求人在赔偿请求时效的最后6个月内,因不可抗力或者其他障碍不能行使请求权的,时效中止。从中止时效的原因消除之日起,赔偿请求时效期间继续计算。

### 三十六、申请核拨赔偿费应当提交哪些文件

国家赔偿是一种政府行为,赔偿费用来源于各级政府的财产收入,必须严格实行费用管理和支出。而且政府有关部门在支出赔偿费用时,必须实行专款专用,需要对支付专款的用途进行必要审核。作为诉讼中的一种法律责任,在承担法律赔偿责任时,也必须具有承担责任的根据和支付赔偿款项去处。所有这些,都构成了申请核拨赔偿费时应当提交的文件内容。

2011年1月17日国务院公布的《国家赔偿费用管理条例》第8条规定:赔偿义务机关应当自受理赔偿请求人支付申请之日起7日内,依照预算管理权限向有关财政部门提出书面支付申请,并提交下列材料:(1)赔偿请求人请求支付国家赔偿费用的申请;(2)生效的判决书、复议决定书、赔偿决定书或者调解书;(3)赔偿请求人的身份证明。

# 第五章 特别程序

## 第一节 未成年人刑事案件诉讼程序

### 一、新刑事诉讼法对未成年人刑事案件诉讼程序作了哪些规定

《修改决定》在第106条新增加的"特别程序"一编中,设专章规定了"未成年人刑事案件诉讼程序"。《修改决定》对未成年人刑事案件诉讼程序主要规定了以下几个方面的内容:

1. 规定了办理未成年人刑事诉讼案件的原则。一是规定了办理未成年人刑事案件的指导原则,即新《刑事诉讼法》第266条第1款规定:"对犯罪的未成年人实行教育、感化、挽救的方针,坚持教育为主、惩罚为辅的原则。"二是规定了办理未成年人刑事案件的保障原则,即新《刑事诉讼法》第266条第2款规定:"人民法院、人民检察院和公安机关办理未成年人刑事案件,应当保障未成年人行使其诉讼权利,保障未成年人得到法律帮助,并由熟悉未成年人身心特点的审判人员、检察人员、侦查人员承办。"

2. 规定了未成年人应享有律师辩护的权利。新《刑事诉讼法》第267条规定:"未成年犯罪嫌疑人、被告人没有委托辩护人的,人民法院、人民检察院、公安机关应当通知法律援助机构指派律师为其提供辩护。"除非未成年犯罪嫌疑人、被告人明确表示拒绝辩护人为其辩护外,在没有委托辩护人的情况下,公安、司法机关都负有通知法律援助机构指派律师进行辩护的职责,法律援助机构也负有指派律师为其辩护的职责,被指派的律师不得推脱为未成年犯罪嫌疑人、被告人进行法律援助。

3. 规定了公安、司法机关对未成年人犯罪案件的特别调查内容。新《刑事诉讼法》第268条规定:"公安机关、人民检察院、人民法院办理未成年人刑事案件,根据情况可以对未成年犯罪嫌疑人、被告人的成长经历、犯罪原因、监护教育等情况进行调查。"法律这样规定的目的是为了保证公安、司法机关能够更多地掌握关于犯罪未成年人的基本情况,以便对未成年人犯罪案件作出更为合适的、宽大的处理。

4. 规定了对未成年人犯罪案件，应严格限制和谨慎适用强制措施和实行方法。新《刑事诉讼法》第 269 条规定："对未成年犯罪嫌疑人、被告人应当严格限制适用逮捕措施。人民检察院审查批准逮捕和人民法院决定逮捕，应当讯问未成年犯罪嫌疑人、被告人，听取辩护律师的意见。对被拘留、逮捕和执行刑罚的未成年人与成年人应当分别关押、分别管理、分别教育。"

5. 扩大了办理未成年人犯罪案件的知情和监督范围。新《刑事诉讼法》第 270 条规定："对于未成年人刑事案件，在讯问和审判的时候，应当通知未成年犯罪嫌疑人、被告人的法定代理人到场。无法通知、法定代理人不能到场或者法定代理人是共犯的，也可以通知未成年犯罪嫌疑人、被告人的其他成年亲属，所在学校、单位、居住地基层组织或者未成年人保护组织的代表到场，并将有关情况记录在案。到场的法定代理人可以代为行使未成年犯罪嫌疑人、被告人的诉讼权利。"

6. 规定了对未成年人的特别诉权保护。一是规定"讯问女性未成年犯罪嫌疑人，应当有女工作人员在场"。二是规定未成年人在法庭审理作最后陈述后，他的法定代理人可以进行补充陈述。三是规定询问未成年被害人、证人，也适用讯问未成年人时特殊保护的有关条款。

7. 规定了对符合法律规定条件的未成年人犯罪可以附条件不起诉。根据新《刑事诉讼法》第 271 条规定，对于未成年人涉嫌刑法分则第四章规定的侵犯公民人身权利、民主权利罪，第五章规定的侵犯财产罪，第六章规定的妨害社会管理秩序罪，可能判处 1 年有期徒刑以下刑罚，符合起诉条件，但有悔罪表现的，人民检察院可以作出附条件不起诉的决定。

8. 规定了对未成年人犯罪案件实行不公开审理程序。新《刑事诉讼法》第 274 条规定："审判的时候被告人不满十八周岁的案件，不公开审理。但是，经未成年被告人及其法定代理人同意，未成年被告人所在学校和未成年人保护组织可以派代表到场。"

9. 明确规定对未成年人犯罪资料予以保密的原则。新《刑事诉讼法》第 275 条规定："犯罪的时候不满十八周岁，被判处五年有期徒刑以下刑罚的，应当对相关犯罪记录予以封存。犯罪记录被封存的，不得向任何单位和个人提供，但司法机关为办案需要或者有关单位根据国家规定进行查询的除外。依法进行查询的单位，应当对被封存的犯罪记录的情况予以保密。"

## 二、审查批捕和起诉未成年人犯罪案件应当注意哪些问题

现代国际社会对未成年人犯罪都给予特殊的处理原则，是社会走向文明、

社会法制不断健全的标志之一。无论是在立法方面还是在司法方面，对于罪行较轻，具备有效监护条件或者社会帮教措施，没有社会危险性或者社会危险性较小，不会妨害诉讼正常进行的未成年犯罪嫌疑人，一般都不对未成年人采用严厉的诉讼手段和监禁措施。所以，对于罪行虽然达到了逮捕条件的未成年人，但主观恶性不大，有悔罪表现，具备有效监护条件或者社会帮教措施，不会继续发生危害社会的行为，不妨害诉讼的正常进行，一般也可以不予批准逮捕。2006年12月28日最高人民检察院通过的《人民检察院办理未成年人刑事案件的规定》中规定，对具有下列情形之一的未成年犯罪嫌疑人，可以不予批准逮捕：（1）初次犯罪、过失犯罪的；（2）犯罪预备、中止、未遂的；（3）有自首或者立功表现的；（4）犯罪后能够如实交代罪行，认识自己行为的危害性、违法性，积极退赃，尽力减少和赔偿损失，得到被害人谅解的；（5）不是共同犯罪的主犯或者集团犯罪中的首要分子的；（6）属于已满14周岁不满16周岁的未成年人或者系在校学生的；（7）其他没有逮捕必要的情形。

由于未成年人犯罪的特殊性，在处理未成年犯罪案件时，不能按照处理成年人案件的思维来办理，必须遵循国家的刑事政策和法律的要求，认真掌握未成年人犯罪案件的特点和规律。根据有关司法解释的规定，检察机关在审查批捕未成年人犯罪案件的时候，主要应当注意以下问题：

1. 对于未成年犯罪嫌疑人、被告人，应当严格限制适用逮捕措施。审查批准逮捕未成年犯罪嫌疑人，应当把是否已满14、16、18周岁的临界年龄，作为重要事实予以查清。对难以判断犯罪嫌疑人实际年龄，影响案件认定的，应当作出不批准逮捕的决定，需要补充侦查的，同时通知公安机关予以查证落实。

2. 人民检察院审查批准逮捕未成年人犯罪案件，应当讯问未成年犯罪嫌疑人。讯问未成年犯罪嫌疑人，应当根据该未成年人的特点和案件情况，制定详细的讯问提纲，采取适宜该未成年人的方式进行，讯问用语应当准确易懂。讯问时，应当听取辩护律师的意见，应当告知其依法享有的诉讼权利，告知其如实供述案件事实的法律规定和意义，核实其是否有自首、立功、检举揭发等表现，听取其有罪的供述或者无罪、罪轻的辩解。

3. 讯问未成年犯罪嫌疑人，应当通知法定代理人到场，告知法定代理人依法享有的诉讼权利和应当履行的义务。法定代理人不能到场的，应当通知其近亲属或者相关单位的代表到场。到场人还可以针对讯问提出自己的意见。讯问女性未成年犯罪嫌疑人，应当有女检察人员参加。讯问未成年犯罪嫌疑人一般不得使用戒具。对于确有人身危险性，必须使用戒具的，在现实危险消除后，应当立即停止使用。

4. 人民检察院审查批准逮捕未成年犯罪嫌疑人，应当根据未成年犯罪嫌疑人涉嫌犯罪的事实、主观恶性、有无监护与社会帮教条件等，综合衡量其社会危险性，确定是否有逮捕必要，慎用逮捕措施，可捕可不捕的不要逮捕。对于罪行较轻，具备有效监护条件或者社会帮教措施，没有社会危险性或者社会危险性较小，不会妨害诉讼正常进行的未成年犯罪嫌疑人，一般不予批准逮捕。未成年犯罪嫌疑人被羁押的，人民检察院应当审查是否有必要继续羁押。

5. 人民检察院审查起诉未成年人刑事案件时，如果未成年人犯罪嫌疑人尚为委托辩护律师的，应当告知该未成年犯罪嫌疑人及其法定代理人有权委托辩护人，告知被害人及其法定代理人有权委托诉讼代理人，告知附带民事诉讼的当事人及其法定代理人有权委托诉讼代理人。未成年犯罪嫌疑人及其法定代理人因经济困难等原因没有聘请律师的，人民检察院应当告知其可以申请法律援助。对未成年犯罪嫌疑人、未成年被害人或者其法定代理人提出聘请律师意向，但因经济困难或者其他原因没有委托辩护人、诉讼代理人的，应当帮助其申请法律援助；或者通知法律援助机构给予指定辩护律师。

6. 对于未成年人实施的轻伤害案件、初次犯罪、过失犯罪、犯罪未遂的案件以及被诱骗或者被教唆实施的犯罪案件等，情节轻微，犯罪嫌疑人确有悔罪表现，当事人双方自愿就民事赔偿达成协议并切实履行，符合《刑法》第37条规定的，人民检察院可以依照新《刑事诉讼法》第173条第2款的规定作出不起诉的决定，并可以根据案件的不同情况，予以训诫或者责令具结悔过、赔礼道歉。不起诉决定书应当向被不起诉的未成年人及其法定代理人公开宣布，并阐明不起诉的理由和法律依据。不起诉决定书应当送达被不起诉的未成年人及其法定代理人，并告知其依法享有的权利。

7. 人民检察院审查未成年人与成年人共同犯罪案件，一般应当将未成年人与成年人分案起诉。对分案起诉的未成年人与成年人共同犯罪案件，一般应当同时移送人民法院。对于需要补充侦查的，如果补充侦查事项不涉及未成年犯罪嫌疑人所参与的犯罪事实，不影响对未成年犯罪嫌疑人提起公诉的，应当对未成年犯罪嫌疑人先予提起公诉。分案起诉的未成年人与成年人共同犯罪案件在审查起诉过程中可以根据全案情况制作一个审结报告，起诉书以及出庭预案等应当分别制作。人民检察院对未成年人与成年人共同犯罪案件分别提起公诉后，在诉讼过程中出现不宜分案起诉情形的，可以及时建议人民法院并案审理。

8. 对未成年被告人提起公诉，应当将有效证明该未成年人年龄的材料作为主要证据复印件之一移送人民法院。在法庭审理过程中，公诉人的讯问、询问、辩论等活动，应当注意未成年人的身心特点。对于未成年被告人情绪严重不稳定，不宜继续接受审判的，公诉人可以建议法庭休庭。公诉人一般不提请未成年证人、被害人出庭作证。

9. 对于符合适用简易程序审理条件的未成年人刑事案件，人民检察院应当向人民法院提出适用简易程序的建议。适用简易程序审理的未成年人刑事案件，人民检察院可以派员出席法庭或者在开庭前通过移送对未成年被告人的社会调查材料等方式，协助人民法院进行法庭教育工作。

10. 未成年人刑事案件，是指犯罪嫌疑人、被告人实施涉嫌犯罪行为时已满14周岁、未满18周岁的刑事案件。但在有关未成年人诉讼权利和体现对未成年人程序上特殊保护的条文中所称的未成年人，是指在诉讼过程中已满14周岁、未满18周岁的人。实施犯罪行为的年龄，一律按公历的年、月、日计算。从周岁生日的第二天起，为已满××周岁。

### 三、讯问未成年犯罪嫌疑人应当注意哪些问题

未成年犯罪嫌疑人由于其生理和心理发育尚不成熟，认识能力和自控能力较弱，因此，刑法和新刑事诉讼法都规定了对未成年人的特殊保护。讯问未成年犯罪嫌疑人与讯问成年犯罪嫌疑人存在着一些方法和措施上的差异，不仅要体现法律对未成年人的特殊保护，而且要根据未成年人犯罪的个性特征进行，否则将事倍功半，难以取得令人满意的办案效果。《修改决定》第107条和最高人民检察院、公安部的有关规定对讯问未成年犯罪嫌疑人作了较为原则性的规定。结合司法实践看，讯问未成年犯罪嫌疑人应当注意以下几个方面：

1. 讯问未成年犯罪嫌疑人时，应当通知犯罪嫌疑人、被告人的法定代理人到场。无法通知、法定代理人不能到场或者法定代理人是共犯的，也可以通知犯罪嫌疑人、被告人的其他成年近亲属，所在学校、单位或者居住地的村民委员会、居民委员会、未成年人保护组织的代表到场，并将有关情况在讯问笔录中注明。到场的法定代理人可以代为行使犯罪嫌疑人、被告人的诉讼权利。讯问女性未成年犯罪嫌疑人，应当有女工作人员在场。讯问人员应当告知未成年犯罪嫌疑人如实供述自己罪行可以从宽处理的法律规定。

2. 根据未成年人的个性特征，在讯问过程中注意创造有利讯问的气氛，以消除其对立情绪。侦查人员或其他司法工作人员应当注意仪态和文明举止，不要随便对他们进行训斥、讽刺、挖苦，更不能进行威逼、恐吓，甚至刑讯逼供。在讯问中要注意动之以情，例如在生活上给予未成年犯罪嫌疑人以照顾等。讯问的方式要坚持循序渐进，由浅入深，把讯问工作分步骤、分阶段地进行。第一次讯问未成年犯罪嫌疑人要重在启发，先稳定情绪，通过摆事实、讲道理的办法，晓之以理，沟通感情，用较为委婉的方式指出坦白的出路及其顽

抗的后果，将讯问内容逐步引向深入。切忌急于求成、穷追猛打的讯问方式。在讯问过程中，要注意照顾和保护好未成年人的身体健康和休息，不能在短时间内对其进行连续讯问，不能通过讯问对其增加思想负担和心理压力来达到讯问目的，更不能采用利诱等方法达到其自证有罪的目的。总之，要把讯问未成年人犯罪嫌疑人与讯问成年人犯罪嫌疑人的方式决然分开，要把讯问未成年人犯罪嫌疑人的程序建立在文明、动情、明理、友好的基础之上。

3. 讯问的目的要坚持从教育着手，促使其认罪服法。未成年犯罪嫌疑人犯罪的一个重要原因就是妄自无法或者不懂法、不知罪。因此，在讯问中可以结合其家庭情况、生活环境、个人成长史以及犯罪的原因、动机等进行开导，联系具体事例向其讲解有关的法律知识，使其明白自己行为所产生的严重后果，促使其知错认罪。在讯问期间要善于做好其家长、亲友的工作，争取得到家长、亲友和教师的配合。家长、亲友和教师与未成年犯罪嫌疑人之间都有一定的感情基础，他们对未成年犯罪嫌疑人的性格特点比较了解，通过他们来做未成年犯罪嫌疑人的思想工作或者进行规劝，就会有的放矢，使未成年犯罪嫌疑人容易消除思想上的抵触情绪。同时，这些人还可能提供一些有关的犯罪情况和线索。

### 四、对哪些情况下的未成年人犯罪案件应当不起诉

在 2012 年刑事诉讼法修改之前，我国就已经开始实行了对未成年人犯罪有区别地实行不起诉的政策。这主要是基于社会要求挽救失足青少年的呼声日益高涨，而犯罪率又一再攀升，国家在权衡打击与保护双向利弊后才作出的决策。根据 2006 年 12 月 28 日最高人民检察院通过的《人民检察院办理未成年人刑事案件的规定》第 20 条规定，检察机关对犯罪情节轻微，并具有下列情形之一，依照刑法规定不需要判处刑罚或者免除刑罚的未成年犯罪嫌疑人，一般应当依法作出不起诉决定：

1. 被胁迫参与犯罪的。被胁迫参加犯罪的未成年青少年在主观上一般不具有恶性，主要是由于他们社会阅历浅，在他人威逼或者利诱下参与犯罪，在犯罪的立场上具有被动性；对犯罪可能导致的危害结果往往持消极的态度，即一般不希望危害结果的发生，但是为了保住自己利益或安全又不得不附和应对，从而随他人一起实施犯罪。我国刑法对被胁迫参与犯罪的人，历来也是采取从宽处罚原则。主要也是考虑到他们的主观恶性及人身危险性程度小于主犯和从犯，青少年犯罪更是如此。

2. 犯罪预备、中止的。犯罪预备是指犯罪行为处于准备工具、制造条件阶段，即犯罪的实行行为尚未开始，只是在为犯罪进行准备工作，侵害行为和

后果也就更不可能产生。刑法理论上一般认为，犯罪预备虽然不是犯罪的实行阶段，但从主观恶性上讲，它与实行犯罪并没有什么区别，只是犯罪客体还没有受到实际伤害，也应当属于犯罪行为，应当承担刑事责任，但可以比照犯罪既遂减轻或者免予刑事处罚。犯罪中止，是指在犯罪过程中，犯罪行为人自动放弃犯罪或者自动有效地防止犯罪结果发生的情形。刑法对于犯罪中止的处罚轻重程度，大致处于预备犯罪与未遂犯罪之间。对于没有造成损害的中止犯，应当免除处罚；造成损害的，应当减轻处罚。从刑法关于犯罪预备、中止的处罚程度看，把其规定作为那些犯罪情节较轻的青少年犯罪不起诉的考虑情节，是比较合适的。

3. 在共同犯罪中起次要或者辅助作用的。这里主要是指的共同犯罪中的从犯。从犯的主观恶性虽然比被胁迫参加犯罪的人要深，但它毕竟在共同犯罪中只起到了次要或者辅助作用，而且很多从犯，特别是青少年犯罪中的从犯，大多是出于一种交朋结友、哥们儿义气的心理参与犯罪，人身危险性相对较小。所以，也应当作为不起诉的考虑对象之一。

4. 属于又聋又哑的人或者盲人的。又聋又哑的人或者盲人属于限制责任能力的范畴，刑法无论是在追究犯罪嫌疑人、被告人刑事责任或者执行刑罚的时候，都要把聋哑人或者盲人作为从轻处罚或者从宽发落的一个情节。所以，如果犯罪嫌疑人、被告人既是又聋又哑的人或者盲人，同时又是青少年，就更应当对其从轻从宽处理。

5. 因防卫过当或者紧急避险过当构成犯罪的。正当防卫和紧急避险行为都是刑法规定的排除社会危害性的行为。尽管世界各国刑罚的宽严程度不一，但都无例外地规定了对实行正当防卫或者采取紧急避险行为而造成的损害后果不承担刑事责任。正当防卫和紧急避险行为，从某种程度还反映了行为人的正义感和责任心，作为青少年实施这样的行为，至少可以判断出他纯正的内心世界。即使触犯了刑罚，也应从宽从轻处理。

6. 有自首或者重大立功表现的。自首，是指行为人实施犯罪后自动投案，如实供述自己的罪行，并愿意接受国家审判的行为。重大立功表现，这里主要是指那些对国家、社会作出了重大贡献，或者具有工作、劳动中的业绩优异、显著，或者具有舍己救人的高尚品德等情形。这两种情况都分别反映了犯罪嫌疑人不具有很深的主观恶性。对犯罪后的青少年，只要是有自首或者重大立功表现的，只要犯罪情节较轻，都可以采取不起诉处理。

7. 其他依照刑法规定不需要判处刑罚或者免除刑罚的情形。这主要是针对不属于上述几种情形，但根据犯罪青少年的主观犯罪恶性和人身危险性状态，以及犯罪给社会造成损害的大小，由公诉机关在参考法律的基础上，通过内心确信来判断是否对其作出不起诉处理。

## 五、检察机关可以对哪些未成年人犯罪建议法院适用缓刑

检察机关建议法院对犯罪的未成年人适用缓刑，实质上是检察机关在办理未成年公诉案件中行使的一部分量刑建议权。所谓量刑建议，是指检察机关在刑事审判过程中对被告人应当判处的刑罚依法向人民法院提出的建议。量刑建议在最近几年的公诉实践中得到了较为充分的运用，也是我国刑事公诉制度改革的选择途径之一。最高人民法院、最高人民检察院、公安部、国家安全部、司法部2010年联合下发的《关于规范量刑程序若干问题的意见（试行）》中，确认和强化了检察机关的量刑建议权。从公诉理论上讲，公诉权在本质上是一种刑罚请求权，既有求罪的权利，也有求刑的权利。由检察机关请求审判机关在确认其指控的犯罪基础上予以什么样的刑罚制裁，也是合情合理的。它体现了刑事诉讼构造兼顾公正与效率的原则，维护了量刑活动的一致性和严肃性，同时也赋予了检察机关更为积极主动的诉讼地位。

根据2006年12月28日最高人民检察院通过的《人民检察院办理未成年人刑事案件的规定》第31条规定，检察机关对下列情况的未成年犯罪嫌疑人可以建议法院适用缓刑：

具有下列情形之一，依法可能判处拘役、3年以下有期徒刑，悔罪态度较好，具备有效监护条件或者社会帮教措施，适用缓刑确实不致再危害社会的未成年被告人，可以建议人民法院适用缓刑：（1）犯罪情节较轻，未造成严重后果的；（2）主观恶性不大的初犯或者胁从犯、从犯；（3）被害人同意和解或者被害人有明显过错的；（4）其他可以适用缓刑的情节。

人民检察院提出对未成年被告人适用缓刑建议的，应当将未成年被告人能够获得有效监护、帮教的书面材料一并于判决前移送人民法院。

## 六、检察机关怎样对办理未成年人犯罪案件进行监督

根据2006年12月28日最高人民检察院通过的《人民检察院办理未成年人刑事案件的规定》第36条、第37条规定，检察机关作为国家法律监督机关，有权利也有义务对办理未成年人犯罪案件的诉讼活动进行监督。

1. 人民检察院审查批准逮捕、审查起诉未成年犯罪嫌疑人，应当同时审查公安机关的侦查活动是否合法，发现有下列违法行为的，应当提出纠正意见；构成犯罪的，依法追究刑事责任：（1）违法对未成年犯罪嫌疑人采取强制措施或者采取强制措施不当的；（2）未依法实行对未成年犯罪嫌疑人与成年犯罪嫌疑人分管、分押的；（3）对未成年犯罪嫌疑人采取刑事拘留、逮捕

措施后，在法定时限内未进行讯问，或者未通知其法定代理人或者近亲属的；（4）对未成年犯罪嫌疑人威胁、体罚、侮辱人格、游行示众，或者刑讯逼供、指供、诱供的；（5）利用未成年人认知能力低而故意制造冤、假、错案的；（6）对未成年被害人、证人以诱骗等非法手段收集证据或者侵害未成年被害人、证人的人格尊严及隐私权等合法权益的；（7）违反羁押和办案期限规定的；（8）已作出不批准逮捕、不起诉决定，公安机关不立即释放犯罪嫌疑人的；（9）在侦查中有其他侵害未成年人合法权益行为的。

2. 对依法不应当公开审理的未成年人刑事案件公开审理的，人民检察院应当在开庭前提出纠正意见。公诉人出庭支持公诉时，发现法庭审判有下列违反法律规定的诉讼程序的情形之一的，应当在休庭后及时向本院检察长报告，由人民检察院向人民法院提出纠正意见：（1）开庭或者宣告判决时未通知未成年被告人的法定代理人到庭的；（2）人民法院没有给聋哑或者不通晓当地通用的语言文字的未成年被告人聘请或者指定翻译人员的；（3）未成年被告人在审判时没有辩护人的，或对未成年被告人及其法定代理人依照法律规定拒绝辩护人为其辩护，合议庭未另行通知辩护律师的；（4）法庭未告知未成年被告人及其法定代理人依法享有的申请回避、辩护、提出新的证据、申请重新鉴定或者勘验、最后陈述、提出上诉等诉讼权利的；（5）其他违反法律规定的诉讼程序的情形。

## 七、哪些情况下在押的未成年犯罪嫌疑人可以会见其近亲属

在通常的情况下，处于刑事诉讼过程之中的犯罪嫌疑人是不能随便会见自己的近亲属的，特别是在侦查阶段。这主要是因为案件处于审查阶段，很多犯罪事实还没有查清，犯罪嫌疑人对自己犯罪行为的认识也还处于不确定状态，让其会见自己的近亲属可能会给诉讼造成一些不必要的麻烦。但是，司法机关从保护未成年人角度考虑，在不影响刑事诉讼正常进行的情况下，可以根据未成年犯罪嫌疑人或者其近亲属的要求，安排适当的时间让其会见。但会见必须是在安全和遵守必要纪律和程序的前提下进行。根据2006年12月28日最高人民检察院通过的《人民检察院办理未成年人刑事案件的规定》第18条、第19条规定，检察机关对下列情况的未成年犯罪嫌疑人可以安排他们跟自己的法定代理人、近亲属等进行会见、通话：

1. 案件事实已基本查清，主要证据确实、充分，安排会见、通话不会影响诉讼活动正常进行。在案件事实已经基本查清，证明犯罪的主要证据也已经得到基本固定的情况下，可以安排会见或者通话。但前提之一，仍然是不存在影响刑事诉讼正常进行的因素，包括会见的动机纯正、会见的方式正常、会见

的程序合法等。

2. 未成年犯罪嫌疑人有认罪、悔罪表现，或者虽尚未认罪、悔罪，但通过会见、通话有可能促使其转化，或者通过会见、通话有利于社会、家庭稳定。即要么是未成年犯罪嫌疑人主观上具备会见的基本条件，具有认罪服法的表现；要么安排他们会见对于促使未成年犯罪嫌疑人认罪服法具有好处。如果未成年犯罪嫌疑人主观恶性很深，而且其近亲属也并非通情达理之人，则最好不要安排他们会见。

3. 未成年犯罪嫌疑人的法定代理人、近亲属对其犯罪原因、社会危害性以及后果有一定的认识，并能配合公安司法机关进行教育。这一点主要是要求从未成年犯罪嫌疑人的法定代理人、近亲属方面进行审查，即应当对会见的人进行必要的了解。要求会见的人必须是行为端正、作风正派，具有一定的政治头脑，对社会有正确的认识。在这样的情况下会见未成年犯罪嫌疑人，才可能保证会见的安全、正当和起到正面帮助作用。

在押的未成年犯罪嫌疑人同其法定代理人、近亲属等进行会见、通话时，检察人员应当告知其会见、通话不得有串供或者其他妨碍诉讼的内容。会见、通话时检察人员可以在场。会见、通话结束后，检察人员应当将有关内容及时整理并记录在案。

### 八、审理未成年人犯罪案件应当注意哪些事项

根据2001年4月4日最高人民法院公布的《关于审理未成年人刑事案件的若干规定》的规定，人民法院在审理未成年人犯罪案件时应当注意以下事项：

1. 人民法院应当在辩护台靠近旁听区一侧为未成年被告人的法定代理人设置席位。在法庭上不得对未成年被告人使用戒具。未成年被告人在法庭上可以坐着接受法庭调查、询问，在回答审判人员的提问、宣判时应当起立。法庭审理时，审判人员应当注意未成年被告人的智力发育程度和心理状态，要态度严肃、和蔼，用语准确、通俗易懂。发现有对未成年被告人诱供、训斥、讽刺或者威胁的情形时，应当及时制止。休庭时，可以允许法定代理人或者其他成年近亲属、教师等人员会见被告人。

2. 未成年被告人或者其法定代理人当庭拒绝委托的辩护人进行辩护，要求另行委托或者法律援助机构为其另行指定辩护人、辩护律师的，合议庭应当同意并宣布延期审理。未成年被告人或者其法定代理人当庭拒绝由法律援助机构指定的辩护律师进行辩护，要求另行委托辩护人的，合议庭应当同意并宣布延期审理。未成年被告人或者其法定代理人当庭拒绝法律援助机构指定的辩护

律师为其辩护，如确有正当理由，合议庭应当同意并宣布延期审理，人民法院应当通知法律援助机构为未成年人另行指定辩护律师。重新开庭后，未成年被告人或者其法定代理人再次当庭拒绝重新委托的辩护人或者由法律援助机构指定的辩护律师进行辩护的，一般不予准许。如果重新开庭时被告人已满18周岁的，应当准许，但不得再行委托或者由法律援助机构再行指定辩护人、辩护律师。

3. 法庭审理时，控辩双方向法庭提出从轻判处未成年被告人管制、拘役宣告缓刑或者有期徒刑宣告缓刑、免予刑事处罚等适用刑罚建议的，应当提供有关未成年被告人能够获得监护、帮教的书面材料。对未成年人刑事案件宣告判决应当公开进行，但不得采取召开大会等形式。定期宣告判决的，合议庭应当通知公诉人、未成年被告人的法定代理人及其他诉讼参与人到庭。法定代理人不到庭或者确实无法到庭的，也可以通知其他成年近亲属到庭，并在宣判后向其送达判决书副本。

4. 人民法院判决未成年被告人有罪的，宣判后，由合议庭组织到庭的诉讼参与人对未成年被告人进行教育。如果未成年被告人的法定代理人以外的其他成年近亲属或者律师、公诉人等参加有利于教育、感化未成年被告人的，合议庭可以邀请其参加宣判后的教育。对未成年被告人的教育可以围绕下列内容进行：（1）犯罪行为对社会的危害和应当受到刑罚处罚的必要性；（2）导致犯罪行为发生的主观、客观原因及应当吸取的教训；（3）正确对待人民法院的裁判。

## 九、对未成年人犯执行刑罚应当注意哪些事项

根据新《刑事诉讼法》及2001年4月2日最高人民法院发布的《关于审理未成年人刑事案件的若干规定》的规定，刑罚执行机关在执行未成年人犯罪案件时，应当注意以下事项：

1. 要根据未成年人犯罪的特点，采取不同于成年人的执行方法措施。新《刑事诉讼法》第266条明确规定："对犯罪的未成年人实行教育、感化、挽救的方针，坚持教育为主、惩罚为辅的原则。人民法院、人民检察院和公安机关办理未成年人犯罪案件，应当保障未成年人行使其诉讼权利，保障未成年人得到法律帮助，并由熟悉未成年人身心特点的审判人员、检察人员、侦查人员承办。"在刑罚执行中，应当严格贯彻执行刑事诉讼法的上述规定。

2. 对于判决、裁定已经发生法律效力并应当收监服刑的未成年罪犯，少年法庭应当填写结案登记表并附送有关未成年罪犯的调查材料及其在案件审理中的表现材料，连同起诉书副本、判决书或者裁定书副本、执行通知书，一并

送达执行机关。对于判处管制、拘役宣告缓刑或者有期徒刑宣告缓刑、免予刑事处罚等的未成年罪犯,少年法庭可以协助社区矫正和公安机关执行,并会同其所在学校、单位、街道、居民委员会、村民委员会、监护人制定帮教措施。对于执行机关依法提出给未成年罪犯减刑或者假释的书面意见,人民法院应当及时予以审核、裁定。

3. 考虑到未成年犯罪人的特点,以及从加强对未成年犯罪人教育、帮助与改造,在执行未成年犯罪人的时候,应当采取与执行成年人犯罪不同的关押场所和执行方法,尽量考虑到未成年人身心健康的特殊需要。新《刑事诉讼法》第 269 条第 2 款明确规定:"对被拘留、逮捕和执行刑罚的未成年人与成年人应当分别关押、分别管理、分别教育。"刑罚执行中也应当严格贯彻法律的精神。

4. 少年法庭可以通过多种形式与未成年犯管教所等未成年罪犯服刑场所建立联系,了解未成年罪犯的改造情况,协助做好帮教、改造工作;并可以对正在服刑的未成年罪犯进行回访考察。少年法庭认为有必要时,可以敦促被收监服刑的未成年罪犯的父母或者其他监护人及时探视,以使未成年罪犯获得家庭和社会的关怀,增强改造的信心。

5. 少年法庭可以适时走访被判处管制、拘役宣告缓刑或者有期徒刑宣告缓刑、免予刑事处罚等的未成年罪犯及其家庭,了解对未成年罪犯的管理和教育情况,以引导未成年罪犯的家庭正确地承担管教责任,为未成年罪犯改过自新创造良好的环境。对于判处管制、拘役宣告缓刑或者有期徒刑宣告缓刑、免予刑事处罚等的未成年罪犯具备就学就业条件的,人民法院可以就其安置问题向有关部门提出司法建议,并且附送必要的材料。

### 十、检察机关怎样对未成年人犯罪案件的执行进行监督

根据 2006 年 12 月 28 日最高人民检察院发布的《人民检察院办理未成年人刑事案件的规定》第 38 条至第 41 条规定,检察机关作为国家法律监督机关,有权利也有义务对办理未成年人犯罪案件的执行进行监督。

1. 人民检察院依法对未成年犯管教所实行驻所检察。在刑罚执行监督中,发现关押成年罪犯的监狱收押未成年罪犯的,或者对年满 18 周岁后剩余刑期在 2 年以上的罪犯没有转送监狱的,应当依法提出纠正意见。

2. 人民检察院在看守所检察中,发现没有对未成年犯罪嫌疑人、被告人与成年犯罪嫌疑人、被告人分管、分押或者对未成年罪犯留所服刑的,应当依法提出纠正意见。

3. 人民检察院应当加强对未成年犯管教所、看守所监管未成年罪犯活动

的监督,保障未成年罪犯的合法权益,维护监管改造秩序和教学、劳动、生活秩序。人民检察院配合未成年犯管教所、看守所加强对未成年罪犯的政治、法律、文化教育,促进依法、科学、文明监管。

4.人民检察院依法对未成年犯的减刑、假释、暂予监外执行等活动实行监督。对符合减刑、假释、暂予监外执行法定条件的,应当建议执行机关向人民法院、监狱管理机关提请;发现提请或者裁定、决定不当的,应当依法提出纠正意见;对徇私舞弊减刑、假释、暂予监外执行等构成犯罪的,依法追究刑事责任。人民检察院发现有关机关对判处管制、缓刑或者裁定、决定假释、暂予监外执行等在社会上执行的未成年罪犯脱管、漏管或者没有落实帮教措施的,应当依法提出纠正意见。

## 十一、附条件不起诉程序与其他不起诉程序存在哪些区别

附条件不起诉程序是不起诉制度中的一种特定形式,我国法学理论上曾对附条件不起诉问题产生过一些模糊的解释。如有人把它称为"微罪不起诉制度";有人把它称为"追诉适当性制度";还有人把它称为"暂缓起诉制度"。事实上,"附条件不起诉制度"与其他不起诉形式之间是存在区别的。所谓"附条件不起诉制度",是指检察机关对移送审查起诉的犯罪嫌疑人,根据其犯罪行为和人身危险性,认为不起诉更有利于维护社会整体利益,在作出不起诉决定的同时附加一定条件,当被不起诉人满足这些条件并履行完毕时,不起诉决定即生效,追诉活动便到此终止的一种刑事不起诉制度。从这一概念中我们可以看出,它的显著特点,就在于通过附加一定条件来实现并保证不起诉裁量权的运用和实现。通过"附条件"来完成不起诉,是这一制度的内在特性。所以,附条件不起诉与法定不起诉、证据不足不起诉、酌定不起诉以及暂缓不起诉之间存在不同程度的区别。

其一,附条件不起诉与法定不起诉和证据不足不起诉不同。对于法定不起诉的案件,不存在自由裁量的空间;对于证据不足不起诉的案件,检察机关也没有选择自由裁量的余地。并且这两种不起诉形式的适用范围极其有限。附条件不起诉是检察机关运用自由裁量权的结果,有较大的自由裁量空间,能够根据案件的具体情况作出恰如其分的"附条件"处理。

其二,附条件不起诉与酌定不起诉虽然都体现了检察机关自由裁量权的运用,但不同的是,在酌定不起诉案件中,检察机关作出不起诉决定的时候不附加任何条件,而且不起诉决定一旦作出,除非发现不符合法定条件即决定错误时,一般不能撤销不起诉决定而提起公诉。而附条件不起诉是具有附加条件的处理决定,并不具有最终的确定效力,诉讼是否终结还要取决于条件是否得到

满足。

其三，附条件不起诉与学术上所称的暂缓不起诉是不是一个意思呢？我们认为也不是。暂缓不起诉的一个最基本特征就是"缓"，即在是否起诉的选择时存在一个时间上的延续，检察官必须经过一段时间的考察来最终确定是否起诉。附条件不起诉最基本的特点不是时间的延续，而是"附条件"，所附条件是否得到满足是决定检察机关选择不起诉的关键。如果被不起诉人能及时满足这些附加"条件"，检察官就可以即时作出不起诉决定，并不以时间的延缓为必要条件。但如果所附"条件"中有必须通过时间的延长才能决定是否实行不起诉的，则与暂缓不起诉的情形比较相似。

### 十二、附条件不起诉程序是否与缓刑制度相冲突

附条件不起诉属于程序中的问题，缓刑则属于实体上的问题，但二者在处理结果方面却具有相似之处，即对于实施了犯罪行为的未成年人，法律都可能不追究或暂不追究其刑事责任。缓刑和附条件不起诉都体现了刑事诉讼功利性和刑罚运用轻刑化的发展趋势，在发挥社会对犯罪的矫正功能，促进对犯罪行为人进行教育改造方面，都具有同向的作用。正是由于二者之间存在某些共同点和相似之处，理论界和实践中都产生了一些模糊性的认识，难以从本质上辨清两者之间的界限。有人认为，附条件不起诉实质上是将应当按缓刑处理的案件在程序上提前，由于二者适用条件基本相同，会造成刑事案件处理中的冲突。我们认为，附条件不起诉的实体条件和部分缓刑免刑的条件具有一致性，并不能掩盖它们的本质区别，也不能改变各自具有的特殊功能和作用。缓刑发生于刑事法律运用的实体阶段，适用的对象是已经被定罪判刑的被告人，审判过程的结束宣布了他们已经被贴上了"犯罪"的标签，无论刑罚最终是否付诸执行，其"犯罪分子"的称谓已经名实相符、泾渭分明。而附条件不起诉发生于刑事运用的程序阶段，不管是否发生了刑法上的犯罪行为，犯罪人都只是作为被怀疑的对象，没有被贴上"犯罪"的标签，没有被最后认定为犯罪。这是附条件不起诉与缓刑最本质的区别，也是附条件不起诉制度所力求避免而优越于缓刑制度的最大特点。

在缓刑制度的基础上设立一个附条件不起诉程序，是否有其存在的必要性？其实这一点在前面已经说过，它们之间在本质上首先就存在一个罪与非罪的区别。从各国立法例来看，裁量不起诉的实体条件和缓刑、免刑中的部分条件也都具有某些相同性，其中原本应判缓刑和轻罪的案件也可能通过裁量不起诉来处理。但这并非处理上的重复和没有设立的必要。因为附条件不起诉在贯彻国家"宽严相济"刑事政策方面更加符合现实社会的需要。它只运用于行

为人的社会危害性和行为人的人身危险性较小的那部分犯罪；它能够缩短诉讼时间，节约诉讼成本，符合诉讼经济原则；它能够使实施了犯罪行为的人尽快地回归社会，从而起到比缓刑等更好的社会效果；它符合现代刑罚所提倡的非刑罚化、非监禁化的发展方向，顺应了国际社会刑事政策的发展潮流。对于未成年的犯罪嫌疑人来说，它能够起到缓刑和其他轻刑所不能起到的教育、挽救作用。

### 十三、未成年人犯罪附条件不起诉程序的适用前提

适用的前提条件，主要是指在什么样的情况下可以适用附条件不起诉。附条件不起诉是裁量不起诉的一种形式，它是在国家保留刑罚权的前提下所作出的一种放弃处罚的不起诉制度。因此，它与法律明确规定放弃处罚权的法定不起诉是有较大区别的。综合各方面的观点，我们认为，适用附条件不起诉处理的案件，至少应当具备以下几个方面的基本条件：

其一，应当是基本犯罪事实已经查清，主要证据确实充分，被不起诉人实施的行为在实体法上已经达到了构成犯罪的标准，这是要求办案人员"不能用下台阶的方式把不构成犯罪的用附条件不起诉来处理"。

其二，人身危险性不是很深，不是累犯、惯犯、共同犯罪中的主犯，没有恶劣的社会表现或多次危及社会秩序的行为等。应当首先考虑适用于那些因正当防卫、紧急避险、被害人有重大过错引发的犯罪、过失犯罪、被胁迫犯罪、犯罪中止、偶犯、初犯等情形的未成年人犯罪。

其三，具有明显的悔罪表现，如犯罪后自动投案，具有自首、立功表现，能主动坦白认罪，配合侦查、公诉机关处理案件等。能主动消除由于犯罪行为而产生的社会危害性和人身危险性。

其四，被不起诉的未成年人具有自愿履行检察机关所规定义务的诚意，愿意承担因犯罪所造成的损害赔偿、补偿；能够取得被害人（方）的谅解，有诚意并自愿与被害人达成相关事项处理的协议，愿意通过努力有效化解刑事冲突等。

其五，检察机关在决定对案件采用附条件不起诉处理之前，应先征求犯罪嫌疑人和被害人的意见，将犯罪嫌疑人和被害人的同意作为附条件不起诉适用的必要条件。

### 十四、附条件不起诉案件中所附条件的内容包括哪些

对未成年人适用附条件不起诉，应当根据案件的具体情况和被不起诉人的人身状况，采取不同的附加条件，可以附加一项条件，也可以同时附加多项条

件，但至少必须附加一项条件以上。这些条件主要包括以下几个方面：

1. 经济赔偿和补偿。主要是针对那些经济性质的犯罪、过失犯罪、伤害犯罪等，应着重强调对造成的损害进行赔偿或补偿，补偿因其犯罪行为给被害人造成的物质或精神损失，以消除犯罪的实质性损害后果。

2. 承担社会义务。特别是对那些没有特定犯罪对象而涉及国家利益、社会整体利益的犯罪，如扰乱社会秩序方面的犯罪、严重过失犯罪等，可以采取给国家予以金钱补偿、给予公益性设施赔偿或偿付、为社会提供公益性劳务或其他义务等方式处理。

3. 悔罪保证事项。悔罪保证是作出附条件不起诉必须履行的事项，特别是那些主观上具有严重过错的犯罪，更应当注重观察其对应负责任的认识态度。主要形式包括：悔过、向被害人赔礼道歉、提供担保或出具保证书、与检察机关订立履约协议等。

4. 遵守诉讼程序的义务。这项内容包括遵纪守法，服从监督，接受监管人的考察、走访；未经考察机关批准，不得改变住所、职业或者离开居所的县、市；保证检察机关随传随到；不得对被害人、证人进行打击报复，妨害作证。

5. 人身危险性限定事项。主要包括：不得去被禁止去的地方，不与其他犯罪人密切交往，不从事被禁止的职业和行业业务，接受应有的治疗和检查等。

6. 检察机关认为应当附加的其他条件，这主要是公诉机关根据案件的实际情况和未成年犯罪人的个人情况进行的综合性判断。

## 第二节　当事人和解的公诉案件诉讼程序

### 一、新刑事诉讼法对当事人和解的公诉案件诉讼程序作了哪些规定

这次刑事诉讼法的修改，建立了刑事和解制度，但主要适用于从公诉案件的角度来解决问题。根据新《刑事诉讼法》第277条至第279条规定，我国刑事诉讼法规定的刑事和解制度主要包括以下几个方面：

1. 规定了刑事和解的明确含义。根据新《刑事诉讼法》第277条规定，凡是符合法律规定的条件，"犯罪嫌疑人、被告人真诚悔罪，通过向被害人赔偿损失、赔礼道歉等方式获得被害人谅解，被害人自愿和解的"公诉案件，双方当事人都可以和解。

2. 规定了对达成和解协议案件的处理原则。根据新《刑事诉讼法》第279条规定，对于达成和解协议的案件，公安机关可以向人民检察院提出从宽处理的建议。人民检察院可以向人民法院提出从宽处罚的建议；对于犯罪情节轻微，不需要判处刑罚的，可以作出不起诉的决定。人民法院可以依法对被告人从宽处罚。

3. 规定了刑事和解的适用范围。根据新《民事诉讼法》第277条规定，凡属于下述情况的公诉案件，双方当事人达成和解协议的，都可以依照刑事和解处理：（1）因民间纠纷引起，涉嫌刑法分则第四章、第五章规定的犯罪案件，可能判处3年有期徒刑以下刑罚的；（2）除渎职犯罪以外的可能判处7年有期徒刑以下刑罚的过失犯罪案件。但是，犯罪嫌疑人、被告人在5年以内曾经故意犯罪的，不能适用刑事和解程序。

4. 规定了公安、司法机关对刑事和解的参与原则。新《刑事诉讼法》第278条规定："双方当事人和解的，公安机关、人民检察院、人民法院应当听取当事人和其他有关人员的意见，对和解的自愿性、合法性进行审查，并主持制作和解协议书。"

## 二、刑事公诉案件和解程序的基本含义是什么

在构建社会主义和谐社会的历史背景下，我国刑事诉讼和解制度初步形成。《修改决定》在刑事诉讼法中首次规定了刑事公诉案件和解程序。而在此之前，刑事和解只存在于少数自诉案件处理程序中，适用范围比较狭窄。刑事公诉案件和解程序中的应用，反映了社会发展的客观需要，也是刑事诉讼制度变化的必然选择。新刑事诉讼法将刑事和解引入刑事公诉案件的处理程序，标志着我国刑事和解制度的正式确立。由于新刑事诉讼法所规定的和解内容仅限于公诉案件范围，所以有必要对其特定内容进行解释。

1. 公诉案件刑事和解程序建立的目标，主要在于恢复被犯罪所破坏的社会关系。由犯罪所引起的刑事诉讼关系，是社会矛盾高度激化的表现形式之一。在刑事案件中，处于矛盾对立各方的犯罪嫌疑人、被告人和被害人以及诉讼相关人之间，都存在不同程度的冲突和纠纷，而这些明显的利益上的、心理上的分歧和裂痕，单纯依靠国家的强制力往往难以得到弥合。通过和缓的调节方法来加以解决，化干戈为玉帛，对于消除各方的对立情绪，促成社会成员之间和睦相处，不失为解决诉讼冲突的最佳选择。因此，要注意把刑事和解与诉讼程序之外的所谓"私了"区分开来。"私了"是指公民之间对于矛盾和纠纷的自行了结。它包括合法的"私了"与违法的"私了"两个层面。合法的"私了"是指对于那些犯罪情节显著轻微，可不以犯罪论处的案件，加害人与

被害人在不违背国家法律和社会公德的情况,通过协商来化解双方之间的冲突和矛盾,使纠纷得到合理解决。这种"私了"从本质上是有利于社会的。违法的"私了"则是指那些本来已经构成犯罪,需要通过国家执法、司法机关介入来解决,但加害方与被害方处于各自目的,擅自进行处理。不管处理的结果是否合理,但都是不合法的,因为凡是构成犯罪的情形,都必须由国家的专门机关来处理,并且通过国家司法机关依法作出罪与非罪的判决,才能有效。而法律规定的刑事和解程序,是在公权力的监督和制约下形成的。它在内容和形式上都要受到法律规范的制约,仅仅是因为在尊重了刑事法律关系双方意见的基础上,赋予其协商和解的方式来解决诉讼纠纷罢了。

2. 公诉案件刑事和解程序的根本价值,在于实现社会矛盾中的利益平衡,弥补国家追诉的不足。同时也有利于实现对加害方和被害方合法权利的双向保护。刑事法律关系的产生、变更和消灭,起源于以犯罪为核心的法定事实和行为特征。每一犯罪行为所引起的犯罪事实,都可能损害到被害人的权利和利益。国家为了维护社会的公平和正义,需要对加害方进行制止和处罚,这是国家的权能和政府的职责之所在。而加害方在接受处罚过程中,自己的部分权利和利益也必然会被限制或剥夺,这也是罪刑相适应原则的基本要求。刑事和解不仅使受害方所遭受的损失得到了实实在在的弥补,而且也使加害方在面临刑事制裁的情况下具有选择的自由。从而使双方的愿望和要求都得到了满足。不仅如此,它还在很大程度上填补了刑事诉讼单一对抗式的缺陷。这些都是传统司法模式无法做到的。

正如前所说,被害方和加害方都能从刑事和解的解决方案中受益,各自因为犯罪所导致的损害结果,都能够通过和解程序来达到弥补或者避免。被害人的精神伤害可以由加害人对其认罪并赔礼道歉,被害人的物质损失可以由加害人予以赔偿;而加害人在弥补被害人的损失之后也可能免受刑罚之苦,甚至可能避免被贴上"犯罪"的标签。这种将轻微犯罪案件民事化处理的方式,至少对刑事法律关系的双方合法权利和利益都起到了保护作用。

3. 公诉案件刑事和解程序的诉讼效果,在于节约司法成本,有利于贯彻诉讼经济原则。实行刑事和解,能够将那些社会危害性和人身危险性较轻的犯罪从宽从轻处理,不仅可以消除犯罪给人们带来的负面影响,促使那些不慎走上犯罪道路的人改邪归正;同时可以简化诉讼程序,节约诉讼成本。那些本来要进入审判程序的案件,因刑事加害方和被害方的和解而使案件终结于审查起诉阶段,减少了审判机关的办案压力;那些虽然犯罪情节较轻,但仍然可能被关押的犯罪被告人,由于与被害人达成了和解协议,法院免予追究被告人的刑事责任;即使不能免除刑罚处罚,但和解仍然可能给犯罪人带来从轻从宽处罚的希望，司法机关也能够因为和解协议的达成而减少那些不必要的调查取证和诉讼程序。所有这一切，无疑都会为执法、司法过程减少很多麻烦和劳累，国家也同样会由此而少支付一大笔财政开支。

### 三、怎样理解刑事公诉案件和解程序的适用范围

虽然刑事和解在诉讼程序和适用的实体法方面与民事和解具有很多相通之处，但刑事和解与民事和解之间的区别也是很明显的，特别是在适用范围方面。刑事案件由于受到国家追诉主义的影响，犯罪所侵犯的利益不像民事损害那样仅仅被认为是对个人的侵害，而是对国家和社会整体利益的侵害。近代社会以来，由于犯罪率的不断上升，国家对刑事诉讼干预的日益加强，促使在刑事诉讼初期广泛采用的和解方式已日渐萎缩。由国家刑事公诉本位主义向注重刑事程序中的当事人和解方式转变，其适用范围和具体对象必然被控制在法律所规定的有限幅度之内。

无论是世界上的哪一个法系或者哪一个国家的刑事诉讼制度，在刑事和解的受案范围方面，都更多地受到了刑事法律的影响而不是民事法律的影响。特别是在我国，在初建刑事公诉案件和解程序阶段，短时间内必然难以摆脱罪刑法定和报应思想的深刻影响，把刑事和解控制在能够为公众所接受的范围之内也是可以理解的。按照新刑事诉讼法规定，可以采用刑事和解方式解决的公诉案件，主要是指犯罪嫌疑人真诚悔罪，自愿向被害人赔礼道歉、赔偿损失并得到被害人谅解的情形。除了累犯以外，凡是符合以下两个条件的案件，双方当事人都可以通过协商达成和解方案：一是因民间纠纷引起，涉嫌刑法分则第四章规定的侵犯公民人身权利、民主权利罪和刑法第五章规定的侵犯财产罪，可能判处3年有期徒刑以下刑罚的案件；二是除渎职犯罪以外的可能判处7年有期徒刑以下刑罚的过失犯罪案件，这类案件在刑法第九章之外各章所规定的罪名中几乎都可以找到。

从法律规定的上述条件看，公诉案件刑事和解适用范围的明显特点是，产生犯罪行为的本质原因不是来源于行为人具有严重的犯罪主观恶性，而是因为人与人之间的矛盾纠纷以及过失行为所造成。这些现象表明，加害方不具有严重的人身危险性，甚至本身不具有人身危险性或者说人身危险性非常轻微，如大多数过失犯罪就是这样。同时，这些案件还必须是对社会造成的实际危害相对较小，在犯罪情节和犯罪结果方面不显突出，应受处罚的刑度在刑法规定的所有刑种和量刑幅度方面也相对处于低位。所以说，我国刑事诉讼中公诉案件和解程序的适用范围是有限的，它并没有突破我国法律所规定的罪刑法定的基本原则，而是在罪刑法定与无罪推定之间的合理阶位上选择了理想的解决方

案。它既贯彻了宽严相济的刑事政策，努力选择成本较低的方式来实现恢复性司法；同时也在打击与保护的双重层面上，保证了程序正义与司法公正。应当说，这样的适用范围完全符合我国现阶段社会发展和司法实践的需要。

### 四、刑事公诉案件和解程序的具体应用

由于公诉案件刑事和解程序只是反映了整个刑事诉讼程序中的一个片段，法律也不可能用更多的文字来对其作出具体细微的规定，理论上的探讨和实践中的继续摸索仍然有一段路程要走。新的诉讼程序的诞生，既是对过去司法实践的总结，也是对未来诉讼体制的展望。它将运用和缓的手段来调节刑事法律关系移植于诉讼程序，反映了社会由对立面向和谐统一发展的趋势。已颁行的法律条文中虽然仅对公诉案件和解程序作了概括性规定，但从法律的规定中，可以清楚地看到它表现出与传统公诉案件处理程序的许多不同之处。

1. 刑事和解的启动权不再是像过去公诉案件中那样由有权机关单方面行使，而是在当事人和司法机关的共同作用下完成。新《刑事诉讼法》第277条、第278条规定了这样一些内容：公诉案件……双方当事人可以和解；公安机关、人民检察院、人民法院……对和解的自愿性、合法性进行审查，并主持制作和解协议书。这些规定说明，通常的刑事公诉程序中，由公安机关、人民检察院和人民法院单方作出决定的情形已经被排除在刑事和解的适用方式之外，刑事和解程序的启动权改由诉讼当事人和有权机关来共同行使。

2. 刑事和解能否成功，主要取决于诉讼当事人的意志和要求，而不主要依靠国家强制力的作用。新《刑事诉讼法》第278条规定，公安机关、人民检察院、人民法院应当听取当事人和其他有关人员的意见……主持制作和解协议书。这说明，刑事和解程序更多地参酌了民事诉讼的解决原则，即充分尊重诉讼当事人的意见和解决要求，当事人在不违背法律的前提下，可以自由支配自己的诉讼权利，对涉及自身利益的问题具有独立自主的处分权。这显然与民法上的"意思自治"原则是相通的。在这种前提下，办理案件的国家机关就不能完全享有实体性强制干预的权力。

3. 诉讼程序的终结只能发生在审查起诉阶段或审判阶段。按照新《刑事诉讼法》第279条的规定，对于达成和解协议的案件，有三种处理方式：一是在侦查阶段，公安机关可以向人民检察院提出从宽处理的建议。二是在审查起诉阶段，人民检察院可以向人民法院提出从宽处罚的建议；对于犯罪情节轻微，不需要判处刑罚的，可以作出不起诉的决定。三是在审判阶段，人民法院可以依法对被告人从宽处罚。从法律的规定可以看出，侦查机关不具有对刑事和解的处置权，侦查阶段不能因为刑事和解而终结诉讼程序。只有到了审查起

诉阶段或者审判阶段,因刑事和解而引起的诉讼程序终结才可能出现,才可以由人民检察院作出不起诉处理,或者由人民法院作出从宽处罚。

## 第三节 犯罪嫌疑人、被告人逃匿、死亡案件违法所得的没收程序

### 一、新刑事诉讼法对刑事案件中违法所得没收程序作了哪些规定

《修改决定》对犯罪嫌疑人、被告人逃匿、死亡案件违法所得的没收程序,主要作了以下几个方面的规定:

1. 规定了对刑事案件中违法所得进行没收的对象。新《刑事诉讼法》第280条规定:"对于贪污贿赂犯罪、恐怖活动犯罪等重大犯罪案件,犯罪嫌疑人、被告人潜逃,在通缉一年后不能到案,或者犯罪嫌疑人、被告人死亡,依照刑法规定应当追缴其违法所得及其他涉案财产的……"根据该规定,刑事案件中违法所得的没收对象包括两个方面:一是贪污贿赂犯罪、恐怖活动犯罪等重大犯罪案件中犯罪嫌疑人、被告人已逃跑,经过公安机关超过1年的通缉,逃跑的犯罪嫌疑人、被告人仍没有到案的,其违法所得财产应当予以没收;二是在办理贪污贿赂犯罪、恐怖活动犯罪等重大犯罪案件过程中,犯罪嫌疑人、被告人死亡,其违法所得财产应当予以没收。

2. 规定了对于刑事案件中违法所得的财产采用没收程序审理的,可以由人民检察院向人民法院提出没收违法所得的申请。新《刑事诉讼法》第280条规定:"人民检察院可以向人民法院提出没收违法所得的申请。"法律采用"可以"的语气来规定人民检察院的提出没收申请权,主要是考虑到那些涉及国家财产或者其他公共财产、没有提出申请的被害人的合法财产,在没有人申请法院启动没收程序时,由检察机关代表国家和社会提起审理程序。新《刑事诉讼法》第280条还规定:"公安机关认为有前款规定情形的,应当写出没收违法所得意见书,移送人民检察院。"该规定说明,公安机关对于犯罪嫌疑人、被告人逃匿、死亡案件违法所得的财产,既没有处理权,也没有申请处理权,只能移交人民检察院提出处理申请。根据新《刑事诉讼法》第280条规定,人民检察院在提出要求人民法院处理刑事案件中违法所得财产时,"应当提供与犯罪事实、违法所得相关的证据材料,并列明财产的种类、数量、所在地及查封、扣押、冻结的情况。"

3. 规定了人民法院审理犯罪嫌疑人、被告人逃匿、死亡后的违法所得案

件的管辖。新《刑事诉讼法》第281条第1款规定："没收违法所得的申请，由犯罪地或者犯罪嫌疑人、被告人居住地的中级人民法院组成合议庭进行审理。"根据该规定，审理犯罪嫌疑人、被告人逃匿、死亡后的违法所得案件的权属，归中级人民法院，基层人民法院没有审理该类案件的职能。中级以上人民法院虽然可以审理，但只限于特殊情况下的重大、复杂案件，且属于全省（自治区、直辖市）或者全国管辖范围的案件。其属地管辖原则与一般刑事案件的属地管辖原则基本相同。

4. 对人民法院审理刑事犯罪中违法所得财产案的程序作了一些特别规定。一是规定了特定的公告形式。新《刑事诉讼法》第281条规定："人民法院受理没收违法所得的申请后，应当发出公告。公告期间为六个月。""人民法院在公告期满后对没收违法所得的申请进行审理。"二是规定了逃匿、死亡的犯罪嫌疑人、被告人的近亲属和其他利害关系人有权申请参加诉讼，也可以委托诉讼代理人参加诉讼。"利害关系人参加诉讼的，人民法院应当开庭审理。"三是规定"人民法院在必要的时候，可以查封、扣押、冻结申请没收的财产"。

5. 规定了人民法院审理没收违法所得的案件的处理方式。根据新《刑事诉讼法》第282条、第283条规定，人民法院在审理没收违法所得案件中，应当作出如下几种处理结果：一是人民法院经审理，对经查证属于违法所得及其他涉案财产，应当返还被害人的，依法返还给被害人。二是对经查证属于违法所得及其他涉案财产，在返还被害人财产之外的部分，应当裁定予以没收。三是在审理过程中对不属于应当追缴的财产的，应当裁定驳回申请，解除查封、扣押、冻结措施。四是"在审理过程中，在逃的犯罪嫌疑人、被告人自动投案或者被抓获的，人民法院应当终止审理"。在逃的犯罪嫌疑人、被告人自动投案或者被抓获后，提起该类案件的诉讼前提就已经消失了，而这个前提就是"犯罪嫌疑人、被告人逃匿、死亡"，对于"违法所得"来说，在诉讼上失去了依附的主体。五是规定了纠错方式。即对于"没收犯罪嫌疑人、被告人财产确有错误的，应当予以返还、赔偿"。

6. 规定了特殊的上诉主体。一般刑事犯罪案件的上诉主体是被告人、自诉人和他们的法定代理人，以及附带民事诉讼的当事人和他们的法定代理人。而没收违法所得案件中的犯罪嫌疑人、被告人已经逃匿或者死亡的，需要由其他人来充当上诉人。新《刑事诉讼法》第282条第2款规定："对于人民法院依照前款规定作出的裁定，犯罪嫌疑人、被告人的近亲属和其他利害关系人或者人民检察院可以提出上诉、抗诉。"所以，对于没收违法所得案件，可以由犯罪嫌疑人、被告人的近亲属和其他利害关系人提起上诉。

## 二、刑事违法所得特别没收程序的适用范围有哪些

新《刑事诉讼法》第 280 条第 1 款规定："对于贪污贿赂犯罪、恐怖活动犯罪等重大犯罪案件,犯罪嫌疑人、被告人逃匿,在通缉一年后不能到案,或者犯罪嫌疑人、被告人死亡,依照刑法规定应当追缴其违法所得及其他涉案财产的,人民检察院可以向人民法院提出没收违法所得的申请。"从法律的上述规定中,我们可以看出,违法所得没收程序的案件受理范围应当符合以下几个条件:

1. 它主要针对重大的贪污贿赂犯罪、恐怖活动犯罪等重大犯罪案件实施。它的适用范围主要集中在刑法规定的贪污贿赂犯罪、恐怖活动犯罪等重大犯罪案件方面。贪污贿赂犯罪是指《刑法》第 8 章规定的贪污罪、行贿受贿罪等 13 个罪名,以及《刑法》第 3 章第 3 节规定的非国家工作人员受贿罪等 3 个罪名。应当说,贪污贿赂犯罪的界限是比较明确的,而相比之下,法律所规定的"恐怖活动犯罪等重大犯罪案件"则需要进行适度的判断。我们认为,法律在这里是采取了列举方式作出的规定。这里的"等重大犯罪案件",除了恐怖活动犯罪以外,还应当包括重大的毒品犯罪、黑社会性质组织犯罪、抢劫集团犯罪,以及间谍罪、资敌罪等危害国家安全方面的严重犯罪。无论是贪污贿赂犯罪,还是其他严重刑事犯罪,都应当是属于那些社会危害性严重、社会影响恶劣、造成的损害结果重大的案件。

2. 它具有特定的适用前提。其适用前提包括两个方面:一是犯罪嫌疑人、被告人逃匿,在通缉 1 年后不能到案。这是指,具有一定的犯罪事实证明行为人已经构成犯罪,在公安机关、人民检察院或者人民法院办理案件期间逃匿,经过公安机关通缉时间达 1 年之后仍未到案;二是犯罪嫌疑人、被告人死亡。这是指,在刑事诉讼过程中,已经查清的犯罪事实、证据能够证明犯罪嫌疑人、被告人属于应当追究刑事责任的情形,但犯罪嫌疑人、被告人已经在诉讼过程中死亡。只有当刑事诉讼中出现上述两种情况中的任何一种时,人民检察院才可以考虑对涉案的犯罪嫌疑人、被告人在犯罪过程中的违法所得进行处理,才能启动犯罪嫌疑人、被告人逃匿、死亡案件违法所得的没收程序。

3. 属于刑法规定应当追缴的违法所得范围。仅有前述两个条件,并不构成违法所得特别没收程序的全部理由,还必须具备一个关键要素,即必须是与犯罪事实有关的违法所得,而且这些违法所得属于法律明确规定应当予以没收的非法财产或者其他违法所得。《刑法》第 59 条和第 60 条专门规定了"没收财产刑",这是针对严重刑事犯罪和经济犯罪所实施的一种附加刑罚,它针对的没收对象主要是犯罪分子个人所有的合法财产,一般不包括非法所得。在

《刑法》第64条中，规定了在对犯罪分子处以刑罚的同时，可以没收犯罪分子违法所得的一切财产。在新《刑事诉讼法》第280条至第283条规定的特别没收程序中，并不当然包括刑法所规定的上述两种情况，而是指犯罪嫌疑人、被告人逃匿、死亡前的违法所得，即《刑法》第64条所规定的没收范围。然而，从司法实践中看，在法院判处的一些没收财产的案件中，不仅仅是被告人的正当财产，事实上也包括了被告人的某些违法所得。根据法律规定，对于没收财产以前犯罪分子所欠的正当债务，以及应当退还被害人的财产，在没收之前应当予以返还。

### 三、怎样理解法院在违法所得特别没收程序中的不告不理原则

法院的主要职能是作为社会矛盾和纠纷的裁决者，在事实和法律的背景下秉公裁判。无论是民事诉讼还是刑事诉讼，法院都应当严格秉承中立者的身份，贯彻不告不理的原则。这是人类产生审判制度时就确立的，也是现在司法制度所仍然坚持的，只是在专制的封建纠问式诉讼制度下，这一诉讼原则才会遭到践踏。新《刑事诉讼法》第280条、第281条规定："对于……依照刑法规定应当追缴其违法所得及其他涉案财产的，人民检察院可以向人民法院提出没收违法所得的申请"；"公安机关认为有前款规定情形的，应当写出没收违法所得意见书，移送人民检察院"；"没收违法所得的申请"，由人民法院组成合议庭进行审理。从法律的上述规定中可以看出以下几点内容：

1. 侦查机关不具有对刑事犯罪案件中违法所得进行处理的权力。公安机关或者人民检察院侦查部门在案件的侦查过程中，如果发现犯罪嫌疑人逃匿或者死亡，无论是对于已经采取侦查措施被查封、扣押、冻结的财产，还是尚未采取侦查措施的违法所得，都无权作出程序上的处理决定，只能根据案件情况，写出没收违法所得意见书，移送人民检察院处理。但是，侦查机关对于已经采取查封、扣押、冻结等侦查措施的财物，应当继续维持原状，等待人民法院最后作出处理裁决。

2. 人民检察院是刑事违法所得特别没收程序的唯一启动主体。违法所得特别没收程序与刑事诉讼中的其他违法所得没收不同的是，它是在犯罪主体已经不存在的条件下采用的没收程序，采用的前提是刑事犯罪案件已经中止或者终止，追究犯罪嫌疑人、被告人的刑事诉讼已经无法正常进行的情况下，才采用的特别程序。所以，在这种情况下，应当没收的财物既不能随案件主体移送到法院审判环节，又不能放弃对违法所得的处理，必须采用特别的起诉程序。它本质上是一种特别的起诉程序。既然是起诉制度，就只能由原告来提起诉讼，而检察机关就当然地成为了这一特别起诉程序的合法主体。

3. 人民法院只能在人民检察院提出正式申请之后，才能立案审理。法院实行不告不理原则，是建立在程序正义基础之上的。法律对违法所得特别没收审判程序规定了具体的内容。其中包括：一是规定必须由中级人民法院进行审理，基层人民法院没有受理权；二是应当组成合议庭审理，即不能采用审判员一人独任审判；三是必须遵循特定的审理期间，如必须经过 6 个月的公告时间；四是规定了特别的参与诉讼主体，即犯罪嫌疑人、被告人的近亲属和其他利害关系人有权申请参加诉讼；利害关系人参加诉讼的，人民法院应当公开审理等。上述法律作出的特别规定程序，都是人民法院在审理违法所得特别没收案件时必须严格遵循的程序。

## 四、怎样理解刑事违法所得特别没收程序中的民事处理原则

人民法院审理犯罪嫌疑人、被告人逃匿、死亡案件违法所得的没收案件，与审理刑事附带民事诉讼案件具有相似之处，这两类案件在程序适用方面都兼具刑事程序和民事程序的混合使用形式。一般来说，在单纯的刑事犯罪案件中，嫌疑人、被告人的近亲属和其他利害关系人与案件的处理结果没有直接关系，当犯罪主体逃亡或者死亡时，案件要么中止，要么终结，嫌疑人、被告人的近亲属和其他利害关系人不可能继续介入刑事诉讼程序之中。而刑事违法所得特别没收程序却不一样，即使嫌疑人、被告人已经逃匿或者死亡，他们的近亲属，甚至包括其他利害关系人同样可以参与诉讼。而且根据新《刑事诉讼法》第 282 条的规定，针对人民法院就案件作出的有关裁定，嫌疑人、被告人的近亲属和其他利害关系人还可以提出上诉。这明显地超越了刑事法律关系中的"罪责自负"原则，把罪与责、权利和义务关系由刑事法律关系拓展到了民事法律关系领域。

从对违法所得的处理程序上看，法院的审判职能也是明显地超越了刑事审判职能而兼有民事审判的形式。在一般刑事犯罪案件中，法院对违法所得财产的处理是伴随刑事犯罪案件而进行的，无论是对任何被告人违法所得的没收，都是以对刑事犯罪的判决为依托，离开了对被告人的刑事处罚，或者说离开对被告人刑事责任的认可，不可能单独作出没收违法所得财产的判决，也不能离开刑事责任问题去谈对犯罪嫌疑人、被告人违法所得财产进行查封、扣押或者冻结的问题。即使犯罪人死亡或者逃亡后，因为承担的债务或者造成的损失需要返还或补偿，也只能由相关人提起民事诉讼来处理。但在审理犯罪嫌疑人、被告人逃匿、死亡案件违法所得的没收案件中却不一样，人民检察院如同刑事公诉程序一样提出申请，是刑事诉讼的一个组成部分，必须在刑事诉讼范围内作出实质性的裁决。这样，法院既要遵循刑事诉讼法所规定的程序要求，又必

须依照民法和民事诉讼中的有关原则来具体处理案件。在程序问题上和实体处理原则方面，都相互掺杂了民事审判和刑事审判的很多规则。

## 第四节 依法不负刑事责任的精神病人的强制医疗程序

**一、新刑事诉讼法对依法不负刑事责任的精神病人的强制医疗程序作了哪些规定**

这次刑事诉讼法的修改设专章规定了对实施暴力行为的精神病人的强制医疗程序。新刑事诉讼法第五编第四章主要规定了以下几个方面：

1. 规定了实施强制医疗的对象。新《刑事诉讼法》第284条规定："实施暴力行为，危害公共安全或者严重危害公民人身安全，经法定程序鉴定依法不负刑事责任的精神病人，有继续危害社会可能的，可以予以强制医疗。"根据该规定，符合进行强制医疗的人，应当是患有严重精神病，并且实施了暴力行为危害公共安全或者严重危害公民人身安全，经过法医鉴定确认不负刑事责任的人。

2. 明确规定了强制医疗案件的处理机关。新《刑事诉讼法》第285条第1款规定："根据本章规定对精神病人强制医疗的，由人民法院决定。"新《刑事诉讼法》第287条第1款规定："人民法院经审理，对于被申请人或者被告人符合强制医疗条件的，应当在一个月以内作出强制医疗的决定。"该规定表明，在刑事诉讼过程中，有权对精神病人进行强制医疗作出决定的机关只有人民法院，公安机关和人民检察院都没有这个权力。这样规定统一了刑事诉讼中对精神病实施强制医疗的做法，避免了在不同诉讼阶段由不同机关各自作出处理决定所产生的混乱局面。

3. 规定了强制医疗案件的提起程序。新《刑事诉讼法》第285条第2款规定："公安机关发现精神病人符合强制医疗条件的，应当写出强制医疗意见书，移送人民检察院。对于公安机关移送的或者在审查起诉过程中发现的精神病人符合强制医疗条件的，人民检察院应当向人民法院提出强制医疗的申请。人民法院在审理案件过程中发现被告人符合强制医疗条件的，可以作出强制医疗的决定。"

4. 规定了强制医疗案件中的一些特别程序。一是规定了非诉讼性的保全措施。新《刑事诉讼法》第285条第3款规定："对实施暴力行为的精神病人，在人民法院决定强制医疗前，公安机关可以采取临时的保护性约束措施。"二是规定必须组成合议庭审理。新《刑事诉讼法》第 286 条第 1 款规定："人民法院受理强制医疗的申请后，应当组成合议庭进行审理。"即人民法院审理精神病人强制医疗案件不能实行独任审判。三是规定人民法院审理强制医疗案件，应当通知被申请人或者被告人的法定代理人、诉讼代理人或者指派的律师到场。

5. 规定了强制医疗措施的救济程序。一是规定了复议程序。新《刑事诉讼法》第 287 条第 2 款规定："被决定强制医疗的人、被害人及其法定代理人、近亲属对强制医疗决定不服的，可以向上一级人民法院申请复议。"二是规定了强制医疗的解除程序。新《刑事诉讼法》第 288 条规定："强制医疗机构应当定期对被强制医疗的人进行诊断评估。对于已不具有人身危险性，不需要继续强制医疗的，应当及时提出解除意见，报决定强制医疗的人民法院批准。被强制医疗的人及其近亲属有权申请解除强制医疗。"新《刑事诉讼法》第 289 条规定"人民检察院对强制医疗的决定和执行实行监督"。

## 二、怎样理解精神病人强制医疗程序的性质和对象

在新刑事诉讼法第五编第四章中，明确规定了对实施暴力行为的精神病人采取强制医疗措施。这不仅有利于维护良好的社会治安秩序，同时也加快了我国由单一的刑罚制度向多层次、多功能的刑罚体系迈进的步伐。当法律将对精神病人的强制医疗措施纳入刑法或者刑事诉讼法加以规定时，在理论上必然要引起人们的思考，即这一措施到底应当归类于什么样的性质，是行政强制措施，还是刑事强制措施，抑或是刑罚适用方法。由于保安处分措施一直受到我国刑事法理论的排斥，这种由西方社会防卫主义者所极力倡导的非刑罚处罚方法，尽管它具有很强的功利性和适用价值，但长期以来我国司法界却对此充耳不闻、讳莫如深，理论界也没有对这一制度进行深入持久的研究和实际的考察。这是造成学术上的纷争和价值判断方面乏力的主要原因。在新的刑事诉讼法颁行后，司法实践中将正式开启这一诉讼方式的运行，如果我们继续徘徊在保安处分与强制措施二者纠缠不清的层面上，将可能造成对这一新型诉讼程序的误用。

按照我国《刑法》第 18 条规定，精神病人在不能辨认或者不能控制自己行为的时候造成危害结果，经法定程序鉴定确认的，不负刑事责任，但是应当责令他的家属或者监护人严加看管和医疗；在必要的时候，由政府强制医疗。在新刑事诉讼法第五编第四章中，也相应地规定了"依法不负刑事责任的精神病人的强制医疗程序"。从刑法和刑事诉讼法的上述规定中我们可以看出，我国针对精神病的强制医疗程序，是建立在精神病人不负刑事责任的基础之上

的。既然属于"不负刑事责任",也就不存在刑罚适用问题,更谈不上罪与非罪问题。把这种与刑事诉讼相关而又属于"不负刑事责任"人的处罚纳入诉讼程序一并规定,在国外也是有前例的。例如,德国的刑法和刑事诉讼法中都相应地规定了与罪责无关的矫正及保安处分措施,并且明确规定保安程序参照刑事诉讼程序适用,其提起程序也类似于公诉。在英国,按照《1983年精神健康法》的规定,法院也有权将被证实实施了犯罪的行为人送入精神病医院强制治疗。我国新刑事诉讼法所规定的依法不负刑事责任精神病人的强制医疗程序,与国外的类似程序也基本一致。所以,很多学者认为精神病人强制医疗程序,是我国法律规定的刑法上的保安处分制度。但在我国刑事司法的传统称呼中,仍然是被冠之以非刑事处分的强制诉讼措施。

既然是非刑事处分的强制诉讼措施,适用的主体就是无罪者,受到处罚的人并没有构成刑法上的犯罪,而是基于他对社会的危害性和本身固有的人身危险性展开必要的诉讼。按照新《刑事诉讼法》第284条的规定,这一程序适用的对象,是指实施了暴力行为,危害公共安全或者严重危害公民人身安全,经法定程序鉴定依法不负刑事责任的精神病人。从客观上讲,这些人的确实施了危害社会的行为,应当承担法律责任。但由于其身份排除了承担刑事责任的可能,刑法明确规定不追究他们的刑事责任。把这些案件一并纳入刑事诉讼程序统筹解决,目的在于保障正常的社会秩序,保护公民的人身、财产权利不受损害。从我国刑事诉讼法规定的精神病人强制医疗程序中可以看出,符合精神病强制医疗的对象至少应当具备四个条件:一是精神病人实施了暴力行为,危及到社会公共安全或者公民人身安全,并且达到了犯罪的程度。二是行为主体具有严重的人身危险性,这种人身危险性不能在非强制手段的情况下得到消除,并可能给社会和公民人身、财产带来损害后果。三是符合医学上的精神病成立标准,即通过专门的医学鉴定来确定行为人属于不具有刑事责任能力的精神病人。四是被强制医疗人的暴力行为发生在丧失刑事责任能力之后,如果行为人在精神正常的情况下实施了犯罪行为,其后由于患上精神病而实施暴力行为,不属于该特别程序的适用范围。

### 三、提起精神病人强制医疗程序的主体是谁

在设置精神病人强制医疗审理程序之前,对实施暴力行为或者具有严重暴力倾向的精神病人实行医疗,一般都是由公安机关根据有关行政法规直接进行处置,既不需要进入必定的诉讼程序,也不需要通过法院审理和裁判来确定,所以也就谈不上提起诉讼的申请人。由于强制医疗是直接涉及公民人身自由权利的宪法事项,由公安机关单方面以行政处罚的方式来决定精神病的强制医疗

问题,不仅违法了我国立法法的有关规定,同时也不符合现代法治原则。对事关公民人身自由权利事项的处置,必须依法配置决定权并保证程序的正当性,这就使精神病人强制医疗问题纳入司法程序,成为我国刑事诉讼法修改的内容之一。

从一般刑事诉讼中拓展出来的精神病人强制医疗程序,表明了对实施暴力行为的精神病人进行强制医疗,是依附于刑事诉讼程序而存在。这一特别程序从开始到结束都始终伴随着刑事诉讼过程。因此,无论是在立案侦查阶段、公诉阶段还是在审判阶段,都可能产生这一程序。但就大多数案件来说,主要是发生在立案侦查阶段。根据新《刑事诉讼法》第285条的规定,公安机关对于符合精神病人强制医疗条件的案件,应当移送人民检察院;人民检察院对于公安机关移送的或者在审查起诉过程中发现的精神病人符合强制医疗条件的,应当向人民法院提出强制医疗的申请。从法律的规定中可以看出,人民检察院是立案侦查和审查起诉阶段提起精神病人强制医疗程序的唯一主体,这里已经完全排除了过去直接由公安机关对精神病人强制医疗的决定权。在刑事诉讼法规定中,我国强制医疗程序申请的基本特点是:一是申请的诉讼性,检察机关提起精神病强制医疗申请属于法律规定的诉讼行为;二是案件处理上的同步性,即精神病强制医疗程序的申请与对刑事案件的审查起诉同步进行;三是程序应用上的相似性,如检察机关在提起精神病人强制医疗申请过程中,可以像一般刑事诉讼程序那样采取强制措施;四是实行强制医学鉴定,即凡是认为需要进行强制医疗的精神病人,都必须首先进行专门的医学鉴定。

新刑事诉讼法规定,对精神病人进行强制医疗由人民法院负责,而且应当组成合理庭审理。法律作出了与办理一般刑事案件既有区别又存在联系的审理程序。其中以下几点是精神病人强制医疗审理程序的主要特点:一是可以实行缺席审判,这在通常的刑事诉讼程序中是没有的,主要是考虑到精神病人无法正常出庭的特殊情况;二是不公开审理,其立法意图在于保障被强制医疗人的权利,减少给他们造成的负面影响;三是裁判结果的程序性特征,即法院对精神病人强制医疗所作出决定,主要目标在于解决诉讼程序中的问题,当强制医疗成立的条件消失时,原法院可以终止其作出的强制医疗处分;四是刑事诉讼的恢复性,根据新刑事诉讼法规定,对于已经不具有人身危险性,不需要继续强制医疗的,人民法院应当根据情况解除强制医疗措施。

## 四、怎样对精神病人强制医疗程序实施救济和监督

精神病人强制医疗程序是我国刑事诉讼中的一种特殊程序,所以,它既有司法程序的特点,又明显地具有行政方面的特征,其行政性特征主要表现在引

入了行政复议程序。建立行政复议制度的初衷在于实现行政救济，行政救济是指当自己的合法权益受到具体行政行为侵害时，请求有权国家机关予以纠正和追究侵害人责任的制度。根据新刑事诉讼法规定，可以从两个方面对法院作出的精神病人强制医疗措施实行救济。一是对精神病人强制医疗裁决实行复议。根据新《刑事诉讼法》第287条第2款的规定，被决定强制医疗的人、被害人及其法定代理人、近亲属对强制医疗决定不服的，可以向上一级人民法院申请复议。复议不是上诉，复议的程序价值主要体现于其行政性特征，如果把复议理解为案件审理中的上诉程序是不准确的。二是强制医疗决定的解除。根据新《刑事诉讼法》第288条规定，当被强制医疗人所具有的人身危险性已经消失，不需要继续进行强制医疗时，人民法院应当依法决定给予解除。有关强制医疗机构应当在诊断评估的基础上主动提请予以解除；被强制医疗人及其近亲属也有权申请予以解除。

人民检察院既是精神病人强制医疗程序的启动主体，同时也是精神病人强制医疗程序实施的监督者。检察机关作为国家的法律监督机关，对刑事诉讼的全过程都负有监督职责，当然有权利也有义务对依法不负刑事责任的精神病人的强制医疗程序实行监督。但这种监督只是限于程序意义上的一般性监督，不具有像一审、二审案件审理过程中那种抗诉性的监督方式。也就是说，检察机关对精神病人强制医疗程序的监督，不具有像一审、二审案件审理程序中那种实质性的、必然性的刚性监督措施。在普通刑事案件的审判程序中，检察机关可以对法院作出的判决或裁定，认为确有错误，依照刑事诉讼法的规定提起抗诉。对于检察机关的抗诉，法院必须进行再次审判，这是法律明确规定的法定程序。而检察机关对精神病人强制医疗程序的监督，仅是一般性的监督，它的基本形式就是提出检察建议。至于检察机关的建议是否必须为侦查机关和审判机关所采纳，法律并没有作出硬性规定。例如，检察机关认为法院作出的决定有错误，而法院却认为是正确的，检察机关的建议就可能被搁置。同理，检察机关认为公安机关应当实施精神病强制医疗的案件，在公安机关没有实施的情况下提出检察建议，如果与公安机关认识上发生冲突，检察机关也不能主动就侦查程序中的精神病人强制医疗案件向法院提出申请。只要当案件移送到审查起诉环节，检察机关才有权采取申请措施。所以，这种监督在本质上仍然是柔性的，而不是刚性的。